KB101927

추천의 글

21세기 맥락에 걸맞은 18세기 정치에 관한 책이다. 위대한 아일랜드계 영국인 정치가 에드먼드 버크에게 바치는 진심 어린 찬사다.

– 앤드루 린치, 「선데이 비즈니스 포스트」

키케로 이후로 실물 정치 현장의 중심에서 정치가로 활약한 정치 사상가는 없었다. 따라서 오늘날 에드먼드 버크를 또 다른 정치인 노먼이 재평가한 이 책은 신선하고 환영할 만하다. 노먼은 우리 시대에 버크의 사상이 지닌 의미를 일필휘지로 그려낸다.

– 찰스 힐, 「뉴 크라이테리언」

버크에 대한 애정이 듬뿍 담긴 생생한 묘사… 18세기의 지적인 담론들이 오늘날의 정치계에도 적용될 수 있음을 입증하는 매혹적인 시도다.

– A. C. 그레일링, 「프로스펙트」

매혹적이고 읽기 쉽고 놀라울 정도로 포괄적인 개관이다. 복잡다단한 영국 역사와 정치를 능수능란하게 다루면서 버크의 인품과 개성을 잘 전달해준다. 지금까지 이 같은 시도를 성공적으로 해낸 에드먼드 버크의 전기 작가는 거의 없었다. 노먼은 속도감 있게 이야기를 풀어나가면서도 역사를 치밀하고 상세하게 전달하고 있다. 노먼은 사상가, 저자, 웅변가인 버크의 대단한 장점과 치명적인 약점을 모두 조명한다.

– 유발 레빈, 「내셔널 리뷰」

흔히 간과되는 정치 사상가의 삶과 사상을 훌륭하게 소개하고 있다. 노먼은 글 솜씨가 탁월하다. 그의 문장들은 물 흐르듯 유려하고, 맥락에 맞는 적절한 일화를 알아보는 눈썰미가 있으며, 추상적인 논쟁을 매끄럽고 정밀하게 다룬다.

– 루터 스포어, 「히스토리 뉴 네트워크」

사람들이 대단히 오해하고 있는 사상가이자 정치가에 관한 품격 있는 전기

– 댄 존스, 「더 타임스」

탁월한 전기다. 노먼은 오늘날에도 버크의 사상이 타당한 이유를 설득력 있게 제시하면서 버크에게 생명을 불어넣고 그의 사상을 옹호하는 데 성공한다. 가장 위대한 아일랜드인 버크는 진보주의자와 보수주의자 모두에게 큰 가르침을 준다. 버크의 영혼이 길잡이를 하는 정치는 우리 모두를 고결하게 만들어준다.

– 마이클 F. 비숍, 「아메리칸 스펙테이터」

버크보다 깊은 인상을 남긴 정치 철학자는 찾기 어렵다. 18세기 하원 의원인 그는 사실상 영미권 보수주의의 창시자다. 그리고 버크의 삶과 저술들을 노먼의 이 책보다 더 함축적이고 이해하기 쉽게 소개한 책은 찾지 못한다. 마음이 열린 독자라면 누구든 이 책을 읽고 나면 보수주의자가 될 것이다.

– 대니얼 해넌, 「월스트리트 저널」

노먼은 유창하고 심오한 사상가임에 틀림없다. 버크의 일생과 이력에 대한 노먼의 서술은 동일한 주제에 관한 그 어떤 책 못지않게 훌륭하다. 감탄스럽다.

– 더글러스 머리, 「스펙테이터」

노먼은 18세기 영국의 정치 현장을 흥미진진하게 그려낸다. 버크의 삶과, 그가 창시한 서구 정치 체계를 탁월한 필치로 소개한다. 금상첨화로, 저자는 버크의 사상을 묵살한 결과 어떤 난관이 야기됐는지를 정확히 지적하고 있다.

– 「커커스 리뷰」

노먼의 버크 전기는 내년 한 해 동안 내내 우익이 열광할 책으로 손꼽힌다. 버크와 마찬가지로 노먼도 정치인이자 철학자다. 노먼은 위대한 사상가의 삶과 사상을 역동적이고 매혹적으로 소개한다.

– E. J. 디온, 「워싱턴 포스트」

본인도 보수주의자로서 하원 의원인 노먼이 버크의 삶을 소개하고 그의 철학을 살펴본다. 개혁가 버크와 그 시대를 누구보다 탄탄하고 건실하게 소개한다. 이 책에서 버크의 철학을 다루는 부분은 명료하고 전문용어 없이 읽기 쉽게 버크를 그리고 있다. 사후 200년이 지난 지금도 여전히 중요한 사상가인 버크에 대한 탄탄한 소개서다. 주석이 많지 않고 엄선된 참고문헌이 수록되어 있는 이 책은 버크의 생애와 사상에 생소한 독자들에게 훌륭한 입문서가 될 것이다.

–「라이브러리 저널」

인물 전기와 정치사상을 한데 엮은 탁월한 책이다. 지난 50년 동안 출간된 버크의 전기 가운데 최고다. 읽는 즐거움이 크다.

– 하비 맨스필드, 하버드 대학교 윌리엄 R. 케넌 주니어 정책학 교수

제시 노먼이 때맞춰 버크를 환생시키는 데 성공했다. 이기적인 개인주의에 넌더리가 나는가? 돈과 유명인을 숭배하는 천박한 문화가 역겨운가? 그렇다면 버크를 새로운 시각으로 바라볼 때다. 우리는 모두 한 배를 탄 운명이라는 사실을, 그리고 그러한 제도는 그 자체로서 힘과 위안의 원천이며 우리가 이를 무시하면 위험에 처하게 된다는 숨은 지혜의 원천이라는 사실을 처음으로 깨달았던 18세기 거인 말이다. 만시지탄이긴 하나 시대를 통틀어 가장 위대한 웅변가로 손꼽힐 뿐만 아니라 근대식 정당의 창시자이며, 인도를 착취한 영국과 프랑스 혁명의 유혈 폭정에 결연히 맞선 용감한 천재이기도 한 정치인에 대한 재평가가 나왔다. 정치에 관심이 있는 이라면 누구든 이 책을 탐독할 것이다. 나처럼 앉은 자리에서 끝까지 읽어내려가리라. 놀라운 역작이다.

– 보리스 존슨, 영국 총리

탁월한 책이다. 노먼의 말대로, 버크는 권리와 요구를 거부하고 의무를 강조한 사상가이자 정치가다. 포식자적인 금융계와 선별적인 구제의 시대에 대해 할 말이 많은 보수주의자인 저자가 여기 있다. 본인도 정치인인 노먼은 버크가 활발한 정치가로서 기여한 바를 높이 산다. 버크는 가능한 것의 한계를 인식했다. 본인도 한계에 끊임없이 부딪혔기 때문이다. 아주 강하게.

– 데이비드 프럼, CNN.com

노먼은 정치 이론, 철학, 사회과학에서 취한 개념들을 명료하고 논리정연하게 제시하는 재능이 있다. 정치적 신중함을 부르짖고, 잠정적인 해결책을 강조하고, 변화는 점진적이어야 하나 필요하다는 사실을 상기시켜준다. 우리 시대의 보수주의 운동가들은 이처럼 버크가 제시한 보수주의가 추구해야 할 이상을 짓밟고 있다.

－「로스앤젤레스 타임스」 서평

노먼은 버크를 데이비드 흄, 애덤 스미스, 존 스튜어트 밀, 카를 마르크스, 그리고 존 롤스보다 높이 평가한다. 그뿐만 아니라 노먼은 버크가 오늘날 정치인들에게 큰 가르침을 줄 보수주의 사상가라는 사실을 다시금 강조한다. 그러려면 노먼은 “보수주의란 무엇인가?”라는 물음에 답해야 한다. 노먼이 보여주듯이 버크가 보수주의의 아버지라면, 버크의 자녀들은 가출한 듯하다. 공교롭게도 노먼은 보수당만 버크의 유산을 물려받는 게 부당하다고 설득력 있게 주장한다. 노먼이 그 누구보다 탁월하게 설명했듯이, 버크는 보수주의자일지 모르지만 그가 남긴 유산은 사회 모두의 것이기 때문이다.

－「파이낸셜 타임스」

보수주의의 창시자
에드먼드 버크

EDMUND
BURKE

보수주의의 창시자
에드먼드 버크

BURKE

제시 노먼 지음 | 홍지수 옮김

| 일러두기 |

1. 이 책은 제시 노먼(Jesse Norman)의 『Edmund Burke』(2013, William Collins)를 우리말로 옮긴 것이다.
2. 본문에 등장하는 외국 인명, 지명, 작품명 등의 외래어는 기본적으로 국립 국어원의 '외래어 표기법'을 따랐다.
3. 도서의 제목은 『 』으로, 연설문의 제목, 그림 제목, 잡지나 신문 등 매체명은 「 」으로, 희극, 연극, 오페라의 제목 등은 〈 〉으로 구분했다.
4. 지은이 주와 옮긴이 주는 모두 미주로 처리했다. 지은이 주는 1, 2, 3, …으로, 옮긴이 주는 a, b, c, …으로 표기했다.

들어가는 말

에드먼드 버크(Edmund Burke)는 지난 300년 동안 등장한 정치 사상가 가운데 가장 위대하면서도 가장 과소평가된 인물이다. 1730년에 태어난 그는 영국 역사상 황금시대에 살았다. 그 시대가 배출한 작가이자 비평가 새뮤얼 존슨(Samuel Johnson), 애덤 스미스(Adam Smith), 역사학자 에드워드 기번(Edward Gibbon), 배우이자 극작가이자 제작자인 데이비드 개릭(David Garrick), 화가 조슈아 레이놀즈(Joshua Reynolds), 철학자 데이비드 흄(David Hume)이 모두 그와 친분이 두터웠다.

버크는 일류 철학자이자 정치가였고 평생 동안 자의적인 권력 행사와 불의에 맞서 싸운 운동가였으며, 인간의 근본적인 권리와 영미 헌법적 전통을 열렬히 주창했다. 이 때문에 황금시대를 희화화할 때 풍자의 대상으로 단골로 등장하지만, 그럼에도 그는 시대를 초월하는 인물이다. 당대에 그의 위대함을 간파한 이들도 있다. 존슨 박사는 버크가 하원 의장이 되어도 불평하지 않는다며, 버크는 어딜 가든 의장이 될 자격이 있기 때문이라고 말한 적이 있다.

버크는 근래에 거의 무시되거나 그저 간략하고 진부한 경구를 남긴 사람으로만 기억되었다. 그러나 버크를 모르고서는 오늘날의 세계가 지닌 결함이나 현대 정치를 이해하지 못한다. 그는 정당과 대의 정체(代議政體)에 대한 근대적인 이론과 전체주의 사상을 다룬 최초의 대 이론가이기도 하다. 보다 넓게 보면 그는 자유주의적 개인주의(liberal individualism)라고 알려진 개념, 즉 인간의 안녕(安寧)은 그저 인간의 욕구를 충족시키면 달성된다는 개념을 설득력 있게 비판한다.

그는 오늘날 전 세계 정책 수립자들이 직면하고 있는 수많은 사안들이 지니는 근본적인 의미를 이 개념에 적용해 분석할 관점을 제시한다. 종교적 극단주의와 테러의 부상, 사회의 원자화와 사회적 결속력의 상실, 기업 국가의 등장, 세계 법치가 직면한 난관, 혁명 자체의 속성 등과 같은 사안들 말이다.

버크는 정치가로서의 긴 일생 동안 다섯 차례 중요한 정치 투쟁을 했다. 그는 아일랜드 가톨릭교도에 대한 보다 동등한 대우를 주장했고, 아메리카에 있는 13개 영국 식민지에 대한 영국의 억압에 반대했으며, 행정 권력과 왕실의 공직자 임명 권한을 헌법적으로 제약해야 한다고 주장했다. 인도에서 동인도회사가 휘두르는 기업 권력에도 반대했다. 무엇보다도 프랑스혁명의 영향과 도그마에 반대한 것으로 가장 유명하다. 버크의 이러한 투쟁들을 관통하는 공통적인 주제는 불의와 권력 남용에 대한 혐오다. 버크의 이러한 투쟁에서 영감을 받은 예이츠는(W. B. Yeats)는 자신의 시 「일곱 현인(The Seven Sages)」에서 이를 버크의 '위대한 선율(great melody)'이라고 묘사했다.

이러한 투쟁에서 그가 실제로 어떤 업적을 이루었는지에 대한 평가는 엇갈린다. 너무 무리한 경우가 잦았고, 현실 정치에서 권력을 행사한 적이 거의 없으며, 자부심이 지나치고 허풍이 심하며 핵심에서 빗나간다고 비난받았다. 사생활에서는 빚에 쪼들렸는데, 당시 사람들은 흔히 사사로운 치부를 통해 빚을 갚았지만 그는 그러지 않았다. 버크는 왕실이 행사하는 영향력을 신랄하게 비판하고 조지 3세가 광기에 빠졌던 기간에 섭정을 지지해 조지 3세를 불쾌하게 했다. 그는 더할 나위 없이 따뜻한 성품에 해학이 넘쳤지만 당장 직면한 현안에 강박적으로 집착하는 성향 때문에 친구와 지지자들을 잃었다.

그러나 지적인 측면에서 보면 버크는 이따금 틀리는 경우가 있긴 했지만 옳은 경우가 훨씬 많다는 사실이 놀랍다. 게다가 그냥 무턱대고 옳은 게 아니라 옳은 데는 합당한 이유가 있었다. 즉, 운이 좋아 옳은 게 아니라 분석력과 상상력과 공감 능력을 갖추었기 때문에 예측하는 데 뛰어난 재능을 발휘했다는 뜻이다. 그는 영국이 아일랜드를 통치하면 어떤 일들이 일어날지 대부분 예측했다. 또 영국은 미국 식민지들을 잃게 되고, 동인도회사는 무리해서 팽창을 하며, 프랑스혁명은 참혹한 결과를 낳게 된다고 예언했다. 사회적 자본(social capital)과 인간의 안녕이라는 근대적 개념들도 그의 사상에서 한 자리를 차지하고 있으며, 공동체, 자유로운 제도들, 시민이 지녀야 할 덕목 등에 대해 그가 지녔던 구상은 오늘날 정치인들에게 심오한 영향을 미쳤지만 제대로 인정받지는 못했다. 윈스턴 처칠의 부친 랜돌프 처칠 경(Lord Randolph Churchill)은 벤저민 디즈레일리(Benjamin Disraeli)의 일생을 '실패, 실패, 실패, 부분적 성공, 또다시 실패, 궁극적이고 완전한 승리'라고 요약한 적이 있다.[1] 에드먼드 버크에게도 적용될 법한 말이다.

근래 들어 버크가 외면당한 이유는 여러 가지가 있다. 그는 윌리엄 피트(William Pitt)나 로버트 필 경(Sir Robert Peel)처럼 현실 정치에서 정치적 업적을 달성했다기보다는 지적인 상상력을 발휘한 정치가에 가깝기 때문이다. 그의 사상은 다방면에 걸쳐있고 방대한 양의 팸플릿·연설문·서신에 분산되어 있으므로 이러한 자료를 바탕으로 그의 사상을 취합하려는 학자는 대단한 끈기가 필요하다. 그는 대단한 문장가지만 오늘날 문학이나 학술 논쟁에서는 다소 소외되어 있다. 버크가 직업 정치가이기 때문이기도 하고 정치가 불러일으키는 혐오감 때문에 피해를 본 측면이 있기도 하다. 게다가 그는 일부러 언행을 삼갔다.

에드먼드 버크는 16세 때 가장 친한 친구인 리처드 섀클턴(Richard Shackleton)에게 보낸 서신에 다음과 같이 적었다. "모두가 꼬투리를 잡으려고 혈안이 되어 있는 세상에 살고 있다. 그러니 안전하려면 침묵을 지키는 도리밖에 없다. 무슨 일에 관해서든 침묵을 지키는 도리밖에 없다. 모두가 다른 사람들에 관해서도, 자기 자신에 관해서도, 사적인 용무에 관해서도 발설하지 않는 게 상책이다." 버크의 연설문과 서신에는 두드러진 확신이나 뒷공론, 개인적인 색채가 결여되어 있다. 이는 근대의 자기 고백적인 문체와는 동떨어진 특징이다.

게다가 사람들이 인용할 만한 표현을 버크보다 많이 한 저자는 드물지만, 버크라는 인물과 그의 사상은 간단히 요약하기가 힘들다. 버크에게 공감하는 독자들도 그를 수수께끼 같은 인물이나 모순이 가득한 인물로 간주한다. 독자들은 버크가 어떻게 아메리카의 혁명은 지지하면서도 프랑스혁명은 비판했는지 이해하려고 애쓴다. 어떻게 기존의 질서를 유지해야 한다고 열렬히 주창하면서도 가톨릭에 반기를 든 이들을 옹호하고 왕실과 반목할 수 있었는지, 어떻게 추상적인 권리를 일축하면서도 법치의 한도 내에서 권리의 중요성을 설파했는지 이해하느라 애를 먹는다.

버크를 비판하는 이들은 대부분 그가 일관성이 없고 위선적이며 심지어 미쳤다고까지 비난한다. 토머스 페인(Thomas Paine), 그리고 뒤이어 카를 마르크스(Karl Marx)는 버크를 하급 관리 또는 봉급을 받고 귀족과 특권을 옹호하는 선동가로 보았다. 이러한 주장은 20세기 들어 영향력 있는 역사학자 루이스 네이미어(Lewis Namier)와 그의 추종자들이 되풀이했다. 이들은 사상가이자 정치가로서 버크가 이룬 업적을 편협하고 냉소적인 시각으로 바라보았다. 오늘날에도 이런 현상은 계속된다.

예컨대, 철학자 앨러스데어 매킨타이어(Alasdair MacIntyre)는 지적으로 버크에게 빚을 졌으면서도 버크의 사상을 폄하한다. 버크의 일생을 살펴보는 이들은 흔히 비일관성을 포착하는데, 이는 버크 사상의 저변에 흐르는 일관성을 무시하기 때문이다.

그러나 또 한편에서는 버크의 위상이 상당해서 그의 삶을 정치적 목적에 마음대로 이용한 이들이 있다. 특히 보수주의자들이 그랬다. 1830년대에 디즈레일리는 토리(Tory: 현재의 보수당) 계보는 버크를 아우르고 자신에 이르러 완성된다고 주장했다. 하지만 1841년 로버트 필 경이 꾸린 내각에 입각하지 못하자 버크와 필을 그 계보에서 제외시켰다. 미국에서는 윌슨(Woodraw Wilson)과 시어도어 루스벨트(Theodore Roosevelt)가 버크를 기꺼이 자신들의 동맹으로 간주했고, 냉전 시대에 그리고 철의 장막이 무너진 후에 다시 한번 반공주의자 세대는 버크를 동맹으로 간주했다.

이 책을 에드먼드 버크의 저서 『소장 휘그당원이 노장 휘그당원에게 드리는 호소문(Appeal from the New to the Old Whigs)』을 현대판으로 개정한 '노장 휘그당원이 소장 휘그당원에게 드리는 호소문'으로 읽는 것도 한 가지 방법이다. 이 책이 받을 찬사의 수위는 버크의 글보다 훨씬 떨어지기는 하겠지만.

버크는 그의 전기 작가들이 제대로 평가를 해왔다. 19세기의 프라이어(James Prior)와 몰리(John Morley), 20세기에는 매그너스(Philip Magnus), 콘(Carl Cone), 커크(Russell Kirk), 에일링(Stanley Ayling), 오브라이언(Conor Cruise O'Brien), 그리고 가장 최근에는 로크(F. P. Lock)가 버크의 전기를 집필했다. 이 책을 집필하는 과정에서 이들에게 많은 빚을 졌고 특히 로크가 1998년부터 2006년까지 집필한 두 권짜리 역작은 크게 도움이 되었다.

이 책은 1차적인 자료 조사를 토대로 쓴 책이 아니다. 최근에 발견된 중요한 내용이 일부 포함되기도 했지만 말이다. 직업 정치인으로서 나의 철학과 경험을 바탕으로 버크의 삶과 사상을 내 나름대로 해석한 책으로 보는 게 맞다. 이 책은 18세기의 다채로운 사회를 배경으로 에드먼드 버크의 삶의 궤적을 추적하는 데 그치지 않고 정치가이자 사상가로서 그를 높이 평가하려는 시도다. 짧은 분량이라 담을 내용을 취사선택할 수밖에 없기 때문에 버크의 사상에 내재된 모순과 사상이 형성되는 과정을 다소 소홀히 할 위험이 있다.

그러나 그의 사상 저변에는 일관성이 있다는 주장이 이 책의 초점이다. 어느 정도 이례적이기는 하나 이 책은 생애와 사상 두 부분으로 구성되어 있으므로, 독자는 버크의 생애 자체를 음미할 수도 있고, 그의 사상을 생애와 당시 사회라는 좀 더 폭넓은 맥락에서 살펴볼 수도 있다. 지난 30년에 걸쳐 사람들이 애덤 스미스를 제대로 평가했듯이 이 책이 에드먼드 버크를 제대로 평가하는 시발점이 되기를 바란다. 현대에 막대한 영향을 끼친 사상가의 한 사람으로서 그를 공식적으로 인정하는 작업 말이다.

정치 이론가 래스키(Harold Laski)는 버크에 대해 다음과 같이 언급했다.[2]

> 그는 동시대 정치철학에서 나아갈 방향을 제시하고 숭고한 목적의식을 부여하고 복잡한 특성을 제대로 인식하게 했다. 이는 과거 그 어떤 정치가도 해내지 못한 업적이다. 그는 번득이는 통찰력으로 거의 아무도 도달해본 적이 없는 복잡한 정치의 깊숙한 곳까지 파고든

> 다. …그의 글은 탁월한 분석으로 정치가가 오를 수 있는 예술의 경지를 보여준다.

이 책은 버크가 어쩌다가 그런 글을 쓰게 되었고, 왜 그의 글이 예술의 경지에 올랐으며, 버크와 그의 정치 분석이 오늘날 중요한 이유가 무엇인지를 설명하는 게 목적이다.

차례

제1부

생애

제1장

나라 밖의 아일랜드인 : 1730~1759

버크의 어린 시절

1729년 아일랜드(Ireland) 수도 더블린(Dublin)에 호기심을 자극하는 출간물이 등장했다. 저자는 익명이었다. 제목은 다음과 같았다. 「아일랜드에서 빈민의 자녀가 이들의 부모나 나라에 짐이 되지 않고 사회에 이로운 사람으로 자라도록 삼가 제언함(A Modest Proposal for Preventing the Children of Poor People in Ireland from Being a Burden to Their Parents or Country, and for Making Them Beneficial to the Public)」. 결코 귀에 착 감기는 제목은 아니다. 그러나 제목과는 달리 내용은 여러모로 근대 정책 제안서의 원형이라 할 수 있다. 오늘날 세계 도처에서 싱크탱크들이 내놓는 제안서와 유사하다.

이 출간물은 문제를 진단하고 통계적 분석을 거쳐 정책을 제안하는 순서로 전개되며 극도로 절제된 언어로 쓰여 있다. 당시 아일랜드는 심각한 빈곤과 영양실조에 시달리고 있었다고 저자는 지적했다. 치밀한 통계분석을 통해 신생아 수가 인구수를 유지하는 데 필요한 수준을 훌쩍 넘는다는 사실이 드러났다. 가내수공업이나 농업에서는 어머니들에게 마땅한 일자리가 없었다. 그 결과 다음과 같은 현상이 나타났다고 더블린을 여행하던 저자는 지적했다.

> 거리, 도로, 오두막집 문 앞에는 구걸하는 여인으로 북적거렸다. 이 여인들은 서너 명 혹은 여섯 명의 아이들을 데리고 죄다 누더기를 걸친 채 행인을 붙잡고 적선을 구하고 있었다. 이 어머니들은 성실하게 돈을 벌어 생계를 꾸릴 일자리가 없으니 하루 종일 거리를 배회하면서 아이들을 먹이려고 구걸을 하는 수밖에 없다. 이 아이들이 크면 일자리가 없어서 도둑이 되든가 사랑하는 모국을 떠나게 된다.

그러나 이미 해결책이 나와 있다고 저자는 말했다. 주로 아메리카에서 도입되는 해결책이라면서 저자는 다음과 같이 말했다. "런던에 거주하는, 내가 잘 아는 한 아메리카인이 내게 장담하기를, 잘 양육된 건강한 아기는 한 살일 때 가장 맛있고 영양가도 많고 건강에 좋은 음식이다. 뭉근히 끓이든, 볶든, 굽든, 삶든 상관없다. 프리카세(fricassée)나 라구(ragoût)[a]에 넣어도 손색이 없으리라고 확신한다." 한 살짜리 아기는 영양이 풍부한 먹거리일 뿐만 아니라 다른 용도도 있었다. "알뜰한 이들은 (시대 상황이 상황이니만큼) 시신의 껍질을 벗기기도 한다. 벗겨낸 피부로 숙녀들에게는 아름다운 장갑을, 점잖은 신사들에게는 여름 장화를 만들어줄 수 있다."

조너선 스위프트(Jonathan Swift)의 이 팸플릿(pamphlet)[b]은 영어권에서 가장 기발한 풍자로 손꼽힌다. 새로 유행하던 통계 수치에서부터 빈곤층에 대한 당대 사람들의 태도에 이르기까지 풍자 대상을 조롱하면서 도덕적으로 분개한 걸작이다. 그러나 그가 묘사한 경제적·사회적 현실에 관해서는 아무도 문제를 제기한 적이 없다.

에드먼드 버크는 바로 스위프트가 팸플릿에서 묘사한 그 아일랜드에서 태어났다. 그는 1730년 1월 1일 더블린을 가로지르는 리피(Liffey) 강변의 애런(Arran) 부두에서 태어났다.[1] 당시 더블린은 극단적인 현상이 존재하는 곳이었다. 엄청난 부와 처참한 빈곤이 공존했고 기아로 사망하는 경우도 빈번했다. 이러한 사회악은 더블린 시에만 국한된 현상이 아니었다.

1748년에 쓴 에세이에서 버크와 그의 친구들은 분개하며 당시 농촌의 빈곤한 상황에 관해 다음과 같이 적었다. "돈은 그들에게 낯설다. …그들은 빵이나 고기는 거의 구경도 못 한다. 여름에는 기껏해야 감자와 상한 우유로 연명한다. 겨울에는… 상황이 더욱 열악하다. 초근목피로 연명한다. 먹을 만하게 소금을 약간 뿌려 물과 함께 넘긴다." 옷차림에 대해서는 다음과 같이 묘사했다. "그들은 거의 누더기를 걸치고 있다. …아니, 오두막에서 아이들 대여섯 명이 뛰어나오는 광경을 심심치 않게 목격하는데 거의 벌거벗어서 퇴비 더미와 구분이 되지 않을 지경이다."[2]

다행스럽게도 버크 가족은 다소 안락한 삶을 누렸다. 에드먼드는 살아남은 네 자녀 중 셋째였다. 가족 내에서는 서열이 낮으면 방치되는 경우가 이따금 있었는데, 버크 가족도 그랬을지 모른다. 맏형 개럿(Garrett)과 막내 동생 리처드(Richard)가 있었고, 누나인 줄리아나(Juliana)는 외동딸이었으니 말이다. 버크 가족은 17세기에 아일랜드를 장악한 뉴-잉글리시(New-English)계[c]가 아니라 올드-잉글리시(Old-English)계[d]로서 본래 가톨릭이었을 가능성이 높다. 에드먼드의 아버지 리처드는 남서부 코크(Cork) 카운티에서 태어난 것으로 보이는데, 오래전에 농촌을 떠나 도시로 이주했다. 그는 개신교도였으며 열심히 노력해서 법조계에서 입지를 굳힌 자수성가형 변호사였다.

에드먼드의 친구 리처드 섀클턴의 말마따나 리처드 버크는 "평범한 집안 출신으로 성마른 기질에 추호도 어김없이 정직한 품성"이었다. 그의 부인 메리 네이글(Mary Nagle)도 코크 카운티 출신이었다. 그러나 리처드 버크와 동향이라는 점을 제외하면 그녀는 더할 나위 없이 리처드와 달랐다. 상류층이지만 가세가 상당히 기운 지주 집안 출신으로 가톨릭 신자인 시골 여성이었다. 네이글 집안은 단순히 가톨릭교도가 아니라 가톨릭교도인 제임스 2세를 지지한 자코바이트(Jacobite)[e]이기도 했다. 1688년 명예혁명이 일어난 후 제임스 2세와 그의 후계자들이 왕위에 올라야 한다고 주장한 이들 말이다. 그러나 개신교도인 오라녜 공 빌럼 3세(Willem III van Oranje, 이하 '윌리엄 3세'로 표기)가 왕위에 올랐다.[f] 그로부터 40년 후 네이글 집안은 소유한 토지를 대부분 잃었고 긍지도 사라졌다.

1720년대 무렵 아일랜드[9]는 명목상으로는 나라, 사실상 왕국이었지만 실제로는 영국령이었다. 국가의 기능은 개신교도들, 보통 잉글랜드인이 수행했고 이들은 런던의 지시를 받았다. 교육과 신분 상승의 기회는 제약되었다. 가톨릭교도는 전문직 종사가 금지되었고, 배심원으로 참여하지도 못했으며, 투표권을 행사하지도 못했다. 그 밖에도 총기 소지에서부터 유산상속, 토지소유권에 이르기까지 여러 가지 법을 통해 가톨릭교도들은 억압을 받았다. 가톨릭교도들의 토지는 개신교 귀족과 지주계급에게 빼앗겼다. 개신교 귀족과 지주계급의 영향력은 잉글랜드에서처럼 자영농의 견제를 받지 않았다. 그 결과 부와 복지 면에서 큰 격차가 생겼고, 종교적 차이에서 비롯된 증오와 정치적 불안정으로 이러한 격차는 더욱 증폭되었으며, 격차가 증폭되면서 부와 복지의 격차는 더욱 커졌다.

리처드 버크 본인은 배교자였다고 주장하는 이들이 있다. 당시에 아일랜드에서 출세하기 위해 개신교로 개종한 이들이 많았는데 그도 그 가운데 하나라는 주장이다. 그러나 리처드가 개종했든 그의 조상 가운데 개종한 이가 있든 상관없이, 에드먼드는 단순히 종교만 다른 게 아니라 계급과 삶의 궤적이 서로 다른 부모에게서 태어났다는 사실은 분명하다. 에드먼드의 부모는 아들들은 개신교도로, 딸인 줄리아나는 가톨릭교도로 키웠다. 도시에서 사회적으로 성공하려면 개신교도여야 미래가 있었다. 가톨릭과 시골에서의 삶은 과거 지향적이었다. 그러니 충성심이 갈릴 수밖에 없었다. 바로 이 때문에 버크가 탁월한 도덕적 상상력을 발휘할 수 있었는지도 모른다. 귀족과 혁명가, 가톨릭교도와 개신교도, 하류층과 상류층을 모두 이해하고 다방면에서 그들에게 다가갈 수 있었다.

가족사는 순탄하지 않았다. 리처드 버크는 완고하고 절대로 타협하지 않는 품성을 지닌 인물이었던 듯하다. 그가 남긴 유언장은 온갖 자질구레한 지시와 유언이 빼곡하고, 유산을 나눈 방식이 거의 식구들을 서로 등지게 만들 심산이었나 싶을 정도였다. 그는 성격도 모났다. 리처드 섀클턴은 1747년 다음과 같이 말했다. "나의 죽마고우 버크는 아버지의 성격 때문에 매우 불행한 삶을 산다. …밤에는 절대로 돌아다녀서는 안 되고 집에 있을 때는 늘 트집을 잡힐 거리가 생긴다."

다행히 메리 버크는 남편과는 사뭇 달랐다. 그녀에 대해서는 알려진 바가 거의 없다. 그러나 학자들이 지적한 바와 같이 버크는 자신의 어머니를 거론할 때면 늘 따뜻하고 애정 어린 논조를 보였다. 아버지에 대해서는 절대로 그런 논조로 언급하는 법이 없었다. 성인으로서 버크는 자신에게는 철저한 원칙과 정직성을 고수하면서도 다른 사람들에 대해서는 믿고 너그럽게 대하는 열린 태도를 보여주었다. 그러나 필요하다면 원한을 품을 줄도 알았다. 그의 심리를 깊이 파고들어 추측을 하지 않더라도 그에게는 아버지를 닮은 면과 어머니를 닮은 면이 공존한다는 사실이 어렵지 않게 보인다.

어린 시절 버크는 요양차 코크 카운티에 있는 블랙워터 계곡(Blackwater Valley)에서 한동안 네이글 집안의 사촌들과 함께 지낸

적이 있다. 그때 그는 발리더프(Ballyduff)에 있는 시골의 '빈민 학교(hedge school)'에 다녔다. 당시 영국의 형법에 따르면 아일랜드의 가톨릭교회는 학교를 설립하지 못하게 되어 있었는데, 가톨릭 교도인 아이들에게 몰래 초등교육을 시켜주는 학교였다. 블랙워터 계곡은 경관이 수려해 그에게 깊은 인상을 주었다. 또한 게일(Gael) 문화를 이해하고 형법하에서 수난을 당하는 아일랜드 가톨릭교도들에 대해 평생 측은지심을 품는 토대가 되었다.

1741년 5월 당시 열한 살인 에드먼드, 개럿(15세), 그리고 리처드(7세)는 집을 떠나 기숙학교에 다녔다. 줄리아나(13세)는 부모와 함께 집에 남았다. 예전에 에드먼드는 축축하고 질병이 만연한 도시 더블린을 떠나 코크 카운티에 있는 모친의 가족과 함께 지낸 적이 있었다. 이번에는 교육 때문에 집을 떠나게 되었다. 목적지는 더블린 남서쪽으로 약 5킬로미터 바깥에 있는 볼리토어(Ballitore)라는 마을에 있는, 특정 종교와 관련 없는 작은 기숙학교였다. 이 학교를 운영한 이는 에이브러햄 섀클턴(Abraham Shackleton)으로서, 퀘이커 교도이자 어린 시절부터 버크와 절친한 친구가 된 리처드 섀클턴의 아버지였다.

에이브러햄 섀클턴은 뛰어난 인물이었다. 학교 교장이 되려고 약관(弱冠)에 라틴어를 독학으로 깨쳤다. 교과과정은 전통적인 내용으로 고전 언어와 문학을 강조했고 성적을 중요시했다. 버크는 학교생활에 금방 적응했고 섀클턴은 버크에게 지적인 영향 못지않게 도덕적인 영향도 주었다. 1757년 버크가 런던으로 이주해 작가로서 명성을 쌓기 시작할 무렵 그는 자신이 다녔던 학교 교장에게 다음과 같이 감사하는 마음을 표했다. "오늘날의 내가 있기까지는 내가 받은 교육의 힘이 컸다." 볼리토어에 관한 시에서 버크는 섀클턴 교장에 대해 다음과 같이 깊은 경의를 표한다. "그의 가슴에는 세상의 모든 미덕이 자리 잡았고/ 입에 발린 아첨을 하지 않고 호의가 자연스레 흘러나오며/ 허세 부리지 않고 부(富)를 제대로 쓸 줄 안다." 이러한 따뜻한 찬사는 버크 자신의 부친을 언급할 때 선택한 어휘와는 극명하게 대조된다. 어쩌면 앞에 인용한 시의 둘째 줄에서 버크는 자기 아버지의 성품을 슬쩍 비난하고 있는지도 모른다.

퀘이커교도가 운영하는 특정한 교파에 소속되지 않은 학교로서 볼리토어 자체는 전통적인 교육의 보완적인 역할을 하는 학교였다. 그러나 그 학교가 버크에게 미친 영향은 심오했다. 퀘이커 교리의 영향을 받았다는 뜻이 아니다. 퀘이커교도들은 영국 국교에 반대했고, 평화주의를 주창했으며, 술을 엄격히 금했지만, 버크는 그렇지 않았다. 그러나 그는 분명히 그들의 솔직하고 분명한 태도를 높이 샀다. 퀘이커교도의 평등주의적인 정서도 훗날 그에게 크게 각인되었을지 모른다. 그가 여성을 대하는 태도에서, 평생 다른 이들의 생각을 이해하려고 애쓴 성품에서, 자의적인 권력을 질색했다는 점에서, 사회질서는 모두에게 이익이 되어야 한다는 믿음에서도 이러한 영향이 엿보인다.

성숙한 버크는 퀘이커교도의 선의와 적극적인 시민 의식을 높이 샀다. 종교적 위계질서와 사제 계급에 반대하는 퀘이커교도의 정서를 공유하지는 않았지만, 그가 기존의 교회를 옹호한 이유는 선택받은 소수에게 신이 계시를 내린다는 개념이 아니라 제도적인 권위를 중시했기 때문이다. 버크가 1770년대에 아메리카 식민지에서 일어난 혁명을 논하기에 이르렀을 때는 이미 직관적으로 아메리카의 가치와 역사에 공감하고 있었다.

1744년 버크는 볼리토어를 떠나 더블린에 있는 트리니티 칼리지(Trinity College)를 향했다. 트리니티 칼리지는 당시에 아일랜드에 있는 유일한 고등교육기관으로, 아일랜드 교회의 성직자들을 교육시키기 위해 1592년 엘리자베스 1세가 설립한 독실한 개신교 학교였다. 학생 수가 300명에서 500명 사이로 오늘날 가장 작은 대학보다도 훨씬 규모가 작은 이 학교 졸업생들은 그 어떤 직업보다도 성직자를 택하는 이들이 많았다. 중세 학교의 트리비움(trivium: 문법·논리학·수사학 등 3과)과 콰드리비움(quadrivium: 수학·기하학·천문학·음악 등 4과)을 토대로 한 교과과정은 '인문학(humanity: 라틴어와 그리스어 텍스트)'과 '과학(science: 수학·천문학·지리학·물리학·형이상학·윤리학)'으로 나뉘었다. 교내에 사교 활동이나 스포츠 활동을 할 시설은 따로 없었다.

입학생의 평균연령은 16세였고 따라서 14세에 입학한 버크는 어린 축에 속했다. 버크의 성적은 대체로 우수했지만 한결같지는 않았다. 1746년 그리스와 라틴 저자들의 작품에 관한 시험을 이틀 동안 치르고 난 뒤 학위를 받은 그의 성적은 전체 학급 상위 50퍼센트 안에 들었다. 근면성실성의 평가에서는 하위 25퍼센트에 속했다. 그 이유는 뻔했다. 버크는 가정생활도 학교생활도 만족스럽지가 않았다. 트리니티 칼리지에 다니려면, 무엇보다도 우선 섀클턴 집안과 헤어져 집으로 돌아가야 했다. 혼탁한 도시의 공기를 들이마시고 부친의 불같은 성미를 견뎌내야 하는 집으로 말이다.

학교에서는 학우들보다 어렸고 강도 높은 학습과 고리타분한 방식의 교육 때문에 따분했던 게 분명하다. 설상가상으로 그는 변호사로 일하면서 돈을 번 아버지에게 재정적으로 의존하고 있었는데, 그는 법률가라는 식업에는 전혀 관심이 없었다. 사람들은 대부분 대학교에서 평생지기 친구를 사귄다. 버크와 동시대 인물들로서 그와 함께 공부했다고 알려진 40명 남짓한 인물들 가운데 버크가 학교에 다니는 동안 가까운 친구가 된 이는 단 한 명도 없는 듯하다.

버크는 탈출구를 다른 곳에서 찾았다. 방대한 양의 글을 읽었고, 학교 바깥에서 친구를 사귀었으며, 글을 썼다. 그가 대학 시절에 쓴 60통의 서신이 현존하는데, 모두가 리처드 섀클턴에게 보낸 편지다. 공공도서관에서 날마다 세 시간을 보낸 습관이 있었고, 사회적·문학적으로 폭넓은 관심사를 보였다는 사실이 편지에서 드러난다. 이 당시 버크는 이른바 '퓨러 포에티쿠스(furor poeticus)', 즉 작시광(作詩狂)이라고 일컫는 현상에 꽂혀 있었다. 시인 지망생이었던 버크는 아마도 1747년에 출간된 풍자시로 등단한 듯하다. 그러나 닥치는 대로 독학하는 잡식성이었고, 자신의 주장에 귀를 기울이고 지지해주는 리처드와 사적인 편지를 주고받으면서 특정 집단 내에서만 통용되는 농담과 조롱과 자기분석뿐만 아니라 새로운 개념과 문학 형태를 실험했다.

이와 같이 자기 계발의 직관이 뛰어난 덕분에 버크는 트리니티 칼리지에서 두 개의 학회를 창설하는 데 참여했다. 둘 다 주흥(酒興)을 곁들인 진지한 목적을 추구하는 동아리였다. 첫 번째 학회는 네 명의 회원이 있었고 당시에 매우 인기 있던 해학극(burlesque)이나 풍자극, 창작에 초점을 두었다. 얼토당토않게 순수문학학회(Academy of Belles Lettres)라고 이름 붙인 두 번째 학회는 회원이 일곱 명으로 화법과 토론에 초점을 두었다. 둘 다 몇 달 가지 못했다. 버크가 평생에 걸쳐 회합을 조직하는 역량이 어느 정도인지 입증한 사례이자 평생 동안 자신의 뜻을 펼치려고 끊임없이 시도한 그의 야망을 보여주는 사례이기도 하다.

그중 상대적으로 진지한 시도는 「개혁가(Reformer)」 창간이었다. 1748년 초 주간지로 13회 발행한 정기간행물이다. 버크를 포함한 친구들이 발간한 이 간행물은 다양한 주제에 대한 에세이와 극단에 관한 기사들로 구성되었다. 특히 당시에 상당히 논란이 되었던, 토머스 셰리든(Thomas Sheridan)이 운영한 스모크 앨리(Smock Alley) 극단을 다루었는데, 그의 아들인 극작가 리처드 브린슬리 셰리든(Richard Brinsley Sheridan)은 훗날 의회에서 버크의 동료이자 경쟁자가 된다. 에세이는 저자의 이름을 밝히지 않고 B, S, Æ 같은 머리글자만 써서 호기심을 자극했다.

그러나 Æ라는 이가 기고한 두 편의 에세이는 젊은 버크의 글이 틀림없다는 주장이 제기되기도 한다. 하나는 공공의 정신이라는 개념을 다룬 에세이로 시 부문에 대한 넉넉한 후원을 호소하는 내용이 포함되어 있다. 다른 하나는 시골의 빈곤을 철저히 분석한 에세이로 당대의 극단적인 불평등을 강조하고 비판하면서 지주 귀족은 토지 소유에 수반되는 책임을 다해야 한다고 주장하는 내용이다. 이러한 내용들은 당시에 버크가 주로 다룬 주제였고 이후에도 버크는 이런 주제들에 천착하게 된다.

버크는 1748년 2월 트리니티 칼리지를 졸업했다. 그 후 2년여 동안 그의 행적에 관해서는 거의 알려진 바가 없다. 졸업 후에도 여전히 법조계에 진출하라는 강한 압력을 받고 있었으므로 부친의 변호사 사무실에서 일했을 가능성이 높다. 아마 버크의 정신적 탈출구가 되는 데 아무 도움이 되지는 않았을 것이다. 그 기간 동안 버크는 지역 정치에 빨려들어갔을지도 모른다. 특히 찰스 루커스(Charles Lucas)가 야기한 뜨거운 논란에 휘말렸을지도 모른다. 그는 아일랜드 하원 보궐선거에서 치열한 다툼 끝에 낙선한 급진주의자다. 어쨌든 졸업 후 2년 동안 버크의 행적은 분명하지 않다.

다만 버크가 스무 살이던 1750년에 런던으로 이주한 사실만은 분명하다. 런던으로의 이주는 새뮤얼 존슨을 비롯한 수많은 인물들에게도 그랬듯이 버크에게도 삶에서 중요한 전환점이 되었다. 아일랜드는 그가 태어난 곳이었다. 어떤 식으로든 아일랜드는 그의 생각을 떠나지 않았다. 그러나 버크는 아일랜드에서의 안정된 삶에서 기쁨을 느낀 적이 없다. 가족과 함께한 삶에서도, 볼리토어 시절에도, 트리니티 칼리지에 다니면서도 기쁨을 느끼지 못했다. 그는 아일랜드 말투를 평생 고치지 않고 살았다. 그러나 런던으로 이주한 후 47년 동안 아일랜드를 겨우 세 번 찾았다. 런던, 그리고 잉글랜드는 버크에게 새로운 시작이었다.

새로운 시작

버크가 만난 런던은 영국의 섬들을 통틀어 가장 큰 도시였다. 1750년 당시 런던의 인구는 60만 명 이상으로 잉글랜드섬 전체 인구의 10분의 1정도였고, 두 번째로 큰 도시 브리스틀(Bristol) 인구의 열 배였다. 불결하고 악취가 코를 찔렀으며 인구가 과밀했고 매우 기초적인 위생 시설밖에 없었다. 사람들은 지하 저장소에서 돼지와 가금류를 길렀다. 천연두, 장티푸스, 이질 같은 질병들이 만연했고 툭하면 독감이 번졌다. 사망자와 기형아가 속출했으며, 도시 빈곤층이 가장 큰 타격을 받아 성한 가족이 없을 정도였다. 영유아기를 죽지 않고 넘기는 아이는 기껏해야 세 명에 한 명꼴이었다.

이러한 현실에서 탈출하기 위해 사람들은 도박, 투계(鬪鷄) 등에 의존했고, 무엇보다도 진(gin)에 의지했다. 달달한 과일 음료와 섞은 진은 폭발적인 인기를 얻어서 1743년 잉글랜드섬 전체에서 1인당 연평균 소비량이 9리터에 달했다. 버크가 런던으로 막 이주한 당시에는 악명 높은 주디스 드포(Judith Defour)에 대한 기억이 생생히 살아 있었다.[3] 윌리엄 호가스(William Hogarth)가 묘사한 「진 골목(Gin Lane)」 덕분이었다(다음 쪽을 참조하라). 주디스 드포는 1734년에 두 살짜리 자기 딸을 목 졸라 죽이고 마을 교구 구빈원에서 딸에게 준 새 페티코트를 팔아서 진을 사려고 한 여인이다. 진에 대한 광분을 제어하기 위해 의회는 다섯 개의 법안을 통과시켜야 했다.

제대로 갖춰진 경찰 병력도 없었다. 20년 앞서 가로등을 설치

◆ 진 골목의 풍경(윌리엄 호가스, 1751)

하는 새로운 제도가 도입되어 널리 호응을 얻었지만 효과는 크지 않았다. 따라서 당연히 범죄와 무질서가 만연했고 방화와 약탈이 심심찮게 일어났다. 폭동은 도시 빈민층이 부당한 처우를 보상받기 위한 방편으로 간주되기도 했고, 참담한 빈곤에 처한 사람들에게 쏠쏠한 수입원이 되었다. 사회 저변에는 폭력이 만연했다.

그런데 이런 와중에도 영국에서는 최초의 성(性) 혁명[4]이라고 불리는 현상이 일어나고 있었다. 혼전 성관계, 불륜, 매춘 같은 문제에 대한 대중의 태도와 공식적인 태도가 완화되었고, 새로운 형태의 행위들이 등장했다. 1650년대에 혼외 출생 비율은 겨우 1퍼센트에 지나지 않았다. 그러나 1800년 무렵 맏이의 경우 4분의 1이 사생아였다. 놀라울 정도로 성적 자유가 만연한 시대였고 1750년 런던은 그러한 성적 자유의 중심지였다. 부분적으로는 이러한 성적 자유 때문에 영국의 수도 런던은 지속적으로 인구가 폭발적으로 증가해 3세대 만에 인구가 두 배가 되었다.

사람들은 그럴싸한 이유 없이는 런던에 가지 않았다. 런던은 신나는 곳이었고 부와 기회가 넘치는 도시였다. 바베이도스에서 보스턴을 거쳐 벵골까지 교역하는 초기 제국을 관장하는 대도시였다. 급속히 성장하는 영국의 기업가·산업가·상업가 계층에게 저리(低利)로 자본과 유동자금을 공급하는 금융 중심지였다. 새로운 사상의 도가니였고 신문과 팸플릿을 통해 뜨거운 정치적 논쟁이 벌어지는 곳이었다. 그리고 국가 전체로서의 영국과 마찬가지로 런던도 유럽대륙에서 개인의 자유가 꽃핀 고향, 극장과 선술집의 나라, 군주의 권위가 법의 지배를 받게 된 곳이었고, 자유사상가들이 보복당할 두려움을 느끼지 않고 이의를 제기할 수 있는 곳이었다.

볼테르(Voltaire)가 던진 다음과 같은 질문은 널리 알려져 있다. "영국인들에게 자유를 보장하는 법을 다른 곳에서는 채택하지 못하는 이유가 뭘까?" 그러게 말이다. 왜일까? 영국은 절대군주와 사회적·종교적 위계질서가 존재하는 프랑스와 극명하게 대조되었다.

무엇보다도 런던이 부유해지면서 예술과 문화의 중심지로 점점 확고하게 자리매김한 까닭이 크다. 영국박물관은 1753년에 세계 최초의 '보편적인 박물관'으로 설립되었다. 교회의 소유도 군주의 소유도 아닌 국립 기관으로서 무료로 누구에게든 개방되어 있었고, 영국뿐만 아니라 인류의 문화와 세계의 문화 창달에 기여하는 곳이었다. 대저택에 걸려 있던 그림들이 사적인 공간을 벗어나 공공의 영역으로 들어오기 시작했다. 1746년 고아원은 당대 미술가들의 작품을 전시하기 시작했다. 그러나 그로부터 23년이 지나서야 비로소 신설된 왕립미술원(Royal Academy)이 파리에서 열리던 살롱전시회(Paris Salons)를 본떠 최초로 여름 전시회를 개최하게 된다.

헨델(Handel)이 후기에 작곡한 오라토리오는 이 시기로 거슬러 올라간다. 오스트리아 왕위 계승 전쟁의 종식을 축하하기 위해 그가 작곡한 「왕궁의 불꽃놀이(Music for the Royal Fireworks)」는 그린파크(Green Park)에서 1만 2,000명의 청중이 참석한 가운데 초연되었다. 걸출한 배우 데이비드 개릭은 1747년 드루어리 레인 왕립극장(Theatre Royal Drury Lane)을 인수해 유럽에서 손꼽히는 최고의 극장으로 키웠다.

런던에는 시 낭송과 연극 공연이 흘러넘쳤고 대부분이 도덕적 교훈을 주는 해학과 풍자로서 대단한 인기를 끌었다. 당시에는 초창기였던 소설 부문은 1736년 더비셔(Derbyshire)에서 런던으로 이주한 새뮤얼 리처드슨(Samuel Richardson)의 두 작품 『파멜라(*Pamela*)』와 『클러리사(*Clarissa*)』 덕분에 문학의 한 장르로 생명을 얻었다. 헨리 필딩(Henry Fielding)의 작품 『톰 존스(*Tom Jones*)』도 소설이 문학 장르로 자리매김하는 데 한몫을 했다. 날카로운 사회 풍자에 소설이라는 허구의 가치를 제대로 인식하고 잘 결합한 작품이다.

따라서 런던에서 불가능이란 없었다. 당시에는 오늘날에조차도 상상하기 어려울 만큼 인류가 지닌 야망의 광활함과 순수한 열정으로 가득했다. 처음으로 집에서 멀리 떠나 타지에서 생활하게 된 젊은 버크에게는 벅차고 짜릿한 경험이었을 게 틀림없다.

버크는 1750년 5월 미들 템플(Middle Temple)에 입학했다. 당시 런던에는 네 개의 법학원(Inns of Court)[h]이 있었는데, 대학이자 법조인 협회로서 이곳에서 법정 변호사 지망생들이 법률 수업을 받았다. 법학원은 아일랜드와 잉글랜드에서 변호사 생활을 하려면 반드시 거쳐야 하는 관문이었다. 대부분의 아일랜드 학생들은 미들 템플을 선택했는데, 이 법학원에서 아일랜드 학생은 전체 학생의 4분의 1 정도를 차지했다. 학업은 그리 부담스럽지 않았고 변호사가 되기 위한 시험도 없었다. 대신 학생들은 8학기 동안 학교에서 저녁을 먹어야 하고 방학은 단 한 차례였으며, 아홉 가지 운동 과목을 이수해야 했는데 이는 돈을 내면 면제받을 수 있었다. 그리고 대부분이 돈을 내고 면제받았다.

법률 수업은 선례를 치밀하게 살펴보기를 요구하는 협소하고 무미건조하고 실용적인 교육이었는데, 버크는 이를 질색한 것으로 보인다. 몇 년이 지나 버크는 다음과 같이 기록했다. "칼리지에 다니면서 학습한 내용으로 머리를 충분히 채운 사람은 배를 건조(建造)하고 돛을 달고 식량을 적재한 후 그 배를 건선거(乾船渠: 선박을 수리하거나 청소할 때 배를 넣어두는 구조물)에 넣어두는 사람과 같다."[5] 훗날 잉글랜드의 법에 관한 미완성 에세이에서 그는 다음과 같이 말했다. "자유로운 정신을 지닌 제대로 교육받은 이에게 법학은 최고의 저자들이 쓴 글이라고 해도 상스러운 용어 투성이고 이해하기 어렵게 설명되어 있다. 조악하고 평이하지 않은 표현이 많다. 방법이 엉성하다. 논리적 전개라는 형식을 취한, 학교가 배출한 허접한 쓰레기에 불과하다." 법학은 해박한 지식에 대한 버크의 믿음과는—또는 혼잡하고 활기 넘치는 도시와는—더할 나위 없이 거리가 멀었다.

그러나 버크는 법학에 대해 이와 같이 적대적인 태도를 보이면서 세 가지 불리한 여건에 놓이게 되었다. 첫째, 야망이 있는 젊은이에게 법학은 명성과 부를 얻고 사회적으로 신분 상승하게 되는 검증된 길이었다. 둘째, 변호사 자격이 없으면 버크는 전문적인 직업이 없어 먹고살 현실적인 수단도 없는 셈이었다. 마지막으로 셋째, 법을 포기하면 정서적으로, 재정적으로 부친과 정면충돌하는 입장에 놓이게 되었다.

버크와 부친 사이에 어떤 갈등이 있었든지 간에 리처드 버크는 자기 아들을 물심양면으로 뒷바라지했다. 그는 버크가 트리니티 칼리지에 다닌 4년 동안 학비를 댔다. 변호사가 되는 데 반드시 필요한 과정도 아니었는데 말이다. 그러고 나서 버크가 런던으로 이주한 후에도 5년 동안 재정적으로 뒷바라지를 했다. 에드먼드의 부친은 말 그대로 자기 아들에게 상당한 투자를 했다. 그러니 법이 아니면 뭘 해야 했을까?

버크의 서신과 시에서 미루어 볼 때 1750년부터 1752년까지 건강이 나빠져 여러 차례 고생한 듯한데 그럴 만도 했다. 그는 건강을 회복한 후 해결해야 할 중요한 문제는 회피한 채 새로 사귄 친구 윌리엄 버크(William Burke)와 장기간 여행을 떠남으로써 돈을 절약했다. '사촌 윌'이라고 불린 이 인물은 에드먼드와 성이 같았지만 혈연관계는 전혀 아닌 것 같다.

그는 에드먼드보다 조금 어렸고, 웨스트민스터 스쿨과 옥스퍼드대학교 소속 크라이스트처치(Christ Church) 칼리지에서 수학한 후 미들 템플에 진학해 법을 공부했다. 25년 후 버크는 윌을 자기가 "소년 시절부터 진정으로 사랑했고, 아주 소중히 여겼으며, 말로 표현하지 못할 정도로 하나가 되어 계속 더불어 살아온 사람"이라고 묘사했다.[6] 윌은 버크에게 평생을 함께한 친구였지만, 여러모로 버크에게 많은 해를 끼쳤다. 윌은 에드먼드에게 죽마고우이자 신분 상승의 경로였지만, 그는 또한 무모한 모험가였고, 재정적인 부담이었으며, 곤혹스러운 추문을 야기한 애물단지이기도 했다.

그러나 이 모두는 미래에 일어날 일이고, 당장은 에드먼드는 윌과 함께 에이번(Avon)주의 온천지 배스(Bath)로 휴양을 떠났다. 당시에 매우 인기 있었던 휴양지인데 이곳 온천수를 즐기려고 요양이 필요한 환자들뿐만 아니라 그저 휴양 목적으로 인맥이 탄탄한 이들도 몰려들었다. 에드먼드는 윌을 데리고 의사인 크리스토퍼 뉴전트(Christopher Nugent) 박사도 찾아갔다. 뉴전트는 오래전부터 알고 지내온 사람으로 아일랜드인이고 가톨릭교도였다. 버크가 의료 상담을 하면서 알게 된 사이인 듯하다. 에이브러햄 섀클턴과 마찬가지로 뉴전트도 현명하고 인정이 많았다. 제임스 배리(James Barry)가 나이 든 뉴전트를 그린 걸작이 있는데, 이 그림에서 뉴전트는 겸허하고 매우 사색적인 동시에 남을 단죄하지 않는 인물로 다가온다.

섀클턴과 마찬가지로 뉴전트도 젊은 버크에게 매우 깊고 지속적인 영향을 미쳤다. 버크는 자신의 건강이 회복된 게 뉴전트 덕분임을 다음과 같이 시에서 밝혔다. "이제 가을이 두 번 지났다./ 그가 육신이 부서지고 정신이 병든 젊은이를 우연히 만나게 된 이후로./ 그는 인간이 청할 수 있는 모든 것을 들어주었고 인간이 베풀 수 있는 모든 것을 베풀어주었다./ 그는 젊은이의 삶을 회복시켰고 그 젊은이에게 사는 법을 가르쳐주었다."

"사는 법을 가르쳐주었다." 무엇보다도 뉴전트에게는 10대 후반인 딸 제인(Jane)이 있었는데, 그녀는 금방 청년 버크의 마음을 사로잡았다. 버크는 문학적 야심을 품은 아일랜드 출신 외지인으로서 자신의 유일한 재정적 지원자와 결별하는 과정에 있었다. 아무리 좋게 생각해줘도 당시의 버크는 훌륭한 배우자감이 아니었다. 더군다나 제인은 가톨릭교도였다. 훗날 회화 작품에 등장한 모습으로 판단하건대 버크는 미남도 아니었고, 이렇다 할 재정적 후원자도 없었으며, 사회적으로 상류 계층도 아니었다. 그가 가진 것이라고는 다정다감한 성품, 열정, 재능뿐이었다. 비록 버크의 재능은 그의 성품과 사적으로 주고받은 서신들과 이따금 쓴 글에만 국한되어 있지만 말이다. 그런데 신통하게도 제인은 그 이상 바라지 않았다. 두 사람의 결혼은 사랑이 토대가 된 결합이었고 40년 넘는 결혼 생활 동안 이는 변하지 않는다.

제인은 당시에도 훗날에도 독립적인 개인으로 일별하기가 어렵다. 에이브러햄 새클턴은 그녀를 다소 단조롭게 다음과 같이 묘사했다. "가톨릭교도이고 품위와 교양 있는 여성으로서 (버크가 그녀와 결혼한 이유는) 신앙 때문도 돈 때문도 아니라 젊은이로서 당연히 연정에 이끌렸기 때문인데, 이로 말미암아 버크는 자신과 잘 맞는 대상을 만나게 되었고, 그녀와 평생가약을 맺었다."

버크가 아직 제인에게 구애하고 있을 때 쓴 찬사의 한 구절은 다음과 같이 꾸밈없고 삼가는 태도로 시작한다. "그녀는 키가 크지 않다. 모든 이의 선망의 대상은 아니지만 한 사람을 행복하게 해준다." 그러나 버크는 곧이어 다음과 같이 찬사를 쏟아낸다. "그녀는 섬세함 그 자체이지만 강인하기도 하다. 부드러움 그 자체이지만 나약하지 않다. …그녀의 목소리는 잔잔하고 부드러운 음악 소리다. …그녀의 육신을 묘사하면 그녀의 정신을 묘사하는 셈이다. 몸과 마음이 서로의 복사판이다. …" 그리고 다소 측은하게 다음과 같이 이 구절을 마무리한다. "그녀를 알고 자기 자신을 알면 어찌 크게 희망을 품을 수 있겠는가? 그러한 피조물을 보고 알게 된다면 어찌 마음을 빼앗기지 않을 수 있겠는가?" 풍자가 만연한 당시의 기준으로 비추어 봐도 이는 진정한 사랑을 표현한 언어다.

작가로 등단하다

1755년 버크는 중대한 결심을 한다. 변호사가 되지 않기로 한 것이다. 이 때문에 아들을 변호사로 만들려고 물심양면으로 지원을 아끼지 않던 부친과의 불화는 더 깊어졌다. 리처드 버크가 받은 도덕적 · 재정적 상처는 삶의 방향을 정하지 못하고 방황하는 아들 때문에 더욱 심해졌다. 에드먼드는 부친에게 다음과 같은 편지를 보냈다. "아버지의 고통이 저의 잘못된 판단으로 가중된다고 생각하니 참담합니다. 진실로 저는 무슨 일을 도모하든지 아버지와 어머니께 책임감 있고 다정하고 은혜를 아는 아들이 되고 싶은 마음뿐입니다." 그는 글을 쓰고 생각하고 살아가는 데 필요한 사회적 인맥을 만드는 것에 몰두했다. 친구 윌과 장기간 휴양을 하면서 에세이를 썼고 언론 기사라고 할 만한 글들을 썼다. 이제 그는 네 가지 묵직한 내용의 글을 단 시간 내에 연속해서 쏟아냈다.

이 세상에서 우리는 어떤 길을 걷게 될지는 아무도 예측하지 못한다. 그저 암중모색하면서 앞으로 나아갈 뿐이다. 우리는 지나간 삶을 돌이켜보면서 당시에는 얻을 수 없었던 명료한 눈으로 과거를 바라보게 되는데, 이는 특히나 현재 시점에서 과거를 기술하는 장단점을 모두 겪는 전기 작가에게 뼈저리게 와닿는다. 그럼에도 버크 본인은 전혀 예상치 못했겠지만, 버크가 초기에 쓴 이 네 가지 글은 그의 사상적인 틀이 되었고 이 틀 안에서 훗날 그의 사상이 면모를 갖추게 되었다. 이 네 가지 글을 하나하나 면밀히 살펴볼 필요가 있다.

첫 번째 글은 1756년 5월에 출간된 『자연발생적인 사회를 옹호함, 혹은 온갖 종류의 인위적인 사회에서 야기되는 비참함과 사악함에 관한 고찰. 지금은 고인이 된 귀족 작가가 **경에게 보내는 서신에서(*A Vindication of Natural Society, or A View of the Miseries and Evils arising to Mankind from Every Species of Artificial Society, in a Letter to Lord ** by a late Noble Writer*)』(이하 『자연발생적인 사회를 옹호함』으로 표기)이다. 젊은 시절 쓴 치기 어린 글로 무시되거나 폄하되기도 하는 이 글은 어느 모로 보나 탁월한 등단 작품이다. 볼링브로크(Bolingbroke) 경의 종교적 사상을 공격하려는 목적으로 익명으로 쓴 글인데 볼링브로크 경 사후에 출간된 글 모음집에 실려 있었다. 앤 여왕 때 외무장관을 지낸 볼링브로크는 1713년 위트레흐트 조약(Utrecht Treaty)을 체결해 스페인 왕위 계승 전쟁(The War of the Spanish Succession)[i]을 끝냈고, 이 전쟁에서 말버러 공작(Duke of Marlborough)은 북유럽까지 영토를 확장하려던 프랑스의 야심을 꺾었다. 그는 종교적인 계시를 받았다는 주장을 한낱 미신으로 치부하고 성직자를 사기꾼으로 여긴 '이신론자(理神論者)'로 악명이 높았다. 그는 '자연적인' 종교를 주창했다. 교회의 권위에 의거하지 않고 원칙적으로 모든 이성적인 사람들이 접근할 수 있는 종교 말이다.

버크는 이러한 주장에 강력히 이의를 제기했다. 그러나 공개적으로 반박하지 않고 간접적으로 풍자를 통해서 반박했다. 겉으로만 보면 『자연발생적인 사회를 옹호함』은 볼링브로크를 강력히 변호하고 있다. 하지만 속으로는 그의 주장을 조롱하는 내용이다. 이 글은 표면상으로는 문명이 과대평가되었다고 주장한다. 역사를 통틀어 이른바 문명화된 사회에서는 인간이 인간을 대량 학살하고 권력을 남용하고 가난한 약자를 노예로 부렸다. 그렇다면 우리는 군주의 권위나 공민적인 제도들이 없는 '자연 상태'의 사회에서 사는 게 낫다. 정치에서와 마찬가지로 종교에서도 그러하다. 종교적인 궤변과 신비주의가 야기한 거짓과 착취보다 순수하고 자연적인 종교로 돌아가는 게 낫다.

이와 같이 볼링브로크가 주장하는 바에 버크는 볼링브로크의 오만하고 권위적인 말투를 완벽하게 재현해 덧붙였다. 영국의 헌법과 영국 사회가 유럽 전역에서 흠모의 대상이던 시기였으므로 버크는 자기 글을 읽는 독자들이 틀림없이 풍자임을 알아차리리라고 생각했을 것이다.

그런데 대부분의 사람들이 이 글의 진의를 파악하지 못했다. 『자연발생적인 사회를 옹호함』의 주장은 널리 수용되었고 그 내용이 진심어린 주장이라고 생각한 비평가들도 있었다. 설상가상으로 볼링브로크 본인이 쓴 글인데 유실되었다가 다시 등장했다고 보는 이들도 있었다. 이 글은 특히 아메리카에서 호응을 얻었다. 자기 글에 대한 오해가 만연하자 버크는 이듬해에 재판을 발행할 때 해명하는 머리말을 추가해야겠다고 생각했다. 이 글은 풍자하는 글임을 분명히 밝히는 해명 말이다. 그러나 오해는 계속되었다. 1790년대까지도 이 글은 버크의 주장이 일관성이 없음을 보여주는 증거로 그의 발목을 잡았다. 반면, 그가 공상(空想)에 불과하다고 여긴 사회 비평을 급진적인 저술가들은 진지하게 받아들였다.

그럼에도 『자연발생적인 사회를 옹호함』은 뛰어난 작품이다. 분량은 에세이보다 조금 더 긴 정도에 불과하다. 하지만 폭정, 귀족 통치, 민주주의에 대한 정치적 분석을 폭넓게 역사와 결합하고 사회악에 대한 통렬한 비판을 신랄한 풍자와 결합한 역작이다. 이 글로써 달성하려던 목표를 살짝 빗나가기는 했지만 글 전반에 뛰어난 문장력이 돋보인다. 이 글에서 나온 주제들—추상적인 사상에 대한 불신, 인류 역사와 문명에 대한 찬미, 확립된 제도에 대한 믿음—은 버크가 평생 동안 다룬 주제들이기도 하다. 그리고 앞으로 알게 되겠지만, 이 글이 겨냥한 가장 중요한 목표물들은 아직 드러나지 않았다. 그렇다면 이 글은 단순히 젊은이의 치기 어린 글이 아니다.

『자연발생적인 사회를 옹호함』은 버크가 장래에 매우 중요한 인연을 맺는 계기가 된 글이기도 하다. 바로 런던의 서적상이자 출판업자인 로버트 도즐리(Robert Dodsley)와의 인연이다. 남의 집 하인 출신인 도즐리는 글을 통해 당대의 최고 출판업자로 손꼽힌 인물로, 알렉산더 포프(Alexander Pope), 토머스 그레이(Thomas Grey), 새뮤얼 존슨 등을 비롯해 거물급 인사들과 널리 친분을 맺은 마당발이었다. 그는 새뮤얼 존슨이 쓴 유명한 『사전(*Dictionary*)』 편찬에 재정을 지원했다. 버크를 런던 문단에 소개해주었을 뿐만 아니라 버크가 쓴 글에 소정의 고료를 지급해주었다. 이에 대한 보답으로 버크는 등단 후 초창기에 쓴 글을 모두 그에게 맡겼고, 1759년 도즐리가 현역에서 은퇴한 뒤에는 그의 동생인 제임스와 인연을 이어갔다.

그다음 작품으로 버크는 일찍이 명성을 얻게 되었다. 이번에도 활자를 아끼지 않은 다음과 같이 긴 제목이었다. 『숭고함과 아름다움이라는 우리의 사상의 기원에 대한 철학적 탐구(*A Philosophical Enquiry into the Origin of our Ideas of the Sublime and Beautiful*)』. 그러나 긴 제목 말고는 여러모로 『자연발생적인 사회를 옹호함』과는 매우 다른 작품이었다. 『숭고함과 아름다움이라는 우리의 사상의 기원에 대한 철학적 탐구』는 미학과 심리학을 탐구한 글이다. 인간이 느끼는 감정, 혹은 '열정'은 어디서 비롯되는가? 특정한 예술 작품이나 자연은 우리에게 특정한 감정을 불러일으키는데 그 이유는 무엇일까?

취향의 문제, 즉 '취향' 자체가 무엇인지에 대한 의문은 18세기 초 영국 상업을 급속히 확장시켰고 확장된 상업은 다시 취향에 대한 논의에 불을 지폈으며, 예술 작품의 교역이 세계적으로 늘었다. 고대에 최초로 논의된 취향의 문제는 1712년 조지프 애디슨(Joseph Addison)이 자신이 발간하는 영향력 있는 정기간행물 「스펙테이터(Spectator)」에 기고한 도발적인 글 덕분에 대중의 인식에 확고히 자리를 잡았다. 그보다 한 해 앞서 섀프츠베리 경(Lord Shaftesbury)은 취향은 시각이라는 외적 감각 못지않게 자연스럽고 즉각적으로 작동하는, 일종의 내적 감각이라고 주장했다. 아름다운 대상을 보고도 자연스럽게 즉각적으로 아름답다고 느끼지 않기는 불가능하다고 주장했다.

애디슨은 정반대 입장을 취했다. 그에게 취향은 예컨대, 풍경이나 인체와 같은 물리적인 대상을 바라볼 때 상상력을 발휘해서 그 대상들에 대해 평가를 내린 결과였다. 이러한 상반된 관점들로 인해 섀프츠베리 경은 물리적인 대상들이 그 대상들을 평가하는 이와 상관없이 독자적으로 그 자체로서 어떻게 아름다울 수 있는지 설명하는 데 애를 먹었다. 반대로 애디슨은 물리적인 대상이 아름답다면 그러한 대상이 아름답다고 느끼기 위해서 상상력이 필요한 이유가 뭔지 입증하는 데 애를 먹었다.

그 후 10여 년 동안 이러한 의문들은 위대한 아일랜드-스코틀랜드계의 철학자 프랜시스 허치슨(Francis Hutcheson)이 파고들었다. 그는 섀프츠베리가 주장한 내적 감각 이론을 옹호하고 확장했다. 섀프츠베리, 애디슨, 허치슨… 이들은 만만한 인물이 아니었다. 여기서 한 짤막한 설명에서도 드러나듯이, 미학은 파악하기 어렵기로 악명 높은 주제로서 개념적인 모호함으로 점철되어 있고 사람마다 취향이 제각각이며 취향은 시간이 흐르면서 변하기도 한다는 단순한 사실이 항상 발목을 잡는다.

작고한 위대한 극작가 S. J. 피렐먼(S. J. Perelman)의 말마따나,

"취향이 예전 같지 않다".[7] 따라서 스물일곱 살이라는 나이에 이 주제에 대한 글을 발표한 버크는 더할 나위 없이 용감했다. 실제로 버크는 이 글을 완성한 시기가 그보다 4년 앞선 스물세 살 때라는 사실을 생각해보면 더더욱 용감했다고 생각된다. 『숭고함과 아름다움이라는 우리의 사상의 기원에 대한 철학적 탐구』는 철학적 깊이가 있는 작품은 아니다. 그러나 당시에 사람들에게 큰 영향을 미쳤고 그 이후로도 널리 읽히고 있으며 이러한 버크의 사상을 바탕으로 여전히 새로운 주제들이 등장하고 있다.

논조를 보면 『숭고함과 아름다움이라는 우리의 사상의 기원에 대한 철학적 탐구』는 『자연발생적인 사회를 옹호함』과는 사뭇 다르다. 조롱과 풍자와 빈정거리는 기색은 보이지 않는다. 대신 절제되고 관심을 유도하고 때로는 친밀하게 독자에게 직접 말을 거는 느낌을 준다. 버크는 흔한 경험에서 출발해 증거와 직관에 따라 때로는 조심스럽게, 때로는 당당하게 어느 정도 과학 정신에 입각해 결론을 제시한다. 과거에 발표된 글의 재탕이 아니라 자기 나름의 이론을 제시한다. 이따금 (아마도 의도하지는 않았을) 유머가 엿보이는 순간도 있다. 이 책에는 "채소의 아름다움은 비율에서 비롯되지 않는다"라는 거창한 부제가 달린 부분도 있다.

대체로 논조는 차분하지만 확신에 차 있다. 버크가 보기에 인간은 분명히 나름의 독특한 속성을 지니고 있다. 인간은 똑같은 상황에 처하면 똑같은 고통이나 희열, 똑같은 열정과 느낌과 감정을 느끼기 때문이다. 예컨대 인간은 하나같이 장미의 향기에서 희열을 느끼고 폭력적으로 강타당하면 고통을 느낀다. 심미적 평가와 이에 수반되는 감정의 핵심은 애디슨과 마찬가지로 버크에게도 재창조하는 상상력이다. 순간적으로 느끼는 모든 감정을 다시 경험하도록 해주거나 그 경험을 낯선 사물과 장소와 사람들을 이해하는 데 확대 적용하도록 해주는 상상력 말이다. 그러나 버크는 이 상상력을 가시적인 대상에만 국한하지 않기 때문에 애디슨의 주장에 대해 초창기에 제시했던 반론을 회피한다. 반대로 버크는 시각과 청각뿐만 아니라 촉각, 후각, 취향 등 다양한 감각의 기능을 날카롭게 간파하고 의도적으로 시각예술을 뛰어넘어 시와 음악 등을 논한다.

버크는 장엄함과 아름다움 단 두 종류의 열정을 집중적으로 다룸으로써 애디슨의 논리를 발전시키기도 한다. 이 두 가지는 각각 신의 섭리에 따라 주어진 두 가지 기본적인 인간의 본능이 바탕이 된다고 생각했다. 자기보존 본능과 사랑 본능이다. 장엄함은 경외심이나 두려움, 공포를 이끌어낸다. 그 특징으로는 거대함, 무한함, 불분명함을 아우르지만 고통을 가할 힘과 역량도 포함된다. 인간이 장엄함을 직접 체험하면, 그것이 지진이든 뱀이든 당연히 외면하고 피신처를 찾게 된다. 그러나 예술 작품을 보거나 상상을 통해 장엄함을 간접적으로 혹은 멀리서 조우하면 경이로워하고 희열을 느낀다. 인간은 언어, 시, 수사(修辭)를 통해 감명을 받고 각성해 행동에 나설 수 있다.

장엄함이 인간을 주눅 들게 한다면 아름다움은 인간을 매료시킨다. 버크는 아름다움을 '사회적 품격'이라고 묘사한다. 단순히 이성 간에 욕정을 불러일으키는 게 아니라 특정한 상대와의 관계를 사회적으로 선호한다는 표현이기도 하다. 보다 폭넓게 보면, 사회에서 사람들을 결속시키는 감정과 본능이다. 인간의 역량을 최대한 표현하도록 하기 위해 신의 섭리에 따라 인간에게 주어진 공감과 모방, 야망이다.

아무리 좋게 해석해도 이는 대부분 추측이고 편향적이다. 그러나 버크의 이런 생각을 통해서 우리는 그가 어떤 사람인지 분명히 엿보게 된다. 다음과 같은 구절에서 젊은이의 열망이 절절하게 느껴진다. "아름다운 여인을 보라. 어쩌면 가장 아름답다고 할 신체 부위를 말이다. 목과 가슴. 그 부드러움. 그 부드러움을…. 시선을 어디에 고정시켜야 할지, 어디로 돌려야 할지 몰라 눈을 내리깔며 수줍은 척 교태를 부린다." 혹은 사랑의 행위로 신체적으로 흥분한 여체를 묘사한 다음과 같은 글을 보라.

> 머리가 한쪽으로 기운다. 눈꺼풀은 평소보다 더 게슴츠레 뜨고 시선은 천천히 상대를 향하고, 입은 약간 벌리고, 천천히 숨을 들이마시고 이따금 가볍게 한숨을 내뱉는다. 온몸이 축 늘어지고 손을 양옆으로 떨군다. 이 모두에는 내면을 향한 애수와 번민이 동반된다.

이 구절은 철학 작품이라기보다 성애(性愛)를 다룬 소설처럼 읽힌다. 그러니 훗날 18세기 위대한 페미니스트 메리 울스턴크래프트(Mary Wollstonecraft)가 여성이 나약하고 연약하다는 편견을 조장한다고 이 책을 공격한 게 그리 놀랍지 않다.

『숭고함과 아름다움이라는 우리의 사상의 기원에 대한 철학적 탐구』는 1757년 익명으로 출간되었고 적절한 대상에게 상당히 잘 팔렸기 때문에 머지않아 버크가 저자라는 사실이 널리 알려졌다. 이 책은 고대 그리스의 문학비평가 카시우스 롱기누스(Cassius Longinus)의 뒤를 잇는, 장엄함에 관한 독창적인 글이라는 평가를 받았다. 이 책은 미학에 관한 글로서 18세기의 위대한 지식인이자 비평가로 손꼽히는 고트홀트 에프라임 레싱(Gotthold Ephraim Lessing), 가장 위대한 사상가로 손꼽히는 이마누엘 칸트(Immanuel Kant)와 애덤 스미스에게 깊은 인상을 주었다. 영국의 화가이자 저자인 윌리엄 길핀(William Gilpin)이 이 책에서 자극을 받아 자기 나름대로 '픽처레스크(Picturesque)'라는 개념을 발전시키는 데도 일조했을지 모른다. 픽처레스크는 예술과 자연에서 장엄함과 아름다움을 접목한 개념으로 18세기 말에 선풍적인 인기를 끌었다.

그러나 어쩌면 그보다 훨씬 놀라운 점은 『숭고함과 아름다움이라는 우리의 사상의 기원에 대한 철학적 탐구』는 훗날 버크의 사상을 통해 확인된 수많은 주제들의 씨앗을 이미 배태(胚胎)하고 있다는 사실이다. 인간은 독특한 본성을 지녔는데, 이는 순전히 주관적인 본성이 아니라 어떤 일반적인 법칙이 관장한다. 인간은 본능과 감정에 크게 좌우되는 사회적 동물이다. 보통 사람들의 증언이 전문가의 증언보다 훨씬 가치 있는 경우가 흔하다. 인간의 열정은 공감과 상상력의 지배를 받는다. 인간의 안녕은 사회적 질서가 바탕이 되며 사회적 질서의 가치는 신의 섭리에 의해 주어진다. 인간의 이성은 그 범위가 한정되어 있고 공공의 도덕성의 기초가 되기에는 부족하다.

여기서는 독일계 미국 정치철학자 레오 스트라우스(Leo Strauss)의 다음과 같은 주장도 언뜻 비친다.[8] "바람직한 질서 또는 합리성은 스스로 바람직한 질서나 합리성을 부여하지 않는 힘들이 낳은 결과다." 사람들은 이성을 발휘해 바람직한 사회를 만들 수 없다. 바람직한 사회는 단순히 이성뿐만 아니라 감성과 감정에도 뿌리를 두고 있기 때문이다. 이러한 사상은 1790년대에 버크가 프랑스혁명을 비판하는 데 결정적인 영향을 미치게 된다. 그렇다면 이때 이미 일관성 있고 설득력 있고 놀라울 정도로 근대적인 개념들이 그 면모를 갖추기 시작했다는 뜻이다.

1756년부터 1759년까지의 기간 동안 버크는 로버트 도즐리와 친분을 쌓으면서 각양각색의 글을 쏟아냈고, 대부분 마무리하지 못했다. 마감을 넘기는 경우가 이따금 있었지만 이 시기에 버크는 영감을 얻어 글을 쓰는 저자에서 원고 청탁을 받아 글을 쓰는 저자로, 풋내기 지식인에서 상당한 지식을 소화하고 신속하고 설득력 있게 자기 견해를 피력할 역량을 갖춘 노련한 전문가로 변신했다. 이를 위해 엄청난 분량의 독서와 생각을 해야 했고, 이미 폭넓은 버크의 지식의 보고(寶庫)는 더욱 깊고 풍부해져 훗날 큰 도움이 되었다. 정당(政黨)은 아이디어가 풍부하면 표를 얻고 아이디어가 동나면 표를 잃는다는 말이 맞다. 버크의 경우, 두 차례 잠깐 공직에 몸담았지만 아이디어가 동난 적은 없다.

그의 초기작 가운데 그다음 작품은 친구 윌 버크(Will Burke)와 공동 저술한 『아메리카에 있는 유럽 식민지에 관한 이야기(*An Account of the European Settlements on America*)』(1757)다. 이 책은 고도로 특화된 주제를 다루려는 목적으로 쓴 역사적 논증이다. 아득한 옛날부터 영국 외교 정책은 유럽대륙에서 초강대국의 등장을 막고 유럽대륙에서 잇따라 등장한 초강대국들, 특히 스페인과 루이 14세의 프랑스와 그의 계승자들의 행동을 억제하려는 욕구라고 요약할 수 있다. 18세기 내내 프랑스와 영국은 인도에서부터 서인도제도, 북아메리카에 이르기까지 식민지 팽창을 둘러싸고 끊임없이 충돌했다. 1755년 영국 원정대를 이끈 에드워드 브래독(Edward Braddock) 총사령관이 프랑스가 구축한 요새 포르 뒤케인(Fort Dusquesne, 오늘날의 피츠버그)을 쟁탈하려는 시도가 처참한 실패로 끝나면서 위태위태했던 엑스라샤펠 조약(Treaty of Aix-la-Chapelle)[j]이 완전히 파기되었다. 그다음 해 5월 프랑스와 영국 사이에 전쟁이 공식적으로 선포되었다. 이 전쟁은 곧 전 세계로 확산되었고 훗날 7년전쟁(Seven Years' War)[k]으로 알려진다.

『아메리카에 있는 유럽 식민지에 관한 이야기』는 북아메리카에 있는 유럽 식민지들의 역사·민족·지리, 다양한 문화와 경제적 여건 등에 관한 당시 지식을 망라했다. 그러나 당연히 개론서였다. 하지만 주장도 담겨 있었다. 잘 관리된 식민지는 영국에 중요했고, 그런 의미에서 싸울 가치가 있었다.

그뿐만 아니다. 쇠퇴하는 스페인 제국보다 프랑스의 야망과 팽창주의를 더 경계해야 했다. 네덜란드 제국과 스페인 제국이 맞게 된 운명을 반면교사(反面教師) 삼아야 한다고 저자들은 주장했다. 남아메리카의 방대한 영토를 장악한 네덜란드와 스페인은 적합한 기간 시설로써 지속 가능한 식민지를 구축하고 현지 주민들과 바람직한 관계를 맺지 않고 금전적 이득에 눈이 멀어 광물을 캐고 착취했다. 두 나라 지도자들은 착복을 통해 권력을 심각하게 남용했다. 그 결과 그들이 쌓은 부는 순식간에 사라졌고 증오의 대상이 된 뒤 참담하게 실패하고 쇠락했다. 이 책은 이러한 식민지 정책을 다음과 같이 신랄하게 비판했다. "정부는 폭정을 했고, 종교는 편협했고, 교역은 독점이었다."

두 저자는 자유무역에 사회적 질서에 대한 믿음과 제도 구축의 중요성을 접목해야 한다는 입장이었다. 독점은 피해야 하고 독과점은 저지해야 했다. 규제와 경제적 유인책을 통해 장기간에 걸쳐 공공재를 늘려야 했다. 전도유망한 신흥 산업들은 제자리를 잡을 때까지 공공 보조금으로 적절히 지원해야 했다. 식민지들은 비교우위를 발휘할 부문을 발굴해서 특화하도록 권장해야 했다. 식민지들은 자체적으로 외국 시장에 수출하도록 허용해야 했다. 그러나 고가의 완성품 공급원인 영국의 지위를 보호하기 위해서 식민지에서의 수입은 계속 금지해야 했다.

『아메리카에 있는 유럽 식민지에 관한 이야기』를 쓸 때 두 저자가 어떻게 일을 분담했는지 정확히 알 길은 없다. 궂은일, 특히 편집과 요약은 대부분 윌 버크가 했고, 지적인 논거를 구축하고 틀을 잡고 일반화로 주장에 설득력을 부여하는 일은 에드먼드 버크가 했다는 주장이 제기되어왔다. 그러나 이러한 주장은 윌 버크의 입장에서는 억울할지 모른다. 윌은 분명히 경량급이 아니었기 때문이다. 다만 우리가 분명히 말할 수 있는 것은 이 책 또한 버크가 그동안 『자연발생적인 사회를 옹호함』과 『숭고함과 아름다움이라는 우리의 사상의 기원에 대한 철학적 탐구』에서 제시한 주장들을 발전시키는 데 기여했다는 사실이다. 인간은 공통적인 본성을 지녔다는 주장에 대해 『아메리카에 있는 유럽 식민지에 관한 이야기』는 반박한다. 인간은 역사, 기질, 예의범절에 따라 서로 매우 다르다. 사람들이 구축하는 제도와 문화에 따라서 안녕과 성공에서 크게 차이가 난다. 그리스도교는 대체로 문명화하는 힘이다. 위대한 지도자들은 근면 성실한 품성과 자신을 돌보지 않고 공공에 봉사하는 역량을 갖추어야 한다. 신의 섭리가 기회를 부여하고 실패를 만회할 계기를 만든다.

『아메리카에 있는 유럽 식민지에 관한 이야기』는 성공적이었다. 몇 쇄를 찍었고 이탈리아어, 프랑스어, 독일어로 번역되었다. 윌리엄 버크에게도 새로운 삶의 기회를 안겨주었다. 그는 1759년 영국이 막 쟁탈한 과달루페섬의 영국 행정부에 임명되었는데, 그곳에서 보물 사냥꾼으로서 불행한 삶을 시작했고 때로는 불법적인 행동도 했다. 한편 에드먼드는 출판업자 도즐리 형제와 출간하기로 한 문학작품들 가운데 마지막 작품에 착수했다. 『자연발생적인 사회를 옹호함』과 『아메리카에 있는 유럽 식민지에 관한 이야기』를 통해 역사 서술에 재능이 있음을 입증한 그는 이제 영국에 대한 짧은 역사서를 쓰고 싶었다—겨우 2년 안에.

18세기 초반에 여러 권으로 구성된 잉글랜드에 관한 역사 서술서가 적어도 다섯 질(帙)은 출간되었다. 그러나 역사 서술 분야에서 탁월한 작품이 없다는 정서가 여전히 만연했다. 특히 프랑스나 이탈리아의 거장들과 비교할 만한 역사 서술가가 없고 깊이와 정확성을 겸비한 좀 더 짧은 역사서가 필요하다는 정서가 퍼져 있었다. 철학자 데이비드 흄(David Hume)—훗날 버크가 잘 알게 된다—은 1754년에 첫 번째 조건을 충족시켰고 그 덕분에 찬사를 받게 된다. 그러나 흄의 작품 『역사(*History*)』는 여섯 권짜리 분량의 역작이었다. 버크는 그와는 전혀 다른 책을 제안했다. 길이는 흄의 책의 4분의 1 정도에 서술과 분석으로 균형을 맞추고 방대한 학문적인 연구 조사는 삼가는 대신 볼링브로크 류의 추론을 담은 책이었다.

이 작품에서도, 다른 여느 작품에서와 마찬가지로, 버크는 프랑스 사상가 몽테스키외(Montesquieu)의 영향을 크게 받았다. 버크는 몽테스키외에 대해 "가장 뛰어난 천재로서 이 시대를 계몽시킨 인물"이라고 했다. 몽테스키외의 주장에 따르면, 역사는 일반 원인이 관장하고 물리적 지리든 인간 관습과 법이든 "사물의 본성"의 제약을 받는다. 따라서 시간을 통해 스스로 해결책을 찾아가는 핵심적인 주제들을 강조하고 이를 엄선된 사례들로 뒷받침하는 접근 방식을 쓴다. 버크의 작품에서 나타나는 실험적인 속성은 『잉글랜드 역사를 요약한 에세이(*Essay Towards an Abridgement of English History*)』라는 책의 제목에서도 엿보인다. 그러나 이 책은 완성되지 않았다. 개인의 권리와 자유를 인정한 대헌장(Magna Carta)이 통과되고 이에 동의한 존 왕이 사망한 1216년까지만 다루고 있다. 이 책은 버크가 사망한 후 1812년에 가서야 출간되었다.

그렇다고 해도 『잉글랜드 역사를 요약한 에세이』는 버크를 이해하는 데 매우 흥미롭고 중요한 책이다. 대체로 연대순으로 짜여 있고 고대 브리턴인, 로마인, 색슨족과 노르만족을 차례로 개관하면서 각각 독특한 제도와 기질이나 "비범한" 측면들을 다룬다. 따라서 역사적 우발과 우연보다 예정설과 "이것이야말로 영국에 대한 진짜 이야기"임을 강조하면서 W. C. 셀러(W. C. Sellar)와 R. J. 에이트먼(R. J. Yeatman)의 책 『1066년과 그 전모(*1066 and all that*)』의 분위기가 이따금 풍긴다. 단지 A에 뒤이어 B가 발생했으므로 A가 B를 야기했다는 식의 인과관계의 오류가 등장하는 패러디 말이다.

그러나 『잉글랜드 역사를 요약한 에세이』는 이런 결함이나 진부함, 단조로움을 상쇄하고도 남을 만큼 많은 장점이 있다. 그중 하나는 생생한 문체다. 시작부터 유럽의 지리에 관한 주요 사실과, 그 사실과 역사와의 연관성을 훑으면서 독자를 사로잡는다. 또 다른 장점은 버크의 글에서 보이는 언론 보도 같은 색채와 치밀하고 구체적인 묘사다. 세 번째 장점은 다른 사람들이 폄하하는 문화를 포함해서 서술 대상인 문화를 깊이 이해하고 공감하는 태도를 보인다는 점이다. 따라서 버크는 고대 브리턴인의 관습과 제도를 논하는 데 상당한 분량을 할애하고 "이들 나라의 사제·입법자·의사"인 드루이드(Druid)[ㄴ]에게 각별한 관심을 보인다. 책 전체에 역동적이고 새로 부상하는 휘그당적인 자유가 녹아 있다. 저자로 막 발돋움하던 이 시기에 버크는 이미 『잉글랜드 역사를 요약한 에세이』에서 정당에 관한 생각들을 탐구하고 있는데, 이 책은 1770년에 가서야 출간된다.

『잉글랜드 역사를 요약한 에세이』는 신의 섭리의 중요성에 버크가 천착하고 있음을 다시 한번 보여준다. 그 덕에 몽테스키외의 역사적인 법을 결정론적인 확실성으로 취급하는 지적인 덫에 걸리지 않는다. 게다가 이 책에 제시된 깊이 있는 주장은 매우 설득력이 있다. 잉글랜드의 역사와 문화, 법은 노르만인과 더불어 시작되지 않았고 나머지 역사는 암흑시대다. 로마인들과 더불어 시작되지도 않았다. 따라서 잉글랜드인은 서로 이질적인 다양한 민족들이 섞여 있었다. 대체로 제도가 개인보다 중요하다. 관습, 습관, 예의범절은 법과 구분되고 이성보다 우월한 경우가 흔하다. 현재와 미래는 과거가 결정하지는 않지만 과거의 영향을 받는다. 이러한 주제들에서 이미 버크의 자취가 물씬 풍긴다.

제인 뉴전트와 가정을 꾸리다

『숭고함과 아름다움이라는 우리의 사상의 기원에 대한 철학적 탐구』에서 버크는 다음과 같이 썼다. "우리 마음을 사로잡고 깊이 감동시키는 것들은 다소 온화한 덕목이다. 침착함, 온정, 친절, 너그러움이다. 이러한 덕목은 사회적 관심사로서는 긴박성과 중요성이 떨어지고 비중도 덜하다. 그러나 바로 그렇기 때문에 이러한 덕목이 호감을 준다." 이는 제인 뉴전트의 판박이다. 버크가 구애하던 초기에 쓴 아름다움과 감성에 관한 에세이에서 기대할 만한 내용이다. 에드먼드와 제인은 1757년 3월에 결혼했다. 제인이 가톨릭교도라는 사실 때문에 에드먼드의 부친은 틀림없이 탐탁지 않았겠지만, 버크 부부는 결혼식을 성공회식으로 치렀다.

버크 부부는 이듬해 2월에 리처드, 12월에 크리스토퍼, 이렇게 두 아들을 낳았다. 크리스토퍼의 이름은 뉴전트 박사의 이름을 따서 지었는데, 뉴전트 박사는 버크 부부가 출산하기에 앞서 이미 런던으로 이주하기로 했고 그들이 가정을 꾸리는 데 도움을 주었다. 처음 보금자리를 마련한 곳은 배터시(Battersea)라는 곳인데, 런던 남쪽 외곽 지역에 있는 마을의 윔폴 스트리트(Wimpole Street)에 있다. 당시에 이 거리는 북쪽 끝에 있었고 그 너머는 탁 트인 벌판이었다. 버크는 늘 시골을 좋아했는데 아마 어린 자녀들의 건강에 시골이 훨씬 좋다고 생각했을지 모른다. 식구 수는 늘었다 줄었다 했다. 직계가족 외에 몇 년 동안 뉴전트 박사와 그의 아들 잭이 함께 살았다. 에드먼드의 동생 리처드도 장기간 함께 살았다. 윌 버크도 여행을 마치고 다음 행선지를 향해 출발할 때까지 이곳에 머무르곤 했다. 게다가 방문객과 손님으로 묵어가는 이들이 끊임없이 드나들었다.

버크는 이제 아내와 자녀도 생겼고 보금자리도 마련한 데다가 문학계에서 평판도 쌓기 시작했다. 그런데 수입이 없었다. 『자연 발생적인 사회를 옹호함』과 『숭고함과 아름다움이라는 우리의 사상의 기원에 대한 철학적 탐구』는 소정의 고료만 받았을 뿐이다. 『아메리카에 있는 유럽 식민지에 관한 이야기』의 저작권료 50파운드는 공동 저자인 윌과 나누었고, 『잉글랜드 역사를 요약한 에세이』는 미완성으로 끝났다. 완성했더라면 300파운드는 받았을 텐데 말이다(이 프로젝트는 사실 1762년에 시들해졌다). 그러나 이는 푼돈이었다. 당시에는 신사라면 한 해에 적어도 300파운드 이상은 벌어야 한다고 생각하던 때였으니 말이다. 빨리 더 많이 벌어야 했다.

그래서 버크는 두 가지 방향으로 대책을 강구했다. 하나는 언론이었고, 다른 하나는 간접적으로 공직에 진출하는 길이었다. 1758년 4월 버크는 도즐리와 계약을 맺고 『연감(*Annual Register*)』을 쓰고 편집하고 제작하기로 했다. 앞서 몇 십 년에 걸쳐 신문과 언론 인쇄물이 폭발적으로 증가했다. 처음에는 일간지가 폭증했고 막바지인 1730년대에는 「신사의 잡시(Gentleman's Magazinc)」와 「런던 잡지(London Magazine)」 창간과 더불어 월간지가 속출했다. 그 해에 발생한 사건들을 집약한 연감도 다수 출간되었다.

『연감』은 색다른 시도를 했다. 그해에 일어난 일들을 가독성 있게 서술한 권위 있는 출판물에 그치지 않고 일반적인 관심사를 폭넓게 다룬 다큐멘터리 기록 요소를 가미했다. 따라서 첫 부분은 그해에 일어난 주요 사건을 묘사하고 이러한 사건들을 보다 넓은 맥락에서 살펴보는 긴 역사 기록으로서, 신문에서 발췌한 사실들이 담긴 일지, 출생 고지와 부고, 왕의 연설문, 의회에서 통과된 법안들의 요약본, 흥미를 불러일으키는 이야기들이 수록되었다.

이와는 확연히 구분되는 두 번째 부분은 훨씬 생동감이 넘쳤다. 과학 보도, 평론, 에세이, 시, 역사, 건강과 실용적인 조언, 최근의 발견, 고고학, 인물평(역사적 인물과 당대의 인물들에 대한 약전[略傳]과 일화[逸話]) 등이 담겼다. 일부러 논쟁을 야기하려고 하지는 않았지만 논쟁을 야기할까봐 억지로 균형을 유지하려는 시도도 하지 않았다. 새로운 시도를 한 내용 가운데 버크가 직접 쓰지 않은 부분도 있지만 버크는 편집자로서 전체를 총괄했다. 『연감』은 도발적이고 폭넓고 생생하고 매우 광범위한 분야를 다루었다. 다시 말해, 버크 본인의 지성의 확장판이었다. 『연감』은 출간되자마자 성공했다. 중간에 몇 차례 출간을 거른 해도 있었고 두 가지 서로 다른 버전이 나온 시기도 있었지만, 오늘날까지도 여전히 출간되고 있다.

그러나 버크 본인에게 『연감』은 희비가 교차하는 결과물이었다. 한 해에 100파운드의 수입을 안겨주었다. 절실히 필요한 돈이었지만 경제적 안정을 보장하기에는 부족했다. 편집자라는 지위를 얻고 편집 경험을 쌓을 기회를 얻었지만, 공적으로 위엄이 있거나 지위를 부여하는 일은 아니었다. 그리고 시사 문제에 몰입하는 경험을 했다. 7년에 걸쳐 이 일을 하면서 실무를 책임졌기 때문에 강도 높은 노동이었지만 말이다. 그러나 다른 장점들도 분명히 있었다. 친구와 지지자들로 소규모 팀을 꾸리게 되었고 여기에는 훗날 워커 킹(Walker King)과 프렌치 로런스(French Laurence)도 합류했다. 두 사람은 버크의 책을 편집하고 버크 사후에 버크의 글들을 신탁 관리하는 책임을 맡게 되었다. 『연감』을 만들면서 버크는 영국과 유럽의 폭넓은 사상을 아우르면서 도덕적·지적 감수성을 점점 확장하게 되었다. 여기에는 새뮤얼 존슨, 애덤 스미스, 스코틀랜드 철학자 토머스 리드(Thomas Reid), 루소, 볼테르와 그가 흠모한 몽테스키외, 이들보다는 지명도가 비교적 낮은 여러 인물을 망라했다. 그리고 마침내 문학계에서 어느 정도 인정을 받았고, 머지않아 상류 사회에도 발을 들여놓게 되었다.

아마도 1759년 이맘때쯤 버크가 정치계를 향해 조심스럽게 첫발을 내디딘 듯하다. 그의 정계 입문은 윌리엄 제라드 해밀턴(William Gerard Hamilton)에게 소개되면서 이루어졌다. 해밀턴은 버크보다 나이가 한 살 많았다. 해로(Harrow), 옥스포드대학교의 오리엘 칼리지(Oriel College), 링컨즈 인(Lincoln's Inn)에서 수학한 그는 대단히 많은 재산을 상속받았고, 1754년 피터스필드 지역구에서 의원에 당선되었다. 의회는 새로운 회기를 시작할 때 대표한 사람이 미리 준비한 연설문을 의원들 앞에서 낭독하는 개회연설(Speech from the Throne)을 하는데, 1755년 해밀턴은 초선 의원으로서 처음이자 마지막으로 이 연설을 했다고 해서 의회 역사에서 "단발성 연설(single-speech)" 해밀턴으로 기록되었다. 그러나 해밀턴에게 이러한 별명은 억울하다. 사실 그가 이듬해에 했던, 두 번째 연설이 마지막이었기 때문이다.

의회에 입성할 만한 인물들이 많지 않았고 사회적 지위를 중시하는 시대에 해밀턴은 헨리 폭스(Henry Fox)와 친분을 쌓는 데 성공했다. 폭스는 영국군의 재정을 책임지는 국고담당관(Paymaster of the Forces)으로서 엄청나게 재산을 축적한 인물이었다. 폭스를 통해서 해밀턴은 곧 상무성(Board of Trade) 소속 핼리팩스 경(Lord Halifax) 밑에서 일하게 되었다. 야심만만한 해밀턴은 비서관 겸 개인비서를 물색하고 있었고 연봉 300파운드 정도에 버크를 채용했다. 버크가 『연감』으로 얻은 소득의 세 배였다.

순식간에 버크는 넉넉한 수입이 보장되고 정부의 심장부를 들여다볼 수 있는 일자리를 얻게 되었다. 앞길이 창창해보였다. 그러나 곧 폭풍이 휘몰아쳤다.

제2장

권력의 심장부를 드나들다 : 1759~1774

정치계에 첫발을 내딛다

버크가 정상에 오르겠다는 목표로 삼은 대상인 영국은 태평성대를 구가하고 있었다. 영국은 40년 넘게 놀라울 정도로 정치적 안정을 누려왔다. 오늘날 일반적으로 초대 총리로 간주되는 로버트 월폴 경(Sir Robert Walpole)이라는 가공(可恐)할 인물이 구축하고 구현했으며 그의 후임자들이 지속시켜온 정치적 안정이었다. 월폴은 휘그당원이었다. 즉, 1688~1689년 명예혁명 후 수립된 입헌군주제를 지지한 이들 가운데 한 사람이었다는 뜻이다. 명예혁명 기간 가톨릭교도인 제임스 2세는 망명했고 의회는 네덜란드 출신인 오라녜 공 빌럼 3세를 윌리엄 3세로 승인했다. 정치적으로 구분하자면 상대편은 토리당원으로서 지주인 이들은 제임스 2세와 그 후계자들을 지지했고 대체로 군주의 특권을 옹호했다.[1]

영국 의회 웨스트민스터(Westminster)에서 두각을 나타낸 인물의 이야기는 새로울 것이 없지만, 월폴 경은 그중 가장 위대한 인물이었다.[2] 그는 정치적 감각이 예리하고 열정이 넘쳤으며 세 가지 단순한 목표를 이루기 위해 용의주도하고 치밀하게 계획을 세우는 달인이었다. 세 가지 목표는 영국이 무역으로 영향력과 경제 성장을 확대하고, 정부를 구성하는 다양한 기관들을 완전히 장악하고, 토리당에게 지속적으로 정치적 패배를 안겨주는 일이었다.

월폴은 이 세 가지 목표를 초과 달성했다. 전쟁은 대체로 모면했고, 국가 부채는 줄었으며, 세금은 낮은 수준으로 유지되었고, 식민지와의 무역은 모국에 이득을 안겨주었다. 1714년 앤 여왕이 세상을 뜬 뒤 토리주의는 장기간 영락의 길에 들어갔다. 이듬해 자코바이트(Jacobite)의 모반[a]으로 불신을 받은 토리당은 붕괴하기 시작했고, 그 결과 훗날 휘그 지상주의(Whig Supremacy)라고 불리는 시대가 도래했다. 이러한 절차는 1745년 자코바이트가 두 번째로 시도한 모반이 실패로 돌아가면서 더욱 강화되었다. 그러나 반란의 기운이 사라지기는커녕 크고 작은 마을과 촌에서, 지역 선거구들과 의회에서 뭉근히 끓어오르고 있었다. 그러나 1760년에 가서야 비로소 이 세력은 정부에 다시 등장하기 시작했다.

1720년 남아메리카와의 무역을 독점한 남해회사(South Sea Company)가 금융 투기의 광풍에 휩쓸려 붕괴되었다. 그 여파로 주식 거래에서 뇌물과 내부자 거래가 만연했다는 사실이 분명히 밝혀졌다. 기득권층에 속하는 수많은 인물이 이 추문에 휘말렸고, 내각 각료에게까지 추문이 이어졌다. 월폴 본인도 막판에 들떠서 무모하게 투자를 했었지만 가까스로 견책과 재정적 파산을 모면했다. 몇 년 앞서 재정위원장(First Lord of Treasury)으로 재임하면서 국고를 관장했던 월폴은 1721년 4월 다시 이 직책에 임명되었고 자기 권력을 공고히 하는 작업에 착수했다. 어마어마한 부를 소유한 뉴캐슬 공작의 지원을 받은 그는 막강한 영향력을 행사하는 폭넓은 인맥의 핵심에 자리를 잡을 수 있었다. 그의 인맥은 조지 1세, 그리고 그의 정부(情婦)들부터 영국 교회, 런던 시, 수많은 명문가에 이르기까지 방대했다. 이 영향력은 1727년 조지 2세가 즉위한 뒤에도 유지되었다.

월폴은 교회나 정부에 사람을 임명할 때, 아무리 사소한 직책이라고 해도 월폴 본인에 대한 충성을 조건으로 내세운다는 원칙을 세웠다. 후원으로 충분치 않으면 뇌물과 선거를 지원해주겠다는 유인책을 무차별적으로 사용했다. 당시를 포착한 유명한 풍자만화「우상숭배 또는 승진 가도(Idol-worship or The Way to Preferment)」를 보면 월폴이 거대한 볼기짝을 드러내고 거대한 출입구에 다리를 쩍 벌리고 서 있고 사람들은 볼기짝에 입을 맞추고 문을 통과하려고 줄을 서 있다. 볼기짝의 주인이 누군지 삼척동자도 알만큼 너무나도 뻔해서 월폴의 얼굴을 보여줄 필요도 없었다.

월폴은 1742년 공직을 떠난 뒤에도 계속 정치적 영향력을 행사했다. 그의 권세는 뉴캐슬 공작과 그의 동생 헨리 펠럼(Henry Pelham)을 통해서 계속 가동되었다. 그러나 하원을 이끌 강력한 지도자의 필요성이 점점 대두되면서 열정적인 휘그 정치인 윌리엄 피트(William Pitt)가 전면에 등장했다. 월폴과 그의 후임자들과는 달리 피트의 집안 인맥은 귀족층에 겨우 발을 걸친 정도였다.

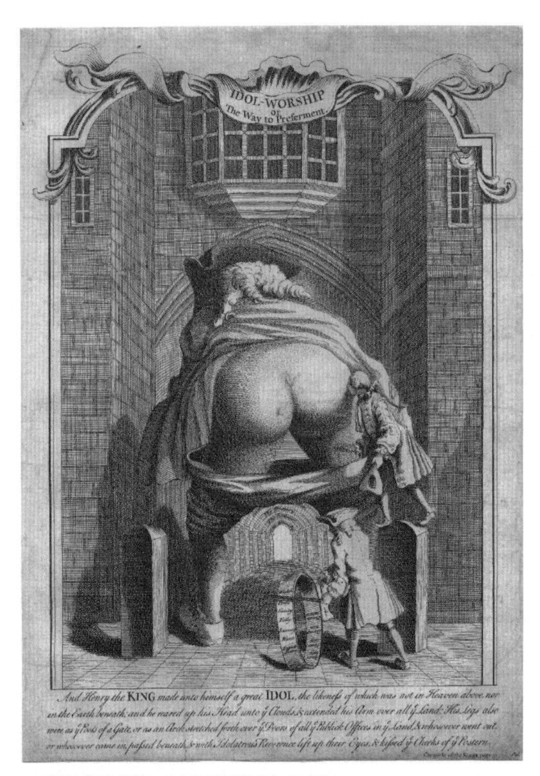

◆ 우상숭배 또는 승진 가도(익명, 1740)

집안 재산은 동인도회사에서 일한 그의 조부 토머스 피트를 통해 축적되었다. 인도 남동부 마드라스(Madras) 총독으로 근무한 토머스 피트는 엄청난 양의 다이아몬드를 발견하고 판매해 '다이아몬드 채굴장(Diamond Pitt)'[b]이라는 별명을 얻었다. 윌리엄은 조부와 가까웠고 영국의 위대함을 유지하려면 공격적으로 해외 무역을 장악하고 식민지를 팽창해야 한다는 가르침과 탁월한 개성과 열정을 지닌 개인에게는 불가능이란 없다는 교훈을 조부로부터 받았다.

세월이 흐르면서 피트는 툭하면 병이 재발했는데도 불구하고 그런 개인으로 변모했다. 청중을, 더 나아가 나라를 감동시킬 만한 뛰어난 웅변술로 자신의 목소리는 곧 운명이라는 확신을 갖게 되었다. 무모하고, 자신감 없고, 허세 충만한 피트는 미친 듯이 일에 몰두하다가 갑자기 권태에 빠지곤 했는데, 그는 어떤 파벌이나 인맥을 통해서가 아니라 자기 이름으로 자신의 인품만으로 권력을 행사하겠다고 마음먹었다.

피트는 1746년 조지 2세의 강한 반대에도 불구하고 정부에 입성했고 결국 보란 듯이 강직한 국고담당관이 되었다. 그가 진가를 발휘할 순간은 1756년에 찾아왔다. 7년전쟁 초기에 재난이 닥치고 특히 지중해 서부에 있는 미노르카(Minorca)섬을 프랑스에 빼앗기면서 피트는 중앙 무대에 진출했다. 그는 데번셔(Devonshire) 공작에게 그 특유의 유명한 발언을 바로 이 시기에 했다. "각하(閣下), 소인이 이 나라를 구할 수 있다고, 소인 말고는 아무도 이 나라를 구할 수 없다고 감히 확신하옵니다." 놀랍게도 피트는 이 주장을 실현했다. 그는 직접 전쟁을 지휘했고 해외무역, 특히 프랑스 무역을 목표로 삼아 서인도제도, 북아메리카, 아프리카, 인도 등 네 개의 전역(戰域)에서 싸웠다. 각 전역에서 활발한 군사 활동이 전개되었다. 유럽 본토에서 프로이센과 동맹을 맺으면서 여유가 생긴 영국군은 피트의 '바닷물(blue water)' 전략을 실행하는 해군을 지원했다. 영국을 침략하려던 프랑스의 계획은 브레스트(Brest)와 툴롱(Toulon)에 있는 프랑스 함대가 봉쇄되면서 좌절되었다.

1759년은 영국과 이제 위대한 하원 의원(Great Commoner)이라고 불리게 된 피트에게 잇달아 승전보를 안겨준 해이다. 영국은 과달루페, 다카르를 점령했다. 프랑스령인 캐나다는 퀘벡을 야간에 공격하는 탁월한 지략을 쓴 제임스 울프(James Wolfe) 장군의 손에 들어갔다. 가장 달콤한 전과(戰果)는 프랑스 해군을 마침내 바다로 밀어냈다는 점이다. 툴롱 함대는 에드워드 보스카웬(Edward Boscawen) 장군이 절멸시켰고 브레스트 함대는 키베롱(Quiberon)만 근해에서 에드워드 호크(Edward Hawke) 장군이 격퇴했다. 영국은 환호했다. 로버트 경의 아들이자 지식인인 호러스 월폴(Horace Walpole)은 그해 말 다음과 같이 기록했다. "수시로 승전보를 울리느라 우리나라 종(鐘)이 모두 닳아 없어지겠다." 피트가 하는 일 족족 성공하는 듯이 보였다.

그러나 군사적 개가에 뒤이어 정치적 불안이 찾아왔다. 1760년 조지 2세가 사망하고—그의 아들 프레더릭은 1751년에 갑자기 세상을 떠났기 때문에—그의 손자가 조지 3세로 왕위를 계승했다. 새로 즉위한 왕은 어리고 불안정하고 남을 지나치게 단죄하는 성향이 강했으며, 뷰트(Bute) 백작으로부터 악영향을 받고 있다는 의심을 샀다. 조지 3세는 정당이나 파벌의 도움 없이 통치하려는 욕망을 지녔다는 점에서 피트와 공감대를 이루었다. 그러나 두 사람은 이미 사이가 틀어져 있었고, 피트가 공직을 떠나는 것은 시간문제였으며, 실제로 1761년 사임했다. 그 후 9년 동안 정치적 혼란과 반전이 이어진다.

조지 3세가 즉위한 후 초기에 취한 변화들 가운데 하나는 상무성을 책임진 핼리팩스 경을 아일랜드의 총독(lord lieutenant)에 임명해 더블린으로 보냈다는 사실이다. 수석비서관으로 승진한 윌리엄 해밀턴(William Hamilton)이 그를 따라갔다. 그리고 버크도 해밀턴을 따라갔고, 버크의 가족은 나중에 버크와 합류했다.

1750년에 아일랜드를 떠난 버크가 처음으로 고향을 방문하게 되었는데, 그는 다시 부친을 만나는 게 마뜩치 않았을 것이 틀림없다. 감정의 응어리를 풀기 위해서 버크는 사람을 시켜서 『숭고함과 아름다움이라는 우리의 사상의 기원에 대한 철학적 탐구』 한 권을 부친에게 보냈고 부친은 고맙고 용서해달라는 말이 담긴 서신과 돈까지 보내왔다. 그러나 마음의 상처는 결코 완전히 아물지 않았다. 리처드 버크는 아들을 다시 보기 전에 세상을 떠났기 때문이다. 부자간에 미처 화해를 하지 못하고 가슴 아픈 결말을 맞았지만 어쩌면 아들은 마음의 짐을 덜고 홀가분해졌을지도 모른다.

버크가 더블린에 체류하는 동안 이렇다 할 사건은 없었다. 다만 하얀 겉옷을 입고 다녔다고 해서 '화이트 보이즈(White boys)'라고 알려진 무리가 농촌 지역에서 테러를 저지르고 다닌 사건이 있었다. 가난에 비싼 임대료와 자의적 퇴거 명령에 저항하는 시위대였다. 처음에는 비폭력적이었지만 개신교도인 집주인들과 더블린 당국이 민병대를 투입해 대대적으로 잔혹하게 대응하면서 화이트 보이즈의 저항도 점점 거칠어졌다. 이 때문에 시위대 일부가 사망하고 일부는 체포되었다. 그리고 주동자들이 교수형에 처해지면서 이는 널리 사법 살인으로 인식되었다. 버크는 처음으로 조직화된 시위와 폭력적인 억압을 가까이서 목격했고 가톨릭교도인 하층민의 처지에 크게 공감했다. 희생자 중에 니컬러스 쉬히(Nicholas Sheehy)가 있었기 때문에 더더욱 그러했다. 형법에 반대한 쉬히 신부는 버크의 처가 쪽 친척이었는데, 화이트 보이즈와 관련해 세 차례 재판을 받은 끝에 결국 1766년 교수척장분지형(絞首剔臟分肢刑)[c]에 처해졌다.

1763년 해밀턴은 또다시 승진했다. 이번에는 아일랜드 재무장관이었다. 한직(閑職)이지만 유용한 자리였다. 버크는 300파운드의 '연금(pension)'을 받았다. 그러나 그의 심정은 복잡했다. 해밀턴에게 감사하면서도 한편으로는 그로부터 독립하고 싶은 마음이 굴뚝같았다. 연금은 흔한 관행이었지만 거의 항상 정치적 부패와 후원의 결과로 간주되었다. 월폴이 독직(瀆職)을 저지른 이후로 더더욱 그런 눈총을 받았다. 존슨 박사의 『사전(*Dictionary*)』에 수록된 연금 수령자(pensioner)에 대한 여러 가지 정의 가운데 "주인에게 고용되어 수당을 받고 복종하는 국가 노예"라는 정의도 있다. 설상가상으로 버크가 받는 연금은 잉글랜드 재무부가 아니라 아일랜드 재무부에서 지급했다. 당시에 그러한 연금에 대해 버크의 친구들을 포함해서 아일랜드 정치인들은 특히 불만이 컸다. 버크도 아일랜드 동포들이 자신에게 연금을 지급할 여유가 없다는 사실을 잘 알고 있었다.

돌이켜보면 버크와 해밀턴의 결별은 필연적이었다. 성격이 서로 상당히 달랐다. 버크는 열정적이고 헌신적이고 따뜻한 반면, 해밀턴은 냉정하고 나태하고 냉소적이었다. 버크는 전성기를 맞고 있었고 해밀턴은 자기 마음대로 권력을 휘두르려고 했다. 해밀턴이 신임 총독인 노섬벌랜드 백작과 관계가 틀어져 1764년 5월 해임된 점도 두 사람 관계에 도움이 되지 않았다.

해밀턴은 아일랜드로 돌아오면서 버크를 평생 자기 수하에 두려고 했던 듯하다. 아일랜드에서 해밀턴이 보인 행적이 대단히 못마땅했던 버크는 해밀턴의 제안을 '집안 사정'을 핑계로 거절했고 연금도 더 이상 받지 않겠다고 했다. 자유로운 정신의 소유자로서 자기 의사를 마음껏 표현해야 하고 정치적 야심을 펼치려는 버크에게 그런 역할은 더할 나위 없이 치욕스러웠다. 1765년 2월 무렵, 상당한 불화 끝에 두 사람은 결별했다.

정치가로 발돋움하다

자기 신상의 결백에 대해 매우 까다로웠던 버크는 해밀턴과 결별한 후 자신이 그 어떤 잘못도 하지 않았다는 사실과 앞으로의 자기 입장을 친구들에게 밝힐 필요가 있다고 생각하고 다음과 같은 내용을 담은 문서를 회람했다. "나는 결코 내 인격을 훼손할 그 어떤 타협도 할 수 없다. 따라서 나는 전모를 전해 듣고 난 뒤 내가 진적으로 옳다고 생각하지 않고 해밀턴을 저열한 불한당으로 간주하지 않는 이들은 절대로 내 친구로 여기지 않을 작정이다." 당시에는 개인의 평판이 중요했으므로 이와 같이 사실을 적시할 필요가 있었을지 모른다. 그러나 해밀턴의 입장에서 보면 억울한 면도 있었다. 신경이 거슬리고 소외감을 느꼈다.

버크는 나이가 들면서 본질적으로 선한 품성이 발현된 사례가 수없이 많다. 그러나 당장 닥친 사건에서 압박을 받게 되면 자기 확신이 굳어져서 누구도 못 말릴 정도로 독선적이 되고 이따금 자기기만에 빠지기도 한다. 그 결과 그는 열렬한 추종자들도 얻었지만 친구가 되거나 정치적 동지가 될법했던 수많은 이들을 잃기도 했다.

그러나 이는 먼 미래에 일어날 일이었다. 당시에는 버크의 친분 관계는 대체로 넓어지고 있었다. 능력에 운까지 겹치면서 그는 역사상 가장 뛰어난 재능을 지닌 이들의 회합에 합류하게 되었다. 이 회합에는 스코틀랜드 철학자이자 역사학자인 악명 높은 무교자(無敎者) 데이비드 흄이 있었다. 그는 런던을 방문하러 왔을 때 버크에게 자기 친구 애덤 스미스가 쓴 『도덕감정론(*Theory of Moral Sentiments*)』 한 권을 주었다. 버크는 스미스에게 감사의 편지를 써 보내고 『연감』에 호의적인 서평을 실었으며 이를 인연으로 친분을 맺게 되었다. 그 회합에는 화가 조슈아 레이놀즈(Joshua Reynolds)도 있었다. 훗날 왕립미술원을 창설한 레이놀즈는 30년 이상 버크와 가까이 지냈다. 그는 버크에게 두 사람과 가까운 친구인 배우 데이비드 개릭의 초상화를 선물했는데, 당시에 개릭은 극단에서 과장이 심하고 열변을 토하는 연기 관행을 좀 더 사실적인 연기로 바꾸는 혁명적인 변화를 주도하고 있었다.

하지만 문학계에서 벌어지던 논쟁의 중심에 존슨 박사의 클럽이 등장하게 된다. 혹은 그냥 '클럽(the Club)'으로도 불렸다.[3] 18세기는 클럽의 시대였다고 해도 과언이 아니다. 인간이 생각해 낼 수 있는 온갖 사회적 필요와 관심사와 인간이 처한 상황을 논의하기 위한 클럽이 생겼다. 조지프 애디슨의 주장을 믿어도 된다면, 퉁명스러운 사람들, 못생긴 사람들, 방귀가 잦은 사람들을 위한 클럽까지 생겼다. 에식스(Essex) 농부들이 결성한 미치광이 클럽(Lunatick Club)은 보름달이 뜰 때 회합했다. 귀족들의 방탕한 생활에 걸맞은 클럽들도 생겼다. 그 가운데 악명 높은 지옥불 클럽(Hellfire Club)이 있고, 스코틀랜드의 '앤스트러더(Anstruther)에 있는 가장 오래되고 가장 막강한 모임, 베거스 베니슨 앤드 메릴랜드(Beggar's Benison and Merryland)'는 스코틀랜드 동부의 파이프(Fife)주의 변호사·기업가·성직자들이 출입하는 남성 전용 섹스 클럽이었다. 특히 스코틀랜드 귀족인 켈리(Kellie) 백작들이 단골이었다. 이 클럽의 성격은 클럽 이름에서 알 수 있다. '메릴랜드'는 여체(女體)를 완곡하게 표현한 단어다.

클럽 하면 늘 존슨 박사를 떠올리지만, 사실은 레이놀즈가 착상한 회합이다. 1764년 초에 창설된 클럽은 대화가 목적이었고 본래는 런던 도심 소호(Soho)에 있는 터키인의 머리(Turk's Head)

◆ 조슈아 레이놀즈 경의 자택에서 열린 문학 모임(제임스 W. E. 도일, 1851)

라는 선술집에서 격주로 모였다. 아홉 명의 창립회원들은 예술계를 망라했고 버크와 레이놀즈(로마 신화에서 로마를 건설한 쌍둥이 형제 레무스[Remus]와 로물루스[Romulus] 가운데 후자의 이름을 따 로물루스라고 불렸다)를 비롯해 버크의 붙임성 있는 장인 뉴전트 박사, 아일랜드 극작가이자 트리니티 칼리지 동창인 올리버 골드스미스(Oliver Goldsmith), 음악비평가 찰스 버니(Charles Burney), 고전학자 베넷 랭턴(Bennet Langton), 그리고 두말 할 필요 없이 새뮤얼 존슨도 있었다. (도일[James William Edmund Doyle]이 제작한 판화, 앞 쪽의 그림을 참조할 것) 「조슈아 레이놀즈 경의 자택에서 열린 문학 모임」을 조지 톰슨(George Thompson)이 인쇄한 작품을 보면 분위기가 어떠했는지 알 수 있다. 존슨이 버크에게 이야기를 하고 있고 이를 레이놀즈와 개릭이 지켜보고 있다. 버니와 코르시카 출신의 애국자 파스콸레 파올리(Pasquale Paoli)도 눈길을 주고 있다. 보즈웰, 골드스미스, 시인 토머스 와튼(Thomas Warton)은 배경으로 밀려났다.

클럽의 회원들 가운데서도 키나 존재감이나 업적에서 단연 존슨이 돋보이는 인물이다. 리치필드 서적상의 아들로서 자수성가한 그는 저체중 미숙아로 태어나 연주창(連珠瘡), 천연두, 결핵 등 온갖 질병을 이겨내고—이러한 질병들 때문에 그는 얼굴에 흉터가 남았고 귀와 눈이 약간 멀었으며 자기 힘으로 제어할 수 없는 안면 경련과 온갖 종류의 돌발적인 몸짓에 시달렸다—당대뿐만 아니라 역대 최고의 지식인으로 손꼽히게 되었다. 존슨이 기여하지 않은 문학 장르는 거의 없을 정도다. 그가 기여한 장르는 언론·

픽션·시·비평·풍자·전기·에세이·기행문·사전 편찬을 망라한다. 그러나 그를 전국적인 유명 인사로 만든 계기는 1755년에 출간된 『영어 사전(*Dictionary of the English Language*)』이었다.

존슨은 몇 년 후 버크를 만났고 "그가 말이 많은 까닭은 잘난 척하기 때문이 아니라 머리에 든 게 많기 때문이다"라고 버크를 평했으니 끊이지 않고 말을 쏟아낸 버크와의 대화를 즐겼던 게 분명하다. 시간이 흐르면서 두 사람의 친분은 무르익었고, 존슨은 다음과 같은 말을 즐겨 하곤 했다. "어떤 사람이 소나기를 피하려고 처마 밑에 들어갔다가 거기서 우연히 버크를 보게 되면 그는 이렇게 말할 것이다. '대단한 사람이구먼.' 버크가 자기 말에 안장을 얹는 걸 보러 마구간에 가면 마부는 이렇게 말할 것이다. '대단한 사람이 여기 묵고 있네.'" 이는 대단한 찬사였다. 더군다나 존슨은 입에 발린 말은 절대로 하지 않는 성품이었으니 말이다.

그러하지만 존슨과 버크의 관계는 절대로 순탄하지는 않았다. 정치적 견해 차이도 도움이 되지 않았다. 존슨은 열혈 토리당원이었고 버크는 휘그당원이었다. 이따금 버크로부터 정치적인 도움을 얻으려고 오락가락하는 제임스 보즈웰의 잔꾀도 도움이 되지 않았고 존슨이 이따금 사적인 자리에서 한 신랄한 발언을 누군가가 퍼뜨려 뒷공론이 오간 점도 도움이 되지 않았다.

두 사람은 말과 글의 스타일도 달랐다. 존슨은 촌철살인의 해학과 남의 말을 인용하는 데 천재적인 재능을 보인 반면, 버크의 연설은 다소 장황했고 우스꽝스럽거나 비극적인 세부 사항을 먼저 차곡차곡 쌓은 다음 반박하기 어려운 극적인 효과를 만들어냈다. 두 거물이 맞붙는 경우 으레 그렇듯이 두 사람 사이에는 눈에 보이지 않는 경쟁심도 있었을 법하다. 존슨은 불편한 심기를 다음과 같이 내비치기도 했다. "저 친구를 상대하려면 내 온 힘을 다 해야 해. 지금 버크와 맞닥뜨리면 나는 죽을지도 몰라."

그러나 버크의 인맥은 문학계보다는 점점 사교계와 정치계로 확대되었다. 여기에는 휘그 정치인들 몇 명이 포함되었다. 윌리엄 피츠허버트 경(Sir William Fitzherbert)과 존 캐번디시 경(Lord John Cavendish), 카리스마 넘치는 찰스 톤젠드(Charles Townshend), 그리고 버킹엄셔의 지주 버니 경(Lord Verney)도 있었다. 버니 경은 윌 버크와 아주 가까운 사이가 되었다. 1763년 뷰트 백작이 이끈 내각이 7년전쟁을 종식시킨 파리 평화협정 조항들을 놓고 너무 양보를 많이 했다는 비난이 일자 결국 퇴진하게 되었고 조지 3세는 자신이 그토록 혐오한 조지 그렌빌(George Grenville)과 베드퍼드 공작(Duke of Bedford) 두 사람을 상대해야 했다. 2년 후 정치적 회전목마는 다시 한 바퀴 돌았고 그들도 자리에서 물러났다. 피트는 여전히 시큰둥하고 냉담했다. 왕은 의회 최대 계파를 이끌던 로킹엄 후작(Marquis of Rockingham)에게 내각을 구성해달라고 요청하고 뉴캐슬 공작(Duke of Newcastle)과 컴벌랜드 공작(Duke of Cumberland)을 왕의 에미낭스 그리즈(éminence grise)[d]로 천거했다.

버크는 이때 활동을 하지 않고 있었던 게 분명하다. 그의 둘째 아들 크리스토퍼가 5~6세이던 1764년에 세상을 떠났기 때문이다. 그의 사인에 대해서는 알려진 바가 거의 없지만 아들을 잃은 버크는 하나 남은 아들 리처드에게 애정과 관심을 쏟았을 게 틀림없다. 더군다나 버크의 서신들에서 미루어 볼 때 아내 제인이 유산을 했고 어쩌면 한 번 더 유산을 했을 가능성이 있었기 때문에 더욱더 아들에게 관심을 기울였을 것이다. 버크 부부는 아마도 더 이상 자녀를 둘 수 없다는 결론에 도달하고 매우 슬펐을지도 모른다.

그러나 로킹엄 후작의 위상이 높아지면서 버크에게는 엄청난 행운이 찾아온다. 버크에게 찾아온 두 번의 대운(大運) 가운데 첫 번째 행운이었다. 로킹엄은 연로한 뉴캐슬 공작의 반대를 무릅쓰고 버크를 개인 비서로 채용했다. 뉴캐슬 공작은 버크가 사실은 가톨릭교도임을 숨기고 있고 자코바이트라고 비난했다. 그러나 로킹엄은 공작의 비난을 일축했고 버크는 무명 인사에서 권력의 최상층부로 단숨에 뛰어올랐다. 새 내각은 1765년 7월 15일에 출범했고 버크는 그다음 날 근무를 시작했다.

두 번째 행운은 금상첨화였다. 윌 버크가 자신의 정치적 야심을 잠시 접고 버니 경을 설득해 에드먼드 버크를 웬도버(Wendover)에 출마하도록 했기 때문이다. 웬도버는 버니 경이 자기 마음에 드는 사람에게 개인적으로 증여하는 '호주머니 지역구(pocket borough)'[e]로서 막대기만 꽂아도 당선되는 곳이었다. 버크에게 이제 정치가로 입문할 길이 열렸다.

초선 의원으로 신고식을 치르다

신임 정부의 최우선 관심사는 아메리카 식민지였다. 수십 년 동안 이 식민지들은 대체로 방치된 상태에서 번영했다. 이를 정책이라고 일컫기에는 무리가 있다. 그러나 무역만은 예외였다. 다른 곳에서와 마찬가지로 아메리카에서도 식민지 관련 사안들은 중상주의 노선을 따라 엄격하게 관리되었다. 식민지는 원자재를 생산하고 최종 상품을 수입하기 위해 존재했다. 식민지를 통치하는 모국이 이러한 원자재를 최종 상품으로 가공해 가치를 부가한 다음 이 상품들을 영국 배로 실어 날랐다. 이 무역의 상대방인 아메리카 상인은 늘 현금이 쪼들렸고 런던의 금융계에서 늘 융자를 받아야 했다. 영국의 관점에서 볼 때 이는 엄청나게 편리하고 수익이 높은 거래 관계였고 양측은 대체로 서로에 대해 잘 알지 못했기 때문에 유지되는 관계였다.

그러나 이를 바꿀 사건들이 연달아 일어났다. 18세기에 걸쳐 20만 명 남짓하던 아메리카 식민지 인구가 두 배가 되었고, 그 인구가 다시 두 배, 또다시 두 배로 늘어 1765년 무렵에는 200만 명을 약간 밑돌았다. 이민이 폭증했는데, 대부분이 잉글랜드가 아니라 스코틀랜드·아일랜드·프랑스·독일에서 건너왔다. 법망을 피해 달아나거나 새 출발하려는, 사회의 소외 계층에 속한 이들임은 두말할 필요도 없었다. 토머스 페인(Thomas Paine)도 그런 이들 가운데 한 사람으로 1774년 아메리카로 이주했다. 새 이민자들은 웨스트민스터 의회에 대한 애정이 눈곱만큼도 없었다.

7년전쟁은 영국의 승리로 끝났고 영국이 세계 도처에 구축한 식민지 제국은 더욱 확장되었다. 장기적으로 이는 엄청난 수익을 창출했다. 그러나 당장은 전쟁을 치르느라 국고가 거의 바닥이 났다. 국가 부채는 7,000만 파운드에서 1억 3,000만 파운드로 거의 두 배로 뛰었다. 유산계층에게 부과하는 세금은 거의 15퍼센트에 달해 지나치게 높다는 여론이 비등했다. 대책이 필요했다.

그렌빌이 내놓은 대책은 다음과 같았다. 아메리카대륙 서부로의 확장을 제약함으로써 씀씀이를 줄이고 아메리카 인디언과 오랫동안 계속해온 국경 전쟁을 끝내기로 했다. 항해법을 집행해 해외 무역 경쟁을 제한하고 식민지가 수입하는 영국 상품, 특히 설탕 가격을 인상했다. 그리고 1764년에 통과된, 합법적 거래에 관한 인지조례(印紙條例, Stamp Act)[f]를 통해 아메리카 식민지 주민들로부터 직접 수익을 벌어들였다.

안 그래도 점점 다루기 힘들어지고 있었던 식민지에서 분노가 폭발했고 저항이 일어났으며 반란의 첫 징후가 나타났다. 따라서 1765년 신임 정부가 당면한 긴급한 과제는 인지조례를 어떻게 처리할지였다. 이 법을 집행하자니 너무 부담스러워서 사업가들이 문을 닫을 지경이었고 타협을 하면 아무도 만족시키지 못할 게 뻔했다. 따라서 로킹엄은 즉각 폐지를 선택했다. 인지조례의 폐지를 촉구하는 버크의 제안서가 발견된 사실로 미루어 볼 때 그가 로킹엄에게 영향을 주었을 가능성이 높다.

체면을 잃지 않고 정치적인 비판을 무마하기 위한 조치로서 영국 정부는 선언령(宣言令, Declaratory Act)을 제정했다. 영국은 원칙적으로 식민지에 과세할 권리가 있으며 설사 그 권리를 행사하지 않더라도 권리는 유지된다는 내용의 법안이었다. 이 조치는 먹혀들었고, 두 법안 모두 의회를 통과했다. 그러나 단기간만 유효한 임시방편에 불과했다. 식민지 주민들은 선언령이 집행되지 않으리라는 정보를 입수하고 후에 증세에 더 과격한 반응을 보이게 된다.

한편 버크는 선거에서 당선되어 의회에 입성해야 했다. 당시 웬도버에는 겨우 250명의 유권자가 있었는데—오늘날 이 지역구 유권자는 7만 7,000명 정도 된다—대부분이 버니 경의 부동산 입주자들이었고 따라서 버니 경이 시키는 대로 투표했다. 현직 의원에게는 은퇴를 종용했지만 그래도 선거라는 형식적인 절차는 거쳐야 했다. 시대가 시대이니만큼 거나하게 술이 오가는 자리에 참석해야 했다. 버크의 취향과는 맞지 않았지만 어쨌든 해냈다. 1765년 크리스마스이브에 아일랜드계 친구이자 정신적인 스승인 찰스 오하라(Charles O'Hara)에게 보낸 편지에 버크는 다음과 같이 적었다. "어제 나는 웬도버에서 당선된 후 만취했고, 오늘은 지독한 감기를 앓고 있소."

그러나 하원의 의사당은 별개의 문제였다.[4] 의사당은 버크가 살았던 시대 이후로 두 차례 다시 건축되었다. 1834년 큰 화재가 났을 때 한 번, 그리고 제2차 세계대전 때 폭격으로 파손된 후에 한 번. 후자의 경우 윈스턴 처칠 경이 친히 지시를 내려 너무 비좁게 만들었다. 처칠의 말을 빌리자면, "하원은 본질적으로 격의 없이 대화를 나누는 게 바람직하다. 신속하게 격의 없이 서로 말을 끊고 의견을 주고받을 수 있는 시설이어야 한다. …그러려면 상당히 작은 공간이어야 하고 중대 사안을 논의할 때 북적거리고 급박한 느낌을 주어야 한다. …뭔가 중요한 사안이 논의되고 있다는 느낌, 바로 그 장소에서 중대 사안에 대한 하원의 결정이 내려진다는 느낌 말이다".

따라서 의사당은 가로 세로 각각 20.7미터에 14미터로 다소 아담하고, 하원 의원 수는 650명인데 자리는 겨우 427석밖에 없다. 18세기의 의사당은 그보다도 더 작아서 17.7미터에 10미터, 의원 수는 558명인데 자리는 300~350석밖에 없었다. 의원 수 대비 좌석 수의 비율은 훨씬 낮았다. 이렇게 작은 의사당이 효과적으로 기능한 이유는 단지 회기에 거의 참석하지 않는 의원들이 많았기 때문이다.

1707년 후에는 더 답답한 느낌을 주게 되었다. 크리스토퍼 렌 경(Sir Christopher Wren)이 의사당을 개조하면서 천장은 더 낮게 만들고 양쪽 가장자리를 따라서 기둥을 설치하고 그 위에 관람석을 설치했기 때문이다. 지금과 마찬가지로 그때도 그렇게 협소한 공간은 텅 빈 동굴 같은 근대 민주주의의 전당과는 동떨어진 느낌을 준다. 오늘날 하원 의사당은 웨스트민스터 궁에서 유일하게 냉방 시설이 있는 공공 공간이다. 찌는 듯한 여름날에 더할 나위 없는 피난처다. 버크가 살았던 시대에 하원 의사당은 아마 숨 막힐 듯 했을 것이다.

그때도 지금처럼 의원들은 서로 마주 보고 앉았다. 좌석 배치는 이 기관의 기원이 된 세인트 스티븐즈 채플(St. Stephen's Chapel)을 본떴다. 보통 교회에서는 설교단을 향해 좌석이 배치되지만, 잉글랜드의 교회에서는 신도들이 통로를 사이에 두고 서로 마주 보고 앉는다. 의장과 서기들은 가발을 쓰고 가운을 입고 세 개의 높은 창문이 나 있는 동쪽 끝에 자리를 잡았다. 고참 의원인 각료들은 궁중 예복을 완벽히 갖추고 칼을 찼다. 백벤처(back bencher)[g]와는 복장이 천양지차라서 1782년 그들이 대거 의석을 잃었을 때 작은 소동이 일었다. 로킹엄 계파가 푸른 색 옷을 입고 칼을 차고 머리카락에 하얀 헤어 파우더(hair powder)를 바르고 의사당에 나타났기 때문이다.

그러나 각료들 외에는 복장 규정이 따로 없었다. 의원들은 모자를 쓰고[5] 부츠를 신었다. 박차를 단 부츠를 신은 이들도 이따금 있었고 주로 지팡이를 휴대했다. 각료들은 자기들끼리 어울렸고, 과일이나 견과류를 먹었으며, 의사당에서 잠을 청하는 경우도 드물지 않았다. 그러나 의사당에서 흡연이나 독서는 금지되었다. 오늘날에는 의사당 곳곳에 마이크와 작은 스피커가 설치되어 있지만, 당시에는 다른 의원들에게 들리도록 말하려면 목소리가 엄청나게 우렁차야 했다.

월폴의 시대 이후로 오늘날의 관행이 등장했고 정부 각료들은 의장의 오른쪽 앞좌석에 앉게 되었다. 1770년대 무렵 그들의 야당 상대인 고참 의원들은 그들과 마주 보고 앉았다. 그러나—오늘날 말하는 정당은 아직 출현하지 않았다—다른 의원들은 개별적으로 혹은 원하는 대로 여럿이 무리를 지어 앉았다. 버크는 보통 로킹엄 계파의 다른 의원들과 함께 야당 프론트벤처(front bencher)가 앉는 앞좌석에서부터 세 번째 줄에 앉았다. 기둥과 가깝지만 의장의 의석에서 그리 멀리 떨어지지 않은 자리였다. 의원들이 갑론을박할 때 적극적으로 관여할 수 있을 정도로 가까우면서도 야당 내에서 로킹엄 계파 구성원들이 독자성을 유지할 만큼 거리를 둘 수 있는 위치였다.

초선 의원은 첫 연설이라는 끔찍한 신고식을 치러야 했다. 사람이 살다 보면 피치 못할 끔찍한 일을 겪기도 하고 끔찍한 일을 자초하는 경우도 있는데, 후자의 경우 하원에서 첫 연설을 하는 일 만큼 두려운 일은 없다. 연설하는 사람과 그 연설을 듣는 청중 모두의 고통을 덜기 위해서 최근에 등장한 관행이 있다. 첫 연설은 짧고, 유쾌하고, 논란이 되지 않는 내용이어야 한다. 참석한 의원이 거의 없고 의사당이 한적할 때, 보통 비중이 그리 크지 않는 토론을 할 때, 밤늦게 시행된다. 초선 의원은 자기 선임자에 대한 찬사를 늘어놓는다. 선임자가 사악하든 무능하든 상관없다. 그러고 나서 참석한 의원들에게 자기 지역구에 대해 가볍고 짤막하게 소개한 다음 자신이 정치적 야심을 갖고 추진할 중요한 명분을 소개한다. 이와 같이 순탄하고 유쾌한 절차에서 벗어나는 용감한 의원은 드물다.

버크 때는 매우 달랐다. 초선 의원의 첫 연설은 정치적 발언이었다. 그러나 사회적인 발언이기도 했다. 야심만만한 초선 의원이 출신 성분에 상관없이 그의 존재감을 드러낼 절호의 기회였다. 20세기 전까지만 해도 의원은 모두 남성이었기 때문에 여기서 '그'라는 남성대명사를 썼다. 무엇보다도 처음으로 정치 세력을 과시하는 자리라는 점이 중요했다. 하루 종일 매체가 보도하는 오늘날과는 달리 당시에 정치적 토론은 하원 의사당에서 집중적으로 열렸다. 게다가 아주 논란이 큰 법안이 상정되면 참석하는 의원의 수가 200~300명에서 400명 이상으로 크게 늘었는데, 추가로 늘어난 참석자들은 보통 비교적 독자적으로 행동하는 지역구 의원들이었다. 당에서 징계를 내리는 일이 거의 없고 오늘날처럼 따라야 하는 당 노선이나 그런 노선을 취하는 전국적인 정치조직도 없었기 때문에 웅변술이 탁월하면 크게 주목을 받았다. 직업정치인들은 하원 의원 한스 스탠리(Hans Stanley)의 다음과 같은 충고를 귀담아들었다. "의회에 입성하라. 그리고 지루한 연설을 하라. 그러면 솔깃한 제안이 들어오게 된다. 처음에는 거절하다가 마지못해 수락하는 척하라. 그다음 당신과 가족을 위해 한몫 챙겨라. 그러고 나서 당신을 독자적으로 행동하는 지역 유지로 일컬으라."[6] 그러나 위험부담이 컸기 때문에 대부분의 하원 의원들은 차마 첫 연설을 할 엄두를 내지 못했다. 위대한 역사학자 에드워드 기번(Edward Gibbon)도 그런 이들 가운데 하나였다. 정치 경력 9년 동안 한 번도 연설을 하지 못했다. 그보다 한 세기 앞서 정치계에 몸담았던 시인 앤드루 마벌(Andrew Marvell)도 마찬가지였다. 558명의 하원 의원들 가운데 절반 이상이 공적인 사안에 관해 단 한 차례도 발언을 하지 않았다.

버크는 1766년 1월 17일에 첫 연설을 했다. 그러나 순탄하고 유쾌한 절차와는 거리가 멀었다. 인지조례 폐지를 둘러싸고 격렬한 논쟁이 벌어지는 자리였다. 의사당은 입추의 여지가 없었고 시끌벅적했다. 칼 앤턴 히켈(Karl Anton Hickel)이 1793년 프랑스가 전쟁을 선포했다는 소식을 접한 후 피트가 하원에서 연설하는 모습을 그렸는데 이 그림을 보면 당시 분위기를 가늠할 수 있다(다음 쪽 그림 참조). 그러나 버크의 연설은 한 번에 그치지 않았다. 그

◆ 1793~1794년 하원 의사당(칼 앤턴 히켈, 1793~1795)

는 한 번 더 발언을 했고, 또다시 발언을 했으며, 그 뒤에도 여러 날 계속해서 자주 발언했다. 당시 상황을 정확하게 낱낱이 기록한 공식 문서는 남아 있지 않다.

하원에서 벌어지는 토론 내용에 대한 보도를 허용해야 할지 여부에 관한 논란은 1771년에 가서야 등장했다. 그러나 어쨌든 버크의 연설은 큰 반향을 불러일으킨 게 틀림없다. 다름 아닌 '위대한 하원 의원(the Great Commoner)'이라 불리는 윌리엄 피트가 직접 거들고 나섰다. 2월에 버크가 연설을 한 후 다음과 같은 발언이 나왔다. "버크가 연설을 한 후 피트 씨로부터 극찬을 받았는데 여느 사람에게 한 칭찬 같았으면 역겨웠겠지만 버크에게 한 칭찬은 말 그대로 진심이었고 합당했다."

상황이 달랐다면 이는 노장 의원과 소장 의원 사이에 오랜 기간 지속될 우정의 시작이었을지도 모른다. 그런데 사실 정반대였다. 연설을 한 직후 버크는 켄트에 있는 피트의 저택으로 그를 만나러 갔다. 그는 도미니카에 자유무역 항구를 두면 어떤 장점이 있는지 노장 의원을 설득하려고 했다. 또한 로킹엄을 대신해서 피트에게 정부로 돌아올 의향이 있는지 여부를 물어보려고 했다. 이는 로킹엄의 정부가 취약한 상태에 놓여 있고 로킹엄이 점점 자기 비서인 버크에게 크게 의존하고 있다는 징조였다.

그러나 돌이켜보면 버크가 이런 문제를 가지고 피트를 찾아간 건 큰 오판이었다. 피트의 성격을 대충 파악하기만 했어도 자존심이 하늘을 찌르는 피트가 그런 문제를 한낱 애송이 의원과 의논할 리 만무했다. 피트는 더할 나위 없이 버크를 박대하고 모진 말로 쫓아버렸다. 그 이후로 두 사람 사이에는 감정의 앙금이 생겼고, 이러한 감정은 버크가 피트를 점점 지적 바탕이 없는 허풍쟁이로 간주하면서 더욱 심해졌다. 그로부터 15년 후 피트의 아들이 총리에 취임했을 때 버크가 그를 보는 시각은 이미 그 가문에 대한 반감으로 편견이 작용했을 게 틀림없다.

로킹엄 행정부는 취임한 지 1년 남짓한 1766년 7월에 무너졌다. 각료들이 경험이 일천하고 무능했고 로킹엄이 뷰트 추종자들을 한낱 왕의 하급 관리로 여기고 상대하지 않으려 했기 때문이기도 하고, 무엇보다도 피트의 격렬한 반대에 부딪혔기 때문이다. 피트는 하원에는 식민지 주민들을 대리하는 이들이 없는데 인지조례는 식민지 주민들에게 과세할 권리를 주장하는 법이라며 헌법에 위배된다고 비난했다.

그 덕에 아메리카에서 피트는 대단한 인기를 얻었다. 이제 그는 입장을 바꿔서 정당과 정파들을 싸잡아 비난하고 로킹엄과 그의 추종자들로부터 거리를 두었다. 피트 못지않게 정당을 경멸한 왕은 눈치를 채고 피트에게 직접 정부를 구성하라고 제안했다. 막 작위를 받아 채텀 경(Lord Chatham)이 된 피트는 상원에서 정부를 구성했다. 이처럼 위대한 하원 의원에서 귀족 상원으로 변신하면서 피트는 공개적으로 엄청난 조롱과 비난을 받았다.

으레 그랬듯이 버크는 글로 반응을 보였다. 결과물은 「단명한 지난 정부에 관한 단문(A Short Account of a Late Short Administration)」이었다. 겨우 750개 단어 길이의 이 글은 정치 팸플릿이라기보다는 짤막한 풍자 글이었다. 물러난 행정부의 집권 시기와 업적에 대해 호의적인 인상을 주기 위한 짧은 역사 기록이었다. 버크는 이 글에서 로킹엄 행정부는 대영제국에 평온을 가져왔고 영국의 무역이 제자리를 잡았다고 주장했다. 헌법을 수호했고 일괄압수수색영장 발부와 사문서 압류를 금지해 국민의 자유를 신장시켰다고 주장했다.

특히 버크는 로킹엄 계파의 강직함과 그들에게 맞선 세력을 비교하는 데 심혈을 기울였다. "그들은 뷰트 백작과 사적으로 아무런 관련이 없었다. …그들은 뷰트 백작에게 아첨을 하지도, 그를 탄압하지도 않았다. 그들은 그 어떤 부패 행위도 저지르지 않았다. 그들은 매관매직하지도 않았다. 그들은 본인도, 가족이나 하인들을 위해서도 상속권을 취득하거나 연금도 받지 않았다. …그들이 정책을 실행할 때는 새롭고도 독특한 반대에 부딪혔다. 하급관리들과 연금수령자들의 반대였다." 이는 순전히 사사로운 발언은 아니었다. 정당이라는 개념이 새로이 형성되고 있었다는 사실을 엿볼 수 있는 발언이기도 했다.

버크는 신임 행정부 내에서 자리를 하나 얻기를 바랐지만, 그런 희망은 채텀 경이 손수 꺾어버렸다. 이러한 일을 겪으면서 버크는 앞으로 자신은 야당을 하든 집권을 하든 로킹엄과 함께 해야 한다는 확신을 더욱 굳혔다. 피트는 눈에 띄게 나이가 들고 있었다. 버크와 그의 후원자가 다시 공직에 진출하는 것은 시간문제였다. 그런데 버크 개인의 영향력은 로킹엄과 더불어 커졌지만 여전히 두 사람의 사회적 지위 사이에는 엄청난 간극이 있었다.

로킹엄은 잉글랜드에서 손꼽히는 부자였다. 본인도 부자인 데

다가 상속녀와 결혼해 웬트워스 하우스(Wenttworth House)를 상속받았다. 웬트워스 우드하우스로 개명한 이 저택은 방이 365개(대충 그렇다는 말이다. 아무도 방이 몇 개인지 확실히 세어보지 못했다)이고 저택의 동쪽 정면의 폭은 유럽에 있는 그 어떤 저택보다 긴 180미터에 달한다. 로킹엄은 노샘프턴셔(Northamptonshire)와 위클로(Wicklow) 카운티에도 대저택이 있고 요크셔에도 가문 소유의 드넓은 사유지가 있었다. 반면 버크는 런던에서 가계를 꾸려가느라 고군분투하고 있었다.

얼핏 보면 로킹엄은 그저 당시에 사람들이 열광한 경마와 도박에나 심취하는 한량처럼 보이기 쉽고 또 흔히 그렇게 묘사되곤 했다. 그러나 사실 그는 겉보기와 달랐다. 은둔형인 그는 남 앞에 나서기를 꺼렸고 여러 가지 병을 앓았는데 그 가운데는 성병도 있었다. 이탈리아에 갔을 때 감염된 성병으로 몸이 쇠약했고, 이 때문에 불임이 되었을 가능성이 있다. 후작 3세는 볼 수가 없었다는 말이다.

그러나 매우 호감을 주는 성품에 기품도 있었고—조슈아 레이놀즈가 그린 그의 초상화에서 잘 나타난다(다음 쪽 그림 참조).—추종자들로 하여금 충성하게 만드는 역량이 뛰어났다. 그의 추종자들은 상원의 리치먼드 공작들과 포틀랜드 공작들 같은 휘그당의 귀족들과 50여 명 정도의 하원 의원들을 아울렀다. 그는 일단의 핵심적인 정책들을 고수하는 일관성과 정치적 후원과 재정적 지원을 도덕적 원칙과 결부시켜, 자신의 정치적인 파벌 내에서 흐름을 구축했다. 버크는 그저 봉급을 받는 비서에 불과했다. 그러

◆ 로킹엄 후작의 초상화(조슈아 레이놀즈 경, 1768)

나 시간이 흐르면서 버크는 로킹엄 계파 휘그당원들 사이에서 핵심적인 역할을 하게 되었고, 이들을 파벌 정치에서 탈피시켜 조직적으로나 지적으로나 근대 정당의 원형으로 발전시켰다.

비컨스필드 저택을 매입하다

한편 버크는 여전히 경제적 안정과 사회적 지위를 갈망하고 있었다. 그는 한결같이 윌 버크와 가까이 지냈고, 그를 자기 식솔처럼 여겼다. 이러한 끈끈한 관계는 윌이 자기 친구인 버니 경에게 부탁해 에드먼드에게 의석을 확보해주는 아량을 베풀면서 더욱 깊어졌다. 이제 그들의 관계는 금전적 투기까지 확대되었다. 윌은 버니에게서 빌린 돈을 이용해 '신용매입(buy on margin)'[h]하는 방식으로 동인도회사 주식에 투자하기 시작했다.

거액이 결부되었다. 한때는 4만 9,000파운드에 달하기도 했다. 에드먼드가 윌의 투기에 대해 소상히 알고 있었는지, 혹은 어떤 식으로든 직접적으로 이에 관련이 있었는지 여부를 보여주는 증거는 없다. 그러나 두 사람과 버크의 동생 리처드는 오래전부터 '경제 공동체'였고, 따라서 서로 경제적 득실을 공유했다. 따라서 에드먼드는 윌의 투기 행위에 재정적으로 심각하게 노출되어 있었다.

한동안은 잘 나갔다. 1767년 7월 동인도회사는 배당금을 늘렸고, 그로부터 8개월 만에 두 번째로 배당금을 12.5퍼센트라는 아찔한 수준으로 높였다. 한 해 앞서 윌은 수익을 1만 2,000파운드 이상이라고 추산했었다. 따라서 에드먼드는 그레고리즈

(Gregories)를 매입하면서 전혀 염려하지 않았을지 모른다.[7] 그레고리즈는 버킹엄셔(Buckinghamshire)의 비컨스필드(Beaconsfield) 근처에 있는 240헥타르 넓이의 다용도지가 딸린, 팔라디오(Palladio) 양식으로 지은 수려한 별장이다. 매입가는 2만 파운드였다. 이번에도 윌이 다리를 놓아 에드먼드를 기꺼이 도우려는 버니 경으로부터 빌린 6,000파운드를 포함해 거의 융자와 담보대출로 마련한 집이었다.

버크의 집안 배경과 얼마 안 되는 빤한 재력으로 미루어 볼 때 버크가 이런 저택을 매입했다는 사실은 친구들에게는 경이로움이었고 적들에게는 비방과 뒷공론거리였다. 그러나 이 시골 저택이 정말 마음에 든 버크는 과학적 원칙을 바탕으로 농부로 성공하기로 마음먹었다. 그 저택에는 훌륭한 그림과 조각들도 딸려왔다. 이 저택을 방문한 보즈웰은 프랑스 화가 니콜라 푸생(Nicolas Poussin)이 그린 풍경화 일곱 점을 알아보았고 1812년에 발간된 이 저택 판매 책자에는 이탈리아 르네상스 시대의 거장 티치아노 베첼리오(Tiziano Vecellio)의 작품 4점, 레이놀즈의 작품 5점, 레오나르도 다빈치의 작품 1점을 포함해 64점의 유화와 50점의 대리석 조각과 12점의 스케치화가 포함되어 있었다. 이 가운데 일부는 버크가 추가했다. 레이놀즈의 작품들과 그의 제자인 제임스 배리(James Barry)가 로마에서 보낸 푸생의 대작이 버크가 보탠 그림일 가능성이 높다.

새 저택은 런던에서 가까웠는데, 당시 정치인에게 이는 대단한 이점이었다. 그러나 무엇보다도 이 저택 덕분에 버크는 자산가로서 존중을 받게 되었다는 사실이 중요하다. 그를 우러러본 어느 사람의 말마따나, "아일랜드 출신 버크 씨라는 사람은 하원에서 두각을 나타내고 있는데, 뛰어난 화술과 나라 안팎의 정치에 대한 폭넓은 지식을 갖추었고 이재(理財)에 밝은 그에게 모두가 감탄한다. 그는 잉글랜드에서 서열과 재산에 부여되는 긍지와 기품 말고는 바라는 게 없으며 이 때문에 하원에서 가장 유력한 인물이다". 정확히 짚었다. 그레고리즈 덕분에 에드먼드 버크는 귀족과 중산 자영농 중간에 해당하는 유산계층인 신사(gentleman)로 불리게 되었다.

그러나 버크가 새로 얻은 지위에는 비싼 대가가 따랐다. 당시에 담보대출은 통보하고 6개월 후에 회수할 수 있었고, 버크의 저택 대출금은 저절로 갚아지지 않았으며, 버크 가족은 검소하게 살지 않았다. 게다가 앞서 말한 경제 공동체를 통해서 세 사람은 동인도회사 주식 가치의 등락에 심각하게 노출되어 있었다.

결국 올 것이 오고야 말았다. 오래전부터 주식시장이 들썩이고 있었다. 특히 1766년 채텀이 동인도회사의 수익 일부를 정부에 귀속시키려는 명백한 시도로 간주된, 의회 질의를 하겠다고 선언하면서 심하게 요동쳤다. 그러나 3년 후 인도에서 발생한 사건들은 갑작스러운 패닉을 야기했고 동인도회사 주가는 13퍼센트 폭락했다. 무리해서 투자를 한 윌 버크가 야기한 여파는 참혹했다. 상당한 수익을 올리던 윌과 버니는 이제 부채가 둘이 합산해서 4만 7,000파운드에 달했고, 그들로부터 돈을 빌린 다른 동인도회사 투기꾼들의 지분도 폭락해서 빚을 돌려받을 길이 없었다. 리처드도 마찬가지로 파산 지경에 이르렀다. 수년에 걸쳐서 여러 가지로 돈 벌 궁리를 해왔음에도 불구하고—어쩌면 그 때문에—이 두 무모한 모험가는 빚을 갚지 못한 채 세상을 떠나게 된다. 에드먼드 버크도 평생 돈 문제에 시달리게 된다. 의회 의원들은 빚을 갚지 못해도 체포되지 않았지만, 재선에 실패하면 교도소에 수감될 가능성이 있었다.

급진주의의 부상

채텀 행정부는 시작이 좋지 않았지만 끝은 더욱 좋지 않았다. 의회 선거에서 패하고 당 대표는 만성 질병에 시달렸지만 끈질기게 목숨을 부지했다. 행정부는 이임하면서 마지막으로 그림, 종이, 차 등과 같이 아메리카에서 수입하는 품목에 톤젠드 세금을 부과하는 조치를 통과시켰는데, 이 때문에 식민지 주민들 사이에 반항의 불길은 더욱 거세게 타올랐다.

정부는 그래프턴 공작(Duke of Grafton)이 접수했는데, 로킹엄계파의 압력으로 다시 재구성되었다. 다름 아닌 채텀 본인과의 연립 정부였다. 이와 같이 끊임없이 정부 구성이 바뀌면서 나라는 통치 불가능한 상태로 치달았고, 설상가상으로 의회의 부패와 무능, 내각 각료들이 점점 왕에게 굴종한다는 불만을 담은 과격한 탄원서들이 봇물처럼 쏟아졌다.

버크는 이런 일들이 벌어지는 동안 내내 지치지 않고 일했다. 비서로서의 책무를 다하는 것은 물론 글을 쓰고 탄원서 서명을 받으러 가가호호 방문하고 기회가 있을 때마다 의회에서 발언했다. 1768년부터 1774년까지의 기간에 그는 하원에서 세 번째로 연설을 많이 한 의원으로서 폭넓은 주제에 대해 400차례 이상 발언을 했다. 특히 무역 정책과 왕의 특권 남용에 대해 점증하는 우려를 집중적으로 다루었다. 버크 주변의 로킹엄 계파와 그 지도자는 그들이 의회에서 상당 기간 권력을 잡지 못하게 될지 모른다는 점을 마지못해 인정해야 했고 심지어 받아들여야 했다.

급진주의가 부상했다. 그런데 1760년대에는 구체적인 사건까지 발생했다. 바로 존 윌크스(John Wilkes) 사례다.[8] 외모에 관한 한 하늘은 윌크스에게 자비를 베풀지 않았다. 심한 사시에다가 주걱턱이었다(다음 쪽 그림 참조). 그러나 그는 말썽을 일으키고 엽색 행각으로 악명을 얻으면서 이러한 장애를 극복했다. 그는 어떤 여성이든지 자기와 "30분만 애기해보면 내 외모는 잊게 된다"고 장담했다. 그는 또한 짓궂은 장난에 뛰어난 재능이 있었고 후원자 없이 자기 힘으로 성공해야 했으므로 엄청난 야심을 품고 있었으며, 뷰트 백작을 극도로 증오했다.

1763년 이제 어엿한 하원 의원이 된 윌크스는 왕의 연설문을 미리 입수해 자기가 출간하는 급진적인 (그리고 스코틀랜드인에 대한 반대 성향이 매우 강한) 주간지 「노스 브리턴(North Briton)」에 그 내용을 싣고 연설문의 작성자로 추측되는 뷰트 백작을 신랄하게 비판했다. 그는 예전에는 캔터베리 대주교가 수간(獸姦)을 했다고 비난했고 글로스터 주교의 부인을 직업 매춘부라고 일컬었다. 심지어 뷰트 백작의 영향력은 조지 3세의 모친을 정부로 삼을 만큼 막강하다고까지 주장했다. 왕의 인내심은 한계에 이르렀다.

◆ 존 윌크스의 초상화(제임스 왓슨, 1764)

왕은 윌크스를 선동 비방으로 고소했고 정부로 하여금 윌크스와 그의 협력자들의 이름을 적시하지 않은 일괄압수수색영장을 발부하게 했다. 윌크스 본인을 비롯해 49명이 체포되었다. 그는 런던탑에 수감되었고, 당국은 그의 범죄를 입증할 증거들을 찾느라 그의 집을 샅샅이 수색하고 사문서도 압류했다. 그러자 윌크스는 무단 침입에 대해, 그리고 하원 의원으로서의 면책특권에 따라 비방 죄가 성립되지 않는다는 취지로 맞고소를 했다. 이 두 가지 법적 조치는 성공했다. 일련의 사건, 소송, 판례들을 거치면서 윌크스는 일괄압수수색영장의 불법성을 성립시켰고 영국 사법부는 정부가 정치적 편의상 주장하는 이른바 '국익(reason of state, 프랑스어로 raison d'etat)'에 판단을 맡길 의무가 없다는 기본적인 원칙을 세웠다.

그러나 윌크스에게 이는 몸 풀기에 불과했다. 같은 해 그의 정적들은 알렉산더 포프(Alexander Pope)의 「남성에 관한 에세이(Essay on Man)」를 선정적으로 풍자한 「여성에 관한 에세이(Essay on Women)」라는 글을 출간하고 저자가 윌크스라고 공개했다. 이 시는 윌크스 본인의 개인적인 신조를 일목요연하게 보여주는 듯한 다음과 같은 내용이었다. "인생 별것 없다. 몇 차례 신나게 씹하고 나면 죽는다." 상원은 불경스럽고 외설적인 시라고 비난했고, 윌크스는 결투에서 입은 상처를 치료하고 구속 수감을 피하기 위해 파리로 도주했다. 1764년 초 그는 결석재판에서 음란과 선동비방으로 유죄 선고를 받고 범법자가 되었다.

그러나 4년 후 프랑스인 채권자들의 압력을 이기지 못하고 윌크스는 극적으로 잉글랜드로 돌아왔고, 그를 비난하는 군중과 환호하는 군중이 뒤섞여 난장판이 벌어지는 가운데 미들섹스 지역구에서 의원에 당선되었다. 그는 자수했고 면책특권을 포기하고 교도소에 수감되었는데, 이 과정에서 현재 워털루 지하철역이 있는 세인트 조지스 필즈(St George's Fields)에서 폭동이 일어나 그의 지지자 몇몇이 폭동을 진압하던 군인에게 죽임을 당했다. 그것도 모자라 그는 의회에서 퇴출되고 다시 당선되기를 여러 차례 반복했는데 이는 오히려 당국을 더욱더 곤혹스럽게 만들었고 '윌크스는 곧 자유'라는 인식을 대중들의 머리에 각인시켰다.

여기서도 윌크스는 그치지 않았다. 하원 의원인 그는 아메리카에서 영국이 실행하는 정책을 비난하면서 급진주의자로서 명성을 굳혔고, 1771년 의회 토론에 대한 보도를 억누르지 못하도록 하는 운동을 펼쳐 성공했다. 오래전에 구축된 제도들, 특히 의회에 대한 신뢰의 상실을 흔히 오늘날 나타난 현상이라고 여기지만, 윌크스는 그렇지 않다는 사실을 우리에게 일깨워준다. 10년이 채 안 되어 그는 거의 단독으로 의회를 불명예의 구렁텅이에 던져 넣었고, 의회의 부패상과 권위주의, 그리고 왕에게 굴종하고 법이 보장한 시민의 자유를 억압하려는 성향을 백일하에 폭로했다. 그는 언론을 회생시켰고, 정치 협회를 조직화했으며 군중을 동원했다.

버크에게 윌크스는 좋게 해석해도 이해가 엇갈리는 인물이었다. 버크에게 개인적으로 그는 "활달하고 호감 가는 사람이지만 신중하지 못하고 원칙이 없었다". 버크는 급진적이지 않았기 때문에 두 사람은 기질적으로, 그리고 정치적으로는 더욱더 공감대가 거의 없었다. 여러모로 윌크스는 당혹스러운 존재였고, 사람을 당혹스럽게 만드는 데 일가견이 있었다. 로킹엄 계파 휘그당원들은 왕이 특권을 남용하고 아메리카에 대한 영국의 정책이 잘못됐다는 윌크스의 비판에 공감했고 그들이 집권했던 짧은 기간 동안 의회는 일괄압수수색영장과 자의적인 사문서 압류를 금지했다.

그러나 그들은 비방을 일삼고 방탕하기로 악명 높은 인물과 어떤 식으로든 엮이는 상황은 매우 불편해했다. 버크 본인도 일괄압수수색영장에 대해 통탄했고 공공의 이익이라는 이름으로 세인트 조지스 필즈에서 발생한 살인 사건에 대해 의회가 질의를 해야 한다고 3년 동안 밀어붙였다. 그러나 버크가 개발하고 있던, 원칙에 입각한 정치적 항의라는 개념이나 사회질서의 가치에 대한 그의 깊은 믿음에는 군중의 동요를 선동하고 폭도에게 영합하는 윌크스의 처신만큼 정면으로 배치되는 것도 없었다. 윌크스와 같은 방식은 혁명으로 이어졌다.

정당의 기본 토대를 다지다

버크가 가장 유명하고 생명력이 긴 것으로 손꼽히는 에세이의 틀을 잡은 계기에는 바로 이러한 배경이 있었다. 1768년부터 1769년까지 2년 동안 그는 (아마도 하원에서 로킹엄 계파의 수장인 다우더스웰[William Dowdeswell]과 함께) 「'국가의 현황'이라는 제목의 최근 출간물에 관한 고찰(Observations on a Late Publication Entitled 'The Present State of the Nation')」을 집필했다. 2년 후 그는 『오늘날의 불만의 원인에 관한 사유(*Thoughts on the Cause of the Present Discontents*)』를 출간했다. 첫 번째 작품은 신중을 기해 주장을 길게 전개한 팸플릿인데, 내용만큼 관심을 끌지는 못했다. 두 번째 작품은 정치적 사유의 고전으로서 세대를 거듭해 계속 읽히고 또 읽히면서 합당한 평가를 받았다. 이 두 권은 버크가 정치적으로 성숙해가는 과도기를 보여준다.

「'국가의 현황'이라는 제목의 최근 출간물에 관한 고찰」은 버크가 최초로 발간한 본격적인 정치 팸플릿이다. 반격이 목적이다. 1768년 말 그렌빌의 추종자 윌리엄 녹스(William Knox)는 『국가의 현황(*The Present State of the Nation*)』을 출간해 그렌빌의 무역 정책을 적극적으로 옹호하고 그런 무역 정책과 국익을 배반했다며 로킹엄과 그의 추종자들을 공격했다. 이에 대한 반박으로 버크는 단순히 편파성과 부정과 모욕이라는 정치판의 천편일률적인 수법을 동원하지 않고 통계수치를 보여주는 표와 증거 등을 들어가며 그 논리를 조목조목 반박했다. 그 저변에 깔린 의도는 명백했다. 로킹엄 계파의 주장은 사실과 원칙을 바탕으로 한 옳은 주장이며 내각이 해산되면 집권할 만반의 태세를 갖추고 있다는 뜻이었다. 그뿐만이 아니었다. 정당으로서 그들은 근본적인 정치적 원칙을 토대로 정책을 제시할 역량을 갖추었는데, 이로써 그들은 일시적인 현상을 뛰어넘어 충직하되 적극적으로 반대 의사를 표명할 야당의 기반이 될 수 있었다.

「'국가의 현황'이라는 제목의 최근 출간물에 관한 고찰」의 내용은 대체로 무미건조했지만, 뒤로 가면서 「단명한 지난 정부에 관한 단문」의 연장선상에서 로킹엄 내각을 적극적으로 옹호하는 내용으로 바뀌었다. 그러나 전체적으로 버크는 구체적인 세부 사항을 탁월한 일반화와 조합하는 역량을 보여준다. 따라서 자메이카로부터의 수입과 인지조례의 부작용을 논할 때 다음과 같은 문장은 시대를 초월하는 버크 특유의 통찰력을 보여준다. "정치는 인간의 이성이 아니라 인간의 본성에 맞게 조절되어야 한다. 이성은 인간의 본성의 일부분에 불과하며 결코 가장 큰 비중을 차지하는 부분도 아니다."

아메리카 식민지 주민들에게 투표권을 주고 그들의 대표자들을 4,800킬로미터 떨어진 런던으로 오게 하자는 그렌빌의 주장을 제대로 반박한 버크의 논리를 보라. 그는 그렌빌의 주장을 헌법적 농간이라며 다음과 같이 비판했고 이 비판은 오늘날까지도 울림을 준다. "헌법을 개정한다는 게 얼마나 중차대한 일인지 그는 생각이라도 해봤을까? 얼마나 많은 토론을 해야 하고 정당들이 갑론을박하고 감정적으로 격앙될지 생각이나 해봤을까? 그리고 일단 헌법의 일부분에 대한 질의를 시작하면 그 질의를 어디서 멈춰야 할까?"

버크는 영국의 헌법을 다음과 같이 낡은 건물에 비유한다. "고딕 양식과 그리스 양식과 중국 양식이 뒤섞여 있지만 그래도 제대로 버티고 서 있는데, 이러한 다양한 양식을 억지로 천편일률적으로 만들려고 하면 허물어져 우리 머리를 덮치고 일률적으로 산산조각난다. 그 잔해는 엄청날 것이다." 인간의 이성에 대한 회의적 시각과 전통과 주어진 것을 존중하는 태도를 보인다는 점에서 그의 사상은 지극히 보수적이다. 표현으로 보면 성경적이다.

1770년 4월 익명으로 출간된 『오늘날의 불만의 원인에 관한 사유』에서, 에드먼드 버크는 경제적 무질서에서 사회적 무질서로 주제를 바꾼다. 1768년 윌크스가 귀국하면서 공직 사회는 공황 상태에 빠졌고, 대중은 흥분의 도가니였으며, 정부 당국의 위상은 곤두박질쳤다. 그러나 버크는 대중의 불만을 그 자체로서 분석하지 않는다. 그는 정교하게 다듬은 음모론을 제시하면서 대중이 불만을 품게 된 궁극적인 원인은 왕권의 확대와 강화 때문이라고 주장한다.

이 영역을 건드렸다가는 위험에 처할 가능성이 있었다. 의회 특권으로 보호받는 의원이라고 해도 말이다. 그래서 버크는 왕은 오류를 범할 수 없다는 당시의 관행을 조심스럽게 따르고 있다. 그는 막후에서 조언을 하는 궁중 파벌이라고 알려진 '왕의 측근'을 겨냥해 프랑스에서 영국으로 건너온 이중 내각(Double Cabinet)[9]이라고 지칭하고 있다. 왕실 내부에 존재하는 정부의 업무를 좌지우지하려는 또 다른 행정부 말이다. 이 발언은 또 다른 권력의 원천에 대한 공격이기도 하다. 특히 그는 왕정파가 후원을 통해, 끊임없이 행정부를 바꿈으로써 의회 내에 잠재적인 반대 세력을 파괴하려 한다고 비난했다. 이와 같이 왕실이 온갖 직책을 측근들에게 주고 연금을 제공해야 하니 의회가 표결로 왕실에 부여한 넉넉한 재력으로도 감당이 되지 않았다.

화술로 볼 때 버크의 주장은 매우 독창적이었다.[10] 근래의 정치적 역사를 1688~1689년 명예혁명이 부과하고 그 이후부터 군주들이 받아들인 제약을 회피하기 위한 조지 3세의 비헌법적인 시도로 재해석했다. 루이 14세가 찰스 2세와 제임스 2세에게 미친 영향을 떠올리게 하는, 외국이 꾸민 음모의 냄새가 물씬 풍기는 화법이었다. 그리고 그 분석 말미에 대단히 흡족하고 개연성 있는 반전이 있었다. 윌크스의 등장은 왕의 측근에게 불리하기는커녕 그들에게 천재일우의 기회를 제시했다고 버크는 주장하면서, 윌크스의 등장으로 의회를 무력화하고 탄압하는 과정에서 더 많은 권력을 확보하려는 그들의 계획에 상당히 도움이 되었다고 했다.

이처럼 『오늘날의 불만의 원인에 관한 사유』에는 정교한 음모론이 담겨 있었다. 이는 정치적 불멸을 합리화하려는 얄팍한 술수라고 생각하는 이도 있을지 모르겠다. 특히나 그 이후로 이중 내각 이론에 대한 연구가 폭발적으로 증가했기 때문이다. 그렇다면 이 개념은 어떻게 해서 정치사상의 고전이라는 지위를 얻게 되었을까?

「'국가의 현황'이라는 제목의 최근 출간물에 관한 고찰」에서와 마찬가지로 그 이유는 책의 마지막 3분의 1에 등장한다. 공식적으로 버크는 의회의 임기 단축이나 수입이 쏠쏠한 직책을 맡은 사람들과 연금 수령자들을 하원에서 배제함으로써 과도한 후원의 폐단을 교정하려는 법안 등 과격한 해결책을 일축한다. 그러나 실제로 그는 다름 아닌 정당정치의 철저한 개혁을 염두에 두고 있다. 그는 아무리 뛰어난 인물이라고 해도 개인이 장기간 권력을 잡게 되면 그 권력을 적절히 행사하지 못하게 된다고 주장한다.

그렇다면 현실적으로 해결책은 정당을 통해서 하원의 힘을 원칙적으로 보강하는 방법뿐이다. "정부는 복구될 수 있을지 모른다. 정부 내에 똬리를 틀고 철옹성을 구축한 채 행정부를 쥐고 흔드는 이러한 왕의 남자들이 완전히 해체되고 이들이 저지른 일을 모조리 갈아엎어버리지 않는 한 행정부를 절대로 용납하지 않겠다고 할 만큼 정직하고 꿋꿋한 사람이 상당수 있다면 말이다." 다시 말해서 의회 의원은 원칙적으로 서로 힘을 합쳐 버크가 말하는 왕의 후원자 인맥을 해체해야 한다는 뜻이다.

그 방법이 실패하면 차선책은 투표밖에 없다.

> 국민의 대표자들이 공공 이익을 제대로 보호하게 만들려면 국민이 개입하는 수밖에 없다. 국민의 대표자들이 극악무도한 법안을 통과시켜, 혹은 기발한 제도를 도입해서 법의 울타리를 무단으로 뛰어넘으려고 할 때마다 국민이 개입해야 한다. 그 외에는 헌법의 진정한 원칙들을 수호할 방법이 없다.

군주제·귀족제·민주제가 혼합된 정치 체제인 혼합정체(mixed constitution)에서는 힘의 원천은 모두 제약되어야 한다. 하원 의원들은 행정부에 책임을 물어야 하고, 국민은 하원 의원들에게 책임을 물어야 한다. 그래야 헌법이 제대로 작동한다.

그러나 버크는 이러한 견제와 균형을 논하려면 분명히 구분하고 넘어가야 할 중요한 사항이 있다는 기발한 주장을 펼친다. 파벌(派閥)은 정당이 아니라는 주장이다. 계파는 당장의 필요에 따라 무리를 이룬 이들로서, 권력을 잡고 권력을 행사하기 위해 존재한다. 버크가 말하는 "상당수의 사람들"로 구성된 무리는 파벌이 아니다. 정당이다. 즉, 이들은 "모두가 동의하는 특정한 정치적 원칙을 토대로 함께 국익을 추구하고 신장시키기 위해 모인 사람들"이다. 그러한 무리가 파벌인지 정당인지 여부는 집권에 실패했을 때 판가름 난다. 사익을 바탕으로 모인 파벌은 집권에 실패하면 해체되는 경향이 있다. 그러나 정당은 집권에 실패해도 지속되고 구성원들은 — 원칙과 공동의 가치관, 상호 헌신과 충성심과 동지애를 바탕으로 — 집권할 기회가 올 때까지 그대로 유지된다.

여기는 순환논리의 위험이 도사리고 있다. 음모론자에게는 성공하지 못한 것 자체를 일종의 자기 정당화에 이용할 수 있고 타성에 젖은 데 대한 변명이 된다. 그럼에도 로킹엄 계파가 야당으로서 지속될 수 있었던 까닭은 정치적 원칙을 철저히 지켰기 때문이다. 그리고 그들은 이미 1766년에 정치적 원칙을 바탕으로 정당으로 존속하는 방법을 터득하고 실천해왔다. 그 과정에서 어려움도 겪었다. 따라서 그들이 스스로를 정치적 미덕을 보유한 거의 유일한 집단으로 간주하고 『오늘날의 불만의 원인에 관한 사유』를 "우리의 정치적 강령"이라고 일컫게 된 게 놀랍지 않다.

『오늘날의 불만의 원인에 관한 사유』는 대중은 외면했지만 비평가들로부터 상당한 호평을 받았다. 금방 4쇄를 찍었고 당시 마흔이었던 버크를 전국적으로 알리게 되었다. 3,000부 이상이 인쇄되었고 언론에서도 이 책에 대한 갑론을박이 활발했다. 그러나 정치적 행동을 유도하는 데는 실패했다. 너무 난해하고 이론적이어서 효과가 없었다. 게다가 출간 시기가 윌크스 관련 추문이 소강상태에 들어간 때와 맞물려서 힘을 쓰지 못했다. 그러나 로킹엄 계파 휘그당원들의 기본적인 신조로서 이들이 공유하는 신념을 표명한 중요한 발언이었다. 정치 분석으로는 오늘날까지도 그 중요성을 인정받고 있다.

보스턴차사건의 발생

그러나 1770년대 중엽 무렵 버크는 다른 데 생각이 팔려 있었다. 아내인 제인이 두 달째 병석에 누워 있었기 때문이다. 아마 유산 때문이었을 것이다. 설상가상으로 『오늘날의 불만의 원인에 관한 사유』가 출간되자마자 「런던 이브닝 포스트」에 버크에 관한 매우 사적이고 구체적이며 정확한 내용을 담은 기사가 게재되었다. 대체로 버크는 대중의 시선에 노출되는 처지를 받아들였다. 그러지 않을 도리가 없었다. 그러나 이번에는 달랐다. "지금까지 나는 많이 시달려왔지만, 우리 집 식탁과 침실은 불가침의 성역이었다. 그러나 유감스럽게도 가족의 보살핌과 애정에 의지하고 있는 내 아내, 정숙한 여인이 신문 지상에 끌려나왔고, 이 때문에 나는 상심이 크다."

게다가 정보의 원천이 버크의 오랜 친구인 리처드 섀클턴이라는 사실은 상처에 소금을 뿌리는 격이었다. 섀클턴이 좋은 의도에서 한 말이 엉뚱한 사람 귀에 들어갔다. 그 기사에서 섀클턴은 버크가 "후원을 받아서 안락해졌다"라고 주장해 본의 아니게 버크에게 상처를 주었다. 설상가상으로 그는 버크의 모친과 누이가 가톨릭교도라는 사실을 밝혔다. 이는 아일랜드의 불만이 급속도로 확산되고 있던 시기에 버크의 정적들이 버크를 공격하기 좋은 소재가 될 뿐이었다.

그 외에는 여러모로 이 시기는 희망적이었다. 1770년 12월 뉴욕 식민지 의회가 런던에서 그들을 대리할 인물로 버크를 선정했다. 중견급 공직자 연봉 수준인 500파운드를 받는, 수입이 괜찮은 직책을 맡으면서 버크는 식민지 사정과 아메리카와의 무역 관련 사안들을 면밀히 살펴볼 기회를 얻었다. 그는 농학자 아서 영(Arthur Young)의 영향을 받아 그레고리즈에 있는 농장을 확장했고 없는 돈을 긁어모아 신기술과 실험에 투자했다.

1773년 그는 당시 15세였던 아들 리처드와 프랑스 여행을 떠나 오세르(Auxerre)를 둘러보았고, 아들을 파리소(Parisot)라고 불린 지역 가족에게 맡겨 프랑스어를 배우게 했으며, 이때 구축한 인맥이 프랑스혁명 초기에 버크에게 유용한 정보를 전해주게 된다. 파리를 경유해 귀국하는 길에 버크는 베르사유에 들러 어린 왕세자비 마리 앙투아네트(Marie Antoinette)를 보았다. 이 경험은 훗날 그의 저서 『프랑스혁명에 관한 고찰(*Reflections on the Revolution in France*)』에 영원히 기록된다.

하지만 영국 정부와 버크가 점점 깊이 관여하게 된 사건은 아메리카 식민지의 혁명이었다. 로킹엄 계파는 채텀 정권과 그래프턴 정권에서 야당으로 살아남는 방법을 터득했다. 그러나 지속적으로 개각이 되고 다시 집권하리라는 희망이 있었기에 사기가 꺾이지 않고 유지되었다. 그런데 1770년 조지 3세가 10년 만에 드디어 자신이 믿을 만한 인물을 발굴했다. 토리당 상원 의원 노스 경(Lord North)이었다. 악수(惡手)였다.

노스를 붙임성 있고, 융통성 있고, 점잖으며, 애국자이자 사생활에서는 도덕군자라고 모두들 입에 침이 마르게 칭찬하면서 왕에게 천거했다. 그러나 그는 훌륭한 지도자의 역량은 부족했다. 1773년 의회는 '차 법안(Tea Act)'을 통과시켰다. 과잉 생산된 차를 쌓아둔 동인도회사가 최초로 아메리카에 차를 수출하도록 허용한 법안이다. 노스의 고집으로 차 1파운드당 3펜스의 상징적인 세금을 부과했다. 너무나도 인기가 없어서 폐지된 톤젠드 관세 정책의 마지막 잔재였다. 영국이 아메리카 식민지에 과세할 권리가 있음을 상기시켜주려고 남겨둔 정책이었다. 그러나 이 세금을 포함해도 동인도회사의 차 가격은 다른 곳에서 수입한 차보다 저렴했고 네덜란드에서 밀수된 차보다도 쌌다.

새 법안은 즉각적이고도 광범위한 효과를 낳았다. 단숨에 아메리카는 똘똘 뭉쳐서 한목소리를 냈다. 아메리카의 여론, 아메리카 식민지 독립 찬성자와 반대자, 합법적으로 사업하는 상인과 밀수업자 모두가 새로운 법안에 따른 수입에 반대했다.

12월 16일, 보스턴 항구에서 식민지 당국자들과 오랜 시간 대치한 끝에 야밤을 틈타 약 7,000여 명의 지역 주민들과 반란군은 모호크 인디언으로 가장하고 항구에 정박 중이던 배 세 척에 올라타—모두 동인도회사 소유의 선박이 아니라 아메리카 선박이었다—배에 실린 342개의 차 상자를 바다에 던져넣었다.

'보스턴차사건(Boston Tea Party)'으로 영국 의회와 여론은 들끓었다. 나라 전체와 의회 평의원석에서 격앙된 감정이 쏟아지자,

노스 경과 그의 내각 각료들은 매사추세츠 식민지와 보스턴 항구를 제압할 과격한 조치들을 마련해 본때를 보여주기로 했다. 원칙적으로도 그렇고 뉴욕 의회의 영국 대리인으로 밥값을 할 의무도 있는 버크는 식민지 주민들의 입장에 공감했다. 혁명의 먹구름이 몰려오면서 1774년 4월 그는 영국 의회가 제정신을 차리게 만들 두 차례 연설 가운데 첫 번째 연설을 해 로킹엄 정부의 정책을—다시 한번—옹호했고, 영국과 아메리카의 관계가 장기적으로 취해야 할 바람직한 방향을 제시했다.

버크는 훗날 출간되리라고 생각하고 「아메리카 과세에 관한 연설(Speech on American Taxation)」을 작성하는 데 엄청난 시간과 공을 들였다. 이 연설에서 버크는 다양하고 때로는 상충되는 정책들이 실행되어온 고통스러운 역사를 통해 차에 부과된 세금의 이력을 추적한다. 그렌빌 정부의 인지조례 시행, 로킹엄 정부의 인지조례 폐지, 채텀이 일시적으로 정계를 떠난 동안 야기된 혼돈을 틈타 통과된 톤젠드 관세를 통해 부활한 징세, 노스 정부 하에서 다시 부분적인 철폐, 그 결과 차에 부과하는 세금만 남았다.

버크는 자신의 정적들을 묘사할 때 최대한 아량을 베풀고 있지만 영국을 끔찍한 곤경에 처하게 만든 그들의 책임을 때로는 열정적으로, 때로는 비꼬듯이, 때로는 엄중히 묻고 있다. 자세히 언급하지는 않고 있지만 이 사건은 정부에 대한 잘못된 접근 방식이 낳은 실패한 정책의 전형적 사례로 역사에 남으리라고 보고 있다.

버크는 추상적인 개념이 아니라 실제 경험이 중요하다며 다음과 같이 주장한다.

> 노스 경은 과거 잘못을 탓해서 무슨 의미가 있냐고 주장한다. 그리고 우리가 던져야 할 질문은 오로지 "어쩌다 우리가 이러한 곤경에 빠졌는지가 아니라 어떻게 해야 이 곤경에서 빠져나올지"를 물어야 한다고 주장한다. 다시 말해서, 그의 주장에 따르면, 우리는 실제로 우리가 겪은 일을 무시하고 상상력에 의존하자는 말이다. 심사숙고하자는 그의 주장은 인류가 구축한 이성의 법칙과 상식의 원칙을 하나같이 정면으로 위반한다.

인지조례는 항해법을 통해 영국이 장악한 무역과 경제성장에서 자연스럽게 파생되는 수익을 훌쩍 뛰어넘어 그 이상으로 아메리카 자체에서도 수익을 내려는 최초의 시도로서 근본적이자 참담하게 실패한 정책적 전환이라고 버크는 주장했다. 아메리카 식민지 주민들은 해외에서 자유인으로 태어난 잉글랜드인이라는 사실을 인정하지 않으면 아메리카를 절대로 효과적으로 통치할 수 없었고, 그들에게 차 과세는 모욕이었다. "차라는 상품에 3펜스의 세금을 부과할 수도 있음을 부인하는 이는 아무도 없다. 그러나 이에 대한 보편적인 정서가 부정적이고 200만 명이 지불하지 않겠다고 단호히 맞서면 그 어떤 상품에도 3펜스 아니, 단 1페니도 부과해서는 안 된다."

유일한 해결책은 "탁상 공론가들의 억측에 맞설 방어벽"을 구축하고 "실용성, 적절성, 상호 편의의 정신"을 포용하고 차 과세를 폐지하는 길뿐이었다. 그러나 그러려면 영국은 애초에 본래 지녔었던, 당시와는 전혀 다른 제국의 개념으로 되돌아가야 했다. 즉, 고압적이지 않고 상업적이며, 장악하고 통제하고 응징하려는 시도가 아니라 공동의 이익과 정체성을 바탕으로 한 제국의 개념 말이다. 그래야만이, 그리고 훨씬 더 선별적으로 국력을 행사해야 영국은 제국의 주권과 제국의 영토를 양립시킬 수 있다.

그러나 그러한 정책적 선환이 없으면 아메리카 식민지에서 참사가 발생할 것이라고 버크는 예측했다. "그와 같은 노예 처지에 그들이 만족할까? 그렇지 않다면 결과를 생각해보라. 스스로 자신이 자유인이어야 한다고 생각하지만 실제로는 자유롭지 않다고 생각하는 사람들을 어떻게 통치할지 생각해보라. 바로 아메리카가 그런 처지에 놓여 있다. 피 흘리며 투쟁한다고 해도 결국 원점으로 돌아가게 된다." 버크가 이미 젊은 나이에 선견지명이 있었음을 보여준 발언이다.

「아메리카 과세에 관한 연설」은 차 과세 폐지를 관철시키는 데 실패했다. 1775년에 출간된 이 연설과 아메리카에 대한 또 다른 연설인 「식민지와의 화해를 위한 결의안을 제의하는 연설」은 역사적 분석과 정치가의 자세를 다룬 보석 같은 글이다. 이 두 연설은 또한 정치적 소통에서 작지만 중요한 분수령이 되었다. 의원들의 연설은 이전에도 출간된 적이 있지만 버크의 이 두 연설은 정치계 내에서 지식과 배움을 나눌 기반을 구축하고 의회 밖에서 평판을 쌓고 어느 정도 세계적으로 명성을 쌓는—아메리카에서도 큰 관심을 보였다—계기가 된 최초의 사례들로 손꼽힌다.

대체로 긍정적이었다. 그러나 1774년 4월 버크는 자기 나라에서조차 발언할 기회를 얻는 데 난항을 겪고 있었다. 총선이 임박했지만 그의 후원자인 버니 경은 동인도회사 주식 투기로 재정적으로 거의 파탄 상태였다. 버니의 호주머니 지역구 웬도버는 가치 있는 자산이었고 따라서 그는 이 지역구를 입찰에 붙일 게 뻔했다. 그러면 버크는 출마할 지역구가 없어지는 셈이었다. 버크는 재앙에 직면했다.

제3장

아일랜드, 아메리카, 그리고 왕의 폭도 : 1774~1780

18세기 영국의 의회 선거

1774년 초 에드먼드 버크는 하원에서 물러나야 할 상황에 처해 있었다. 그러나 그답게 자신이 아니라 윌리엄 버크를 먼저 걱정했다. 한없이 아량이 넓은 후원자 버니 경 덕분에 윌리엄 버크는 1766년 윌트셔(Wiltshire)의 그레이트 베드윈(Great Bedwyn) 선거구에서 당선되었다. 그러나 버니 경의 재정 상태가 그리 좋지 않아서 이 의석도 잃을 처지에 놓였다. 1765년 윌리엄이 에드먼드에게 기회를 주는 은혜를 베풀었듯이 이번에는 윌리엄이 먼저 기회를 누려야 했다. 의석을 잃으면 형사면책을 받지 못하기 때문에 돈을 갚으라고 아우성인 수많은 채무자들로부터 보호받지 못하기 때문이었다. 버크의 종용으로 윌리엄은 서리(Surrey)에 있는 해즐미어(Haslemere) 선거구에 출마할 수 있었지만 고배를 마셨다. 곧 윌리엄에 대한 고소가 빗발쳤다.

버크에게 의회 환경은 1765년보다 훨씬 더 복잡했다. 오늘날 선거구는 특성이 하나같이 다 제각각이다. 정치적 지형과 당적도 다양할 뿐만 아니라 후보를 선발하고 결정한 다음 선거에서 이기도록 선거운동을 하는 자원봉사 조직도 가지각색이었다. 그 결과 놀랍게도 생사고락을 함께하면서 하원 의원과 선거구 사이에 결속력이 생겼고 이러한 의리와 애정을 바탕으로 형성된 결속력은 오래도록 유지되었다. 그러나 이미 다수의 지지를 확보해 의석이 '안전한' 지역구에서는 자원봉사 선거 조직이 자기들에게 하원 의원을 선택할 힘이 있다는 사실을 너무나도 잘 알고 있었기 때문에 이따금 현직 의원이 자신들이 중요하게 생각하는 이슈들과 관련해 의견을 달리하면 거리낌 없이 다른 사람으로 대체하는 경우도 이따금 있었다.

18세기 선거구들은 매우 달랐다.[1] 지구당 조직보다는 개인적인 후원자와 비공식적인 지지자 집단에 훨씬 크게 의존했다. 그 가운데 오늘날 가장 유명한 '부패한 선거구'는 막장으로 간 더니치(Dunwich), 오래전에 피트 가문의 호주머니에 들어간 올드 새럼(Old Sarum) 같은 지역구다. 후자의 경우 달랑 세 가구에 유권자가 일곱 명인 선거구로서 하원 의석은 2석이다.

그러나 이러한 단편적인 특징은 1770년대 무렵에 완성된 무지막지하게 복잡한 선거 구조를 제대로 보여주지 못한다. 당시 의회에는 558명의 의원이 있었다. 잉글랜드가 489석, 스코틀랜드가 45석, 웨일스가 나머지 24석을 차지했다. 아일랜드는 1800년까지 독자적으로 의회를 보유하고 있어 웨스트민스터에는 아일랜드에 할당된 의석이 없었다. 아일랜드와 관련 있는 하원 의원 몇 명이

양쪽에 모두 의석을 보유한 경우가 있기는 했지만 말이다.

잉글랜드의 의석은 남부와 남서부, 특히 항구 지역에 집중되었다. 콘월(Cornwall)에만도 44명의 하원 의원이 있었고, 이곳과 주변의 4개 카운티, 데번(Devon)·도싯(Dorset)·서머싯(Somerset)·윌트셔(Wiltshire)가 잉글랜드 의석의 4분의 1을 차지했다. 반면 런던은 잉글랜드 전체 인구의 10퍼센트를 차지했는데 의석은 겨우 10개였다. 당시에 규모가 크고 비중 있는 지역이었던 노팅엄(Nottingham)과 뉴캐슬은 각각 2석밖에 없었다. 버밍엄과 맨체스터는 단 한 석도 없었다.

잉글랜드에서 가장 중요한 선거구는 각각 의석이 2개인 40개 카운티로서 이 선거구들은 한 해에 2파운드 혹은 40실링의 수익을 내는 부동산을 소유한 임대인을 뜻하는 '40실링 부동산 소유자(forty shillings freeholder)'들이 의원을 선출했다. 부동산 소유자라는 자격은 본래 1430년에 도입되었지만 3세기 반 동안 물가가 상승하고 예외적인 사례를 인정하면서 기준 상한선이 낮아져 투표 자격이 있는 인구가 많이 늘어났다. 그러나 이런 카운티들이 특권을 누리기는 했으나, 총 405명의 하원 의원이 선출되는 203개 도시와 구에는 수적으로 압도당했다(지역이 아니라 대학에 할당된 대학 선거구university constituency 4석도 있었다).

이러한 도시와 구의 의석들은 지역 기업들이 좌지우지하는 선거구에서부터 '버기지(burgage) 선거구'에 이르기까지 거의 대부분 남성이 차지했다. '버기지 선거구'는 '버기지'라고 일컫는 지역 부동산에 딸려오는 투표권인데, 이는 선거구를 장악하기 위해서 사고팔 수 있었다.

공개투표를 하던 때치고는 흔히 묘사되는 정도보다는 부패가 덜했지만 오늘날의 기준으로 보면 부패가 고질적이었고, 의석마다 달랐다. 지역 기업에 뇌물을 주거나 단순히 버기지를 여러 개 소유하거나 장악함으로써, 임대인이 투표권이 있는 입주자에게 부당하게 영향력을 행사하기도 했다.

당시에 버크에게는 선택지가 제한되어 있었다. 카운티 의석은 더블린 변호사의 아들인 버크같은 인물에게는 언감생심이었지만, 오히려 그게 다행이었다. 지역구가 넓으면 최고로 부자인 지지자들을 확보한 후보 말고는 감당할 수 없을 정도로 선거비용이 많이 들었기 때문이다. 특히 경쟁이 치열한 지역구일수록 더더욱 그러했다. 유권자들은 후보들이 서로 경쟁적으로 자기들에게 밥과 술을 사고 자기들을 칙사(勅使) 대접하는 게 당연하다고 여겼다. 오늘날에도 여전히 술과 음식을 접대하면 선거법에 저촉되지만, 알코올과 고기를 접대해야만 선거법 위반이 된다. 채식주의자와 술을 입에도 대지 않는 사람들에게는 접대해도 선거법 위반에 해당하지 않는다니 참 특이한 법이다.

그러나 18세기에 접대는 만연했고 선거운동은 투표일까지 몇 주씩 계속되었으므로 선거비용 때문에 파산할 가능성도 있었다. 1784년 체스터(Chester)에 출마한 그로브너(Grosvenor)의 집안은 에일(ale, 맥주) 5,400리터, 럼과 브랜디 1만 7,000리터, 와인 2만 7,000병을 접대했다. 유권자가 겨우 1,500명인 지역구 의석을 차지하려고 엄청남 비용을 쓴 셈이었다.

고주망태가 된 유권자는 여러모로 고분고분했다. 이따금 참담한 결과를 초래하기도 했지만 말이다. 글로스터(Gloucester) 지역을 대표하는 하원 의원 조지 셀윈(George Selwyn)은 1761년에 다음과 같이 기록했다.

> 내 선거구의 유권자 두 사람이 어제 '쇼핑(shopping)'이라고 일컫는 실험 대상이 되었다가 살해당했다. 투표 당일까지 계속 취하게 만들고 가둬놓는 실험이다. 스넬(Snell) 씨의 대리인들은 미혼인 셀윈 집안사람 두 명을 4륜 역마차에 가둬놓고 브랜디를 주야장천 들이부었고, 그들을 감시하던 아주 비대한 사람이 두 사람을 싸늘한 시체로 만들었다.

선거비용 지출과 관련해 가장 잘 알려진 사례는 아마도 요크셔(Yorkshire) 사례인 듯하다.[2] 윌리엄 윌버포스(William Wilberforce)[a]의 두 정적이 1807년 치열하게 다툰 선거에서 각각 10만 파운드, 오늘날의 화폐가치로 환산하면 600만 파운드 이상을 썼다고 알려져 있다. 윌버포스는 최다 득표를 했지만 거의 2만 4,000표에 달하는 총 투표수에서 겨우 850표 차이로 세 후보의 승패가 갈렸다. 2010년 총선거 마지막 달에 의회에 출마하는 후보에게 법적으로 허용된 평균 선거 예산은 선거운동원, 사무실과 집기 비용, 선거 책자, 상품과 광고비 등을 모두 포함해서 대략 1만 2,000파운드였다. 미국 의회 선거에서 TV 광고 1회 비용보다도 적다. 오늘날 영국 정치에서, 적어도 지역 차원에서는 돈이 거의 힘을 못 쓴다.

브리스틀에서 하원 의원에 당선되다

다시 과거로 돌아가서, 1707년부터 20세기 초까지 선거는 더욱 복잡해졌다. 왕실에서 녹을 받는 관리는 사임하고 난 뒤에 보궐선거에 출마하도록 한 선거법 때문이다. 이 법이 제시하는 원칙은 분명했다. 관직을 겸하는 하원 의원은 개인적으로 보상을 받기 때문에 자기 지역구 유권자들에 대한 의무를 소홀히 할 가능성이 있으므로, 지역구 유권자들은 그런 의원이 관직을 맡기 위해 의원직을 내려놓지 못하도록 할 권리가 있었다. 그러나 실제로는 이 때문에 지역구가 불안정한 훌륭한 의원들이 관직 제안을 수락하지 않으려 했고, 관직을 수락한 이들이 낙마하는 경우도 있었다.

1908년 선거에서 고배를 마신 윈스턴 처칠이 바로 이런 사례였다. 또한 카운티 의석을 차지하고 있는 이들이 관직을 수락하지 못하도록 막는 셈이 되었다. 보궐선거에 출마하려면 또다시 엄청난 선거비용을 지출해야 했기 때문이다. 그 결과 카운티 의석을 두고 치열한 경쟁이 일어나기보다 지역 유지 가문들 사이에 의석을 나눠먹기로 합의가 이루어졌고 무소속 성향의 지주계급 출신인 인사가 의석을 차지했다. 이 때문에 이들의 특권은 더욱 강화되었다.

그러나 '호주머니' 지역구—그다지 '부패'하지는 않은 이러한 지역구는 일부 유권자를 뺀 대부분의 유권자들은 지역 유지나 실력자가 효과적으로 장악하고 있었다—는 정치가가 되려는 사람에게 합당한 정치적 발판이 되어주지 못했다. 따라서 총선거가 임박하자 버크는 마지못해 그의 후원자 로킹엄에게 접근했고, 로킹엄의 후원으로 1774년 10월 11일 요크셔에 있는 몰튼(Malton) 선거구에서 당선되었다. 그러나 바로 그날 그는 급히 소환되어 브리스틀(Bristol) 신거구에서 출마했다. 출마한 후보들 가운데 한 사람이 갑자기 사퇴했기 때문이다.

몰튼과 달리 브리스틀은 넓은 선거구였다. 영국 제2의 도시로 경제 중심지인 데다가 유권자 층이 폭넓어서 정당성과 독립적인 권위를 부여해주는 '개방형 선거구'였다. 유한계층이 아니라 아일랜드와 아메리카와 교역을 해서 돈을 번 부유한 상인들이 압도적으로 많은 도시였다. 무역 문제에 깊이 관여하고 있고 아메리카 식민지들에 과세하는 정책에 이미 강력하게 반대한 버크 같은 정치인에게 이 선거구는 안성맞춤이었다.

리처드 챔피언(Richard Champion)은 그리 생각했다. 그는 도자기 제조업자이자 브리스틀에서 영향력 있는 많은 퀘이커교도 가운데 한 사람으로서, 버크의 선거 관리인이 되었다. 23일 동안 술이 거나하게 오가고 버크는 꼭두각시, 가톨릭교도, 귀족 폭군의 친구라는 비방을 받으면서 치열한 3파전 끝에 11월 3일 급진주의자인 헨리 크루거(Henry Cruger)에 뒤이어 2위로 당선되었다. 버크는 1774년 의회로 복귀했다. 몰튼이 아니라 브리스틀을 대표하는 의원으로서.

버크의 당선 소감 연설은 형식적이고 정중하고 진부하리라고 모두들 기대했다. 그러나 그는 「브리스틀의 유권자들에게 드리는 말씀(Address to the Electors of Bristol)」을 정치적 대표성에 대한 유명한 연설로 변모시켰다. 과거 한 세기에 걸쳐 급진주의자 무리

사이에서는 하원 의원은 유권자가 시키는 대로 의회에서 표결을 할 수 있고 또 그리해야 한다는 주장이 생겨났다. 그렇지 않고서야 유권자들이 자기가 바라는 바를 의원들이 경청한다고 확신할 방법이 있겠는가? 하원 의원이 일단 당선되고 나면 제멋대로 하지 못하게 할 방법이 있는가? 오늘날에도 똑같은 주장이 제기되곤 한다.

먼저 연설을 한 크루거는 자기 지역 유권자들의 지시를 따르겠다고 맹세했다. 그러나 버크는 그 논리를 원천적으로 무너뜨렸고, 그가 한 다음과 같은 발언은 지금까지도 큰 울림을 주고 있다.

> 물론, 동료의원 여러분, 의원이 자신의 지역구 유권자들과 일심동체가 되어 더할 나위 없이 긴밀하고 허심탄회하게 소통한다면 행복하고 영광스러운 일이다. …의원은 유권자의 평안과 만족을 위해서 자기 자신의 평안과 만족을 희생해야 할 의무가 있다. 그리고 무엇보다도 그 어떤 경우라도 의원은 자신의 이익보다 유권자의 이익을 우선시해야 한다.

그러나 유권자에 대한 존중은 거기까지고, 도를 넘으면 오히려 해가 된다며 버크는 다음과 같이 말을 이었다.

> 그러나 의원은 불편부당한 의견, 성숙된 판단, 깬 양심을 당신에게도, 그 누구에게도, 생존하는 그 어느 집단에게도 희생시켜서는 안 된다. 이러한 것들은 유권자를 만족시키는 데서 비롯되지 않는다. 법

이나 헌법에서 비롯되지도 않는다. 이러한 요건들은 신의 섭리에서 비롯되는 신뢰이며, 이를 저버리는 의원은 책임을 질 각오를 해야 한다. 여러분을 대표하는 의원은 여러분에게 성실할 의무뿐만 아니라 제대로 된 판단을 할 의무가 있다. 그리고 의원이 자신의 올바른 판단을 저버리고 유권자인 여러분의 견해를 수용한다면 그 의원은 여러분에게 봉사하기는커녕 여러분을 배신하는 셈이 된다.

버크는 지역구 유권자들의 이익을 위해서 하원 의원들은 독자적인 사고를 할 수 있고, 하도록 허락되어야 한다며 다음과 같이 주장했다. "권위적인 지시나 명령을 의원이 맹목적으로 따르거나 암묵적으로 복종하는 경우는 이 땅의 법에는 금시초문이고 우리 헌법의 질서와 취지를 근본적으로 잘못 이해한 데서 비롯된다." 하원 의원은 특정한 사안이나 이익을 옹호하도록 볼모 잡히지 않아야 한다.

게다가 정치에 대한 그러한 접근 방식은 다음과 같이 의회의 특성 자체로 오인되었다.

의회는 서로 상충하는 다양한 이익들을 대변하는 이들의 모임이 아니다. …의회는 나라 전체의 이익을 심사숙고하는 모임이다. 지역이 추구하는 목적, 지역이 지닌 편견이 아니라 전체의 보편적인 이성에서 비롯되는 보편적인 선이 길잡이가 되어야 한다. 유권자 여러분은 의원을 선택한다. 그러나 일단 여러분이 의원을 뽑고 나면 그 의원은 브리스틀 소속이 아니라 의회 소속이다.

급진주의에 혹한 유권자들에게 초선 하원 의원이 한 말치고는 매우 단호하고 저돌적이었으며, 버크의 이러한 발언은 앞으로 닥칠 분란의 씨앗을 품고 있었다. 그러나 발언 당시에도 분란을 일으킬 소지는 있었다. 노스 경은 선거에서 가뿐하게 과반수를 확보하는 설욕을 함으로써 아메리카에 대한 그의 강경한 태도를 유권자들이 지지한다는 점을 입증했다. 반면 로킹엄을 추종하는 의원의 수는 55명에서 43명으로 줄어든 것으로 추산되었다. 영국과 아메리카 사이에서 충성심이 오락가락하고 심지어 영국을 배반했다는 의심을 받은 그들은 영국과 식민지 간의 관계가 더욱 악화되면서 점점 '아메리카의 친구들'이라는 낙인이 찍히게 되었다.

로킹엄 본인도 점점 위축되었고 하원에서 로킹엄 계파를 이끌었고 하원 내에서 재정 문제 전문가로 활동한 윌리엄 다우더스웰이 1775년 2월 사망하면서 로킹엄 계파의 세력은 더욱 약화되었다. 더 넓게 보면 야당은 분열되었고 채텀은 상원에서 여느 때와 다름없이 변덕스럽고 비협조적이었다.

식민지와의 화해를 위한 결의안을 제의하는 연설

버크는 복지부동에 분노했다. 자기가 소속한 당이나 나라를 이끌 만한 지위가 없었던 버크는 또다시 자신의 내면에서 그 상황이 요청하는 지적인 지도력을 이끌어냈고 이를 권위를 지닌 이들에게 제시했다. 그 결과가 바로 버크가 1775년 3월 22일에 한 연설 「식민지와의 화해를 위한 결의안을 제의하는 연설(Speech on Moving his Resolutions for Conciliation with the Colonies)」이었다. 전달하려는 내용은 다음과 같이 분명하고 대담했다.

> 평화를 제안한다. 전쟁이라는 매개체를 통한 평화가 아니다. 복잡하고 끝 모를 협상이라는 미궁을 헤쳐 나온 끝에 얻는 평화가 아니다. 보편화된 내분에서 비롯되는 평화도 아니다. 복잡한 질문들을 법으로 판단함으로써 얻는 평화도 아니다. …담백한 평화다. 자연스러운 과정을 통해서 평범한 곳에서 발견되는 평화다. 평화의 정신에 따라 추구하는 평화다.

영국은 평화와 전쟁, 화해와 강제, 식민지의 요구에 항복—그렇다, 항복—과 과도한 주권의 집착 사이에서 선택을 해야 한다. 그리고 영국은 화해를 선택해야 한다.

이유는? 버크는 아메리카 식민지들과의 무역이 엄청나게 증가했다는 사실을 강조하면서 운을 뗀다. 불과 두 세대 전에 영국이 세계를 상대로 한 총 무역량에 해당할 만큼 늘었다. 그사이에 식민지의 인구는 유럽에서 건너간 이들 200만 명과 노예를 포함한 그 밖의 사람들이 50만 명 이상으로 증가했다고 그는 추산했다. 버크는 무력을 사용하면 효과가 없거나 자승자박이 되는 데 그치지 않고 자기 모순적이기도 하다고 주장하는 기지를 발휘했다. 필연적으로 임시방편일 수밖에 없다. "정복 상태가 지속되는 나라는 통치가 불가능하다." 성공할지 불확실하고 실패할 경우 대안이 없다. 무력을 사용하면 영국이 보호하려는 대상을 파괴하게 된다. 아메리카는 나라 밖의 적이 아니라 영국의 일부다.

> 나는 아메리카의 힘을 소모하고 싶지 않다. 내가 소모하는 건 영국의 힘이기 때문이다. …아메리카의 정신을 완전히 파괴하고 싶지 않다. 바로 그 정신이 그 나라를 만들었기 때문이다. 마지막으로 대영제국은 자비로운 방치라는 정책을 바탕으로 구축되고 부유해졌으며, 무력 사용은 이러한 정책에 정면으로 배치된다.

그러나 버크에게 가장 결정적인 고려 사항은 아메리카의 인구도, 상업적인 힘도 아니었다. 아메리카의 정신 그 자체였다. 한 국가를 통치하려면 그 나라의 특성을 잘 알아야 한다. 그리고 "아메리카인들의 특성 가운데 자유에 대한 사랑은 두드러지는 요소다. …이와 같이 자유를 소중히 여기는 정신은 지구상의 그 어떤 국민들보다도 영국의 식민지에서 강하다". 아메리카는 자유를 행사하기 위해서 모국을 떠난 영국인들이 가장 먼저 정착했고, 이들은 영국적인 생각과 원칙들을 품고 아메리카로 이주했다. 이들이 생각하는 자유는 추상적이지 않고 구체적이었고 그러한 자유 개념은 대중적인 회합과 과세 저항으로 표현되었다. 그리고 이러한 자유에 영국의 국교에 반대하는 종교가 생명을 불어넣었고, 그러한 종교는 속세의 기득권에 맞섰다. "프로테스탄티즘(Protestantism, 개신교)은 일종의 반골 기질이다. 그러나 우리의 북부 식민지에 가장 널리 퍼진 종교는 반대에 반대하는 기질이요, 프로테스탄트에 대한 프로테스탄티즘이다."

이게 전부가 아니었다. 실제로 세 가지 또 다른 요인들이 아메리카의 정신을 지탱했다. 버크에 따르면, 아메리카 남부에 널리 퍼져 있는 노예제도 때문에 식민지 주민들은 자유와 지위를 더욱더 갈망했다. 게다가 아메리카인들, 특히 의회 의원들은 영국의 관습법이 몸에 배어 있었기 때문에 윌리엄 블랙스톤(William Blackstone)의 법을 개관한 권위 있는 명저 『잉글랜드 법 해설(*Commentaries of the Laws of England*)』은 잉글랜드 못지않게 아메리카에서도 많은 부수가 팔렸다. 이 책에 대해서 버크는 다음과 같이 지적했다. "이 책은 인간이 명민하고 탐구심 강하고 능수능란하며, 즉각 공세를 취하고 방어할 태세가 되어 있으며, 수완이 좋다고 묘사한다. 인간은 먼 훗날에 형편없는 통치였다고 판정될지를 미리 내다보고 미풍을 타고 다가오는 폭정의 악취를 귀신같이 감지해낸다." 마지막으로 아메리카 식민지들과 웨스트민스터 사이에는 4,800킬로미터의 바다가 놓여 있다는 사소한 문제가 있었다. 그 어떤 제국도 제국의 중심을 통치하듯이 변방을 통치하지는 못한다. "튀르크는 트라키아를 통치하듯이 이집트를 통치할 수 없다. 술탄이 복종하게 만들어 통치를 한다고 해도 고삐를 느슨하게 쥐고 통치한다."

그렇다면 어떻게 해야 할까? 자부심은 제거할 수도 억누를 수도 없다. 이들은 영국적 사고를 지니고 영어를 쓰고 영국법을 몸에 익힌, 해외에 거주하는 영국인이다. "우리는 이와 같이 맹렬한 사람들의 계보를 위조해 핏줄에 자유의 피가 흐르는 나라 출신이 아니라고 설득할 수 없다. …발언에서 본심이 드러나기 때문이다. 잉글랜드인을 설득해 노예로 만드는 역할을 하기에 잉글랜드인만큼 부적합한 사람도 없다." 영국은 아메리카로부터 세금을 절대로 거둬들이지 못한다. 강요할 수 없기 때문이다. 강제로 징수하려는 그 어떤 시도도 실패한다. 영국의 권리에 편협하게 집착해 국가로서의 책무뿐만 아니라 제국의 이익까지 무시했다.

아니다, 유일한 해결책은 화해다. 식민지 주민들의 요구 사항에 합의하는 일시적인 굴욕을 감내해야 한다는 뜻이다. 그러나 이는 또한 지금 철저히 손상된 상호 신뢰를 회복하고 제국에서 아메리카가 차지하는 상업적 중요성을 되살리는 조치이기도 하다. 영국법의 비범함은 새로운 이익을 흡수하고 사회질서와 법치의 혜택을 새로운 지역에 확산시키는 역량에 있다. 그러나 이러한 조치는 억지로 실행해서는 안 된다. 개방적인 자세로 합의에 따라 실행해야 한다. "진심은 관계를 치유하고 굳건히 한다. …정치에서는 아량을 베푸는 게 가장 진정한 지혜다. 그리고 위대한 제국과 편협한 사고는 어울리지 않는다."

이 연설 말미에 버크는 의회 동의안으로 틀을 갖춘 15개 제안으로 구성된 화해 조치를 제시했다. 15개 제안은 다음과 같다. 식민지에 과세하는 권한은 포기하고 식민지들에게 이양해야 한다. 보스턴 항구를 폐쇄하고 매사추세츠 헌장을 묵살한 아주 모욕적인 강제 법안은 폐지해야 한다. 식민지 총독이나 왕이 아니라 아메리카의 주민 결사체가 판사를 임명할 권한을 공식적으로 인정해야 한다.

의도적으로 버크는 영국의 무역 권한의 토대로 널리 간주되는 항해 법안, 또는 영국의 주권으로 간주되는 로킹엄 계파의 선언령, 즉 아메리카에 대한 입법권을 영국이 보유한다는 선언령을 수정하려 하지 않았다는 사실을 주목할 필요가 있다.

버크는 두 시간 반 동안 연설을 했고 그가 연설을 마치고 자리에 돌아와 보니 로킹엄으로부터 축하한다는 쪽지가 놓여 있었다. 그러나 하원은 여전히 아메리카 식민지 주민들에게 본때를 보여줄 작정이었으므로 버크를 무시했다. 버크가 최초로 제시한 악의 없는 동의안, 그저 사실을 적시한 동의안은 270 대 78로 부결되었다. 버크는 반대 정서가 우세함을 인정하고 다른 동의안을 표결에 붙이거나 하원의 '분열'을 조장하지 않기로 했고, 영국은 아메리카와의 전쟁을 향해 한 발짝 더 내디뎠다.

그러나 버크가 초창기에 한 「아메리카 과세에 관한 연설」과 마찬가지로 「식민지와의 화해를 위한 결의안을 제의하는 연설」은 짤막한 걸작으로서 오늘날까지도 그 위력을 발휘한다. 이 연설은 아일랜드인이 아메리카의 정신에 바치는 연서(戀書)였다. 즉, 아메리카 전반에 스며들어 있는 잉글랜드의 정신과 잉글랜드의 제도에 바치는 연서였다. 시이기도 하고 설교이기도 하고 훈계이기도 한 이 연설은 현명하고 앞날을 내다보는 혜안이 담겨 있으며, 정치사상뿐만 아니라 정치가의 자세에 관한 발언이기도 하다. 과거를 돌이켜보기도 하고 시선을 미래로 향하기도 한다. 영국이 상업적으로, 헌법적으로 성공한 원천에 대한 역사적인 주장이라는 점에서 과거를 돌이켜보는 발언이고, 공동의 정체성과 제도를 토대로 한 강압적이지 않은 제국이라는 개념을 제시한다는 점에서 미래지향적이다. 특히 법치라는 제도는 다가올 세기에 엄청난 영향을 미치게 된다.

버크의 제안이 법제화되었다면 영국이 아메리카의 독립 전쟁이라는 참사를 모면할 수 있었을까? 이에 대해 답하기는 불가능하다. 법제화되었다고 해도 초기에 교전을 막지는 못했을 것이다. 렉싱턴(Lexington)과 콩코드(Concord) 전투는 버크가 연설을 하고 한 달이 채 안 된 시점에 벌어졌기 때문이다. 양쪽에서 전쟁을 향한 보다 폭넓은 움직임이 이미 상당히 탄력을 받은 뒤였고, 버크가 제시한 조치들은 너무나도 급격한 정책과 접근 방식의 변화를 요구했기 때문에 아메리카 북부 행정부는 틀림없이 함락되었을 테고 그것도 법제화된 조치들이 실행되기 전에 함락되었을 게 틀림없다. 그러나 이것만은 자신 있게 말할 수 있다. 아메리카가 독립을 선언하기 1년 3개월 전쯤인 1775년 3월, 화해가 평화로 이어졌을 가능성은 있다. 화해하지 않고는 전쟁이 불가피하다는 점을 버크는 내다보았다.

로킹엄 계파의 정계 탈퇴

그 후 5년에 걸쳐 로킹엄 계파는 결속력을 유지했다. 그러나 정치적으로는 족쇄가 채워졌다. 영국 여론이 전쟁을 지지하는 쪽으로 기울면서, 로킹엄 계파는 아메리카에 우호적이라는 낙인이 찍혀 정치적으로 거세당했고, 1777년 새러토가(Saratoga)에서 버고인(Burgoyne) 장군이 패배하자 한층 더 매도당했다. 새러토가 전투의 패배는 프랑스가 영국에 맞서 전쟁에 뛰어드는 계기가 되었고, 스페인이, 그리고 네덜란드가 그 뒤를 이었다.

로킹엄 본인은 활동을 자제하고 정치와 병치레와 경마를 오갔다. 다우더스웰은 세상을 떠났고 리치먼드 공작은 프랑스에서 귀족 작위를 받는 데 몰두하고 있었으며, 다른 핵심 인물들은 아무런 도움이 되지 않았다. 능력을 더 존중하는 시대였다면 하원에서 로킹엄 계파를 이끄는 역할은 당연히 버크가 맡았을 것이다. 그러나 그 역할은 데번셔 공작의 가문과 이익을 대변하는 존 캐번디시 경에게 돌아갔다. 그는 귀족이 아니라 그저 명목상으로 작위를 지닌 하원 의원이었다. 그러나 캐번디시 경의 최대 관심사는 정치가 아니라 여우 사냥이었다.

버크를 제외하면 1770년대에 웨스트민스터에 등장한 가장 흥미진진한 인물은 젊은 제임스 폭스(Charles James Fox)다.[3] 폭스는 겨우 열아홉 살에 의회에 입문했고 곧 뛰어난 웅변가로서 입지를 구축했다. 그는 두 차례 노스 경의 내각에 합류했으며, 개인적인 사유로 두 차례 사임했다. 그는 변덕스러운 행동으로 수상이나 왕이 탐탁지 않게 여겼다. 특히 왕은 이 젊은이의 생활 방식을 매우 못마땅해했다. 1774년 무렵 폭스는 서서히 로킹엄 계파 휘그당원들과 서로 불신하기 시작했다.

그의 성이 스튜어트 왕가 소속이라는 점에서 알 수 있듯이, 폭스는 분명히 토리 계열로서 모친 집안인 찰스 2세 직계 후손이었다. 그의 아버지인 헨리 폭스(Henry Fox)는 고위 공직을 여러 개 맡았고, 국고담당관으로 일하면서 부를 축적했으며, 부단히 백작 작위를 얻으려고 했지만 실패했다. 교양 있고 매우 지적인 젊은 폭스는 버릇없는 자식의 결정판이었다. 평생 자기 자신이나 주변 사람들을 자제시키지 못하고 살았다. 극작가 오스카 와일드(Oscar

Wilde)의 촌철살인처럼, 그는 유혹만 빼면 뭐든 뿌리칠 수 있었다. 그의 부친은 정계의 인맥과 돈과 세상에 대한 지식을 자기 아들에게 쏟아부었다. 1763년 파리로 여행을 간 아들 폭스는 열네 살에 마담 드 콸렝(Madame de Quallens)이라는 여성에게 순결을 잃었다. 뒤이어 옥스퍼드에서 방탕한 시절을 보내다가 학위도 받지 않고 중퇴했으며, 세계 여행을 떠나 볼테르와 기번을 만났고 라파예트 후작을 포함해 프랑스 귀족과 친밀한 인맥을 형성했다. 이러한 인맥은 훗날 프랑스혁명 기간 동안 폭스에게 엄청난 영향력을 행사하게 된다.

폭스는 방탕하고, 무절제하고, 악명 높은 도박꾼으로서 30세가 되기 전에 많은 재산을 탕진했다. 그는 태어났을 때 몸에 털이 너무 많아서 부친이 그를 원숭이에 비유했다. 풍자화를 보면 그는 보통 뚱뚱하고 수염이 거뭇거뭇하고 눈썹 숱이 무성한, 면도를 하지 않은 모습으로 그려진다. 젊은 시절—프랑스의 첨단 유행을 좇은 맵시꾼들인 '마카로니(Macaronis)'를 선도하는 인물로 손꼽힌 그는 중년에는 하원에서 다소 꾀죄죄한 몰골로 그려졌다. 1794년 히켈(Hickel)이 그린 초상화(다음 쪽 참조)를 보면, 풍채가 좋은 폭스가 워싱턴 군복 색깔인 담황색과 파란색 옷을 입고 있다. 1770년대에 아메리카 독립 전쟁 혁명군을 지지하는 뜻에서 선택한 색깔이다. 검소하고 헌신적인 버크와 어울릴 것이라고 상상하기 힘든 인물이었다. 그러나 열아홉 살이라는 나이 차이에도 불구하고 두 사람은 친밀한 우정을 맺었다. 폭스는 버크의 깊이와 지혜를 높이 샀고, 버크는 기분이 한껏 고조된 순간에 폭스를 "이

◆ 찰스 제임스 폭스의 초상화(칼 안톤 히켈, 1794)

나라가 배출한 최고의 천재이자 세상에서 가장 유쾌한 인물로 손꼽힌다"고 평했다.

당시에 영향력을 미칠 방법을 찾고 있었던 로킹엄 계파는 정계를 탈퇴할 생각까지 했었다. 식민지에 대한 정책을 자신들이 얼마나 한탄스러워하고 경멸하는지 보여주고 그러한 정책을 그들이 용인한다는 인상을 주지 않기 위해서 말이다. 인쇄물의 위력을 점점 더 절감하고 있던 버크는 이러한 생각을 열렬히 지지했다. 극적인 효과를 발휘하도록 형식을 짜고 공적인 선언문과 함께 이런 생각을 발표한다는 전제하에 말이다. 그러기 위해 버크는 「상주문(上奏文, Address to the King)」을 작성했다. 군주에 대한 경의를 표하는 동시에 그의 내각을 통렬하게 비난하는 글이었지만 소기의 목적을 달성하지 못했다.

그러나 정계를 탈퇴하려는 시도는 사소한 실수였다. 로킹엄 계파는 상주문을 포기하고 로킹엄 계파 소속 하원 의원들이 1777년 2월 부분적으로 의회를 보이콧하기 시작했다. 이러한 시도도 대중의 관심을 끌지 못했다. 일찍이 폭스는—무소속 시골 신사인 조지 새빌 경(Sir George Savile)과 더불어—이 보이콧을 깨기로 결정했다. 고대부터 존재해온, 구속 적부심사를 위해 피(被)구속자를 법정에 출두시키는 출정영장(habeas corpus)을 부분적으로 중지시키는, 뜨거운 논란을 불러일으킨 노스 내각의 시도에 제동을 걸기 위해서였다. 그런데 이 때문에 혼란만 가중되었다. 몇 주 만에 이러한 시도는 완전히 무산되었다. 신생 정당을 운영하기에는 전혀 바람직하지 않은 방법이었다.

설상가상으로 버크가 의회에 참석하지 않기 때문에 자신들을 대표하기가 불가능하다며 버크를 비난하는 이들이 브리스틀에서 점점 늘어났다. 특히 과격한 이들은 개인의 권리를 억압하는, 출정영장 법안을 비롯한 여러 조치들에 대해 강력하게 맞서지 않았다며 분노했다. 그들이 옳았다. 로킹엄 계파의 정계 탈퇴는 애초부터 공염불이었다. 그리고 이 때문에 거리감 있고 우물쭈물하는 하원 의원이라는 인상만 짙어졌다. 게다가 지시를 받지도 않고 지역 행사에 참가하지도 않고 심지어 지역구를 찾아가지도 않으려는 버크의 태도 때문에 그러한 인상은 더욱더 설득력을 얻었다.

버크는 사실 웨스트민스터 내에서 브리스틀을 위해 의정 활동을 활발히 했다. 그럼에도 불구하고 하원 의원으로 재직한 6년 동안 브리스틀을 겨우 두 번 방문했다. 당시에 그 지역구를 대표하는 하원 의원이 두 명이었다는 사실을 감안한다고 해도 오늘날이라면 상상도 할 수 없는 기록이다. 요즘은 지역구를 잘 관리하는 하원 의원이라면 거의 매주 지역구를 방문해 활발하게 활동하고 그렇지 않은 의원이라도 한 달에 한 번은 방문한다. 이처럼 자기 지역구에서 점점 구시렁거리는 사람들이 늘어나자 버크는 이에 대한 답변으로 장문의 글을 발표했다. 1777년 5월에 출간된 「브리스틀 행정관들에게 보내는 편지(Letter to the Sheriffs of Bristol)」다. 이는 「식민지와의 화해를 위한 결의안을 제의하는 연설」에 수록된 주장을 좀 더 과격한 언어로 표현한 글로서 아메리카와의 갈등이 내전으로 치닫는 것에 대한 신랄한 비판도 담겨 있다. 버크는 이러한 갈등의 여파로 영국 내에서는 여론이 흉흉해지고 이견을 제시하는 이들을 공개적으로 억압하는 현상이 발생하고 있다고 지적하며 경종을 울렸다. 로킹엄 계파의 정계 탈퇴 동안 자신의 처신에 대한 궁색한 변명도 가미되어 있고, 브리스틀 시에 대한 짤막한 찬사, 그리고 사실관계도 따지지 않고 모든 정치인을 싸잡아서 사악하고 부패했다고 비난하는 이들에 대한 비판도 담겨 있다. 「브리스틀 행정관들에게 보내는 편지」는 버크의 핵심적인 주장을 한층 발전시킨 유용한 글이었다. 그러나 자신이 저지른 실수에 대한 변론으로서는 설득력이 매우 떨어졌다. 당시에도 그랬고 지금도 그렇다.

아일랜드 무역 문제

브리스틀의 상인들은 처음에는 버크의 국가관과 아메리카와의 무역에 대한 과세에 분명히 반대하는 입장에 흡족했었다. 그러나 전쟁 분위기가 무르익자 상인들은 버크의 입장에 점점 의문을 품게 되었고, 특히 아일랜드 문제에 새롭게 관심을 보이면서 아일랜드와의 무역에 영국이 부과한 여러 가지 부담을 철폐하려는 버크를 비판했다. 영국의 중요한 수출 시장인 아메리카와의 무역을 자유화하는 일은 그렇다고 치고, 거리가 그리 멀지도 않고 잠재적인 경쟁자인 아일랜드와의 무역을 자유화하는 것은 전혀 별개의 문제였다.

1714년부터 1760년까지 상당히 오랜 기간 잉글랜드-아일랜드 관계는 비교적 잠잠했지만, 아일랜드는 사회적으로 경제적으로 투쟁을 이어갔다. 그 이전 두 세기 동안 혹독할 정도로 가톨릭교도에게 적대적이었던 법은 대부분 왕정복고(Restoration)[b] 이후에 바뀌었지만 윌리엄 3세가 즉위한 후 1689~1691년에는 상당히, 그리고 적극적으로 확대되었다. 이러한 정책에 이의를 제기한 이들도 박해에서 자유롭지 못했다.

1792년 버크는 자신의 친구인 아일랜드 정치인 허큘리즈 랭그리쉬 경(Sir Hercules Langrishe)에게 보낸 서신에서 형법을 신랄하게 비판하면서 형법 내용을 다음과 같이 일목요연하게 정리했다. "머리를 써서 정교하게 만든 장치로 국민을 억압하고 곤궁하게 만들고 매도하고 인간의 본성 자체를 타락시키는 데 안성맞춤이다. 인간이 창의성을 악용하면 어떤 결과가 나오는지 적나라하게 보여준다." 몇 가지 사례를 살펴보면, 가톨릭교도는 공무담임권이 없었고, 30년 이하의 기간 동안 토지를 임대할 수만 있지 토지를 매입할 수 없었다. 투표권도 없고 교사도 될 수 없었고, 개신교도와의 결혼도 금지되었으며, 무기를 소지하거나 5파운드 이상인 말을 소유할 수도 없었다. 마지막 규정은 무장하고 말을 탄 가톨릭 민병대가 잠재적인 위협이 될지 모른다는 개신교도 소수자들의 두려움을 반영한 법이다.

무역에서 아일랜드는 여전히 혹독한 항해법 적용 대상이었는데, 이 때문에 아일랜드는 영국과의 제조업 무역에서 외국 경쟁자들보다 차별을 받았고 가능한 한 경제적 가치를 영국에 부과할 의무가 있었다. 따라서 이 법은 아일랜드의 주요 수출품인 양모를 영국 외의 시장에 판매하지 못하도록 했고, 아일랜드 내에서 양모 제품 가공을 금지했으며, 아일랜드 선박은 영국의 식민지들과 무역하지 못하게 했다.

이러한 정책들이 장기적으로 어떤 결과를 야기할지는 불 보듯 뻔했고 결과는 처참했다. 경제적 이득을 얻을 가망이 없으니 아일랜드의 울창하고 비옥한 들판은 개간되지도 않았고 농업은 초보적인 단계에 머물렀다. 아일랜드의 지주들은 잉글랜드에 거주하면서 아일랜드에서 임대료를 받아 잉글랜드에서 소비했다. 1730년과 1741년 두 차례 심각한 기근이 발생했고, 그나마 급히 감자를 경작하지 않았다면 더욱 극심한 식량 부족을 겪었을지도 모른다. 기아와 이주에도 불구하고 인구는 두 배로 늘어나 400만 명 정도 되면서 이 책 첫머리에 소개한 「아일랜드에서 빈곤층의 자녀가 그들의 부모나 나라에 짐이 되지 않고 대중에게 이로운 사람으로 자라도록 하기 위해 삼가 제언함」에서 조너선 스위프트가 묘사한 끔찍한 여건이 조성되었다. 그러나 권력은 여전히 웨스트민스터의 손아귀에 있었고 이들의 권력을 아일랜드에서는 개신교 지배층이 철저히 옹호했다. 아일랜드 의회는 약하고 고분고분했으며 선거로 바뀌지도 않았다. 조지 2세 통치 기간에 아일랜드 의회는 장장 33년 동안 바뀌지 않았다.

그럼에도 1760년대 무렵 경제 상황은 상당히 개선되었다. 아일랜드인들, 심지어 가톨릭교도들도 여전히 돈을 벌었고 아일랜드는 번영의 시기를 누렸다. 더블린은 엄청나게 성장했고 독특한 건축양식을 자랑하는 수도가 되었다. 식민지라는 열등감을 극복하고 런던을 능가하고 싶은 욕망이 촉진제가 되었다. 그러나 이러한 번영은 아메리카 독립 전쟁이 발발하고 영국이 아메리카 식민지들과의 무역을 봉쇄하면서 갑자기 멈추어버렸다. 표백제로 쓰기 위해 아메리카에서 수입하던 아마 씨와 잿물을 구하지 못하게 되자 아일랜드의 리넨 무역은 몰락하기 시작했다. 전쟁에 동원할 인력이 부족해진 영국이 아일랜드에서 군대를 철수시키면서 아일랜드는 프랑스의 공격에 무방비로 노출되었다.

이에 대응해 1778년 아일랜드인은 아일랜드 자원병(Irish Volunteers)으로 알려진, 4만 명 정도의 무장 세력을 동원했다. 버크의 친구이자 걸출한 정치인 헨리 그라탄(Henry Grattan)과 찰먼트 백작(Earl of Charlemont)이 앞장섰다. 자원병들은 왕에게 충성을 맹세한 왕당파였고 장로교 신도와 가톨릭교도까지 포함되어 있었다. 애초부터 이들은 단순한 군대가 아니라 정치 세력이었다. 이들은 진보적인 사상을 공유하며 토론했고 1779년에는 아일랜드의 자유무역과 관세 철폐를 주장하는 시위를 벌이기도 했다. 자원병이 조직화되면서, 특히 혹독한 차별과 고난을 받는 상황에서 이미 웨스트민스터에 가해지던 법 개혁의 압박은 더욱더 가중되었다. 아메리카 식민지들의 독립이 임박한 상황에서 아일랜드에서 혁명의 기미만 보여도, 아니면 대영제국에서 이탈할 기미만 보여도 잉글랜드 사람들의 관심이 집중되었다.

버크에게 아일랜드는 의심할 여지없이 엇갈린 감정을 느끼게 하는 곳이었다. 잉글랜드에서 명성을 얻겠다는 야망과 재능을 지닌 신참내기, 즉 노부스 호모(novus homo)[c]인 버크는 통상적으로 아일랜드인을 욕보일 때 씌우는 누명인 가톨릭교도임을 숨기는 사기꾼이라는 둥, 잉글랜드 상류사회의 여성들과 재산을 노리는 협잡꾼이라는 둥 온갖 비난을 오랫동안 받았다. 그리고 버크가 점점 두각을 나타내면서 버크를 겨냥한 특정한 악담이 쏟아졌다. 버크는 '에드먼드 상한 우유(bonnyclabber)'라느니, 가톨릭 예수회 수사라느니 온갖 비난을 받았다. 그것도 프랑스에 있는 (개신교도들이 생각하기에) 악명 높은 생 오메르(St Omer) 수도원에서 교육을 받았다고 알려진 예수회 수사라는 비난을 받았다.

버크를 풍자한 그림을 보면 그는 깡마른 데다가 검은 외투를 입고 가톨릭 성직자들이 쓰는 각진 모자 비레타(biretta)를 쓴 모습으로 묘사된다. 감자나 묵주를 들고 있는 경우도 있으며 거의 늘 안경을 쓰고 있다. 용의주도하게 만든 이미지였다. 누군지 금방 식별할 수 있었고 궤변을 늘어놓고 정치적 혜안이 부족하다는 암시를 풍겼다. 뚱뚱하고 털이 덥수룩한 폭스와 극명한 대조를 이루었다. 거리감 있고 법을 따지며 꼬투리잡기 좋아하고 무엇보다도 낯설다는 인상을 주었다.

1760년대 초 해밀턴 밑에서 일하는 동안 아일랜드에 거주한 적이 있는 버크는 1766년 아일랜드를 다시 방문했다. 자신의 형제인 개럿(Garrett)으로부터 물려받은, 코크 카운티에 있는 작은 사유지 문제를 처리하기 위한 목적도 있었다. 임차인들은 네이글이라는 사람의 사촌들이었는데, 새 집주인은 이들을 후하게 대했다. 이 부동산에서 크게 소득은 나오지 않았고, 버크의 자선 기부금—버크가 극심한 자금난을 겪고 있었다는 사실로 미루어 볼 때 자선 기부를 했다는 사실이 더욱 놀랍다—을 공제하면 소득은 더욱 줄어들었다. 그러나 가톨릭교도 농부들에 대한 부당한 처우는 그들의 개신교도 지주들 아래서 지속되었다는 사실을 버크가 놓칠 리가 없었다. 그래서 이맘때쯤 쓴 글이 「가톨릭교도 관련 법에 대한 논고(Tract Popery laws)」인데, 출간되지는 않은 이 글은 이러한 법들이 무분별하고 비효율적이고 억압적이라고 맹렬히 비난하는 내용이 담겨 있다.

에드먼드 버크는 그다음 10년 동안 아일랜드를 다시 찾지 않았다. 그러나 아일랜드가 그의 머리에서 떠난 적은 거의 없었던 듯하다. 1773년 그는 아일랜드가 부재자 지주에 대한 과세 제도를 신설해서 궁핍한 재정을 타개하려 한 시도에 반대하는 세력을 결집하는 데 공을 세웠다. 이러한 제도는 대영제국을 관장하는 자유무역의 원칙에 위배되며, 아일랜드가 더욱 고립될 뿐이라고 버크는 주장했다. 버크가 아일랜드에서 올린 소득은 너무 미미해서 진정으로 이해 충돌을 야기하지도 않았지만, 휘그당에서 아일랜드에 부동산을 소유하고 있고 거기서 해마다 엄청난 소득을 올리는 일부 의원들에게는 무관한 문제가 아니었다. 버크의 후원자인 로킹엄의 경우 한 해에 무려 1만 5,000파운드의 소득을 올렸다. 따라서 그들에게는 정치적 신념과 사사로운 이해관계가 맞물려 돌아갔다.

버크의 배경과 그의 이력으로 미루어 볼 때, 1778년 노스 경의 내각이 마침내 항복하고 아일랜드 무역에 가하는 압박을 완화하기로 했을 때 버크가 깊이 관여했다는 사실은 놀랍지 않다.

로킹엄 계파 휘그당원인 조지 새빌 경과 리처드 캐번디시 경이 가톨릭교도의 부동산 소유를 제한하는 형법을 일부 폐지하는 안을 제출했을 때도 버크가 깊이 관여했다. 그러나 버크의 지역구인 브리스틀의 유권자들은 떨떠름했다. 그들은 미국과의 무역이 줄어들면서 큰 타격을 받았기 때문이다. 자기들 지역구를 대표하는 의원이 자기들의 사업을 방해하고 아일랜드 경쟁자들을 지지하는 모양새를 취했으니 말이다. 브리스틀에서 감정이 격앙되었고, 이 지역의 선도적인 조합으로서 1552년에 창립된 브리스틀 상인투자자협회 회장 새뮤얼 스팬(Samuel Span)이 급기야 브리스틀을 대표하는 두 하원 의원에게 서신을 보내 상인들의 경고 의사를 전달하고 자기들을 지지해달라고 요구했다.

크루거는 예상대로 그들의 요구에 응했다. 버크는 그러지 않았다. 버크는 스팬과 그를 따르는 상인들에게 두 통의 공개서한을 보내 짤막하지만 격정이 담긴 경제학에 대한 훈계를 했다. 이 서한들은 나중에 팸플릿으로 출간되었다. 버크는 아일랜드가 잉글랜드만큼 세금을 내지는 않는다고 인정했지만 능력껏 최대한 세금을 내고 있다고 했다. 오로지 아일랜드의 경제성장을 통해서만 아일랜드가 세금을 더 낼 수 있으며, 그 어떤 경제성장이든 브리스틀 상인에게 직접적인 이득이 되어야 한다고 했다.

그와 같은 경제성장을 하려면 자유롭게 교역할 역량을 갖추어야 하며 그렇다고 아일랜드인들에게 불만을 품어서는 안 된다고 주장했다. 교역량이 고정되었다고 보는 것은 잘못이기 때문이었다. "남이 얻은 것이라고 해서 무엇이든 내게서 빼앗아 간 것은 아니라는 사실을 스스로에게 납득시키기는 참으로 어렵다." 따라서 아일랜드에 대한 시기심은 천박하고 무례할 뿐만 아니라 경제적으로도 현명치 못한 태도였다. 버크는 그 특유의 어법으로 다음과 같이 선언했다. "진실로, 잉글랜드와 아일랜드는 동반 성장할 수 있다. 세계는 우리 둘 다 무역을 할 수 있을 만큼 크다. 넓은 세계에 합당한 넓은 아량을 베풀자."

버크가 보기에도 그랬고, 다른 지역과 마찬가지로 브리스틀 유권자들도 자기 지역구 하원 의원이 최악이라고 생각하는 게 지당했다. 그러나 사실 버크는 자신이 지역구 유권자들의 이익을 대변하고 있다고 주장했다. 사람들에게 호감을 얻을 말을 하기는 쉽지만, 진실과 인기 사이에서 양자택일해야 한다면 버크는 진실을 선택했다. 버크가 생각하기에 자신이 지키겠다고 한 원칙에 반하는 행동을 하면,

> 지금 당장, 또는 나중에라도 내 능력을 세상에 소용이 되도록 하는 유일한 것을 잃는 셈이 된다. 의원은 진실과 정직의 언어를 구사한다는 주장에서 비롯되는 권위를 잃어버린다는 뜻이다. 의원은 자신이 공공선이라고 여기는 것을 뒷받침하기 위해서 의회에 진출해야지, 의회에 입성하기 위해서 또는 계속 의원직을 유지하기 위해서 자신의 견해를 끼워 맞춰서는 안 된다.

따라서 버크는 권력 앞에서 기꺼이 진실을 말하겠다는 의지를 재확인한다. 브리스틀에 거주하는 버크의 친구들은 이러한 버크의 심성을 우러러보았다. 그러나 이들은 그 이유로 버크가 의석을 잃을까 봐 당연히 걱정했다.

왕실 권력을 경계하는 버크

아일랜드와의 무역에 대한 제한을 철폐하려는 시도가 시행되었다가 무산되고 마침내 노스 경의 내각에서 치열한 공방 끝에 통과되었다. 더블린 가톨릭 위원회는 아일랜드 가톨릭교도들을 위해 노력해준 공로를 치하해 버크에게 500파운드의 사례금을 주기로 표결했지만, 버크는 이를 사양하고 대신 사례금을 지역 교육을 지원하는 데 기부해달라고 요청했다.

사실 버크는 자신이 가톨릭에 우호적이라고 여기지 않았고, 가톨릭에 우호적으로 보이지 않기 위해 심혈을 기울였다. 그러나 그는 불의와 권력 남용을 극도로 증오했다. 버크는 거기서 한 발 더 나아갔다. 종교적 관용이 여전히 매우 뜨거운 논란이 되는 주제였던 때에 버크는 모든 주요 종교들은 하나같이 관습과 전통의 산물이며 "오래전부터 규범적인 쓸모"가 있었다고 주장했다. 즉, 종교란 특정한 공동체 내에서 형성되어 성장했고 시간이 흐르면서 이러한 공동체의 동의와 신뢰를 확보하게 되었다는 뜻이다.

따라서 유대인과 이슬람교도도 단순히 관용으로써 대우하는 데 그치지 않고 민법의 보호를 받아야 했다. 장로교 신도들도 마찬가지였다. 그러나 중요한 예외가 하나 있었다. 무신론자들은 그러한 보호를 받을 자격이 없었다. 버크가 생각하기에 신을 믿지 않는다고 적극적으로 표명하는 행위는 사회에 속하지 않겠다는 의도적인 행동이었다. 따라서 무신론자들은 사회가 부여하는 혜택을 누릴 자격이 없었다.

아메리카에서 전쟁이 지속되면서, 프랑스와 스페인 함대들이 합심해서 침략하겠다고 엄포를 놓자, 잉글랜드에서는 긴장이 점점 고조되었다. 1779년 말 요크셔 성직자 크리스토퍼 와이빌(Christopher Wyvill)은 개혁에 불을 지피기 시작했고, 곧 영국 전역에서 청원에 서명할 사람들을 대거 확보했다. 처음에 그는 '경제개혁' 즉 정부 지출과 왕의 공직 임명 권한을 줄이는 데 집중했고, 곧 로킹엄과 그 추종자들의 지지를 얻었다.

로킹엄 계파에게, 특히 버크에게 경제개혁은 단순히 가계를 정돈하는 문제가 아니었다. 왕실의 권력을 제한하고 1688년 이후에 구축된 입헌군주제를 재확인하고, '왕의 측근'과 『오늘날의 불만의 원인에 관한 사유』에서 규명한 이른바 은밀한 이중 내각에 일격을 날리는 방편이었다. 따라서 와이빌이 비교적 잔잔한 경제 개혁의 해역을 벗어나 의회 임기를 단축하고 보다 평등한 대표성과 급진주의를 용인하자는 격랑의 바다로 향하자 경각심이 높아졌다. 정치적인 온도가 몇 도 더 상승했다.

버크 본인은 오래전부터 경제개혁의 구체적인 조치들에 대해 고민해왔다. 프랑스의 개혁가 자크 네케르(Jacques Necker)가 앙시앵레짐(ancien regime: 프랑스혁명 이전의 구체제)의 사치와 낭비 속에서도 거의 균형예산을 달성한 데서 착안했다. 따라서 1780년 2월 11일 버크는 하원에 간명한 개혁안을 발의했다. 뭐든 서둘러 처리하고 행정부가 의회를 좌지우지하던 당시에 내각 각료도 아닌 초선 의원이 법안을 발의하게 되면 하원에서 10분, 경우에 따라서 30분 정도 발언하게 된다. "의회의 독립성을 좀 더 강화하고 민간부문과 그 밖의 기구들의 경제개혁을 실행하기 위한 계획"을 제시하면서 버크는 3시간 20분 동안 발언을 할 수 있었고, 따라서 자신의 주장을 구체적으로 개진했다. 그가 추구하는 목적은 분명했다. 정부 지출과 낭비와 부패를 줄이는 데 그치지 않고 왕실 자체의 씀씀이와 영향력을 제한하겠다는 뜻이었다.

버크는 네케르와 그의 개혁을 지지해 실행을 가능케 한 젊은 군주 루이 16세에 대한 찬사로 말문을 연다. 뒤이어 자신이 제안한 사항들을 관장하는 '일곱 가지 근본적인 원칙들'을 열거한다. 억압이나 부패를 조장하는 관할지역들은 철폐해야 한다. 수익이 아니라 후원이나 영향력을 행사하는 게 목적인 공유지는 매각해야 한다. 낭비가 심한 '공직', 씀씀이에 상응하는 이득을 창출해 국가에 기여하지 못하는 직위들은 없애야 하며, 공공 지출을 분명하고 일괄적으로 통제하지 못하게 방해하는 직위들도 없애야 한다. 봉급은 그 직위가 창출하는 효용성에 부합하고 정당해야 한다. 공공 의사 결정은 결정자의 재량이 아니라 적법절차를 통해 이루어져야 한다. 공공 지출을 위한 별도의 재원인 '하위 국고'들은 해체하고 총괄 국고에 통합시켜야 한다. 이러한 원칙들은 버크가 정부에 대한 내사를 통해 수많은 부정행위를 밝혀냈음을 암시한다. 이러한 원칙들은 오늘날 바람직한 정부가 명심해야 할 금언으로서 여전히 가치가 있다.

그러고 나서 버크는 이 일곱 가지 원칙들을 하나하나 구체적으로 설명한다. 경제개혁은 하원뿐만 아니라 어떤 청중에게도 절대로 귀를 쫑긋하고 경청할 만큼 흥미진진한 주제가 아니기 때문에 경제정책을 비판하는 사이사이에 재미있는 농담을 끼워 넣었다.

따라서 버크는 군주의 과도한 지출, 관할지역, 별도의 기구들과 호칭들을 다음과 같이 조롱한다.

> 시냇물을 건너면 잉글랜드 왕의 영토를 벗어난다. …도로를 건너면 다시 폐하, 다름 아닌 웨일스 공의 영토에 발을 들여놓는다. …북쪽으로 가면 랭커스터 공작으로 쪼그라든다. 서쪽으로 향하면… 체스터 백작이라는 소박한 인물이 눈앞에 나타난다. 거기서 몇 마일 더 가면 왕이 랭커스터의 팔라틴 백작으로 깜짝 등장한다. 에지콤(Edgecombe)산을 넘어가면 그는 또다시 콘월 공작이라는 듣도 보도 못한 인물로 변신해 등장한다.

그러다가 버크의 조롱은 익살로 바뀐다. 이전에 탤벗 경(Lord Talbot)이 왕실을 개혁하려 했던 시도가 실패로 돌아간 진짜 이유를 다음과 같이 밝히면서. "왕의 부엌에서 고기 굽는 꼬챙이 돌리는 사람이 하원 의원이었기 때문이다. 왕의 시종들은 전부 해고되었다. 폐하의 취침을 방해했다는 이유로… 판사들은 봉급을 받지 못했다. …외무 장관들은 복지부동이었다. …우리 동맹의 고리는 끊어졌고, 나라 안팎에서 정부의 기능은 마비되었다. 왕의 부엌에서 고기 굽는 꼬챙이 돌리는 사람이 하원 의원이었기 때문이다."

왕에게서 변장의 달인이나 상자에서 갑자기 튀어나와 행인을 놀라게 하는 장난감 이미지를 떠올리게 하고, 그 이미지를 왕실 부엌에서 공직자를 부려먹는 낭비를 일삼다가 휘청거리는 대영제국 정부와 병치시키는 뛰어난 발상은 고대 로마 시대 희극과 그 희극에서 파생된 16세기 이탈리아 즉흥 가면극 '콤메디아 델라르테(commedia dell'arte)' 분위기가 물씬 풍긴다.

그러나 버크가 염두에 둔 훨씬 중요한 개혁 대상들이 있다. 우선 사실상 군의 재정을 쥐락펴락하는 국고담당관실을 개혁해야 했다. 국고담당관은 의회에서 표결을 통하여 군에 지급하기로 결정된 자금을 받아 필요에 따라 집행한다. 결코 적은 액수가 아니고 전쟁 중에는 어마어마한 금액이다. 자금이 손실되거나 관리를 제대로 하지 않으면 국고담당관 본인이 법적인 책임을 져야 하는 중요한 책임이 뒤따르는 자리였다. 그러나 실제로 그럴 위험은 거의 없었다. 회계감사 절차가 너무나도 복잡하고 장기간에 걸쳐 질질 끌면서 진행되므로 회계감사를 받는 당사자가 그 직책에서 물러나고 몇 년이 지난 뒤에야 절차가 마무리되기도 했다. 반면 한몫 챙길 가능성은 어마어마했다. 국고담당관은 필요한 자금이 책정되기 전에 현금을 가불받아 이자를 붙여 빌려주고 수익을 자기가 챙기는 게 법적으로 허용되었기 때문이다.

따라서 당연히 국고담당관 자리를 노리는 사람들이 많았다. 채텀은 이 직책을 맡는 동안 개인적으로 축재하지 않은 것으로 유명하지만, 찰스 제임스의 아버지인 헨리 폭스, 로버트 월폴은 재임 기간에 어마어마한 부를 축적했다. 당시 국고담당관은 리처드 릭비(Richard Rigby)였다. 베드퍼드 공작 추종자인 그를 버크는 매우 혐오했다. 무책임하고 사사로운 이익을 추구하는 교만한 말단 관리의 전형적인 표상이었기 때문이다. 그는 50만 파운드에 달하는 어마어마한 유산을 남겼다고 알려졌다. 수세대가 지나 이 재산이 옥스퍼드대학교에 있는 '피트-리버스(Pitt-Rivers) 고고학과 인류학 박물관'에 기부되었다니 그나마 다행이다.

버크의 개혁 목표에는 수세기에 걸쳐 야당 정치인들의 공격 대상이 되어온 무역위원회 폐지, 식민지 특히 아메리카를 담당하는 제3장관실(the office of Third Secretary of State)도 있었다. 그러나 공격대상에 당연히 포함시켜야 했는데 버크가 누락시킨 대상들이 더 흥미로웠다. 연금의 남용은 만연했고 재무부 자체 내에도 하는 일 없이 봉급만 축내는 직책들이 많았다.

버크는 이런 대상들에 대해 약간의 수정보완책만 제안했다. 합의를 이끌어내기 위해 전략적으로 그는 사유재산을 존중했고 누군가의 생계를 박탈하는 일은 주저했다. 그보다도 버크는 장기간 공평무사하게 공직을 수행한 사람이 명예와 재산으로 보상을 받고 그리 하도록 권장되어야 나라 전체에 이득이 된다고 믿었다. 그가 추구하는 목표는 화석화된 귀족과 왕실의 측근, 하는 일 없이 빈둥거리면서 어떻게든 출세하려고 안간힘을 쓰는 말단 관직 사이에서 벌어지는 정치적 암투라는 두 가지 악 사이에서 균형을 달성하는 일이었다.

버크가 이처럼 신중을 기한 점은 현명했다. 나중에 법안을 발의하기 위한 기한 연장 신청은 통과되었다. 괴팍한 조지 고든 경(Lord George Gordon)만 반대했다. 그러나 그 후 몇 달 동안 발의한 구체적인 법안들은 통과되지 못했다. 무역위원회 관련 법안만 빼고…. 그러나 무역위원회는 폐지된 지 몇 년 후에 다시 부활했다. 버크가 발의한 조치들은 3중으로 모욕을 당했다. 셸번 경은 만족할 만큼 파격적이지 않다고 비난했고, 노스 경은 일부 타협한 비겁한 법안이라고 비난했으며, 결국 1780년 4월 존 더닝(John Dunning)의 그 유명한 다음과 같은 발의로 대체되었다. "왕실의 영향력은 증가해왔고, 증가하고 있으며, 축소되어야 한다." 이 발의안은 4월 6일 하원 회의장이 발 디딜 틈 없이 꽉 들어찬 가운데 233 대 215라는 아슬아슬한 표차로 통과되었다.

그러나 버크의 연설 자체는 대중의 지대한 관심을 모았다. 한 달도 안 돼 연설의 해적판이 나왔고, 따라서 버크는 곧 연설을 공식적으로 출간했다. 버크의 이 연설은 하원에서 행한 가장 뛰어난 연설로 오랫동안 손꼽혀왔다. 이러한 평가는 당연했다. 문학적인 가치가 있을 뿐만 아니라 「아메리카 과세에 관한 연설」과 「식민지와의 화해를 위한 결의안을 제의하는 연설」 같은 명연설과 마찬가지로 정치가로서의 역량을 보여준 연설이었다. 고결하고 구체적이면서도 포괄적인 이 연설은 행정부, 특히 행정부의 공금 지출은 공개적으로 의회에서 그 용처를 밝히고 책임 소재를 분명히 해야 한다는 원칙을 주장했다. 그리고 공금은 신중하게 관리되어야 했다. 공직자들의 사익보다 공공선이 우선해야 했다. 무엇보다도 이 연설은 전형적인 버크의 사상이 드러난다. 개혁이 효과적이려면 늦기 전에 시행해야 하고 냉철한 판단을 바탕으로 도를 넘지 않아야 하며 국민의 정서를 살펴가며 진행해야 했다. 버크는 총리도, 내각 각료도 단 한 차례도 되지 못했지만 그의 넓은 시각은 다시 한번 그가 최고의 공직을 맡을 만한 자질과 역량이 있음을 증명해주었다.

고든 폭동의 발생

1780년 쉰 살인 버크는 영향력이 절정에 달했다. 사생활은 어땠을까? 사적인 문제에 대해서 그는 과묵했지만 그가 어떤 인물인지 얼핏 보여주는 글들이 있다. 하원 의원이자 회고록을 쓴 너새니얼 랙솔 경(Sir Nathaniel Wraxall)에 따르면, 버크는 안경을 끼고 가발을 벗은 아일랜드인으로서 빨간머리를 오랫동안 간직했으며, "아일랜드를 결코 벗어난 적이 없는 듯이 늘 강한 아일랜드 말투로 얘기했다". 집에서는 가족이 "네드(Ned)"라고 부른 버크는 부인을 더할 나위 없이 다정하게 "내가 가장 아끼는 제인" "나의 가장 소중한 사랑" "나의 소중한 제인"이라고 불렀다.

아들 하나가 세상을 떠나면서 남은 아들에게 지나칠 정도로 애정을 쏟아부은 버크는 아버지로서는 자녀들과 함께하는 시간을 소중히 여겼다. 집주인으로서는 자택을 끊임없이 드나드는 손님들을 따뜻하게 맞았고 늘 문호를 개방해놓았다. 후원자로서는 젊은이를 돕는 일이 얼마나 가치 있는 일인지 알고 있었고, 화가 제임스 배리와 시인 조지 크래브(George Crabbe)와 같이 재능 있는 비주류 인사들을 도왔다.

말장난과 저속한 농담과 대화도 즐길 줄 아는 붙임성 있는 인물이었지만 재치 있게 되받아치거나 촌철살인의 기법은 통달하지 못했던 사람이다. 자연을 사랑했고 '과학 영농'이라며 텃밭을 가꾸기를 즐겼다. 고독한 사상가인 그는 사람과 쉽게 친해지지 않았고 나태함을 혐오했으며 쉽게 우울해지는 기질이었다.

버크는 공과 사를 엄격히 구분했지만 공적인 삶과 사생활 사이에는 큰 간극이 없었다. 당시에 그는 공적으로는 어느 모로 보나 비중 있는 인물이었다. 덩치도 상당했지만 비대했던 적은 없고, 지적으로 깊이가 있었지만 청중을 매료시키고 휘어잡을 정도로 가벼운 언변도 있었다. 다음 쪽에 실린 레이놀즈가 그린 초상화 두 점은 버크가 어떻게 변모했는지 보여준다. 1774년에 그려진(다소 손상된) 초상화에서 버크는 단련되고 강인하며 목적의식이 분명해 보인다.

1780년 무렵 버크는 상당한 자산가이자 채무자였다. 그리고 그는 대단한 위력을 지닌 웅변가였고 끊임없이 새로운 표현을 만들어냈다. 그래서 제임스 보즈웰은 다음과 같이 말한 적이 있다. "온갖 표현들이 그의 머리에 떠오르는 걸 보면 놀랍다. 그는 나뭇가지에 열매가 주렁주렁 달린 나무들이 무성한 과수원에 있는 사람 같다. 마음껏 재빨리 사과를 따서 내각을 향해 마구 던지며 공격한다." 그리고 마지막으로 그는 노스 내각이 전쟁 때문에 제풀에 무너지면서 14년이라는 긴 세월을 야당으로서 와신상담한 끝에 고위 관직을 꿈꾸고 있던 고참 정치인이었다.

바로 이맘때 버크는 지금도 여전히 잘 알려져 있지 않은 글 「노예제도의 소묘(Sketch of the Negro Code)」를 썼다. 이 글은 10년 넘게 책상 서랍 속에 잠들어 있다가 1792년에 피트 내각의 내무장관이자 그의 믿음직한 2인자인 헨리 던다스(Henry Dundas)에게 전달되었다. 버크는 노예제도를 극도로 혐오했다. 이 글에서 버크는 다음과 같이 적었다. "지금 이대로 계속되기보다 폐지되기를 간절히 바란다." 그러나 그는 노예제도가 제도로서 그 규모가 어

◆ 에드먼드 버크의 초상화(조슈아 레이놀즈 경, 1769년경)

◆ 에드먼드 버크의 초상화(조슈아 레이놀즈 경, 1774년)

마어마하고 만연해 있으며, 당시에 정치적으로 상당한 지지를 얻고 있었으므로 이를 폐지하면 상당한 경제적인 영향이 있으리라는 사실을 인정해야만 했다.

따라서 「노예제도의 소묘」는 훗날 노예무역을 완전히 철폐하기에 앞서, 노예 운송·처우·정착과 교육을 개선하기 위한 규정 체계를 제시하는 상당히 구체적인 제안서다. 버크는 노예를 함부로 다루는 관행을 바로잡을 조치를 포함시킴으로써 사실을 제대로 파악하는 데 통달했음을 입증하고 있다. 노예 가족을 서로 떼어놓지 말고, 노예라는 재산을 보호하고, 사실혼 규정을 제정하고, 노예에게 제한적이나마 권리를 부여해 노예주들로부터 착취당하지 않도록 하고, 실태 조사관들은 법무장관에게 보고해야 한다고 했다. 다시 한번 버크는 시대를 앞선 인물임을 증명했다.

그로부터 7년이 지난 1787년에 가서야 윌리엄 윌버포스(William Wilberforce)와 토머스 클락슨(Thomas Clarkson)이 노예 폐지협회를 창립했고, 그 이듬해에 가서야 왕은 추밀원(Privy Council)에 노예무역의 실태를 조사할 위원회를 임명했다. 1820년대까지도 노예제도의 혹독한 관행을 완화하려는 노력은 40년 앞서 버크가 한 제안을 그대로 반영한다. 따라서 「노예제도의 소묘」는 노예제도와 폐지에 관한 근대 역사에서 짧지만 비중 있는 사족(蛇足)이다.

1780년 봄이 끝날 무렵 의회가 폐회했고 정부는 다가올 총선에 집중하기 시작했다. 그러나 같은 해 6월 예상치 못한 대규모 폭력 사태가 터지면서 총선 준비가 중단되었다. 1778년 조지 새빌 경의 가톨릭 구제령(Catholic Relief Act)을 통해 아일랜드 형법의 부분적인 완화 법안이 성공적으로 통과되었지만, 스코틀랜드 가톨릭교도에 대한 형법 일부를 완화하자는 제안이 나오면서 가톨릭 구제령을 폐지하자는 서명운동으로 이어졌다. 이 서명운동에 앞장선 인물은 버크가 발의한 경제개혁안에 유일하게 반대표를 던진 조지 고든 경이었다.

고든은 18세기가 낳은 또 하나의 걸출한 인물로서, 그의 별난 성품은 처음에는 해군에서, 나중에는 의회에서 승진의 걸림돌이 되었다. 1780년대 말 그는 종교 관련 재판에서 교회의 권위를 무시했다는 이유로 파문당한 뒤 유대교로 개종하고 명예훼손으로 수감되었으며, 1793년 마흔두 살이라는 젊은 나이에 장티푸스로 사망했다. 그러나 겨우 스물여덟이었던 1779년에 그는 개신교협회 회장을 맡았었다. 웅변술과 조직을 결성하는 능력이 뛰어난 그는 수세기 동안 전해 내려오는 교황 음모설, 외국의 침공, 절대군주와 관련된 공포심을 이용해 짧은 시간 안에 가톨릭에 반감을 지닌 추종자들을 대거 모았다.

1780년 6월 2일 금요일, 5만여 명의 군중이 런던 남부에 있는 세인트 조지스 필즈에 집결했다. 고든의 선도로 이들은 의회로 향했다. 4만 5,000명의 서명이 담긴 가톨릭 구제령 폐지 청원서를 제출하기 위해서였다. 런던에 거주하는 성인 남성 다섯 명 중에 한 명이 청원서에 서명한 것으로 추산되었다. 당시에 여전히 가톨릭에 대한 반감이 얼마나 강하고 깊었는지를 보여준다. 의회가 숙고하는 동안 싸움이 터졌고, 폭도는 듀크 가에서 사르디니아 대사의 관사를 부수었다.

뒤이어 1주일 동안 폭력이 난무했고 폭도는 증류소를 습격하고 뉴게이트 교도소에서 죄수들을 풀어주었으며, 영국 은행을 접수하려고 여러 차례 시도했고, 가톨릭과 연관된 건물을 파손하면서 술에 취한 채로 거리를 휘젓고 다녔다. 흉흉한 소문이 돌기 시작했다. 왕이 버킹엄궁에서 불에 타죽었고, 왕비는 살해됐으며, 노스 경은 다우닝 가에서 교수형에 처해졌다는 소문이었다.

가톨릭 구제령을 앞장서 추진했다고 간주된 정치인들이 1차 공격 대상이었다. 조지 새빌 경의 자택은 약탈당했고, 로킹엄의 런던 자택은 무장 경비원이 감시했으며, 데번셔 자택은 폭도가 점령했다. 버크 가족은 당시에 찰스 가에 살고 있었다. 버크는 새빌 다음에 자신이 공격 대상이라는 정보를 사전에 입수하고 제인과 가족을 버고인 장군의 자택으로 피신시켰고 가구도 옮겨놓았다.

버고인 장군은 새러토가에서 패배한 후 귀국해 자택에 머무르고 있었는데, 그의 자택은 그리 멀지 않은 하트퍼드 가에 있었다. 그다음 날 그는 자택의 보초를 선 16명의 군인들을 해산시킨 다음, "흥분한 군중이 집결한 거리에서 한동안 시간을 보내고 군중 앞에 나서서 내 정체를 밝혔다. …내 친구들이 런던을 벗어나 피신하라고 설득하러 왔지만 나는 강요나 협박에 굴복해 내가 옳다고 생각하는 노선에서 벗어날 생각이 조금도 없음을 그들에게 보여주기로 했다". 약탈자들이 근접하지 못하도록 칼을 빼들어야 하는 순간도 있었지만 그는 다치지 않았다. '왕의 폭도'의 폭력이 절정에 달했을 때 보여준 대단한 용기였다.

6월 7일, 군이 배치되었고 상당한 인명이 손실된 끝에 폭동은 수습되었다. 500명 정도가 총격에 숨졌고 수백 명이 다치거나 체포되었다. 30명에 달하는 폭도들이 나중에 처형되었지만, 유혈 사태에 경악하고 이를 수습할 조치를 취한 조지 고든 경 본인은 반역죄에서 무죄를 선고받았다. 버크는 체포된 일반 대중을 사면해야 한다고 주장했다.

돌이켜보면, 고든 폭동(Gordon Riots)[4]을 야기했을 가능성이 있는 수많은 원인들을 짐작하기는 어렵지 않다. 청원 운동으로 전국적으로 정치적 의식이 높아졌고 구체적 사안에 대한 지지가 확보되었다. 전쟁은 질질 끌면서 계속되었고, 영국은 여전히 침략당할 위기에 놓여 있었으며, 노스 행정부에 대한 반감과 식민주의자에 대한 옹호의 기류가 강했다. 물가는 높았고 돈은 부족했다. 경찰 병력도 없었고 정치인들과 왕은 군을 동원하기를 주저했다. 버크는 폭도들을 물리친 데 대해 자부심을 느꼈다. 그러나 사회질서를 중시하는 철학자 버크에게 사회가 급속도로 완전히 무너져가는 광경을 직접 목격한 것보다 더 충격적인 경험은 없었다. 이 교훈을 버크는 10여 년 후 프랑스혁명의 맥락에서 생생하게 되살리게 된다.

제4장

인도, 경제개혁, 그리고 왕의 광기 : 1780~1789

몰튼 보궐선거에 출마하다

10여 년 집권 시기를 통해 보여주었듯이, 노스 경은 정치적 수완이 뛰어난 인물이었다. '7년 법안(Septennial Act)'[a]하에서 노스 경은 1781년까지는 총선을 실시할 의무가 없었고, 당시에 의회는 대체로 주어진 임기를 마쳤다. 그러나 고든 폭동에 대해 온 나라가 분개했다는 사실을 눈치 채고 그는 총선을 앞당겼다. 노스 경이 1780년 9월 의회를 해산하기로 결정하면서 야당은 뒤통수를 맞았다. 특히 에드먼드 버크는 전혀 예상치 못한 일이었다.

1774년 버크의 입지가 취약했다면, 1780년에는 위태로웠다. 버크는 이제 전국적으로, 사실상 세계적으로 널리 알려진 인물이라는 점은 사실이었다. 그러나 의회에서 6년 동안 아메리카에서의 전쟁에 반대하고, 왕실의 영향력과 지출을 제한해야 한다고 주장하고, 아일랜드 무역에 대한 과세와 가톨릭교도와 반대자들에 대한 형법이라는 억압적인 양대 정책들을 폐지하는 데 앞장섰지만,

뜻을 관철시키지도 못하고 그 과정에서 민심을 잃었다. 의회에서 장수하는 데 전혀 도움이 되지 않는 입장이었다. 설상가상으로 그는 브리스틀에서 자신만의 독자적인 정치적 기반을 구축할 기회가 있었지만 그 기회를 이용하지 않았다.

더할 나위 없이 역설적이었다. 버크가 1774년에 한 연설 「브리스틀 유권자들에게 드리는 말씀」에서 "의원이 자신의 지역구 유권자들과 일심동체가 되어 긴밀하고 허심탄회하게 소통한다면 행복하고 영광스러운 일이다"라고 우렁차게 주장했다. 그러나 "일심동체"가 되기는커녕 버크에게는 가가호호 유권자들의 집을 방문해 그를 위해 발로 뛰어줄 자원봉사자들로 구성된 지역구 조직도 사실상 없었다. 결국 끔찍하리만큼 엄청난 선거비용을 지원해줄 후원자도 없었다.

자기 지역구 유권자들과 "긴밀하고 허심탄회하게 소통"하기는커녕 버크는 브리스틀 시를 거의 방문하지도 않았고 사전에 고지하거나 설명하지도 않고 지역구 유권자들이 본능적으로 반대할 입장들을 취함으로써 유권자들로부터 멀어졌다. 그는 전쟁, 아일랜드와의 무역, 가톨릭 구제령 등과 관련해 유권자들과 정반대 입장을 취했다. 특히 브리스틀 상인들의 반감을 산 버크의 입장은 빚을 갚지 못하는 채무자들에 대한 처벌을 경감해주는 법안을 지지했다는 사실이라고 버크는 믿었다. 당시에 그 처벌에는 종신형도 포함되어 있었다. 1780년 무렵 브리스틀에서는 버크보다 다른 후보들이 훨씬 유리한 입지에 놓여 있었다.

자존심 강하고 독선적이고 완고한 태도 때문에 버크는 유권자들의 지지를 얻기가 거의 불가능했다. 한동안 출마를 저울질하던 버크는 허겁지겁 브리스틀에서 후보를 사퇴했다. 그의 맞수인 헨리 크루거가 투표에서 참패한 점을 미루어 볼 때 현명한 판단이었다. 곤경에 처한 버크는 수심에 잠겼다. "나라 전체에게 버림받은" 기분이 든 그는 의회에 복귀하기를 간절히 원했지만 부패한 선거구에서 출마하기는 내키지 않았다. 따라서 다소 창피하지만 휴지기를 가졌고 그동안 로킹엄에게 그의 2인자를 도와주기 위해서 모종의 조치를 취할 필요가 있다는 언질을 여러 차례 보냈다. 결국 로킹엄 후작은 무슨 뜻인지 알아채고 몰튼에서 재선된 인사를 쫓아내고 버크를 그곳에 꽂아넣어 12월 7일 보궐선거에 출마하도록 손을 썼다.

영국 동인도회사 문제

1600년에 엘리자베스 1세의 칙허장(Royal Charter)에 따라 설립된 동인도회사(East India Company)[1]는 창립 후부터 계속 영국과 아시아 간의 모든 무역을 독점해왔다. 동인도회사는 향신료와 후추를 교역하면서 출발했지만, 시간이 흐르면서 면화 · 비단 · 초석(화약 제조에 사용) · 차 · 아편 등 고가의 상품으로 교역 품목을 확대했다. 상거래를 하는 지리적 범위도 확장되어 18세기 초에는 중국까지 교역 대상에 포함되었다. 1770년대 무렵 동인도회사는 인도에 어마어마한 규모의 시설을 구축했는데, 주요 교역 중심지 또는 '공장'이 봄베이, 서부의 수라트, 동부의 캘커타, 남부의 마드라스에 세워졌다.

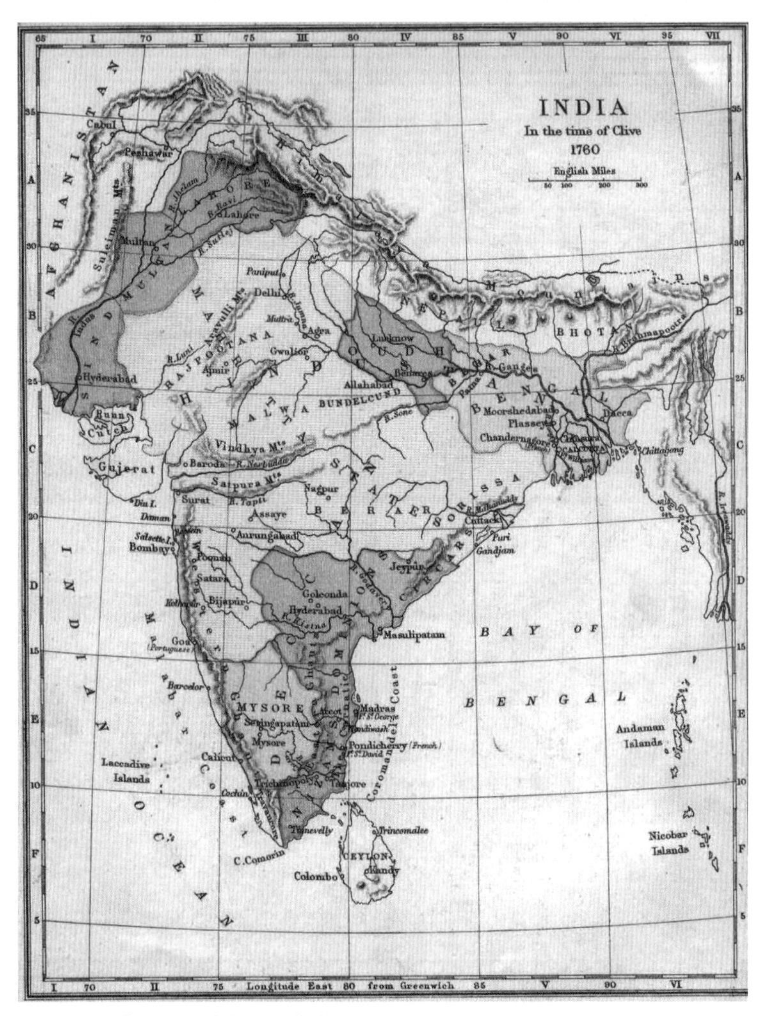

◆ 클라이브 총독 통치 시절(1760)의 인도

정복할 계획도 대전략도 없었다. 1707년 아우랑제브(Aurangzeb) 황제가 사망하자 무굴제국[b]이 급속히 쇠락하면서 권력의 공백이 생겼고, 지역 군주들과 외국의 무역 회사들이 앞다퉈 그 공백을 메우려 했다. 17세기 동안 동인도회사는 향신료 군도(Spice Islands: 오늘날 인도네시아에 속한 말루쿠제도Maluku Islands)를 선수 친 네덜란드 동인도회사(VOC: Vereenigde Oost-Indische Compagnie)에 가려 빛을 보지 못했다. 인도를 차지하게 돼 그나마 위안으로 삼았다. 그러나 이제 동인도회사는 포르투갈, 덴마크, 오스트리아/플랑드르 무역 경쟁자들뿐만 아니라 네덜란드 동인도회사까지 격퇴하면서 인도 남동부 카르나티크(Carnatic) 지역에서 프랑스의 인도회사(Compagnie des Indes)와 상업적·군사적 우위를 다투는 장기전에 돌입했다.

영국 동인도회사와 프랑스 인도회사는 명칭은 비슷했지만 사실 속성은 다소 달랐다. 프랑스 인도회사는 본래 군주가 재정적 뒷받침을 했고 발행한 주식은 많지 않았기 때문에 프랑스 내에서 자본이 부족했고 사회적 인맥도 넓지 않았다. 반면 영국 동인도회사는 부유한 상인과 귀족이 주주였고 정부의 직접적인 지분이나 통제 감독은 없었다. 주주가 거의 2,000명이었고, 영국의 정계·재계의 엘리트 계층이 많았으며, 이들 가운데 3분의 1 이상이 런던이나 런던 인근에 거주했다. 이들은 자신의 정치적 영향력을 이용해 동인도회사의 상업적 독점권을 방어하고, 여러 가지 방법으로 규제하려는 시도들을 막아냈다. 영국 정부는 이따금 부채를 지는 방식으로 이들의 활동을 지원했고, 부채를 지기 위해서 동인도회사로부터 융자를 받아야 했다.

18세기 초에 인도아대륙(印度亞大陸, 인도반도의 다른 이름)과의 무역은 세계 무역의 5분의 1 정도를 차지했다. 인도와의 무역은 동인도회사에 오래전부터 어마어마한 수익을 안겨줬는데, 그러한 수익을 상상할 수 없는 수준으로 끌어올린 이가 로버트 클라이브(Robert Clive)이다. 타고난 말썽꾼으로 잉글랜드에서 다니는 학교마다 줄줄이 퇴학당한 그는 통상적으로 '서기'나 사원이라는 직함이 주어지는 말단 직원으로 동인도회사에 들어갔다. 프랑스와 전쟁을 치르는 와중에 그는 용맹과 지도력으로 두각을 나타냈고, 1751년 아르코트(Arcot) 시를 포격으로부터 성공적으로 방어함으로써 유럽 전역에서 평판이 크게 올라갔다. 1757년 영국을 방문한 후 그는 동인도회사의 중요한 동부 기반인 캘커타를 탈환했다. 캘커타는 잠시 벵골(Bengal)의 지방 군주 격인 태수(太守, Nawab)에게 함락되었는데, 클라이브는 플라시(Plassey) 전투에서 직접 태수를 패배시키기에 앞서 훗날 라지(Raj)[c]가 들어설 기반을 마련했다. 새로운 태수로 꼭두각시를 앉혔다. 1761년 프랑스의 요충지인 인도 동부의 퐁디셰리(Pondicherry)를 접수하고 동부 연안을 따라서 영국의 힘을 더욱 공고히 했다. 2년 후 체결된 파리조약(Treaty of Paris)[d]으로 프랑스 인도회사는 정치에 개입하지 않고 활동 영역을 상업에 국한하게 되었고 요새를 구축하지 못하게 되었으며 주둔군도 제한되면서 몰락을 재촉했다. 화룡점정의 순간은 1765년에 찾아왔다. 잉글랜드에서 한동안 체류한 클라이브가 황제로부터 칙령을 받아 벵골에, 그리고 벵골 주변 지역인 비하르(Bihar)와 오리사(Orissa)에도 영국의 법적 지위를 부여하게 되었다.

이러한 조치로 동인도회사와 주주들과 무엇보다도 인도 지역에서 동인도회사를 위해 일하는 대리인들이 부를 축적할 절호의 기회가 찾아왔다. 당시에 벵골에 4,000만 명이 거주했는데, 이는 영국 전체 인구의 네 배 이상이었다. 그 벵골을 이제 몇 백 명에 불과한 동인도회사 직원들이 사실상 통치하게 되었다. 인도 귀족들은 플라시 전투 후 곧 시장에서 퇴출되었고, 영국인들이 구장(蒟醬)·소금·아편 같은 수입이 짭짤한 품목의 무역을 차지했다.

그러나 이제 동인도회사는 훨씬 엄청난 것을 손에 넣었다. 바로 벵골 지역이 거둬들이는, 한 해에 3,300만 파운드에 달하는 세금을 몽땅 손에 넣게 되었다. 클라이브는 겨우 스물여덟 살에 아르코트에서 승리한 후 1753년 4만 파운드를 손에 쥐고 영국으로 돌아갔다고 알려져 있다. 7년 후 그의 재산은 30만 파운드 이상으로 늘었다.

인도는 과거 어느 때보다도 이국적인 유혹이 넘치는 위험한 개척지가 되었다. 젊은이들은 심각한 질병에 걸리거나 목숨을 잃을 위험을 무릅쓰고 인도로 향했고 그 대가로 어마어마한 재산을 손에 쥐고 돌아오는 경우가 허다했다. '네이밥(Nabob)'[e]이라고 불린 신흥 거부(巨富)—인도에서 부를 거머쥐고 영국으로 돌아와서 부를 이용해 사회적 지위를 높이고 정치적 영향력을 행사한 이들을 일컫는 말—는 영국에서 익숙한 문화적 고정관념으로 자리 잡았고, 사람들의 시기와 질투의 대상이 되는 동시에 조롱거리도

되었다.

그러나 이러한 상황의 진전과 더불어 근본적인 도덕적 의문이 제기되었다. 인도는 정복당하고 있었다. 그것도 영국이 아니라 영국의 민간 기업에 의해서. 호혜적인 무역에서 비롯되는 수익은 조공과 세금에서 비롯되는 수익으로 대체되었다. 클라이브는 탁월한 사령관이었지만 거리낌 없이 뇌물을 받았고 필요에 따라 인도 귀속과 상인을 속이거나 강요해 자기 목표를 달성하기를 서슴지 않았다. 플라시 전투 자체도 군사적 개입이라기보다는 태수의 재정적 후원자들과 군사령관들을 태수와 분열시키는 눈에 띄지 않는 절차였다. 특히 군 재무관인 미르 자파르(Mir Jafar)에게 뇌물을 주고 결정적인 순간에 변절하게 만들었다. 일단 권력 기반을 구축하자 영국인들은 벵골에서 무자비하게 이권을 챙겼고, 새로운 권리를 만들어 착취하고 조공을 받았으며, 그들에게 맞서는 이들에게 매질을 하거나 채찍질을 했다. 공금횡령과 착복이 기승을 부렸다. 영국에 귀국했다가 다시 돌아온 클라이브는 무질서하고 혼란스럽고 뇌물과 부패와 갈취가 판을 치는 광경에 경악했고, 개혁에 나섰다.

이러한 관행들에 대한 소식이 웨스트민스터까지 도달하게 되자 의회는 조치를 취해야 한다는 강한 압박에 놓였다. 그러나 동인도회사는 지난 한 세기 넘는 오랜 시간에 걸쳐 그 자체가 막강한 정치권력임을 보여왔다. 최소한 1760년대 중엽까지 동인도회사는 엄청난 수익을 올렸고, 나라가 위기에 처했을 때 정부에 융자를 제공해 국고를 지탱했다. 그리고 배당금으로 정치 엘리트 계층 대부분이 부자가 되었는데, 이 때문에 심각한 이해 충돌이 만연했다.

게다가 신흥 거부 계층 출신의 하원 의원들이 새로 의회에 유입되면서 동인도회사의 권력은 더욱 막강해졌다. 1774년 총선에서는 신흥 거부 하원 의원이 26명이나 배출되었다. 1784년 총선 후에는 45명이 탄생했다. 신흥 거부를 조롱하거나 이들의 가치관과 영향력이 공직 생활에 어떤 폐해를 야기하는지는 별도로 하고, 이제 심각한 문제는 의회가 영국인들이 인도에서 자행하는 폭정을 어디까지 눈감아야 할지가 아니라 의회가 실제로 이들을 제압할 수 있는지 여부였다.

1773년 노스 경의 정부는 행동에 나서기로 했다. 도덕적·정치적 이유 못지않게 경제적 이유도 컸다. 1767년 후부터 동인도회사의 부는 급격히 줄어들었다. 벵골의 재원은 바닥났고, 벵골은 기아의 후유증에 시달리고 있었다. 아메리카 시장에 판매해 수익을 올린 차도 밀수로 판매가 끊겼다. 동인도회사는 영국 은행과 영국 정부에 150만 파운드를 빚졌다. 게다가 인도 주둔군을 유지하는 데 여전히 높은 비용을 지출하고 있었다. 동인도회사의 재정난이 얼마나 심각했던지 재무부에 해마다 갚던 40만 달러도 지불하지 못하게 되었다. 몇 년 앞서 육군과 해군 지원 비용을 메우기 위해 채텀 정부와 합의한 사항이었다. 1767~1769년 투기 거품이 꺼지고 주가가 폭락하면서 버크 가족과 버니 경을 비롯해 수많은 사람들이 함께 나락으로 떨어졌다.

이러한 요인들은 정치적 압력을 조성하는 데 그치지 않고 정치적 기회도 낳았다. 이에 대한 대책으로 노스 정부는 규제 법안(Regulating Act)을 통과시켰다. 이 법안에는 다음과 같은 내용이 담겨 있었다. 동인도회사가 정부 융자금을 상환할 때까지 배당금 상한선을 6퍼센트로 정한다. 신임 총독 워런 헤이스팅스(Warren Hastings)의 주도하에서 캘커타 행정부를 간소화한다. 헤이스팅스가 제대로 일을 하는지 책임 소재를 따지고 감시할 위원회를 신설한다. 대법원을 설치해 영국 판사들을 앉히고 이들이 영국 법을 집행하도록 한다.

이는 타당한 개혁 조치들이었고 의회에서 큰 반대 없이 통과되었다. 그러나 놀랍게도 나중에 일어난 사건들에 비추어 보면 반대한 의원들 가운데 에드먼드 버크도 있었다. 버크는 인도의 상황을 예전부터 어느 정도 알고 있었다. 1767~1769년 주식시장 거품이 일었을 때 윌 버크와 에드먼드 버크의 동생 리처드가 공동기금으로 동인도회사 주식에 투기했다가 처참하게 실패했기 때문이다. 그러나 에드먼드 버크는 인도에 대해 크게 전문성을 쌓지 않았고 규제 법안에 반대한 이유는 일반적인 근거였다. 민간 기업을 규제하는 법은 사유재산권에 대한 침해에 해당된다는 것이었다. 버크에게 이는 규제의 탈을 쓴 강도 행위였다. 사실 버크는 이 전모를 오래전부터 생각해온 왕의 측근과 이중 내각이라는 음모론으로 보았다. 규제 법의 진정한 목적은 인도에서 동인도회사를 통해 돈을 벌 사람들을 마음대로 정하고 왕의 임명권을 강화함으로써, 왕에 대한 반대를 원천적으로 차단하고 동인도회사 수익을 전용하려는 음모라고 생각했다.

규제 법안이 통과되고 4년 후 버크는 좀 더 직접적으로 인도 현황이라는 끔찍하게 복잡한 세계로 빨려들어갔다. 인도 남동부에서 아르코트를 관할하는 이슬람 태수를 후원해온 영국은 오래전부터 힌두의 탄자부르(Thanjavur)주에 눈독을 들여왔다. 마드라스 총독의 지원과 동인도회사 군대의 도움을 받은 이슬람 태수는 탄자부르를 점령했고 이 지역을 통치하던 왕(Raja)을 축출한 후 이 지역 수익을 손에 넣었다. 그러나 동인도회사의 런던 주재 간부들은 이러한 행동을 용납하지 않았고 의회도 이에 동조했다. 기회는 이때다 하고 윌 버크는 손을 써서 해당 지역에 내리는 지침과 추천서를 갖고 마드라스로 파견되는 데 성공했다.

그 와중에 윌은 일확천금을 꿈꾸고 실행한 또 한 번의 계략이 실패하면서 진창에 빠졌다. 그러나 이 사건을 계기로 버크는 인도를 이해하고 인도에 대한 견해를 더욱더 발전시켰다. 아일랜드 상황과 마찬가지로 탄자부르의 상황도 버크는 깊이 공감하게 되었다. 탐욕스러운 큰 나라가 작은 이웃 나라를 억압한다고 보았다. 그는 상업적 이익 때문에 지역 관습과 전통이 상실되는 상황에 한탄했고 이러한 충돌을 미덕과 악덕의 충돌로 묘사했다.

마지막으로 그는 동인도회사가 마드라스와 카르나티크에서 보여준 무원칙적인 행태를 주시했다. 동인도회사가 영국 국내 정치에 행사하는 영향력이 점점 커지고 있었고, 본사 간부들이나 의회의 효과적인 통제도 받지 않고 있었다. 따라서 버크는 인도에 관한 책을 닥치는 대로 읽었고 웨스트민스터에서도 인도 현황에 관한 문제에 파묻혔다.

그러나 인도에 대해 실제로 뭔가 조치를 마련하는 것은 별개의 문제였다. 버크가 정말로 영향을 미칠 수 있는 최초의 기회는 1781년 초에 찾아왔다. 총선에서 브리스틀에서 모욕을 당하고 상처를 입은 버크에게는 당장 자신의 열정을 쏟을 탈출구가 없었다. 마침 캘커타에 신설된 대법원이 제 기능을 하는지 감사하는 일을 담당한 의회 특별위원회에 선출되면서 그 일에 집중하게 되었다. 대법원을 설치하면서 규제 법안은 대법원과 신설된 위원회와의 관계를 명확히 규정하지 않는 바람에 두 기관 사이에 갈등이 야기되었다.

게다가 영국 판사들이 영국법을 적용하기로 하면서 벵골 내에서 심한 반감을 샀다. 특히 힌두인의 반감이 심했다. 버크는 특별위원회를 장악하게 되었고 곧 위원회는 증거를 수집했다. 위원회가 작성한 보고서는 추가 개혁으로 이어졌는데, 이를 통해 영국법과 절차 간의 균형을 꾀하고 이슬람법과 힌두 관습 사이의 형평도 맞췄다. 여성의 거주지와 종교적 성지는 출입이 금지되었고, 사형선고를 받은 경우 참수형은 교수형으로 대체되었다. 그러나 손발을 자르는 이슬람의 처벌 유형은 금지되었다. 문화적 상대주의에는 한계가 있었다.

이러한 사안들은 작지만 중요한 문제들이었다. 그러나 근본적인 문제는 동인도회사의 책임 소재를 어떻게 따질 것인지, 의회가 어떤 식으로 어느 정도나 동인도회사를 감독하거나 통제하는 게 적절한지, 좀 더 근본적으로는 인도를 통치하는 데 적용되어야 하는 도덕적 기준이 무엇인지였다. 이러한 문제들에 대해 버크는 머지않아 자신만의 통렬하고 열정적인 답변을 내놓게 된다.

제2차 로킹엄 정부 성립

한편 아메리카에서는 전쟁이 계속되고 있었다. 1781년 여름 몇 차례 전투에서 승리한 후 영국은 11월 요크타운(Yorktown)에서 처참하게 패배했고 콘윌리스 경(Lord Cornwallis)이 이끌던 군대는 8,000명이 전사했다. 그 후 노스 정부가 의회에서 다수당 지위를 잃는 것은 그저 시간문제였고, 결국 1782년 3월 노스는 사임한다고 발표했다. 로킹엄 계파를 불신하고 폭스를 개인적으로 너무나도 증오한 왕은 대안을 물색했다. 버크보다 겨우 7년 후에 더블린에서 태어난 앵글로-아일랜드계 귀족인 셸번 경(Lord Shelburne)은 채텀 계파 휘그당원을 이끄는, 영리하고 교활하고 야심만만한 정치인이었다. 하지만 조지프 프리스틀리(Joseph Priestley)와 리처드 프라이스(Richard Price) 같은 급진주의자들의 후원자인 그는 널리 반감을 샀고 의회에서 자기 세력을 충분히 결집할 역량도 없었다.

서로 다른 여러 무리에서 선발해 꾸린 정부는 로킹엄이 퇴짜를 놓았다. 결국 왕은 타협할 수밖에 없었다. 로킹엄은 총리가 되고 내각 임명권을 상당 부분 행사하기로 했다. 왕은 핵심적인 입법 조치들에 반대하지 않기로 했다. 그리고 셸번과 폭스는 외교장관이 됐다. 다른 각료직들은 두 계파가 나눠 가졌다.

이는 분명히 절반의 승리였다. 왕은 여전히 적대적이었고, 로킹엄 계파는 내각에서 다수를 차지하지 못했으며, 셸번은 기름장어

같은 정치꾼으로 악명 높았다. 버크는 총리가 내각을 임명할 전권을 행사해야 한다고 밀어붙였고 내각의 집단적 행동은 국가권력의 유일한 원천으로서 인정받아야 한다고 주장했다. 그는 로킹엄에게 이러한 조건들이 모두 받아들여지지 않으면 총리직을 거부해야 한다고 촉구했는데, 이는 1770년에 출간된 『오늘날의 불만의 원인에 관한 사유』에 처음으로 언급되었다.

그러나 정치적 현실 때문에 이러한 주장은 실현 가능성이 없었다. 이 정권은 총선을 치르지 않고 교체된 정부였고, 왕은 권력을 손에서 놓지 않으려고 안간힘을 쓰고 있었으며, 결국 로킹엄은 기껏해야 80여 명, 즉 558명의 하원 의석의 15퍼센트에 채 못 미치는 추종자들을 확보하는 데 그칠 확률이 컸다. 18세기에 이는 막강한 정치 세력이었지만 대세를 결정하기에는 턱없이 부족했다.

그럼에도 신임 정부는 영국의 정치 역사에서뿐만 아니라 세계 정치 역사에서 한 획을 그었다는 데 의심의 여지가 없다. 로킹엄과 그의 계파는 1766년 이후로 정권을 잡지 못했다. 그러나 이들은 흩어지지 않았다. 그들 전에 등장한 계파들은 해체되었지만 말이다. 오히려 16년 동안 그들은 정책을 공유하고 일관성 있는 정치적 정체성을 보유한 정치 계파로 계속 존재했다. 다시 말해서 그들은 최초로 근대식 정당의 윤곽을 그렸다. 이제 권력은 평화롭게 이 정당에 이양되었고, 공직자들이 대거 자리에서 물러나게 했으며, 입법적 취지를 제대로 숙지한 새로운 지도자가 등장했다.

게다가 로킹엄 계파는 왕의 반대에도 불구하고 다시 집권했다. 내각의 책임이라는 개념을 실천하기 위해서였고 그 이후로 이는 영국 정부의 근간을 이루는 초석이 되었다. 그런 의미에서 로킹엄 정권은 영국이 입헌 민주주의로 한 걸음 더 나아가게 했고 군주 개인의 전횡으로부터 더 멀어지게 했다. 이는 지금 기준으로도 여전히 놀라운 업적이지만 참담할 정도로 제대로 평가받지 못하고 있다. 그리고 에드먼드 버크가 지적으로도 실제로도 그 중심에 있었다.

재능만으로 평가하자면 버크는 본인이 내각 각료 자리를 맡았어야 했다. 그러나 밀려났다. 그는 평민이었고 아일랜드 개천에서 난 용이었다. 당시에는 내각 규모가 작았고 각료들은 거의 예외 없이 귀족 계급에서 차출했다. 그리고 윌 버크와 리처드 버크의 투기 사건이 잘 알려져 있었기 때문에 오명을 쓴 측면도 있었을지 모른다. 그러나 다른 두 가지 중요한 이유들도 있었던 듯싶다. 버크와 로킹엄의 관계가 어느 정도 시들해졌고 장기간 반대를 거듭하면서 소기의 목적도 달성하지 못한 결과 버크는 공적인 평판에도 타격을 입었다. 그는 열정적이고 거리낌 없이 소신을 밝히는 데 그치지 않고 거칠어졌고 이따금 독설을 퍼부었으며 횡설수설하는 경우도 빈번했다. 시간이 흐르면서 그는 '저녁 식사를 알리는 종소리'라는 별명까지 얻었다. 그가 발언하려고 자리에서 일어나면 하원 의원들이 몽땅 빠져나가서 회의장이 텅텅 빈다는 뜻에서였다. 그를 우러러봐온 동료 의원들은 점점 그를 따분하고, 붙임성 없고, 불안정하고, 너무 자기 고집이 센 사람, 내각에 들여서는 안 될 사람으로 여기게 되었다. 툭하면 바른 소리를 한다는 사실도 어느 쪽 진영에도 도움이 되지 않았을 것이다.

버크는 국고담당관에 임명되었고 추밀원(Privy Council)[f]에도 합류했다. 추밀원은 군주에게 자문하는 아주 오래 된 자문단 조직인데, 회원은 여전히 경칭(敬稱)으로 불렸다. 생전 처음 버크는 하원 회의장에서 늘 앉던 야당 말석 뒷자리에서 정부 고위직 인사들이 앉는 앞 좌석으로 옮겼고 파란 예복을 입고 칼을 찬 신임 내각 각료들과 어깨를 나란히 하게 되었다. 어쩌면 그보다 더 환영할 만한 변화는 브룩스 클럽(Brooks's Club) 회원으로 받아들여졌다는 점일지도 모른다. 이 클럽은 휘그당원들이 의회 밖에서 서로 교류하는 안식처 역할을 해왔다.

이 무렵 추밀원은 이미 주로 명목상의 조직이었지만, 그래도 추밀원 회원이라면 대우를 받았다. 그리고 내각 각료직은 아니지만 국고담당관이라는 자리는 여러모로 버크에게 안성맞춤인 자리였다. 버크는 여기저기 진 빚을 갚으려면 4,000파운드라는 꽤 두둑한 연봉이 절실히 필요했고, 낭비와 왕의 관직 임명 권한을 줄이는 계획을 관철시키고 의회가 책정한 왕실의 씀씀이를 개혁하려면 그 자리가 필요했다.

에드먼드 버크는 사적인 이익을 위해 공공자금을 투자해 부수입을 챙기는 관행을 폐지했다. 국고 담당 관료들은 오래전부터 이 방법을 통해서 부를 축적해왔다. 또 버크는 자신이 1780년에 제시한 개혁안에 담긴 핵심적인 조치들을 대부분 다시 도입했다. 여기에는 제3장관실·무역위원회 폐지, 하는 일 없이 봉급만 받는 각종 직책들 폐지, 연금 제한 등이 포함되어 있다. 이러한 조치로 절약된 액수는 버크가 희망했던 정도보다 훨씬 적었다. 그러나 이러한 개혁 조치들은 정부 규모를 줄이고, 의회의 책임 소재를 분명히 하고, 헌법에 입각해 왕의 특권을 제한하는 중요한 변화를 초래했다.

행정부는 다른 부문에서도 적극적으로 나섰다. 아메리카에서의 전쟁을 신속히 종결할 조치를 취했고, 아일랜드의 부담을 덜어주는 여러 가지 조치를 통과시켰다. 더블린을 웨스트민스터에 더 이상 예속시키지 않기로 하면서 아일랜드 의회는 잉글랜드의 동의 없이 자체적으로 법안을 통과시키게 되었다. 아일랜드 사법부는 공식적으로 독립적인 조직이 되었다. 아일랜드 법정에서 잉글랜드 법정으로 옮겨 항소할 권리도 폐지되었다. 버크는 이러한 개혁 조치들을 지지했지만 상당히 유보적인 입장도 있었다. 개혁조치들을 통해 개신교도의 입지가 강화되었지만 가톨릭교도들에게는 아무런 혜택이 없었다. 가톨릭교도들에게 적용되는 유산상속법도 그대로 유지되었다. 영국은 아일랜드 총독이 임명하는 행정부와 관직 임명권과 토지 소유 제도 등을 통해서 사실상 통치권을 유지했고, 버크는 아일랜드 가톨릭교도들의 경제적·사회적 예속 상태가 중단 없이 계속될까 봐 우려했다. 버크는 이 때문에 만행이 자행되고 이에 대한 저항이 일어날 것임을 구체적으로 묘사하지는 않았지만, 그 가능성을 감지했을지도 모른다.

그러나 1782년 7월 재앙이 신임 정부를 강타했다. 늘 몸이 허약했던 로킹엄은 격무에 시달렸고 잠깐 몸져누운 끝에 세상을 떠났다. 그토록 오랫동안 다시 집권해 정부를 운영하기를 고대해온 사람에게 이는 잔인한 운명의 반전이었다. 극한 상황에서도 로킹엄 경은 명료한 정신으로 버크가 진 빚을 말소해버리라는 조항을 유언장에 추가하는 아량을 베풀었다는 사실은 영원히 기억해야 한다. 왕은 즉시 셸번을 소환해 정부를 구성했다.

친구이자 정신적 스승이자 정치적 후원자를 잃은 슬픔에 잠겨 있던 버크는 심각한 진퇴양난에 빠졌다. 그는 셸번에 대해 개인적으로도 정치적으로도 거부감을 느꼈다. 그러나 당장 사임하면 하던 일을 중단하고 봉급도 끊기게 되었다. 버크에게는 그런 상황을 감당할 여유가 없었다. 정부 내에 자신이 자리를 마련해준 두 명의 리처드 버크, 즉 동생과 아들이 경제적으로 어려워지기 때문이었다. (원칙을 크게 중시하지 않거나 원칙에 갇힌 사람이 아닌) 정략적인 사람이라면 폭넓게 개혁을 추진하는 직책을 맡은 지 얼마 안 되는 시점에 사임하는 게 바보 같은 짓이라고 여겼을지 모른다. 그러나 버크는 로킹엄 계파의 새 수장인 폭스의 뒤를 이어 사임했고 세력이 약해진 로킹엄 계파와 더불어 광야로 귀환했다.

폭스-노스 연립정부 성립

1782년 여름에 셸번은 아메리카를 두고 평화 협상을 밀어붙였는데, 이 과정에서 영국 정부가 소극적으로 임했다는 여론이 팽배했다. 따라서 가을에 의회가 재소집되자 셸번 본인은 노스 경이나 폭스와 그 계파의 지원 없이는 정부를 유지할 수 없으리라는 게 점점 분명해졌다. 지루하게 계속된 협상 끝에 야당의 두 계파는 연립정부를 구성했다. 왕은 폭스가 재무부에 접근하지 못하게 해야 한다고 주장하고 신임 정부를 묵인해주었고, 한편으로는 대안을 물색했다.

이 상황은 참으로 공교로웠다. 로킹엄 계파 휘그당원들은 파벌보다 당이 우선이라며 투쟁해왔다. 이들은 16년 동안 원칙을 고수하며 야당으로 풍찬노숙했고, 그 가운데 열두 명은 노스에게 맞서왔다. 이들은 노스가 매관매직하고 기회주의적이며 아메리카의 위기에 무능하게 대처했다고 비판해왔다. 이제 폭스 아래에서 이들은 원칙을 제쳐놓고 이들이 경멸해온 적과 정치적으로 손을 잡았다. 당시의 인쇄물 한 장은 이 연립정부를 구성원들이 제각각 다른 방향을 향하고 있는 음악 밴드로 묘사하고, 버크를 트럼펫 주자로 그리고 있는데, 이는 시사하는 바가 있다(다음 쪽 그림 참조). 로킹엄이 살아 있었다면 그러한 정략적 연립정부를 용인했을지 상상하기가 어렵다. 폭스-노스 새 연립정부는 처음부터 혐오와 조롱의 대상이 되었다는 사실이 놀랍지 않다.

버크는 다시 국고담당관으로 복귀했고, 리처드라는 이름의 동생과 아들도 복귀했다. 그러나 이러한 소박한 승리조차도 오명을 썼다. 버크가 복귀하면서 순진하게도 두 명의 관리 존 파월과 찰스 벰브리지를 복직시켰기 때문이다. 이 둘은 셸번 정부에서 부패 혐의로 해고되었었는데 버크가 이들을 복직시키면서 공금횡령을 용인한다는 공격을 받게 되었다. 버크는 두 사람이 유죄가 증명될 때까지는 무죄이며 자신은 아무런 잘못도 하지 않았다며 하원에서 세 차례나 그들을 변호했다.

그러나 결국 벰브리지는 벌금형을 받고 수감되었고, 파월은 사임한 후 스스로 목숨을 끊었다. 버크의 정적들은 환호했다. 스스

◆ 연립정부 협주곡(제임스 세이어즈, 1785)

로 원칙을 지키고 경제관념이 투철하다고 자부한 버크가 나락으로 떨어지는 광경을 보면서 그들은 버크의 정신 상태가 온전하지 못하다고 주장했다. 그리고 심지어 버크의 친구들조차 버크가 점점 과장이 심한 발언을 하고 정치적으로 잘못된 판단을 내린다고 인정했다.

버크, 인도 개혁에 박차를 가하다

다시 한번 버크는 일에 파묻힘으로써 불행을 극복했다. 특히 인도 개혁 특별위원회 업무에 집중했다. 하원에서 위원회가 하는 일은 기껏해야 전문가의 지식과 증언을 대량으로 축적하고 숙지하는 참을성을 발휘해야 하는 일이었다. 일반 대중의 주목을 받거나 생색을 낼 만한 일이 아니었다. 그러나 당시와 마찬가지로 지금도 바람직한 정부가 반드시 갖춰야 할 조건이었다. 버크의 위원회는 곧 구체적인 내용이 담긴 11건의 보고서를 작성했고, 이에 대해 그는 큰 자부심을 느꼈으며, 그 가운데 9차, 11차 보고서는 오늘날까지 여전히 읽히고 있다. 두 보고서 모두 동인도회사 정책과 관행에 관한 날카로운 비판이었는데, 증거와 사례들을 바탕으로 부정부패의 실상을 적나라하게 보여주었다.

9차 보고서는 동인도회사의 최근 역사를 개관하면서 노스가 그 회사의 경영 방식을 개혁하고 재무 상태를 개선하기 위해 1773년에 실행한 규제 법안이 부적절했고 널리 오용되었다고 주장했다. 그러고 나서 벵골에서 수익이 줄어든 이유를 착복과 공금 횡령이라고 결론을 내렸다. 그러면서 고위 관리들의 부정행위를 방지할 장치가 없었다고 밝히고, 비단·아편·초석 등을 비롯해 여러 품목의 교역을 독점하기 때문에 발생하는 부정부패 사례들을 구체적으로 제시했다. 또한 동인도회사 내의 핵심적인 인물들을 정조준해 이들에게 책임이 있다고 명시했다.

11차 보고서는 이러한 공격을 계속 이어갔다. 회사 직원들이 받은 선물을 열거하고 이러한 선물은 부당하고 불법적이며 갈취로 획득한 조공에 상응하는 부패 행위라고 주장했다. 다시 한번 주저하지 않고 구체적으로 책임이 있는 인물들을 적시했다.

두 보고서에서 1차적인 공격 목표는 그 후 12년 동안 버크의 삶을 대부분 차지하게 되었다. 거의 집착에 가까울 정도였다. 그 인물은 1773년 이후로 캘커타에서 총독을 지낸 워런 헤이스팅스였다. 버크는 규제 법안이 실행되는 상황에서 헤이스팅스를 처음 접하게 되었다. 그 이후로 버크의 의구심은 필립 프랜시스(Philip Francis) 때문에 점점 커졌다. 프랜시스는 당시 벵골에서 동인도회사가 신설한 최고위원회에 임명된 인물이었다. 그러나 프랜시스 본인도 사심없는 관찰자와는 거리가 멀었다. 버크의 뒤를 잇는 재능 있는 또 하나의 아일랜드인으로 부상하던 그는 버크보다 열 살이 어렸고 사교술과 친화력이 버크보다 월등히 뛰어났기 때문에 헨리 폭스 정부에서 아버지 윌리엄 피트(William Pitt the Elder) 정부를 거쳐 노스 정부에서 전쟁사무국에 이르기까지 정부가 바뀔 때마다 두루 요직을 거쳤다. 오늘날 그는 『주니어스의 서신(*Letters of Junius*)』의 저자라고 추측되고 있는데, 이 책은 1769~1772년에 그래프턴 행정부와 그 후임자들의 부패와 무능,

그리고 매관매직을 낱낱이 폭로하고 급진적 개혁가 존 윌크스의 처우에 대한 대중의 분노를 불러일으킨 문건이다.

1774년 프랜시스가 인도로 이주한 후 프랜시스와 헤이스팅스는 직업적으로도 사적으로도 서로에 대해 깊은 반감을 느끼게 되었다. 프랜시스는 헤이스팅스가 하는 일을 사사건건 방해하고 깎아내리려 했고 위원회 소속 다른 두 위원과 작당해서 그에게 반기를 들었지만, 자신의 위신만 깎이는 결과를 낳았다. 그가 회사 동료의 부인과 불륜을 저지른 사실이 밝혀졌기 때문이다. 그 여성은 후에 프랑스 외교관이자 정치가인 샤를-모리스 드 탈레랑(Charles-Maurice de Talleyrand)의 정부(情婦)였다가 그와 결혼해 부인이 된 절세미인 카트린 노엘 우를레(Catherine Noele Worlée), 일명 마담 그랑(Madame Grand)이었다.

프랜시스와 헤이스팅스가 서로에 대해 품은 증오심은 1780년 결투로 이어졌고, 프랜시스는 부상을 입었다. 이듬해 잉글랜드로 돌아온 그는 인도 개혁을 추진하는 데 매진했고, 헤이스팅스를 법적으로 단죄하고 총독 자리를 자신이 차지하려고 했다. 이러한 목표를 달성하기 위해 그는 막후에서 활발하게 움직이면서 버크에게 자신이 갖고 있는 정보를 제공했는데, 매우 편향된 내용이 많았다.

1783년 여름 내내 버크는 훗날 '폭스의 동인도 법안(Fox's East India Bill)'이라고 알려지게 된 법안의 틀을 잡고 초안을 작성하는 데 골몰하고 있었다. 그 핵심적인 내용은 탐탁지 않은 타협안이었다. 동인도회사는 분명히 의회가 훨씬 엄격하게 감시·감독할 필요가 있었지만 버크와 폭스, 그들의 계파는 왕의 권력을 확장하는 데 본능적으로 반대했다. 현대에는 이 문제가 부상하는 경우는 드물었다. 영국 군주는 보통 의회로부터 독립된 공식적인 정치적 실권이 없었기 때문이다. 그러나 1780년대에는 헌법적으로도 그렇고 실제적으로도 상황이 매우 달랐다. 당시 왕이었던 조지 3세는 적극적으로 정치 행위를 하는 독특한 취향을 지녔었고, 그는 이 취향을 상당히 즐겼다.

따라서 이 법안은 임기 3~5년의 위원직 일곱 자리를 런던에 신설하자고 제안했다. 그리고 이 직책들은 오직 의회만이 임명할 권한을 갖고 있고 의회가 소환하면 출석해 보고해야 했다. 목적은 간단했다. 왕의 관직 임명 권한을 더욱 축소함으로써 개혁 절차를 계속 진행하는 일이었다. 그러나 법안 자체는 전혀 만족스럽지 않았다. 동인도회사의 권리를 심각하게 침해하는 요소가 있을 뿐만 아니라 — 왕의 칙령에 따라 설치된 기구에 소속된 직책이라는 사실로 미루어 볼 때 오늘날의 시각으로 보면 좀 더 명백해지는 권리였다 — 런던에 있는 일곱 명의 위원들이 수천 킬로미터 떨어진 인도에서 벌어지는 불법 행위를 제재한다고 실제로 효과가 있을지도 의문이었다. 두 나라의 거리는 보통 배로 4~6개월 걸렸다. 지리적으로 멀리 떨어져 있다는 엄연한 사실은 의회가 아무리 법안을 통과시킨다고 해도 바뀌지 않았다.

이보다 한층 더 논란이 된 것은 임기가 정해진 특정한 위원들을 임명한다는 내용이었는데, 이는 왕이 남용한다고 그렇게 비판해온 바로 그 관직 임명 권한을 폭스가 자신과 자신의 측근들에게 한 자리씩 주기 위해 행사하려는 위선적인 시도라고 널리 인식되었다. 위원들은 해임된 뒤에도 수년 동안 동인도회사의 엄청난 부와 영향력을 계속 누릴 수 있게 되어 있었다.

그럼에도 불구하고 이 법안은 버크의 뛰어난 연설에 힘입어 하원을 순조롭게 통과했다. 버크는 연설에서 헤이스팅스 통치하에서 동인도회사가 어떤 과오를 저질렀는지 설명하고 그러한 과오가 인도인들에게 어떤 처참한 결과를 초래했는지 밝혔다. 인도 문명과 인도의 부와 학식과 고색창연함, 종교적·문화적 다원주의, 군주들과 상인들, 농업과 시장 등이 얼마나 놀라운지 설명했다. 그는 이 법안을 비롯한 여러 가지 조치들은 개인의 권리를 보호하고 사회질서를 유지하기 위한 "힌두스탄을 위한 권리장전"이라고 역설했다.

버크는 자신의 친구이자 동지인 찰스 제임스 폭스를 찬양하는 다음과 같은 긴 헌사로 연설을 마무리했다.

> 인류 역사상 가장 많은 수의 사람이 전례 없이 무자비한 폭군으로부터 철저하게 억압을 받고 있는데 이들을 구하는 임무가 이 사명을 완수할 능력과 자질을 갖춘 이들에게 돌아갔다. …그는 앞길에 어떤 함정이 도사리고 있는지 잘 인식하고 있다. 개인적인 원한, 법적인 술책, 그리고 대중의 망상으로부터 비롯되는 함정들 말이다. …그는 긴 생애 동안 많은 업적을 쌓으리라. 그러나 바로 지금이 절정이다. 앞으로 그는 오늘 이루는 업적을 절대로 능가하지 못한다.

심금을 울리는 연설이었다. 그러나 버크가 염두에 둔 인물은 폭스뿐만이 아니었을지도 모른다.

그러나 모두 헛수고였다. 이 법안은 상당수 신흥 거부 하원 의원들이 정부처럼 굼뜬 속도로 이 법안을 처리하지 않고 잠재워두려고 했음에도 불구하고 통과되어 법이 되리라는 기대를 모았다. 그러나 왕은 연립정부에 대해 오래전부터 적대적이었고 지금도 적대적이었다. 이제 왕은 기회를 포착했다. 헌법적인 절차는 제쳐두고 그는 자신의 측근인 조지 그렌빌(George Grenville) 전 총리의 아들 템플 경(Lord Temple)을 부추겨 상원에서 그 법안에 반대하도록 선동하라고 했다. "인도 법안에 찬성표를 던지는 이는 누구든 그의 친구가 아닐 뿐만 아니라 그의 적으로 간주되어야 한다"고 발언하면서 말이다.

셸번 정권하에서 배짱 좋게 하급직을 고사했지만 재무장관에 임명된 아들 윌리엄 피트(William Pitt the Younger)[2]는 정부를 구성하려는 의지가 있는지 의사를 타진받았고 막후 실력자들로부터 전술적인 조언도 받았다. 캔터베리 주교는 왕의 지시에 따라 이 법안에 반대표를 던졌다. 주교들이 동원되었다. 결국 1783년 12월 15일 상원에서 이 법안은 부결되었고 17일 극적인 광경이 펼쳐지는 가운데 폐기되었다. 19일 왕은 연립정부를 해산했다. 다음 날 아들 윌리엄 피트는 왕의 축복하에 새 총리에 취임했다. 겨우 스물네 살의 젊은 나이였다.

대다수가 피트에게 맞서는 상황이었으므로 그는 몇 주 못 지나 자리에서 물러나리라는 예측이 팽배했다. 그러나 놀라울 정도로 노련하게 그는 내각을 구성해 몇 달을 잘 헤쳐나갔고, 표를 잃어도 개의치 않았으며, 인도에 관한 새로운 법안을 만들고 개혁가들과 런던 시를 설득하고 독자적으로 생각하고 국익에 헌신한다는 평판을 구축해 야권을 분열시키는 한편, 폭스의 몰락에 자신이 연루된 사실에 대해 의회에 대놓고 거짓말을 했다.

무엇보다도 왕의 영향력과 관직 임명권이 피트를 뒷받침해주었다. 당적을 바꿔 관직을 맡은 이들은 자리를 보전했고, 주저하는 하원 의원들에게는 연금이 주어졌으며, 정치적으로 추종하는 세력을 거느린 이들은 그보다도 훨씬 좋은 보상을 받았다. "피트 일당은 수레에 작위를 싣고 다니면서 길거리에서 나누어주었다"라고 호러스 월폴은 말했다. 서서히 하원의 구성이 피트에게 유리한 쪽으로 돌아서기 시작했다.

왕은 여론이 피트를 강력하게 지지하는 가운데 1784년 3월 마침내 의회를 해산했다. 신임 총리의 승리였다. 연립정부는 지지자를 100명 이상 잃었고 곧 이들은 '폭스의 순교자'라는 별명을 얻은 반면, 피트는 70석을 얻어 너끈히 세 자리 수 의석을 차지한 다수당이 되었다. 버크는 로킹엄의 조카이자 상속자인 피츠윌리엄 백작(Earl Fitzwilliam)의 지원에 힘입어 몰튼에서 '호주머니 지역구'를 유지했다.

그러나 그 밖에는 여러모로 일련의 사건들이 일어나면서 재앙이 초래되었다. 폭스는 완전히 참패했다. 야당과 절충점을 찾아야 했지만 그래도 개혁을 추진하던 정부는 투표에서 유권자들로부터 외면당했다. 왕은 헌법적인 전례를 무시했고, 하원은 왕의 특권 앞에 무릎을 꿇었다. 왕은 관직 임명과 관련해 전횡을 휘둘렀다. 버크는 따돌림당하고 조롱당하고 모욕당했다. 20년 동안 해온 고뇌와 주장과 정치적 투쟁이 완전히 무산되었다.

버크, 헤이스팅스의 탄핵을 추진하다

피트는 가장 먼저 가능한 한 장기적이고 안정적으로 인도와 아일랜드에서 개혁을 추진하는 일에 착수했다. 개혁을 원하는 사신의 지지자들을 달래려는 의도도 있었다. 그는 아일랜드와 관련해 1785년 일련의 제안을 작성했는데, 이는 하원에서 통과되지 않았고, 버크는 이전의 개혁안이 제시되었을 때와 마찬가지로 어정쩡하다는 느낌을 받았다.

그러나 인도는 전혀 달랐다. 1784년 피트는 자신이 마련한 인도법을 통과시키면서 동인도회사의 전횡과 부패와 착복을 둘러싼 논란을 종식시키기를 바랐다. 그러나 실제로는 논란이 점점 커졌고 버크가 그 논란을 키우는 주범이었다. 이 법안은 분별 있는 개혁 조치로서 인도에 있는 동인도회사 행정 체제를 간소화하는 한편 런던에 직접적인 통제 권한을 어느 정도 부여했다.

피트는 어떤 면에서 보면 버크 못지않게 인도 개혁에 큰 힘을 기울였지만, 그는 버크보다 훨씬 용의주도한 정치인이었다. 자신의 친구이자 자문역으로서 이 사안에 관해 전문가가 된 헨리 던다스와 함께 일하면서 피트는 동인도회사에 관한 새로운 법안에 대한 상당한 지지 세력을 미리 확보했다. 이 회사의 상업적 독립성은 공식적으로는 손대지 않았지만, 실제로는 내각 각료들과 추밀원 자문관들이 장악한 이사회에 종속되었다. 이 법안은 1858년 인도 폭동(Indian Mutiny)이라는 참사가 일어난 후 동인도회사의 통치가 막을 내릴 때까지 유지되었다.

하원에서 버크는 여전히 선거와 그 후유증으로 심각하게 동요하고 있었다. 그는 이 법안에 격렬하게 반대하는 연설을 했는데, 피트의 의도를 잘못 읽고 이 법안을 관직 임명권의 확대라고 비난했다. 그러나 버크도 정치적 의제를 설정하려 했고, 워런 헤이스팅스[3]를 소환하고 기소하자는 탄원서를 제출하겠다고 분명히 밝혔다. 버크에 따르면, 헤이스팅스는 "인도에 내려진 재앙… 인도와 잉글랜드에서 위대하고 막강하고 훌륭한 것을 모조리 짓밟는 무시무시한 거인"이었다.

동인도회사가 인도를 통치하면서 자행한 악행에 책임 있는 이들은 자신들의 행동에 대해 개인적으로 책임을 져야 했다. 버크에게 이는 한 인물의 기소—많은 이들은 박해라고 했다—를 뜻했다. 이는 정의로운 일이고 반면교사의 사례로서 가치가 있으며, 동인도회사가 폭스의 인도 법안을 무산시키고 연립정부를 와해시키는 데 은밀히 역할을 담당했다는 사실을 강조하는 것에 이용될 수 있었다.

버크가 지지를 얻을 또 다른 기회는 1785년 2월에 찾아왔고, 그는 예전에 다퉜던 전장을 다시 찾게 되었다. 8년 전 버크는 동인도회사가 아르코트의 태수를 도와 탄자부르주를 접수하도록 했다며 비판했다. 이제 그 대가를 치를 때가 왔다. 태수는 오래 전부터 영국의 고객이었고 탄자부르와 이웃하고 있는 마이수루

(Mysuru)주의 침략을 막아내는 데 결정적인 역할을 해왔다.

이 과정에서 아르코트의 태수는 또 다른 핵심적인 인물에게 어마어마한 빚을 지게 되었다. 바로 인도 문제와 관련해 버크의 악당 목록에 오른 폴 벤필드(Paul Benfield)였다. 마드라스에서 금융가들과 친밀한 관계를 맺고 있던 동인도회사 직원인 그는 버크의 자문역으로 활동했다. 동인도회사의 간부들은 다양한 채무이행 요구 사항을 개별적으로 평가해야 한다고 결정을 내렸지만, 이세 이를 던바스가 무효화하고 공적 자금에서 직접 돈을 꺼내 부채 전액을 완납시키라고 지시했다.

벤필드는 부채를 완전히 청산하게 되면서 50만 파운드 이상의 거금을 손에 넣게 되었다. 일찍이 그는 자신의 행동이 동인도회사 이사회 윗선까지는 몰라도 회사에는 잘 알려져 있었고, 자신의 행동은 회사와 나라에 크게 이득이 되어왔다고 회사 간부들을 납득시키는 데 성공했었다. 그러나 장장 4시간 동안 계속된 「아르코트의 태수가 쌓은 빚에 관한 연설(Speech on the Nawab of Arcot's Debts)」에서 버크는 터무니없이 높은 이자를 받고 융자 놀이를 하고 있을 뿐만 아니라 공공의 이익을 기만하는 심각한 음모가 작동하고 있음을 눈치 챘다.

즉, 인도에 있는 영국인들이 빚을 이용해 인도에서 권력층에게 기름칠을 하느라 빚보증을 서면서 사사로이 재산을 쌓고 있었다. 이를 이제는 재무부, 즉 납세자가 갚아야 하게 생겼다. 태수 본인을 포함해서 이 부채를 갚으리라고 기대한 사람은 전혀 없었다고 그는 주장했다. 여기에 정치적 차원까지 더해져서, 벤필드가 하원 의원들 사이에 미치는 영향력으로 선거에서 피트를 지원했다.

그러나 이 모두는 그저 시작에 불과했다. 버크는 공개적으로 1782년 이래로 인도에서 책임을 져야 할 사람들에게 책임을 물어야 한다고 주장해왔다. 이제 그는 직접 나서서 문제를 해결하기로 했다. 가을과 겨울 내내 집중적으로 이 문제를 파고든 끝에 버크는 1786년 2월 17일 하원에서 워런 헤이스팅스에 대한 탄핵 절차를 시작하겠다고 선언했다. 탄핵은 400여 년 전으로 거슬러 올라가는 옛날식의 절차였다. 마지막으로 탄핵 절차가 있었던 때는 1746년이었다. 본래는 입법부가 정부 관리 개인의 책임을 묻는 수단으로 사용되었는데 튜더(Tudors) 왕조하에서 폐지되었다가 17세기에 다시 정치적 무기로 이용되었다. 1640년에 소집돼 1651년까지 계속된 "장기의회(Long Parliament)"[g] 기간에만도 98차례의 탄핵이 있었다. 그러나 1725년 매클스필드 경(Lord Macclesfield)의 탄핵에서 이 절차는 권력을 남용한 각료들과 관료들을 처벌하는 수단인 본래의 목적으로 되돌아갔다.

탄핵 절차는 이론상으로는 어떤 범죄에도 적용될 수 있지만 관례적으로 '중범죄와 경범죄(high crimes and misdemeanors)'[h]에 제한적으로 적용되었다. 절차는 하원 의원들이 시작하지만 재판 자체는 상원에서 하는데 그 절차는 형사재판 절차와 비슷하다. 버크가 보기에 탄핵 절차를 밟는 게 여러 가지 이점이 있었다. 케케묵은 알맹이 없는 명목상의 절차였다. 버크 본인이 직접 주도할 수 있었다. 오래전에 저질렀다고 알려진 범죄나 외국에서 저지른 범죄에도 해당될 수 있다.

그는 처음부터 사석에서는 유죄 판결이 나올 확률이 낮다는 사실을 인정했다. 인도에서 확보한 증거가 영국 법정에서 채택되기는 어려웠고, 헤이스팅스에게는 왕이라는 뒷배가 있었으며, 정부와 상원 내에 두루 친구가 많았다. 그러나 이 재판은 여론의 법정에서 크게 주목을 끌게 되므로 실제로 유죄가 나올 필요가 없을지도 몰랐다. 그리고 버크는 탄핵 자체가 다시 한번 권력 남용에 맞서는 무기가 될지도 모른다고 생각했다. 네덜란드 출신의 철학자로 잉글랜드에서 생을 마친 버나드 맨더빌(Bernard de Mandeville)은 『꿀벌의 우화(*Fable of the Bees*)』(1714)에서 개인의 악덕(private vice)이 결국은 공중에게 이득(public benefit)이 될 수 있다는 교훈을 제시했다.[i] 헤이스팅스에 대한 탄핵의 경우에도 그럴 가능성이 있었다.

탄핵은 또 하나의 중요한 특징이 있었다. 왕을 탄핵하는 경우와는 달리, 이 탄핵으로 버크는 개인적으로 헤이스팅스와 맞장을 뜨면서 금융계 기득권 세력에 대항하는 운동가로 자리매김할 수 있었다. 버크가 이를 약점이라고 생각했을 리가 없다. 당대 최고의 풍자만평가 제임스 길레이(James Gillrey)는 이 점을 「인도 구세주를 맹렬히 공격하는 정치적 악당(The Political Banditti assailing the Saviour of India)」(다음 쪽 그림 참조)에서 나무랄 데 없이 잘 포착했다. 공교롭게도 헤이스팅스는 이국적인 인도 토후국의 왕인 마하라자(maharaja)이자 영국인으로 말을 타고 있는 모습으로 그려졌는데 약탈한 온갖 보석으로 치장하고 있다. 그는 자신을 보호하기 위해서 명예의 방패를 들고 있고, 이에 맞서는 버크는 검소한 옷

◆ 인도 구세주를 맹렬히 공격하는 정치적 악당(제임스 길레이, 1786)

차림과 맨발에 안경을 쓰고 있다. '예수회(Jesuit)' 복장을 하고 예수회 성직자가 쓰는 사각모자를 쓴 버크는 총을 쏘지만 빗나간다. 폭스가 달려와 헤이스팅스를 등 뒤에서 칼로 찌르는 한편 노스는 조용히 인도 화폐 루피(rupee)가 가득한 자루를 챙긴다. 버크만 헤이스팅스와 정면 대결하고 있다.

헤이스팅스는 어떤 인물이었을까? 대체로 역사적 평가는 영국 역사학자이자 휘그 소속 정치가인 매콜리(Thomas Babington Macaulay)의 평가에서 크게 벗어나지 않는다. 그는 헤이스팅스에 관해 다음과 같이 말했다. "헤이스팅스는 대단한 자질들을 갖추었고, 나라에 크게 기여했다. 그러나 그를 티끌 없이 깨끗한 미덕의 표상으로 삼는다면 어처구니없다. …그는 자기 명성에 오점이 있다는 사실을 틀림없이 알고 있었다. 그는 또한 자신의 눈부신 명성에 많은 오점이 있다는 사실에 자부심을 느끼기까지 했을지도 모른다."

평생을 동인도회사에 바친 헤이스팅스는 1750년 십 대일 때 인도로 왔고 30여 년에 걸쳐 고위직까지 올랐다. 1756년 태수의 군대에 체포된 그는 탈출한 후 클라이브의 군대에 자원 입대했고, 클라이브가 이끄는 군대는 나중에 캘커타를 탈환했다. 플라시 전투 후 클라이브의 주선으로 헤이스팅스는 벵골주의 주도 무르시다바드(Murshidabad)[j]에 영국 주재원으로 파견되었다. 영국에 장기 체류하는 동안 큰 빚을 지고 존슨 박사의 눈에 든 그는 1769년 마드라스로 갔고, 캘커타를 통치한 후 1773년 개혁 조치에 뒤이어 최초의 총독이 되었다.

◆ 워런 헤이스팅스의 초상화(존 헨리 로빈슨, 1832)

헤이스팅스는 권모술수가 난무하고 복잡하고 위험한 여건에서 그 어떤 영국 정치인도 맛보지 못한 정도의 권력을 행사하는 데 익숙했다. 탄핵 기록이 보여주듯이 그는 인도의 여러 주를 상대하면서 보인 행적들에 대해 해명해야 할 일들이 많았다. 그는 1770년대에 인도 서부의 여러 세력을 성공적으로 이간질해서 승자로부터 엄청난 돈을 뜯어냈다. 헤이스팅스는 출신 배경과 경력이 버크와 매우 달랐지만 버크 본인과 놀라울 만큼 공통점이 많았다. 고전적인 교육을 받은 교양 있는 그는 우르두 언어와 무굴제국의 페르시아 언어 모두에 능통한 언어학자였고, 최초로 벵골 언어의 문법 정리를 지원했다.

19세기 통치의 전형적인 특징으로 알려진 바와는 달리 그는 인도인들을 경멸하기는커녕 그들의 문화, 전통, 종교적 관행에 깊이 빠졌다. 무르시다바드에 주재원으로 거주하던 그는 벵골에서 무역업을 하는 유럽인들의 부패와 학대를 뿌리뽑으려다가 동료 주재원들의 반감을 샀다. 마드라스에서 그는 무역 관행을 성공적으로 개혁했다. 캘커타에서는 위원회의 강력한 반대를 무릅쓰고 벵골에서의 동인도회사의 행정과 재무를 크게 개선했다. 버크와 마찬가지로 헤이스팅스도 바람직한 정부는 통치받는 이들의 정서를 따라야 한다고 믿었다.

헤이스팅스는 버크 못지않게 독선적이었고, 그는 오만하기도 했다. 1786년 5월 버크가 제시한 탄핵 사유 22개 항목에 대해 공개적으로 답변해야 하는 상황에 놓이게 된 그는 답변할 하등의 이유가 없다며 대응을 거부해 부정적인 첫인상을 남겼다.

6월 무렵 뜻밖에도 피트의 지원에 힘입어 버크는 하원에서 헤이스팅스가 베나레스(Benares)의 추장으로부터 50만 파운드를 뜯어내는 권력 남용을 저질렀다는 혐의에 대해 다수의 동의를 확보했다. 절차는 고통스러울 정도로 천천히 진행되었다. 의회가 여름과 가을에 회기를 열지 않았기 때문이다.

그러나 1787년 1월 의회가 속개되자 또 다른 중요한 혐의를 받던 핵심 증인이 심문 과정에서 실토를 했다. 헤이스팅스가 인도 무굴제국의 아와드(Awadh)주를 다스리는 태수(太守)의 모친과 조모로부터 200만 파운드라는 거액을 강제로 징수했고, 그들의 재무를 담당하는 고령의 자문관 내시 두 명을 체포해 족쇄를 채우고 감금해 굶겼다고 털어놓았다. '아와드의 태수 부인들'과 그들의 내시들은 하룻밤 사이에 유명인사가 되었다. 피트는 멀리서 계속 분란을 일으켰고, 대중의 관심이 정부가 아니라 탄핵에 쏠리는 데 흡족해했다. 그는 이제 혐의들을 개별적으로 다루도록 해달라는 요구를 철회했다. 4월에 최종 표결이 있었고, 헤이스팅스는 체포된 후 보석으로 풀려났다.

이제 공은 상원으로 넘어가 웨스트민스터 홀에서 본격적인 재판이 열리게 되었다. 당시에 이미 지은 지 700년이 된 웨스트민스터 홀은 그때도 그랬고 지금도 여전히 웨스트민스터 궁의 백미(白眉)다. 오늘날 이곳을 찾는 사람들은 1535년 토머스 모어 경(Sir Thomas More)이 재판을 받은 장소, 1649년 1월 찰스 1세가 반역죄로 재판을 받을 때 앉았던 장소, 1965년 처칠의 시신이 안치된 장소를 돌아볼 수 있다—1606년 제임스 1세 암살 음모에 가담한 잉글랜드 가톨릭교도 가이 포크스(Guy Fawkes) 재판이 열렸던 장소임을 안내하는 표지판은 없다. 벽이 말을 할 수 있다면 털어놓을 사연이 무궁무진할 게다.

수세기 동안 유럽에서 단일 건물로는 최대 규모였던 웨스트민스터 궁은 1097년 정복자 윌리엄(William the Conqueror)의 아들인 윌리엄 루퍼스(William Rufus)가 짓기 시작했다. 장엄한 외팔들보(hammer-beam) 지붕에 나무를 깎아 만든 천사들이 내려다보는 광경은 나중에 만들어졌고 1390년대로 거슬러 올라간다. 이 홀은 오랫동안 왕좌 법정(Court of King's Bench), 대법원과 민사법원으로 사용되었고, 특히 굵직굵직한 국가 재판들이 열렸다. 그리고 다시 한번 이 건물은 이러한 기능을 하게 되었다.

1788년 2월 13일 버크가 탄핵 절차를 개시했을 때 웨스트민스터 홀은 장관(壯觀)이었다. 상원 회의장의 확대판으로 남쪽 끝에는 왕좌와 특석들이 위치하고 있고 중앙에는 배심원들을 위한 벤치, 양쪽에는 방청객들을 위한 긴 회랑에 주홍색 천이 걸려 있었다. 200명의 상원 의원들이 성장(盛裝)을 하고 집무실에서 나와 근엄하게 통로를 걸어 내려와 판사석에 앉았다. 샬럿 왕비와 공주들이 참관했고 판사, 주교, 대주교, 수많은 대사들과 하원 의원 200명 정도가 참석했다. 밖에서는 군중이 접근하지 못하도록 왕의 근위병들이 경비를 섰다.

작가 패니 버니(Fanny Burney)는 오래전부터 버크의 친구로서 버크를 우러러보아 왔지만, 탄핵에 대해서는 나중에 마음이 바뀌었다. 그러나 그녀는 재판을 참관하고는 버크에게 매료되었다.

◆ 웨스트민스터 홀에서 열린 헤이스팅스 재판(로버트 폴라드, 프랜시스 주크스, 1789)

"연설은 많이 들어봐서 달변인 줄은 오래전부터 알았지만 이제 보니 전달력도 뛰어났다. …풍자는 폐부를 찌르듯 날카로웠고… 비유와 인용은 적절하고 창의적이었다. 그가 갑자기 상상의 나래를 마음껏 펼치면 귀가 솔깃해졌고 관심이 집중되었다. 전혀 색다르고 도저히 뿌리칠 수 없는 경험이었다."

그러나 그러한 흥분은 오래가지 않았다. 오래갈 수가 없었다. 버크가 워런 헤이스팅스를 탄핵하는 절차는 149일 동안 계속되었고 7년 이상을 질질 끌었다. 그러다가 11월 정치계 전체를 뒤흔들 소식이 터졌고 탄핵은 묻혀버렸다. 왕이 미친 것 같다는 소식이었다.

왕의 광기

처음에는 조용히 시작되었다. 1788년 6월 왕은 기분이 언짢았다. 왕과 왕비는 첼트넘(Cheltenham)에서 온천욕을 하고 잉글랜드 서부를 돌며 요양을 마무리했다. 조신(朝臣)들은 우스터 성당에서 〈메시아(Messiah)〉 공연을 관람하던 왕이 교향악단 지휘를 하듯이 박자에 맞춰 손을 휘젓는 모습을 걱정스럽게 눈여겨보았지만 공연에 크게 감동해서 그랬으려니 하고 말았다.

그러나 10월 말 왕의 주치의가 왕이 정신착란으로 보인다는 진단을 내렸다. 11월에 왕은 정신착란이라는 게 명확해졌고, 윈저 대공원에서 마차에서 내려 나무에게 프로이센 왕인 줄 알고 인사를 건넸다. 더욱 공교로운 점은 왕위에 오른 지 거의 30년이 넘은 왕이 나이가 겨우 50세였고, 금욕적이고 자기절제가 뛰어났으며 운동광이어서 한 번에 몇 킬로미터씩 걷거나 말을 탔다. 오늘날 의학계에서는 질병의 원인과 속성에 대해 의견이 엇갈린다. 유전적 질병인 포르피린증(porphyria)[4]이라고 주장하는 이들도 있지만, 최근에 나온 연구는 정신 질환을 지목하고 있다. 당시에는 독극물 중독이라는 의견이 널리 퍼져 있었고, 범인으로 폭스를 지목하는 이도 있었다.

정부와 야당 모두 이제 엄청난 헌정 위기에 빠져들었다. 왕이 서거하면 악명 높은 난봉꾼에 뼛속까지 폭스 지지자인 웨일스 공이 왕위를 계승하게 된다. 그러나 왕이 금치산자 판정을 받으면 섭정이 들어서게 된다. 어느 경우든 피트와 정부에는 재앙이었다. 따라서 피트는 미봉책을 썼다. 의회를 휴회하고 추밀원과 하원 위원회를 소집해 의사들의 소견을 들었다. 피트가 행정부를 다잡는 동안 핵심 구성원들, 특히 설로우 대법관(Lord Chancellor Thurlow)은 사사로운 야망을 위해 탈당해 휘그당[5]에 합류하기를 심사숙고했다. 휘그 내각에 입각할 것으로 추측되는 인사들의 명단이 기대 속에서 회람되었다. 버크의 이름은 그 명단에 오르지 못했다.

야당의 무능과 오만과 분열에 힘입어 피트는 시간을 끌었다. 데번셔와 포틀랜드는 출타 중이었다. 폭스는 자신의 정부(情婦) 아미스테드(Armistead) 여사와 함께 11월에 이탈리아에 있었다. 고급 창부 출신인 이 여성의 과거 남성 편력은 화려했다. 「타운 앤드 컨트리 매거진(Town and Country Magazine)」에 따르면, 공작 두 명, 후작 한 명, 백작 네 명, 자작 한 명에 웨일스 공까지 이 여성과 연루되었다. 폭스는 외유 중에 신문에서 경마에 관한 기사만

읽겠다고 다짐했지만, 이 소식을 듣고 서둘러 런던으로 돌아왔고 그 후 거의 석 달을 병에 걸려 침대 신세를 지거나 브룩스 클럽에서 도박을 하며 보냈다.

그가 자리를 비운 동안 왕자와 의회를 중재하는 역할은 리처드 브린슬리 셰리든(Richard Brinsley Sheridan)이 맡았다. 셰리든도 아일랜드에서 잉글랜드로 이주했고 1780년 의회에 입성했다. 버크보다 스무 살 어린 그는 극작가이자 극상 지배인으로 눈부신 경력을 쌓았고, 대히트한 〈경쟁자들(The Rivals)〉과 〈추문 패거리(The School for Scandal)〉 같은 연극을 썼는데, 이 두 작품 모두 공개되자마자 이 장르의 표준이 되었고 지금도 여전히 그러하다. 야심만만하고 달변가인 데다가 기지가 뛰어난 그는 더 급진적인 폭스 곁에 붙어 웨일스 공의 환심을 샀다. 이제 이러한 인맥들이 진가를 발휘하게 되었다.

1788년 12월 10일 의회에서 격론이 벌어지면서 사태가 불거졌다. 피트가 합당한 전례들을 살펴볼 위원회를 추가로 구성하자고 제안했기 때문이다. 좌절을 겪고 몸도 편치 않고 세부사항을 꼼꼼히 점검할 만한 참을성도 없는 데다가 권력에 대한 절박한 욕구로 가득한 폭스는 왕이 명백히 금치산자이니 웨일스 공이 당장 왕위를 승계해야 한다고 주장했다. 폭스는 국왕 폐하께서 "자연스럽고 완전하게 통치권을 이양"하셨으니 웨일스 공 전하께서 정부를 지휘할 명명백백한 권한이 있다고 "주저하지 않고" 선언했다. 무엇보다도 휘그당은 의회의 우월성을 강조한, 1688~1689년의 헌법적 합의에 충실했다.

그런데 공교롭게도 이제 휘그 지도자가 의회 절차를 제쳐두고 일개 개인이 왕위 승계를 결정하다니, 웬만해선 동요하지 않는 피트도 가만히 있을 수가 없었다. 피트는 신난다는 듯이 무릎을 탁 치고 "내 손으로 그자를 휘그당에서 쫓아내고 평생 휘그당에 얼씬도 못하게 하겠다"고 말한 것으로 전해진다.

에드먼드 버크 본인은 웨일스 공에게 별로 관심이 없었다. 그러나 버크는 웨일스 공이 자동적으로 왕위를 승계하도록 한 게 바로 1689년 헌법의 원칙이자 정신이라고 생각했다. 이러한 입장은 뜨악한 반응을 낳았고 의회에 걸맞지 않은 연설도 도움이 되지 않았다. 연설은 거칠고 횡설수설했으며 어안이 벙벙하게 만드는 역사적인 암시로 가득했고 피트 본인에게 매우 적대적인 내용이었다.

버크는 한가했던 1월에 광기에 대해 체계적으로 공부를 하고 혹스턴(Hoxton)에 있는, 수감자 300명 규모의 정신병원을 방문했다. 그런데 2월에 피트가 섭정 기간을 관리하자는 제안을 공식적으로 내놓자 이에 대해 연달아 폭언을 쏟아내면서 공격을 재개했다. 그는 연설에서 광기를 극복했다고 알려진 수감자들이 결국 자살을 하거나 자기 가족들을 난자(亂刺)하거나 자해하는 소름끼치는 모습을 묘사했다. 버크는 이 논의에 학문적인 기여를 할 의도로 한 연설이지만 부적절하다는 평가를 받았고 당시에 광기에서 회복세를 보이고 있던 왕에게는 매우 모욕적인 비방이었다. 고비는 넘어갔다. 피트가 이겼다.

바로 이 무렵 하원 의원 길버트 엘리엇(Gilbert Elliot)이 이제 거의 예순이 된 버크에 대해 다음과 같이 묘사했는데, 이는 대부분 사람들의 심경을 대변하는 내용이었다.

> 버크 씨 말인데, 나는 그의 인품을 존경하고… 비범한 천재로 받들어 모신다. 그런 인물이 일개 정당을 옹호하는 편협한 인물로 전락하다니 통탄스럽다. …지금 그는 일고의 가치도 없어 보인다. 그가 의회에서 발언할 때 다른 의원들이 들으려 하지도 않기 때문이다. 그렇다면 그를 떠나보내라. 풀어줘라. 평생 말 잘 듣고 일 잘한 늙은 말을 푸르른 초원에 방목하듯이 말이다.

그런데 그때 이미 프랑스에서는 혁명의 먹구름이 짙어지고 있었다. 버크라는 늙은 말[6]은 전쟁에 단련된 베테랑이었고 이제 인생의 정점을 맞게 된다.

제5장

프랑스혁명에 관한 고찰 : 1789~1797

혁명 전야

1789년 초 왕이 제정신을 되찾자 섭정 위기는 잦아들었다. 워런 헤이스팅스의 탄핵을 재개할 준비를 갖춘 버크는 5월 스스로 물러나 이 절차를 정지시키려는 폭스의 시도에 맞서고 있었다. 의회는 평상시 업무로 되돌아갔다.

그러나 프랑스에서는 사회질서에 대격변이 일어나기 직전이었다. 직접적인 원인은 가까운 곳에 있었다. 음식 값이 오르고 공급이 부족해지면서 사람들은 굶주렸다. 식량 재고가 부족한 데다가 봄 가뭄이 길어지면서 상황이 악화되었다. 7월 초에 기상이변으로 폭풍이 불고 우박이 내리면서 인명이 손실되고 가축도 죽었으며 수확을 앞둔 농작물이 대부분 초토화되었다.

게다가 전쟁 비용, 특히 아메리카 독립전쟁이 남긴 산더미 같은 빚 때문에 나라의 재정이 거의 파탄 상태에 이르게 되면서 이러한 상황은 개선되기는커녕 더 악화되었다. 여기에다가 여러 가지 다른 불만과 고충들도 한몫했다. 베르사유 궁의 오만함, 각료들의 무능, 봉건주의적인 토지 소유 구조, 교계의 경직된 권위와 강요, 빈곤층에게 가혹하고 부유층에게 유리한 누감(累減) 세제 등이다. 계몽주의적인 개념들이 확산되면서 정치적 자유, 종교적 관용, 개인의 해방이라는 꿈을 품은 이들의 불만에 불을 지폈고, 기득권층의 권위는 급속히 쇠퇴했다. 날씨도 협조하지 않았다. 가마솥처럼 뜨거운 여름 날씨는 타오르는 민중의 원성에 기름을 부었다.

초창기에 재정 개혁안을 만든 당시 프랑스 재무총감 자크 네케르(Jacques Necker)는 버크가 오래전부터 존경해온 인물인데 그는 2년 전에 해고되었다가 위기가 악화되자 복귀했다. 명사회(名士會, Assemblée des notables)[a] 회원들은 1787년 회의를 소집해 악화일로인 상황을 진단하고 세제 개혁을 밀어붙이기 위해 힘을 모으려 했지만 결실이 없었다. 절박한 처지에 놓인 왕은 1789년 5월 삼부제(Estátes Genéral) 회의를 소집했다. 1614년 이후로 처음 소집된 회의였다. 삼부회는 제1부 사제, 제2부 귀족, 그리고 제3부 평민으로 구성된 헌정 질서였다. 세제를 개혁하기 위해 소집된 삼부회는 곧 제3부 신분인 평민들의 권력과 투표권을 둘러싸고 논쟁에 휩싸였다. 1614년 투표는 개인이 아니라 신분에 따라 배분되었다. 수적으로 훨씬 우세한 평민 대표들보다 귀족과 사제들에게 유리한 체제였다.

그러나 6월, 제3부가 이제 스스로를 코뮌(Communes), 즉 평민이라 일컬으면서 귀족과 사제를 제쳐놓고 일을 진행시키기로 했다. 여기에 그들에게 동조하는 이들이 합류해 국민의회(Assemblée Nationale)를 결성했다. 헌정 질서가 아니라 그들을 대표하는 이들로 구성된 회의였다. 왕은 국민의회가 삼부제 회의에 참석하지 못하게 하려다 수포로 돌아가자, 7월 초 다시 네케르를 해임했다. 파리가 혼돈에 휩싸였고 폭동이 일어났다. 7월 14일 폭도가 절대군주제인 구제도의 상징물이자 분노의 대상인 바스티유 교도소를 습격했다. 혁명이 시작되었다.

프랑스에서 일어나는 사태에 대해 영국에서 나온 첫 반응은 낙관적이었고 한동안 그런 반응이 계속 유지되었다. 현실주의자들은 역사적으로 영국의 적이었던 프랑스가 산산조각 나고 초라해지는 모습을 보면서 대체로 별로 당혹해하지 않았고, 진보주의자와 급진주의자들은 불관용과 불평등에 맞서 계몽주의 이상이 승리했다며 환호했다.

의기양양한 폭스는 7월에 다음과 같이 기록했다. "세계에서 가장 위대한 사건이 일어났다! 최고의 사건이다." 혁명은 덧없이 짧았고 곧 질서가 회복되어 입헌군주제에 자리를 양보했다. 10월 프랑스 왕가가 베르사유에서 강제로 쫓겨나 파리에서 가택 연금되었지만 아랑곳하지 않았다. 1790년 2월 피트는 직접 코뮌에게 다음과 같이 선언했다. "현재 프랑스에서 일어나는 격변은 조만간 평화롭게 마무리되고, 그러한 상황이 되면 프랑스는 내가 선망하는 그런 종류의 자유를 누리게 된다."

대부분의 사람들은 프랑스의 사태를 보면서 1688~1689년에 영국에서 일어난 사건을 떠올렸다. 제임스 2세가 영국을 떠나 피신하고 네덜란드 총독인 개신교도 오라녜 공 빌럼 3세가 왕위에 오르면서 명예혁명(Glorious Revolution)[b]으로 불린 사건 말이다. 이 혁명이 명예롭다는 칭송을 받은 이유는 내전이 없이, 또는 적어도 잉글랜드에서는 유혈 사태를 겪지 않고 개신교도가 왕위를 승계했기 때문이다. 아일랜드와 스코틀랜드는 얘기가 전혀 달랐다. 미신이 난무하는 시대에, 정확히 한 세기를 사이에 두고 이 두 사건이 발생했다는 사실은 신의 섭리인 듯했다. 프랑스에서 평온한 시대가 뒤이었고, 이러한 기대는 실현되는 듯했다.

그러나 이러한 일반적인 낙관론에 공감하지 않는 이가 있었다. 1789년 10월에 일어난 사건들에 대한 소식을 접하기도 전에 에드먼드 버크는 혁명에 대해 매우 유보적인 입장을 표명했다. 11월 그는 젊은 프랑스인 친구 샤를 드퐁(Charles Depont)으로부터 편지를 받았는데 버크에게 혁명을 지지해달라는 내용이었다. 그러고 나서 1790년 1월 버크는 주요 급진주의자의 매우 선동적인 설교문을 읽게 되었다. 새로 결성된 혁명 협회(Revolution Society)가 소집한 한 모임에서 리처드 프라이스(Richard Price) 박사가 한 설교였다.

표면적으로는 애국심이 설교의 주제였지만 실제로 프라이스 박사는 자기 나라가 다른 나라들보다 우월하다는 그 어떤 신념도 애국심이 아니라고 주장했다. 오히려 영국인들은 스스로를 특정한 공동체에 뿌리를 둔 집단이 아니라 세계의 시민으로 간주해야 한다고 주장했다. 프라이스는 프랑스혁명을 명예혁명을 계승하는 적통으로 간주하며 찬양했다. 그에게 명예혁명은 영국인들에게 통치자를 축출하고 군주를 폐위시킬 권한을 주었지만 그 자체로서는 미완(未完)의 혁명이었다. 1790년 11월 1일 버크는 이에 대한 자신의 답변을 출간했다. 바로 『프랑스혁명에 관한 고찰(*Reflections on the Revolution in France*)』이었다.

『프랑스혁명에 관한 고찰』과 이와 연관된 그의 글들은 단순히 대기만성형의 일개 정치가가 쓴 글이 아니라, 역사를 통틀어 어떤 저자나 사상가가 쓴 작품보다도 위대한 저술이다. 그 글들은 분노로 가득 차 있다. 격노하고 있다. 노쇠해 한물간 정치인으로 취급받고 섭정 위기 때 어릿광대로 조롱당한 치욕의 나날들은 지나갔다. 우리가 아는 버크는 냉철한 열정과 지적인 활력이 넘치는 인물, 그 주변 사람들이 하나같이 어리석게도 망상에 빠져 자화자찬하고 있을 때 미래를 예견한 아일랜드 켈트족의 선지자다.

버크는 다음과 같이 말한다. 프랑스혁명은 결코 대단한 사건이 아니다. 찬양할 만한 대화합도 자유를 위한 투쟁도 아니다. 이 사건은 독선적인 이들, 급진주의적 지식인들, 그리고 그들에게 동조하는 이들이 기대하는 것처럼 바람직한 질서나 이상적인 사회로 이어지지 않는다. 프랑스혁명은 끝나지 않았다. 앞으로 폭력과 유혈 사태가 벌어지고 무정부 상태에 빠지면서 공포에 휩싸이고 내전이 일어난다. 프랑스의 사태는 진정되기는커녕 선동적인 정서를 세계로 확산시키고 그 정서는 영국을 오염시키게 되며, 프랑스혁명은 결국 전쟁을 낳게 된다.

『프랑스혁명에 관한 고찰』에서 버크는 거의 30년 동안 고심해 온 개념들을 다듬고 확장한다. 이러한 개념들이 이 책의 대부분을 채우게 되므로 여기서는 간단히 요약하는 것만으로 충분하다. 형식으로 보면 이 작품은 논문이라기보다 드퐁에게 보내는 장문의 서신이다. 서신의 형태를 빌려 버크는 프랑스에서 일어나는 사건들에 대한 자신의 견해, 역사와 문화와 철학에 대한 깊은 통찰력과 정치적 견해를 곁들이고 있다. 그는 인생의 선배로서 젊은 친구에게 권위 있는 목소리를 내고 있지만 훈계조라는 인상을 주지 않으면서 설득하고 있다. 버크는 서두에서 앞으로 닥칠 일에 대해 다음과 같이 경고한다.

> 듣기 좋은 말만 하면 듣는 사람도 말하는 사람도 타락한다. …따라서 나는 프랑스가 새롭게 쟁취한 자유를 경축하기를 유보한다. 그 자유가 정부와, 공적인 힘과, 군대의 절제 및 복종과, 효과적이고 골고루 분배된 수익과, 도덕 및 종교와, 재산권의 견고함과, 평화 및 질서와, 시민으로서의 예절 및 사회적 관습과 어떻게 결합되었는지 알게 되면 그때 가서 판단을 내리겠다.

버크가 이 책의 나머지 부분에서 분명히 밝히듯이, 프랑스혁명은 이 모든 조건들을 충족시키는 데 실패한다.[1]

그다음 그는 프라이스 박사의 설교와, 프랑스혁명을 1688년 명예혁명과 병치하려는 헛된 시도로 관심을 돌린다. 버크에게 프랑스혁명과 명예혁명을 비교하려는 시도는 완전히 어불성설이다. 그는 명예혁명이 국민이 자신들을 통치할 군주를 자기들 손으로 뽑을 권리를 행사한 게 아니라고 단언한다. 혈통에 따른 왕위 계승이라는 엄격한 질서에서 약간 일시적으로 이탈할 필요가 있었다고, 국민들이 마음대로 한 게 아니라고, 당시에 그렇게 인식되었다. 효과적인 개혁이라면 하나같이 그러하듯이 명예혁명 또한 그 범위와 지속된 기간이 제한적이었고, 정치체의 나머지 부문으로부터 차단되었다. 그 이유는, 버크가 한 유명한 말마따나, "변화를 일으킬 수단이 없는 국가는 국가를 보존할 수단도 없기" 때문이다.

버크가 생각하기에 프랑스혁명과 비교할 만한 대상은 명예혁명이 아니라 무질서와 유혈 사태가 극에 달했던 1640년대의 내전이다. 프라이스 박사와 그의 친구들이 범한 오류는 자연권이라는 프랑스 독트린을 좇았다는 점이다. 이 때문에 이들은 법치에서 헌법적인 예외를 수용하고 점진적인 변화가 아니라 혁명을 지지하게 되었다. 이들은 "설교나 혁명협회가 저녁식사 후 건배를 들면서 내린 결정이 아니라, 우리의 역사와 기록과 의회가 통과시킨 법안들을 통해 전해 내려온 헌법이라는 합의된 개념보다는 자신들이 머릿속으로 상상한 변화를 택했다".

따라서 개인의 어리석음이 사회에서 공유된 지혜를 밀어냈다. 그러나 그러한 축출, 그러한 거부는 사실상 사회 자체, 사회의 제도들을 거부하는 셈이었다. "우리는 사람들로 하여금 자신의 내면에 축적된 이성에 의존해서 재량껏 살고 교류하게 내버려두기를 꺼린다. 각자가 지닌 이성의 양이라는 게 보잘것없고 개인들은 국가가 긴 세월을 통해 축적한 지혜의 보고에 의탁하는 게 훨씬 바람직하기 때문이다."

사회는 주로 이성이 아니라 감성의 산물이며 상향식으로 구축된다. “하부구조에 대한 애착과 사회 내에 존재하는 소규모 하부집단에 대한 애정이 애국심과 인류애로 나아가는 일련의 과정을 연결하는 첫 번째 고리다.” 그리고 그 영역, 도덕적 관심사의 범위는 개인이나 집단이나 계급이나 세대가 아니라 세월이 흘러도 지속되는 사회질서 자체다. 사회는 “살아 있는 사람들 간의 협력일 뿐만 아니라 살아 있는 사람, 세상을 떠난 사람, 그리고 앞으로 태어날 사람들 간의 협력이기도 하다”.

그러나 『프랑스혁명에 관한 고찰』은 단순히 생각을 담은 글이 아니라 논쟁과 분노를 담은 글이기도 하다. 가장 유명한 구절은 마리 앙투아네트에 대한 측은지심을 표현한 대목이다. 앞서 그녀를 알현했던 경험을 떠올리면서 버크는 다음과 같이 말했다.

> 베르사유에서 프랑스 왕비를 알현한 지 이제 16년에서 17년 된다. 그처럼 기품 있는 자태가 지구를 환하게 밝힌 적이 있었던가. 나는 명예를 소중히 여기는 기사도 정신이 투철한 신사들의 나라에서, 용맹한 남성들의 나라에서, 그녀에게 그런 재앙이 닥치는 광경을 내 생전에 목격하게 되리라고는 꿈에도 생각지 못했다. 그녀를 눈길로만 모욕해도 만 자루의 검이 칼집에서 튀어나와 보복하리라고 생각했다. 그러나 기사도 정신의 시대는 갔다. 어설픈 지식인과 이해타산과 계산에 밝은 이들의 시대가 도래했다. 그리고 유럽의 영광은 영원히 소멸되었다.

이 글은 훗날 버크를 공격하는 데 이용되기도 하지만 이 대목은 명문의 선전 선동이었다. 앞으로 보게 되겠지만, 심오한 철학적 논점도 담겨 있다.

프랑스혁명에 관한 고찰

356쪽 분량에 가격은 5실링인 『프랑스혁명에 관한 고찰』은 통상적인 정치 팸플릿보다 가격과 분량이 세 배 이상이었다. 그러나 한 달도 안 되어 9,000부가 팔렸고 그해 말 무렵에는 1만 7,500부가 팔렸다. 곧 서평이 나왔고 중요한 대목들은 다시 인쇄되어 널리 보급되었으며 1791년 중엽 무렵 통째로 프랑스어로 번역되어 대단한 성공을 거두었다. 그러나 파급 효과는 훨씬 컸다. 「밀고자 색출하기(Smelling out a Rat)」(다음 쪽 그림 참조)에서 제임스 길레이(James Gillray)는 상반된 세력들이 격돌하는 장면을 묘사하고 있다. 프라이스 박사는 치안을 불안하게 하는 선전 선동 행위를 하다가 큰 코에 안경을 걸치고 교회와 국가의 상징물을 양손에 들고 있는 흉측한 버크에게 들킨다. 그러나 흉측하든 그렇지 않든 이 책은 유럽 전역을 휩쓴 반혁명적인 정서의 심부를 건드렸다.

국내에서 이 책 덕분에 버크는 오랜 친구들과 패니 버니처럼 그를 우러러본 이들, 사교계의 여왕 엘리자베스 몬테규(Elizabeth Montagu), 그리고 에드먼드 기번(Edmund Gibbon) 사이에서 명예를 회복했다. 기번은 이 책을 "프랑스 질병을 예방하는 최고의 명약(名藥)"이라고 익살스럽게 묘사했다.

이 책으로 버크는 헤이스팅스의 지지자들과 예전에 버크를 무

◆ 밀고자 색출하기(제임스 길레이, 1790)

시했던 호러스 월폴을 비롯해 예전의 정적들 사이에서 새로운 평판을 얻기도 했다. 이처럼 새로이 버크를 지지하게 된 이들 가운데 가장 눈에 띄는 인물은 다름 아닌 조지 3세였다. 그는 30년 동안의 비판과 버크가 섭정을 지지했던 사실을 제쳐두고 버크의 접견을 받아들였고, "자신을 신사라고 자부하면서 그대에게 감사하지 않을 사람은 없소. 그대가 신사의 명분을 지지했으니 말이오"라고 선언했다.

당연히 이 책은 급진주의자들의 대대적인 반격을 불러일으켰고, 이들은 즉시 버크를 비판하는 간행물을 대거 쏟아내 버크의 논지를 조목조목 반박하면서 맞받아쳤다. 이는 팸플릿 전쟁으로 이어졌고 이 사건은 '혁명 논쟁(Revolution Controversy)'[2]으로 알려졌다. 특히 이들은 버크가 통탄한 다음과 같은 구절에 집중적으로 비난을 퍼부었다. 혁명에 직면한 상황에서 "깨달음은 진창에 던져지고 돼지 같은 다수의 발굽에 짓밟히게 된다". 이들은 이를 다수, 즉 국민에 대한 공격이라고 의도적으로 잘못 해석했다. 급진적인 내용의 출판물 가운데 토머스 페인(Thomas Paine)의 『인간의 권리(*Rights of Man*)』가 가장 유명하다. 1, 2부로 나뉘어 발행된 이 책은 『프랑스혁명에 관한 고찰』을 단서로 삼아 페인 나름의 공화정치를 제시하면서 프랑스에서 일어난 사건들을 극찬하고 영국의 기존 질서를 매도하고 기존의 헌정 체제를 근본부터 다 뜯어고쳐야 한다고 주장하고 있다. 페인의 팸플릿은 버크의 책을 무색케 할 만큼 많이 팔렸다. 1, 2부를 합쳐서 출간되고 첫 2년 동안 10만 부나 팔렸다고 추정된다.

그러나 초기에 출간된, 이에 못지않게 흥미로운 버크의 논지에 대한 반응은 메리 울스턴크래프트(Mary Wollstonecraft)가 쓴 『인간의 권리를 옹호함(*A Vindication of the Rights of Men*)』이다. 울스턴크래프트는 독립 정신이 투철한 여성으로서 훗날 리처드 프라이스와 철학자 윌리엄 고드윈(William Godwin)과 서로 영향을 주고받았으며, 고드윈과는 결혼했다. 나중에 출간된 관련 작품보다는 덜 알려진 『인간의 권리를 옹호함』은 다소 산만하고 분개가 가득한 팸플릿인데 개인의 이성과 공화주의를 옹호하는 데 그치지 않고 전통과 제도의 중요성을 강조한 버크의 논지를 직접 공격했다. 전통과 제도가 불의를 영속시킨다고 주장하면서.

특히 여성을 얕잡아보고 모욕하는 관점이 아름다움을 논한 「숭고함과 아름다움이라는 우리의 사상의 기원에 대한 철학적 탐구」에서 비롯되었다며 버크의 탓으로 돌렸다. 무엇보다도 『프랑스혁명에 관한 고찰』의 장황하고 웅변하는 듯한 문체를 그대로 모방하는 영리한 방법을 써서, 마치 두 저자를 직접적으로 비교해 지적인 수준과 화술이 동등하다는 암시를 하는 듯하다. 이 팸플릿은 널리 호응을 얻었고 울스턴크래프트의 지명도를 높였다.

일부 급진주의자들, 특히 캐서린 매콜리(Catharine Macaulay)는 오래전부터 버크를 기득권층의 대변자로 간주해왔다. 그러나 버크를 아메리카 식민지 주민들과 아일랜드의 가톨릭교도들의 권리를 옹호하고 자유무역을 지지하며 동인도회사의 약탈을 혹독하게 비판한 인물로서 의회에서 양심 있는 목소리를 내는 인물로 보는 이들도 있었다.

그들이 보기에 『프랑스혁명에 관한 고찰』은 도발적이었고 분노를 불러일으켰다. 단순히 틀린 주장에 그치지 않고 배반이자 변절의 글이었다. 진보적인 사상의 옹호자가 이제 적이 되었다. 그들은 버크가 오랜 세월에 걸쳐 다듬어온 개념들이 그들이 중요하게 여겨온 명분들을 일관성 있게 포용해왔는데, 이제 그들은 자신들이 무엇보다도 가장 소중히 여기는 명분을 버크가 거부하는 상황이 이해가 되지 않았고 이해하려고 하지도 않았다.

한편 의회에서 휘그당의 의견은 갈렸다. 옛 귀족들은 대체로 『프랑스혁명에 관한 고찰』을 환영하면서도, 언어와 사상이 너무 극단적이어서 당의 화합을 저해할까 염려했다. 버크의 으뜸가는 후원자인 피츠윌리엄 백작은 버크의 책을 "구구절절이 적극적으로 공감한다"고 평했지만 공개적으로 옹호하기는 거절했다. 폭스의 경우 버크와의 오랜 친분이 몇 년 전부터, 아마 일찍이 1783~1784년부터, 소원해지기 시작했다. 폭스의 지도력은 여전히 불안정했다. 그는 하원에서는 뛰어난 역량을 보여주었고 다른 이들로부터 깊은 호감을 불러일으키기는 하지만, 게으르고 기회주의적이며 권력에 대한 야심이 대단했다. 버크가 정치가로서 부적격이라고 비난하는 자질들을 모두 갖춘 인물인 셈이었다. 폭스가 노스와 연립정부를 구성하고 보란 듯이 섭정을 지지한 행태는 좋게 말해도 미심쩍었다. 그러나 버크도 이 과정 전체에 긴밀하게 관여했고, 이 때문에 자신의 평판이 어느 정도 훼손되는 대가를 치렀다.

가장 가깝게는, 폭스가 헤이스팅스 재판을 중단하려 했고 이 때문에 버크는 매우 불쾌해했다. 이제는 프랑스에서 일어나는 혁명이 두 사람 사이를 정치적으로, 철학적으로, 사적으로 갈라놓았다. 『프랑스혁명에 관한 고찰』의 주안점은 바로 "영국 내에서 새로운 공화주의를 추구하는 프랑스식의 휘그주의"의 위험성을 경고하는 일이었다. 데번셔 공작부인은 폭스와 버크의 관계는 "더할 나위 없이 아일랜드답다. 이들은 그 어느 때보다도 사이가 나쁘기 때문이다"라고 지적했다.

두 사람의 관계가 소원해진 데는 셰리든의 부추김도 한몫했다. 셰리든은 점점 자신을 버크의 경쟁자이자 급진적인 휘그당원들을 이끄는 비공식적인 지도자로 여겼기 때문이다. 셰리든과 버크 두 아일랜드인에 대해 당시 어떤 인사가 지적했듯이, "찰스 폭스 왈, 버크가 어리석은 언행을 먼저 시작했지만, 셰리든이 발군의 실력을 발휘해 따라잡았고, 막상막하가 되었다".

폭스와 버크가 처음으로 공개적으로 충돌했을 때 『프랑스혁명에 관한 고찰』은 아직 출간되지 않은 때였다. 두 사람은 1790년 2월 군대의 '예산 견적'을 두고 맞붙었다. 이 사안을 프랑스에서 벌어지는 사건들과 억지로 연관시키면서 버크는 혁명 세력에 대해 다음과 같이 선언했다. "무법자이자 피에 굶주린 폭도"로서 "온갖 극악무도한 만행을 저지르고, 가는 곳마다 피로 물들이고, 귀족을 남김없이 색출해서 보복을 한다". 이는 공개적으로 알려진 폭스의 견해와 완전히 배치되었지만, 폭스는 대응을 자제했다. 셰리든은 그렇지 않았다. 그는 혁명을 열렬히 옹호했고 버크가 피트 진영으로 전향할 준비를 하고 있다고 암시했다. 버크는 즉각

향후 자신과 셰리든은 "정치적으로 결별"한다고 선언했다.

3월에 두 번째 충돌이 일어났다. 공직을 담임하는 이들은 반드시 잉글랜드 성공회에서 영성체하는 회원이어야 한다고 규정한 '심사령(審査令, Test and Corporation Acts)'[c]의 폐지와 관련한 토론에서였다. 버크는 이 심사를 끔찍하게 싫어했지만, 더 큰 문제가 터질까 두려워 이제는 이 법의 완전한 폐지에 반대했다. 정부 기관들이 혁명 세력과 공화주의자의 침투에 노출될까 우려되어서였다. 이번에 폭스는 공개적으로 버크의 주장을 일축하면서 버크를 변절자이고 "직무유기"한다며 비난했고, 프랑스혁명에 대해서는 걱정하지 않는다면서 버크가 아메리카 전쟁에 관해 직접 했던 연설의 일부를 인용했다. 버크는 이에 맞대응하지 않았지만, 폭스의 이러한 발언이 버크에게 준 상처는 오래도록 기억되었다.

결별을 야기한 결정적인 사건은 그로부터 1년 이상 지난 후인 1791년 4월 15일에 터지기 시작했다. 러시아에 관한 토론에서였다. 프랑스 헌법안은 국민의 주권으로 번복할 수 있는 입헌군주제를 고려하고 있었다. 이제 피트로부터 속내는 공화주의자라는 비난을 받은 폭스는 프랑스 헌법안을 "동서고금을 통틀어 인간의 고결함의 토대 위에 세워졌던 자유의 구조물 가운데 가장 장엄하고 영광스러운 구조물"이라며 설레발을 쳤다. 동요한 모습이 역력한 버크는 이에 답하려고 했지만 표결에 들어가기 전에 그럴 기회를 잡지 못했다. 그러고 나서 며칠 후 폭스는 개인적으로 버크를 찾아가 버크의 입을 막으려 한 뒤 그답게 뉴마켓(Newmarket)에서 열리는 경마를 보러 갔다. 폭스가 버크의 입을 막으려는 시도는 실패했다. 이제 두 사람 사이에 일대 격돌이 벌어질 여건이 조성되었다.

5월 6일 버크는 퀘벡 통치에 관한 토론을 기회 삼아 새로운 프랑스 헌법의 독소 조항들에 대해 다시 이야기를 꺼냈다. 폭스 계열의 소장파 하원 의원들로부터 사방에서 공격을 받은 버크는 침착하게 셰익스피어의 희극 〈리어왕(King Lear)〉에서 그 상황에 안성맞춤인 다음과 같은 장면을 인용했다. "트레이, 블랑쉬, 그리고 사랑스러운 우리 막내, 강아지들이 전부 달려들어서 내게 짖어대는 것 좀 봐!" 리어왕이 자신의 세 딸을 꾸짖는 장면이다. 그러자 폭스는 자리에서 일어나 버크가 한 발언은 퀘벡과 무관하다며 버크를 질책하고 혁명에 대한 찬양을 되풀이했다. 『의회의 역사(*Parliamentary History*)』에 따르면, 버크는 폭스에게 다음과 같이 대꾸했다. "22년 이상 우정과 친분을 다져온 분으로부터 인신공격을 받을 줄은 꿈에도 생각지 못했다." 버크는 자신이 공개적 발언과 글뿐만 아니라 사적인 대화까지 근거로 삼아 일관성이 없다고 공개적으로 비난을 받아왔다고 말했다. 예전에도 두 사람이 이견을 보인 사안들이 있었지만 우정이 깨지지는 않았다. 『의회의 역사』는 계속해서 다음과 같이 기록한다.

> 폭스 씨는 여기서 다음과 같이 속삭였다. "친구 관계의 결별이 아니오." 버크는 결별이라고, 자신의 의무를 다하느라 친구를 잃었다고 말했다. 폭스 씨는 자리에서 일어나 답했다. 그러나 버크가 한 말을 듣고 너무 격앙되고 복받쳐서 한동안 감정을 추스르고 나서야 말문

을 열었다. 눈물이 뺨을 타고 흘러내렸고, 입을 열었지만 목소리가 나오지 않았다.

가슴이 찢어지는 순간이었다. 그러나 짧았다. 폭스는 곧 공격 자세로 돌아갔다.

이는 단순히 개인적으로만 중요한 순간에서 그치지 않는다. 1791년 5월 6일은 최초로 명실상부한 정당의 원시적 모습이 종말을 고하기 시작했다. 1765~1766년 로킹엄이 창립하고 버크가 지적으로 조직적으로 다듬은 후 최근까지 폭스가 이끌어온 로킹엄 휘그당원들은 입헌군주제를 지지했지만 1688년에 한 합의 내에서의 지지였다. 영국 교회를 지지했지만 반대자들과 가톨릭교도들에게 관용을 베푼다는 조건 하에서의 지지였다. 경제 개혁과 왕의 공직 임명권과 왕실 예산의 낭비를 제한하는 입장을 취했다. 식민지 행정부는 정의롭고 효율적이고 책임 소재가 분명해야 한다는 입장을 취했다. 개인의 자유를 지지했지만 개인의 방종은 거부했다.

전국적인 행정조직도, 선거운동을 맡은 조직도, 정당 강령도 없는 그들은 현대 정당 기구를 갖추지 못했다. 그러나 파벌이 아니라 정당이 갖추어야 하는 핵심적인 개념, 오랜 기간 동안 집권하지 못하고 야당에 머무르면서도 원칙과 정책을 바탕으로 유지되고, 다시 집권하면 그 정책을 실행하는 정치적 집단이라는 핵심적인 개념은 사실상 로킹엄 계파의 휘그당원들로부터 비롯되었다. 버크는 이제 자신이 그 누구보다도 창립하는 데 공헌한 당으로부터 축출되었다는 느낌을 받았다. 사실 그 당은 더 이상 존재하지 않았다.

늘 그래왔듯이 버크는 분노를 글과 행동으로 표현했다. 1791년 4월 무렵 버크는 이미 글을 출간했다. 파리에서 처음 출간된 『영국 의회의 한 의원에게 보내는 편지(*Letter to a Member of the National Assembly*)』였다. 이 글에서 그는 프랑스혁명이 프랑스의 사회적·정치적 문화에 끼친 영향을 분석했다.

기존의 질서가 완전히 무너지면서 국민은 집권세력의 볼모가 되었고 방향감각을 잃게 되었으며 이상주의자로 가장한 사기꾼들에게 만만한 먹잇감이 되었다. 특히 청년들은 혁명 사상에 깊이 물들어 타락했다. 그들은 "의회의 정신 나간 소크라테스"인 루소(Rousseau)의 사악한 마수에 걸려들었다. 루소는 자아를 격상시키고 명예·의무·겸허·개인의 미덕이라는 가치들을 묵살한 "허무의 윤리학(ethics of vanity)"에 자신의 인격과 사상을 헌납한 철학자였다.

프랑스는 폭군과 한번 권력을 쥐면 절대로 놓지 않는 이들의 손아귀에 들어갔다. 이들은 "무장한 광인들의 집단이 되어 암살·강도·반항·사기·분열·억압·불경의 원칙을 설파했다". 정부는 무질서를 제압하기는커녕 그 집단의 공범이 되었다. 그 결과, 버크가 예측한 대로, 다름 아닌 국왕 시해가 일어났다. "그들은 엄숙히 선언하고 위안을 주는 발언을 하고 여러 차례 맹세를 하고 다른 이들도 맹세를 하게 했지만, 왕의 이름이 그들의 계획에서 더 이상 필요하지 않게 되면 왕을 살해하게 된다." 그리고 그 해악은 다른 나라들로 확산된다. 이를 막기 위해 버크는 이제 처음으로 혁명에 맞서기 위해 외부에서 개입해야 한다고 주장한다. 그리고 향후 한동안 버크가 이 주제를 되풀이해 강조하면서 점점 사람들의 신경을 거스르게 된다.

소장 휘그당원들이 노장 휘그당원들에게 드리는 호소문

8월 버크는 국내에서 벌어지는 소동에 다시 집중했다. 이제 자기 당에서도 쫓겨나 혈혈단신이 된 그는 자신이 옳았음을 증명하고 싶은 열망의 불길이 그 어느 때보다도 활활 타올랐다. 그러나 여전히 원칙이 훨씬 중요했다. 버크는 폭스가 이 문제를 선과 악의 대결이라는 흑백논리로 몰고 가면서 자신의 추종자들을 자코뱅주의(Jacobinism)[3]로 이끌고 있다고 우려했다. 자코뱅이란 프랑스 혁명 세력 가운데 가장 유명한 집단으로서 그 무렵 혁명의 열의를 표현하는 대명사로 쓰이고 있었다.

영국 정치에서 어떤 식으로 자코뱅주의가 해석되든 이는 영국을 망국의 길로 이끈다고 버크는 확신했다. 무슨 수를 써서라도 막아야 했다. 버크는 휘그당원 대다수가 『프랑스혁명에 관한 고찰』의 논지에 공감한다는 사실을 알고 있었다. 특히 포틀랜드 공작과 로킹엄의 후계자인 피츠윌리엄 백작과 같은 핵심적인 인물들이 그러했다. 이러한 인물들에게 그들의 의무가 무엇인지 상기시켜주고 공개적으로 버크와 폭스 둘 중에 한 사람을 선택하게 만들어야 했다. 설령 그 결과 당이 쪼개진다고 해도 말이다.[4]

그 결과가 바로 「소장 휘그당원들이 노장 휘그당원들에게 드리는 호소문(An Appeal from the New to the Old Whigs)」이다.[5] 이 글도 역시 참신한 생각이 넘치는데 간단하게 요약해서 소개하면 다음과 같다. 표면적으로는 익명의 제3자가 쓴 법률적 항소문으로서 "버크 씨"의 견해가 1688년 명예혁명의 토대인 구(舊) 휘그 원칙에서 직접 비롯된 반면, 폭스와 그의 신(新) 휘그 추종자들의 견해는 프랑스혁명의 개념들을 토대로 한 위험한 혁신안이라는 점을 보여준다.

따라서 버크는 연대기상으로 보면 신 휘그지만 정신은 구 휘그를 따른다. 혼란을 야기하는 이러한 사소한 문제는 별도로 하고, 이 글에서 버크는 독립적이고 권위 있는 인물 역할을 하면서 논란을 잠재우고 『프랑스혁명에 관한 고찰』과 『영국 의회의 한 의원에게 보내는 편지』에서 한 주장을 확장해서 폭스와 폭스보다 온건한 그의 지지자들 사이에 정치적인 쐐기를 박고 온건한 추종자들이 스스로 입장을 표명하게 만든다.

「소장 휘그당원들이 노장 휘그당원들에게 드리는 호소문」은 아주 사적인 내용으로 말문을 연다. 일관성이 없다거나 정직하지 못하다는 비난을 받는 "버크 씨"를 옹호하고 퀘벡 토론에서 누락된 연설 내용을 상세히 서술한다. 그러고 나서 비교적 간략하게 구 휘그 원칙들을 법적으로 분석한 후 버크만의 독특한 방식으로 정치철학적 발언을 장황하게 전개한다.

프랑스혁명은 특수 사례라고 버크는 주장한다. 프랑스의 새 헌법은 "이 시대 문명화된 유럽 세계에서 발견되는 그 어떤 사례도 훌쩍 능가하는 폭정이다. …한때 일시적으로 존재하는 악이 아니라 미래에 그보다 더한 악을 양산하는 (그보다 더한 악이 가능한지 모르겠지만) 수단이 된다. …철저히 잘못되었기 때문에 아무리 오랜 시간을 들여도 결코 스스로 바로잡을 역량이 전혀 없다". 혁명가들은 국가들 사이에 평화를 조장하기는커녕 평화를 파괴하는 데 매진해왔다. "이러한 인류 공동의 적은 다른 모든 정부들을 상대로 전쟁을 꿈꾸고 가장 극악한 종류의 난동을 체계적으로 부추겨 공멸의 길로 이끈다."

영국에서 이러한 정서는 폭스가 이끄는 신 휘그당원들이 무의식적으로 조장하고 있었다. 그들은 국민이 주인이고 따라서 국민은 다음과 같다고 말한다.

> 국민은 스스로 어떤 형태의 새로운 정부도 수립할 수 있고, 원한다면 어떤 형태의 정부도 없는 상태를 지속할 수 있다. 국민은 본질적으로 스스로를 통치하고 그들의 의지는 그들의 행동을 실행하는 조치다. 그리고 한 시대에 그들과 맺은 사실상의 계약은, 그 계약이 구속력이 있다고 전제한다면, 계약을 맺은 직접적인 당사자들에게만 구속력이 있고 후세에게 대물림되지 않는다.

그러나 이러한 주장은 잘못이고 구 휘그가 추구하는 근본적인 원칙에서 크게 벗어나 있다. 주권은 국민으로부터 비롯된다는 사실을 부인하는 이는 아무도 없다. 그러나 영국 헌법의 장점은 바로 혼합형 정치체, 즉 군주·귀족·평민이 권력을 나눠 갖고 서로 넘지 말아야 할 경계를 설정하는 정치체라는 점이다. 따라서 국민의 의지는 무절제하게 관철되지 않는다. 헌법은 군주와 귀족을 구속하듯이 마찬가지로 평민도 구속한다. 전체의 지혜는 전체를 통해 발현되고 오직 전체를 통해서만 발현된다. 개인은 사회질서가 부여하는 권리만 누리는 데 그치지 않고 좋든 싫든 의무도 지는 제약을 받는다.

버크는 「소장 휘그당원들이 노장 휘그당원들에게 드리는 호소문」을 다음과 같이 영국 헌법에 대한 찬양으로써 마무리한다.

> 영국 헌법은 파리에서 날뛰는 협잡꾼 무리처럼 주제넘은 자들이 즉흥적으로 만들어낸 문서가 아니다. 긴 세월 동안 수많은 이들이 지혜를 모은 결과물이다. 단순하지도 피상적이지도 않으며 피상적으로 이해해서 가늠할 수 있는 성질의 것도 아니다. 무지한 인간이라도 시계를 함부로 만지작거리다가 망가뜨려서는 안 된다는 정도는 안다. 그러나 그 무지한 인간은 도덕이라는 기계를 제멋대로 분해하고 다시 조립해도 된다고 자신만만해 한다. 시계보다 훨씬 많은 바퀴와 용수철과 저울로 구성되어 있고 여러 힘이 서로 견제하고 협력하는 복잡하고 중요한 기계 말이다. 인간은 자기가 제대로 이해하지도 못하는 대상에 무모하게 달려들어 개입하는 행위가 얼마나 비도덕적인지 모른다. 의도가 선하다는 망상은 주제넘은 행동의 변명이 되지 못한다.

「소장 휘그당원들이 노장 휘그당원들에게 드리는 호소문」은 단순히 버크의 폭넓은 주장을 개진하는 데 그치지 않는다. 이 글은 또한 아주 의식적인 정치 행위다. 온건파 휘그당원들은 대체로 이 글에 담긴 정서에는 동의했지만 온건파 내부의 추한 모습, 특히 버크와 폭스 사이에 점점 높아지는 적개심이 만천하에 공개되는 데 강한 반감을 보였다. 이런 점에서 그들은 그때 이후로 등장한 온갖 종류의 정당들과 조금도 다르지 않았다. 정당은 충성을 바탕으로 한 연합체로서, 정당의 효율성은 집단행동을 할 역량을 유지하는 데 달렸다. 따라서 내부적인 규율이 매우 중요하다.

그러나 여기서 버크는 단순히 자신의 이견을 널리 알리는 데 그치지 않고 의도적으로 휘그당 내분을 조장하고 있다. 따라서 피츠윌리엄 백작은 말을 아끼는 반면 포틀랜드 공작은 공정하게 거리를 유지하지 않고 염려하면서도 폭스를 지지하는 입장을 견지한다. 폭스를 따르는 소장파 의원들은 버크가 변절했다고 계속 비난했고, 왕이 「소장 휘그당원들이 노장 휘그당원들에게 드리는 호소문」을 극찬했다는 사실과 버크가 자신이 『오늘날의 불만의 원인에 관한 사유』에서 비판했던 왕의 측근들과 어울렸다는 소문들 때문에 버크가 변절했다는 주장에 힘이 실렸다.

그렇다면 폭스 본인은 어땠을까? 그는 버크와의 우정이 깨졌다고 생각한 게 틀림없다. 그러나 그가 1791년 5월에는 『프랑스혁명에 관한 고찰』을 읽지도 않았다고 고백하면서 읽지도 않은 책을 너무 무책임하게 일축했다는 사실이 드러났다. 지적으로 폭스는 1780년대의 논쟁에 갇혀 있었다. 그는 프랑스혁명을 1688년의 재현으로 봐야 한다고 고집했다. 루이 16세를 제임스 2세로 간주해야 한다는 뜻이었다. 영국의 조지 3세의 경우와 마찬가지로 프랑스에서도 쟁점은 군주의 권력 남용이었다. 휘그당원들은 새롭고 안정적인 헌정 질서로의 전환을 지지할 의무가 있다고 주장했다.

실제로 폭스가 여전히 휘그당원들의 지도자라는 데는 논쟁의 여지가 없었고, 그는 버크와 급진주의자들 사이에서 정치적으로 중립적인 입장을 표명했다. 그러나 그가 실제로 어느 쪽에 공감하는지는 의심할 여지도 없었다. 현재에 천착해 살아온 인간의 진심은 자기 터전과 카드놀이 하는 테이블과 침실 바깥에 있다고 할 수 있다. 으레 그러하듯이 정치적 압력과 여론은 원심력 효과가 있어서 사람을 급진주의로 밀어낸다.

그리고 당 구성원들은 「소장 휘그당원들이 노장 휘그당원들에게 드리는 호소문」에서 제기된 다음과 같은 의문들을 곰곰이 생각하면서 그가 속한 당은 내부적으로 점점 혼란에 빠져들게 된다. 폭스가 프랑스혁명의 원칙에 동의한 게 바람직한 정치였을까? 현명했을까? 휘그의 원칙들에 부합하기는 했을까? 이러한 의문들은 특히 휘그 소속 귀족들에게 울림이 컸다. 폭스가 정치 자금을 확보하고 정치적 영향력을 행사하기 위해 의존하고 있던 이들 말이다.

폭스의 입장은 1790~1792년에 외부에서 일어난 사건들 때문에 더욱 어정쩡해졌다. 팸플릿 전쟁에 힘입어 급진적인 동호회들이 전국적으로 우후죽순 생겨나 『인간의 권리』에서 페인이 제시한 원칙들을 내세우고 확산시켰다. 대부분 새로 생긴 동호회였다. '헌법 정보 협회(Society for Constitutional Information)'처럼 생긴 지

10년이 넘는 동호회도 있었다. 폭스 계파는 대항 세력으로서, 그리고 버크에 맞서 당을 결속시키기 위해서 비교적 온건한 성향의 '국민의 친구 협회(Association of the Friends of the People)'를 결성했다. 그러나 이조차도 폭스는 아주 조심해서 다루어야 했다. 설상가상으로 왕이 점점 피트에게 환멸을 느끼고 있다는 소문이 퍼지기 시작했다. 폭스는 그렇다면 본인이 행정부를 구성해달라는 요청을 받게 될지도 모른다는 착각을 했다. 적어도 폭스는 그렇게 되기를 간절히 바라고 있었다.

혁명의 참혹한 결과

이 문제의 향방은 프랑스에서 벌어진 사건들이 결정지었다. 1791년 6월 21일 밤, 루이 16세, 마리 앙투아네트, 그리고 그 가족은 변장을 하고 파리를 빠져나가 프랑스 북동부 지역에 있는 부르봉(Bourbon) 왕가를 옹호하는 왕당파(royalist)의 거점 몽메디(Montmédy)로 피신하려고 했다. 왕은 집사로 변장했지만 발각되었고 왕가는 바렌(Varennes)에서 체포되었다. 왕의 일가는 변장을 한 채로 감시를 받으며 파리로 돌아갔고, 폭도들이 분노를 억누르고 침묵 속에서 이들을 맞이한 가운데 튀일리(Tuileries) 궁전에 가택 연금되었다.

왕가의 도피는 프랑스에서 공화주의의 불길을 더욱 거세게 타오르게 했고, 프랑스 국경에서 왕에게 충성하는 수천 명의 군인들을 망명한 왕당파의 손아귀에 밀어 넣었다. 좀 더 폭넓은 세계적인 위기도 야기했다. 한때 막강했던 부르봉 왕가의 처지를 보면서 유럽의 왕가들은 경악했고 신성로마제국 황제와 프로이센 왕은 드레스덴 근처에 있는 필니츠 성(Pillnitz Castle)에서 선언문을 발표했다. 선언문에서 그들은 프랑스혁명에 반대한다며 루이 16세가 위협을 받을 경우 유럽 국가들이 개입해야 한다고 촉구했다.

1792년 4월 프랑스는 오스트리아에 전쟁을 선포했고 오스트리아의 네덜란드(대략 오늘날 벨기에와 룩셈부르크에 해당)를 침공하려 했다. 프로이센은 프랑스에 전쟁을 선포했고 브라운슈바이크(Braunschweig) 공작은 침략을 감행할 대규모 군을 소집해 8월에 국경을 넘었다. 프로이센군은 초기에 베르됭(Verdun)을 점령하는 등 어느 정도 성과를 냈지만 9월 20일 발미(Valmy)에서 프랑스군의 포격에 참패했다. 유럽 전역에서 군주제를 옹호하는 이들과 혁명에 반대하는 이들에게는 실망스럽게도, 브라운슈바이크 공작이 프랑스 장군 뒤무리에(Dumouriez)와 휴전 협상을 했고 전쟁이 끝나기도 전에 질서정연하게 퇴각하기 시작했다. 그러나 뒤무리에는 주저하지 않고 협정을 깼다. 고도로 효율적인 병기로 무장한 대규모 군대를 이끌고 있던 그는 즉시 오스트리아의 네덜란드를 다시 침공했고, 11월 14일 브뤼셀을 점령한 후 영국의 중요한 동맹인 네덜란드공화국을 위협했다. 또 다른 프랑스 군대는 사보이(Savoy)를 합병했다.

파리는 여름 내내 전쟁의 열기에 휩싸여 있었고 새 헌법은 혁명적인 급진주의의 물결에 쓸려 내려갔다. 가용 군인들은 모조리 전선에 배치되었고 무장한 도심 시위자들이나 상퀼로트(sans-culottes)—귀족들이 입는 '퀼로트'라고 불리는 치마바지를 입지 않는다는 뜻에서 붙은 명칭으로 급진주의자나 급진적 혁명가들을 말한다—로 구성된 폭도들이 장악했다. 8월 새로 결성된 파리 코뮌(Paris Commune)의 상퀼로트들이 튀일리궁을 습격해 이를 방어하는 스위스 근위대 800명을 물리치고 왕을 구금했으며, 군주제를 중단하고 공화주의적 헌법을 만들 회의를 소집했다.

베르됭이 함락되었다는 소식이 9월 초 파리에 도달했다. 프로이센군이 수도로 진입하는 길이 확보되었다는 낌새가 보이자 폭도들은 경계심을 높였고 공포에 빠졌다. 닷새 동안 무차별적인 폭력 사태가 벌어졌다. 캥거루 법정(자의적으로 판결을 내리는 엉터리 법정을 이르는 말)이 설치되고 교도소에 수감된 사람의 절반에 해당하는 1,400명의 죄수들이 처형되었다. 여기에는 평범한 범죄자, 그리고 새 헌법에 대한 서약을 거부한 왕당파와 사제들이 포함되었다. 새로 설치된 기요틴(guillotine)의 칼날은 참상을 연출하느라 바쁘게 오르내렸다.

1792년 2월 예산과 관련한 연설에서 피트는 "이 나라의 역사상, 그리고 유럽의 상황에 비추어볼 때, 지금 이 순간만큼 평화가 15년 동안 지속되리라고 기대했던 적이 결코 없다는 데는 의문의 여지가 없다". 그러나 당시 일어나던 사건들을 보면 피트는 철저하게 정치적인 오판을 내렸음을 증명해준다. 그러나 프랑스에서 상황이 악화되면서 영국 정부는 수수방관하지 않았다. 영국 정부는 왕당파 조직들을 결성해 급진주의자들에게 맞서라고 권장했고, 민병대를 비판했으며, '외국인 법안(Aliens Bill)'을 발표해 외국인들의 이동을 통제했다. 프랑스로 도피한 페인(Paine)은 결석재판에서 선동적인 비방으로 유죄 선고를 받았다.

그러나 폭스는 여전히 자신만만했고 1792년 내내 사석에서 프랑스는 전혀 위협이 되지 않는다고 장담했다. 프랑스의 주요 인사들, 특히 혁명을 이끌던 라파예트(Lafayette)와 친밀한 관계를 유지하고 있었던 폭스는 전쟁이 임박했다는 사실을 납득할 수 없었다. 그러나 아무리 그가 부인해도 사실은 반론의 여지가 없었다.

12월에 마침내 문제가 불거졌다. 12월 4일 폭스는 신설된 '휘그 클럽(Whig Club)' 첫 모임에서 급진적인 신념을 내비치고 혁명 세력들을 옹호하는 듯한 발언을 담은 선동적인 연설을 함으로써 피츠윌리엄과 포틀랜드가 그나마 폭스에 대해 지니고 있던 마지막 믿음을 깨버렸다. 13일 폭스는 하원에서 피트와 왕을 비난해 온건한 휘그 당원들을 분노케 했다. 폭스는 프랑스에서 일어나던 사태들로 인해 '애국자 왕(Patriot King)'이라는 새로운 평판을 얻게 된 영국 왕이 혁명에 대한 대중의 공포를 이용해 민주적인 자유를 억압하고 행정부를 장악하려 한다고 비난했다. 폭스가 제시한 예산 수정안은 290 대 50으로 부결되었다. 압도적 다수가 반대한 셈이다.

12월 15일 폭스는 하원에서 전쟁을 피하기 위해 프랑스와 협상하자는 안을 제출했다. 이 법안은 즉시 적과 타협한다는 비난을 받았고 표결에 부쳐지지도 않고 기각되었다. 폭스는 자신이 그리하면 당연히 자신의 추종자들이 자기를 따라 의무를 다하고 그들이 피트로부터 떨어질 것이라 생각했을지도 모른다. 그런데 실제로 폭스는 이러한 행동 때문에 정치적·지적 권위, 지도자로서의 역량, 그가 소속한 당을 모조리 파괴했다. 휘그당이 공식적으로 쪼개지는 건 시간문제였다. 18개월 후 포틀랜드는 하원에서 상당수의 휘그당원들을 이끌고 피트 쪽에 합류했다.

같은 날인 1792년 12월 15일, 프랑스는 포고령을 내렸다. 프랑스의 모든 점령지에서 혁명을 실시한다는 내용이었다. 1793년 1월 21일 루이 16세는 지금의 콩코르드 광장(Place de la Concorde)에서 공개적으로 기요틴에 목이 잘렸다. 이 광경을 지켜보기 위해 모여든 군중은 "조국이여 영원하라(Vive la Nation)! 공화국이여 영원하라(Vive la République)!"라고 함성을 질렀다. 2월 1일 대표자회의의 만장일치로 프랑스는 영국을 상대로 전쟁을 선포했고, 12일 영국 왕과 하원은 이 사태를 인지했다.

징집, 교회에 대한 충성, 그리고 경제적 위기 때문에 촉발된 혁명 당국에 대한 반항이 서부의 방데(Vendée), 리옹(Lyons), 마르세유(Marseilles), 그리고 여러 지방 도시에서 터졌다. 9월 5일 혁명 당국이 신설한 공안위원회는 공식적으로 공포라는 수단을 채택하면서 다음과 같이 말했다. "평등이 그 큰 낫을 모든 이의 머리 위에 드리울 때다. 음모를 꾸미는 자들은 모조리 공포에 몰아넣을 때다. 그러니 의회 의원들이여, 공포를 논의 대상에 올려라! 혁명 상태를 유지하자. 사방 곳곳에서 우리의 적이 혁명에 맞서는 세력을 규합하고 있다. 법의 칼날은 죄가 있는 모든 이들의 머리를 베어야 한다." 버크가 예언했던 끔찍한 일들이 하나씩 실현되고 있었다.

그러나 버크의 가장 중요한 예언은 아직 실현되지 않았다. 『프랑스혁명에 관한 고찰』에서 그는 다음과 같이 기록했다.

> 한 종류의 권위가 약해지고 모든 권위가 유동적일 때, 군 장교들은 한동안 하극상과 내분에 휩싸인다. 이때 군과 타협하는 기법을 통달하고 진정한 지휘관 자질을 갖춰 다수가 추앙하는 장군이 나타나 모든 이들의 시선을 집중시킨다. 군은 그의 성품을 믿고 그에게 복종한다. 이런 상황에서 군의 복종을 확보할 방법은 이런 방법 말고는 없다. 그러나 그런 사태가 벌어지는 순간 실제로 군을 지휘하는 사람이 당신의 주인이다. 당신이 섬기는 왕의 주인이요, 당신을 대표하는 의회의 주인이요, 당신이 속한 공화국 전체의 주인이다.

왕은 이미 죽었지만, 그 점을 제외하면 나폴레옹 보나파르트(Napoleon Bonaparte)의 등장을 섬뜩할 정도로 정확히 묘사한 글이다. 1793년 이 젊은 장군은 이미 툴롱(Toulon)을 함락시키고 점령해 명성을 얻고 있었다. 1799년 그는 군사정변을 일으키고 자신을 제1통령(Le Premier Consulat)이라 칭한 뒤 튀일리궁에 입성했다. 1804년 무렵 그는 프랑스 황제가 된다. 그리고 1년 뒤에는 유럽대륙의 주인이 된다.

정계에서 은퇴하다

에드먼드 버크는 이제 오랜 정치인 생활을 접고 은퇴할 시기에 접어들고 있었다. 유럽의 상황이 악화되면서 그는 피트에게 프랑스를 상대로 반혁명 전쟁을 이끌어, 혁명이 다른 유럽 국가들로 확산되기 전에 선동적인 암세포를 원천적으로 제거하고, 군주제와 혁명 이전의 상태(status quo ante)를 회복해야 한다고 강력하게 주장했다.

그러나 버크의 호소에 아무도 귀 기울이지 않았다. 피트는 공격을 주도해야겠다고 생각할 만큼 우려하지 않았고 부르봉 왕정을 복구하는 데 큰 관심이 없었다. 이러한 피트의 시각은 1795년 프랑스혁명 내각인 집정부(執政府, Directoire)가 설치되고 비교적 평온한 시기가 찾아오면서 더욱 강화되었다.

1790년대 내내 버크는 워런 헤이스팅스 탄핵 업무에 집중했다. 길고 힘든 과정이었다. 1784년 총선과는 달리 1790년 총선은 전국적인 단일 승부라기보다 여러 지역에서 승부를 겨루는 선거였다. 그리고 선거 결과는 피트의 입지를 약간 강화하는 쪽으로 결론이 났다. 늘 그렇듯이 의회가 해산되면서 웨스트민스터 홀에서 열리는 재판을 비롯해 모든 의회 업무가 종결되었다.

그래서 버크는 폭스를 설득해 이 투쟁을 재개하느라 애를 먹었다. 탄핵에 대한 대중의 관심은 증발했고 회의가 소집되어도 소수 귀족 의원들만 참석했다. 1794년 6월, 6년 만에, 버크가 연설한 시간이 모두 27시간을 약간 밑도는, 9일 동안의 마라톤 회기 끝에 마침내 소추 의견 발표가 마무리되었다. 그리고 그로부터 1년이 지나서야 판결이 내려졌다. 버크가 예상했던 대로 헤이스팅스는 모든 혐의에서 무죄 선고를 받았다.

그 유명한 「답변 연설(Speech in Reply)」은 버크의 의정 활동을 마무리하는 마지막 연설이 되었다. 그때와 마찬가지로 지금도 하원 의원이 공식적으로 자기 의석을 내놓고 자발적으로 의회에서 물러나기는 불가능하다. 그러나 1624년 결의안에 따라 간접적으로 그렇게 할 수 있는 방법은 있다. 왕 휘하에서 '봉급을 받는 직책(office of profit)'[d]에 응모하면 된다. 헤이스팅스 기소 건이 마무리된 후 버크는 즉시 영국 왕에게 직속된 지역인 칠턴 헌드레즈(Chiltern Hundreds)에 있는 직책에 응모했다.

거의 29년을 하원에서 보내면서 유럽에서 가장 유명한 정치인으로 손꼽히게 된 버크는 이제 예순네 살의 자유인이 되었다. 버크에 대한 예우로, 또 의원직 상속 원칙에 대한 자신의 신념에 따라 피츠윌리엄은 몰튼 지역구 의석을 버크의 아들 리처드에게 제안하는 아량을 베풀어 버크를 기쁘게 했다. 리처드는 7월 18일 어렵지 않게 선출되었고 버크는 그날이 자신의 평생 가장 기쁜 날이라고 했다.

같은 달 포틀랜드 계파 휘그당원들은 피트의 내각에 합류했고, 포틀랜드 공작은 내무부를 맡고 피츠윌리엄은 추밀원 의장(Lord President of the Council)이 되었다. 뒤이은 2월 피츠윌리엄은 아일랜드 총독(Lord Lieutenant)으로 파견되었다. 당시에 아일랜드는 혼란스러웠다. 헨리 그라탄(Henry Grattan) — 영향력 있는 아일랜드 하원 의원으로 1793년 가톨릭 구제령을 입안한 인물이자 버크의 절친한 친구 — 은 추가로 양보를 받아내려고 런던을 압박하고 있었다. 특히 그는 가톨릭교도인 재산가들이 아일랜드 의회에 진출할 권리를 밀어붙이고 있었다. 그라탄은 사실 의도적으로 상당히 온건한 조치를 제안하고 있었다.

그러나 웨스트민스터의 대부분 의원들은 아일랜드가 자코뱅주의를 침투시키는 뒷문 역할을 할 가능성이 있다고 보았고, 개신교의 정치적 위계질서가 그들 나름의 부패와 도발적인 행동으로 공화주의 정서를 자극한다고 생각한 이들도 있었다. 피트는 아일랜드 총독에 부임한 피츠윌리엄이 이러한 정서를 다독이고 진정시키기를 바랐다.

그러나 이상주의적이고 정치적 경륜이 일천한 피츠윌리엄은 정반대 조치를 취했다. 그는 부임하자마자 그라탄의 주장에 강력히 공감하는 아일랜드 정부 핵심 인물들을 해임했다. 런던에서 즉시 반발이 일었고 피츠윌리엄은 아일랜드 총독에 부임한 지 석 달 만에 소환되었다. 피츠윌리엄에게는 모욕이었고, 버크에게는 큰 슬픔을 안겨주었으며, 아일랜드의 입지는 심각하게 후퇴했다. 이러한 상황이 지속되다가 1798년 폭력이 난무하는 혼돈의 시기로 빠져들게 된다.

버크는 아들 리처드의 당선 말고는, 연속해서 정치적으로 참담한 고배를 들이켰다. 여기에 개인적인 고난도 더해졌다. 1792년 그의 절친한 친구인 레이놀즈와 섀클턴이 세상을 떠났고, 1794년 2월 그의 동생 리처드 버크 시니어가 그들의 뒤를 따랐다. 리처드는 처음에는 사업에 손을 댔고 나중에 인도에서 일확천금을 꿈꾸었지만 실패했다. 그가 맡은 공직들—두 차례 재무부 공동장관, 브리스틀 지방법원 판사—은 에드먼드를 통해 얻었다. 하지만 버크는 동생을 아끼고 존경했으며 따라서 그의 죽음에 망연자실했다.

게다가 이 무렵 윌 버크—인도에서 리처드의 동업자이자 에드먼드의 거의 40년 지기 절친한 친구—가 건강이 엉망이 된 채로 인도에서 돌아오면서 과거에 버크가 시녔넌 금전적인 걱정거리를 모두 가져왔다. 그는 다시 그레고리즈에 거처를 마련했는데, 거기서 여러 번 심장 발작을 일으키고 빚을 갚지 못해 두 차례 체포되었다. 버크 본인도 빚의 늪에 깊이 빠져 있었지만 그럼에도 불구하고 윌의 재정적 문제에 대한 책임을 떠맡았다.

그러나 무엇보다도 처절한 타격은 아직 찾아오지 않았다. 7월 28일 총선에서 당선된 지 열흘 만에 에드먼드의 아들 리처드가 중병이 들었다. 리처드는 런던을 떠나 당시에는 교외 지역으로 공기가 맑았던 켄싱턴으로 옮겼다. 그리고 나흘 후 그는 세상을 떠났다. 결핵이 분명했다. 리처드는 어렸을 때부터 그리 튼튼하지는 않았는데, 그의 갑작스러운 죽음으로 에드먼드와 제인은 충격에 빠졌다. 세상을 떠나기 전 마지막 순간에 리처드는 아버지의 침묵에 고통스러워했다. 그는 아버지에게 종교든 도덕이든 아무 얘기라도 해달라고 했다. 그러나 버크는 아무 말도 할 수 없었다. 당대 최고의 웅변가는 슬픔을 이기지 못하고 할 말을 잃었다.

리처드는 그다지 삶이 평탄하지 않았다. 모두의 기대를 한 몸에 받았다. 그는 야심만만하고 달변이었지만 자신감에 쉽게 상처를 받았기 때문에, 자신의 탁월함을 잘 알아보지 못하는 주변 사람들을 멀어지게 했다. 그러나 그는 살갑고 효심이 지극한 아들이기도 했고, 아버지 말을 거역하는 법이 없었다. 호메로스에 따르면 부모에게는 자신이 먼저 죽는 경우만큼 고통스러운 일이 없

◆ 리처드 버크의 초상화(조슈아 레이놀즈, 1782)

다. 그리고 버크가 느낀 고통은 리처드의 당선에 뒤이은 죽음으로 배가되었을 게 틀림없다. 마침내 아들이 아버지의 그늘에서 벗어나 각광을 받게 될 기회였는데 말이다.

버크는 망연자실했다. 아들을 여윈 데다 손자도 없었으므로 대가 끊긴 셈이다. 버크는 어린 아들에게 지나치게 의지했다며 너무나도 자책한 나머지 자살을 생각했던 듯하다.

리처드는 여러 가지 역할을 했는데 그레고리즈에 있는 자택과 아버지인 버크의 재정적 상태를 관리하는 데도 깊이 관여했다. 버크의 재정 상태는 이제 매우 위태로운 지경에 이르렀다. 특히 의원직을 내려놓은 후 의원으로서 특권을 누리지 못하게 되었기 때문에 채권자들의 법적 소송에 노출되었다. 그럼에도 미래를 낙관할 여지는 있었다.

특히 버크는 아일랜드를 떠나 정착하게 된 조국에서 오랜 세월 공직을 수행한 공로를 인정받아 연금을 받게 될지도 모른다는 기대를 품어왔다. 왕은 버크에 대한 적대감을 누그러뜨렸다. 버크의 친구들, 윌리엄 윈덤(William Windham)과 워커 킹(Walker King)은 버크의 연금 수령을 적극 밀어붙였다. 피트도 버크를 지원해주었는데, 휘그당을 더욱 분열시키고 폭스의 입지를 불안정하게 만드는 정치적 이득이 있다는 계산을 했기 때문이다. 실제로 피트는 버크에게 작위를 주자고 주장하기도 했지만 일부 반대에 부딪혔다. 리처드가 세상을 떠난 후 작위 문제는 거론되지 않았다. 귀족 가문이 될 가능성은 사라졌다.

버크의 연금 문제는 지체되다가 1795년 7월 마침내 해결되었다. 버크는 사실상 자신이 내세운 원칙들에 희생된 셈이었다. 당대 대부분의 정치인들과는 달리 버크는 공직을 이용해 부를 축적하지 않았다. 대신 자신의 야망과 이상을 조화시키기 위해 끊임없이 고군분투했다. 사회적 지위를 얻고 공적으로 인정받고 싶은 욕망과 개인의 책임을 강조하고 독자적으로 생각하고 행동해야 한다는 신념을 일치시키느라 갈등을 겪었다.

따라서 버크는 거의 30년 동안 정치인의 삶을 살면서 늘 근근이 생계를 꾸려왔고, 늘 빚을 지고 하사금이나 이따금 생기는 수고비에 의존했으며, 빚을 탕감받고 유증을 받았다. 1795년 6월까지도 채권자들이 중요한 담보를 차압하겠다고 협박하자 버크는 이들로부터 벗어나기 위해 아메리카나 포르투갈로 도피할 생각을 했다. 그로부터 한 달 후 마침내 버크는 두 다리 뻗고 잘 수 있게 되었다.

말년의 활동

하지만 당연히 버크는 편히 쉬지 않았다. 그는 편히 쉬는 데 재주가 없었다. 생의 마지막 2년 동안 버크는 조금도 지치지 않고 지적으로 왕성한 활동을 했다. 거의 마지막 순간까지. 그는 평생 화산이 용암을 분출하듯이 새로운 생각과 주장을 쏟아냈다. 1796년 이제 기력이 쇠했음에도 불구하고 버크는 마지막으로 엄청난 에너지를 뿜어냈다.

그 에너지는 실용적이기도 하고 지적이기도 했다. 버크는 프랑스 난민들, 특히 왕당파의 자녀들이 겪는 고난에 사로잡혔고 결국 비컨스필드(Beaconsfield) 근처 펜(Penn)에 소년 60명이 다닐 수 있는 학교를 설립했다. 사관학교 성격도 있는 이 학교는 수학과 영어를 특히 강조했다. 버크는 그답지 않게 실무적인 세부 사항에 몰두했다. 자금을 조성했는데, 대부분 정부 기금에서 나왔다. 프랑스에서 이주한 사제의 그릇된 생각으로부터 신설 학교를 방어했다. 그리고 교복에서부터 학비 청구서, 문구 용품에 이르기까지 사소한 문제들을 일일이 챙겼다. 손님이 끊이지 않고 드나들었던 그레고리즈 자택은 이제 왕래하는 발길이 더 잦아졌다. 이 학교는 버크가 사망하고 한참 뒤인 1820년까지 운영되었다.

버크는 이 학교를 신설하면서 프랑스혁명에 맞서 프랑스 귀족의 기사도 가치관과 문화를 보존하려는 생각도 있었다. 그리고 피트는 버크가 새로 일을 벌이지 않고 학교 일에 몰두하도록 만들기 위해서 학교에 재정적으로 지원하기로 합의했을지도 모른다. 영국이 프랑스 집정부와 평화협정을 체결할 가능성이 그의 뇌리를 떠나지 않았기 때문이다. 1795~1796년 겨우내 버크는 팸플릿을 작성했고, 이 팸플릿은 우여곡절 끝에 이듬해 10월에 『국왕 시해 후 평화의 전망에 관한 두 통의 서신(*Two Letters on the Prospect of a Regicide Peace*)』이라는 제목으로 출간되었다.

여기서 버크는 프랑스와의 평화협정은 아무런 원칙적인 근거도 없다고 주장했다. 혁명적 가치들을 인정하고 수용한다는 뜻이기 때문이었다. "현 사안은… 정부 내에서 일어난 혁명이 아니다. 하나의 당이 다른 당을 물리치고 이룬 승리도 아니다. 사회 전체의 파괴이자 해체다. …이 허울뿐인 공화국은 범죄의 토대 위에

세워졌고, 부당하게 권력을 강탈한 이들이 꾸려가고 있다. …강도와 평화협정을 맺는다면 공범자가 된다."

버크는 국왕을 시해한 프랑스는 결코 진정한 의미에서 국가가 아니라면서 다음과 같이 주장했다.

> 우리는 아주 특이한 속성을 지닌 전쟁을 치르고 있다. 평범한 공동체와의 전쟁이 아니다. 충동적으로 전쟁을 일으키고 피로가 누적되면 포기하는 국가와의 전쟁도 아니다. 우리는 체제와 전쟁 중이다. 본질적으로 다른 모든 정부들을 적대시하는 체제, 다른 정부를 전복하는 데 최대한 기여하는지에 따라 평화협정을 맺기도 하고 전쟁을 일으키기도 하는 체제와의 전쟁이다. 우리가 전쟁을 하는 상대는 무장한 교리다. 이 교리는 본질적으로 어느 나라에든 존재하는 파벌로서 견해와 관심사와 열정을 공유한다. 우리에게 이것은 우리 해협에 걸터앉아 있는 거인이다. 한 발은 외국의 해안에 걸치고 다른 한 발은 영국 영토에 걸치고 있다.

국가는 단순히 지리적 특징들의 집합체가 아니라 도덕적인 본질이었다.

영국은 이 선동적인 교리의 침략을 피할 수 없었고 피해서도 안 되었다. 좋든 싫든 영국의 역사는 유럽의 역사와 긴밀하게 얽히고설켜 있기 때문이었다. 그리고 영국과 유럽은 더 넓은 그리스도교 진영의 일부였다. 버크는 다음과 같이 주장했다.

유럽의 근원은 영국에 있다. 나머지 세계로부터 멀찌감치 떨어져서 해상력이나 과시하면서 소일하는 그런 영국이 아니라… 자국을 유럽과 한 몸으로 간주하는 영국, 인류가 지닌 적대감이나 행복에 공감하는 영국, 인간사에서 그 어느 것도 이질적이라고 여기지 않는 영국 말이다.

비크는 결의인을 통과시키고 행동하자고 호소했다. 그러나 버크는 하원에서 예전 동료 의원들 일부가 보인 천박함과 경솔함, 근시안적인 시각을 잊지 못할 명문으로 다음과 같이 질타했다. "사실 천박한 정치인들로 구성된 족속은 인간이라는 종 가운데 가장 저급하다. 그들 손에 들어간 정부만큼 사악하고 기계적인 직업은 없다. 미덕은 그들의 습성이 아니다. 국익에 대한 포괄적이고 자유롭고 미래지향적인 관점은 그들에게는 공상에 불과하다. 그리고 그러한 관점을 뒷받침하는 원칙들은 불순한 상상이 만들어낸 일탈일 뿐이다."

도덕적으로 가장 진지해야 할 시기에 그들은 악영향을 미치는 세력들에 포위되어 있었다. "정치적 계산에 몰두하다가 상식은 누락된다. 광대와 익살꾼의 놀림을 받으면 원대하고 고결한 것은 모조리 씻겨나간다. 목적과 수단에서 보잘것없는 것들만 건전하고 정상적으로 비쳐진다. 그들은 오로지 자신이 감당할 수 있는 대상, 60센티미터 길이 자로 잴 수 있는 대상, 열 손가락으로 셀 수 있는 대상 말고는 아무것도 추구할 가치가 없다고 생각한다. 하원이 오늘 이 말을 명심했고 그 이후로도 늘 이 말을 가슴에 새졌다고 기록하게 된다면 얼마나 좋을까."

피트가 우려한 대로 그가 이끄는 정부도 버크가 조목조목 따지고 비판하는 대상에서 벗어나지 못했다. 서인도제도에서 무모한 모험을 그만두고—프랑스 식민지를 공격하기 위해 파견된 대규모 원정대는 병사들이 질병에 걸리고 전투에서 패배하면서 소기의 목적 달성에 실패하고 있었다—프랑스와 장기전을 준비해야 한다며 버크는 다음과 같이 주장했다. "프랑스에서 권력을 찬탈하고 들어선 새 체제는 어느 모로 보나 안전할 수가 없다. 이 체제는 파괴되어야 한다. 그렇지 않으면 이 체제가 유럽 전체를 파괴하게 된다." 여기서도 버크의 발언은 미래를 예언했다.

그러나 『국왕 시해 후 평화의 전망에 관한 두 통의 서신』에 담긴 격정 때문에 그 내용이 의심을 샀다. 제임스 세이어즈(James Sayers)가 그린 풍자화 「국왕 시해 후 평화에 관한 고찰(Thoughts on a Regicide Peace)」(다음 쪽 그림 참조)은 평온하게 잠든 버크가 꾸는 혼란스러운 악몽을 말풍선에 담아내고 있다. 셰익스피어의 희극 〈리처드 2세(King Richard II)〉에 나오는 유명한 구절 "왕이 지배하는 이 섬(this Sceptred isle)"이라고 쓰인 문구 아래 영국 사자가 접근하지 못하고 있고 루이 16세의 머리를 꽂은 창자루를 손에 쥔 프랑스혁명가가 영국과 아일랜드에 양다리를 걸치고 서서 무릎 꿇린 네덜란드공화국을 통치하는 광경이다. 많은 이들이 두려워한 사태다. 그러나 이러한 두려움을 바탕으로 정책을 만들 수는 없었다.

버크가 인생 말년에 출간한 가장 탁월한 문장은 1796년 2월에

◆ 국왕 시해 후 평화에 관한 고찰(제임스 세이어즈, 1796)

탄생했다. 그의 다른 수많은 글과 마찬가지로 「어느 귀족 상원 의원에게 보내는 편지(A Letter to a Noble Lord)」는 고귀한 원칙과 분노, 자기 정당화가 골고루 섞여 있는 명문이다. 오래전부터 급진주의자들과 폭스 계파는 버크가 정치적 후원을 받기 위해 피트 쪽으로 기울고 있다는 의심을 해왔다. 그들은 버크가 왕을 접견했다는 사실을 예의주시했고 토머스 페인은 『인간의 권리』에서 버크를 "그에게서 그 자신을 빼앗아간 귀족의 손에 입맞춤하는 데 이골이 난 인물"이라고 매도했다. 버크의 말과 행동 사이의 모순이 점점 커지는 듯이 보였다. 버크는 평생 왕의 공직 임명권 확대에 반대한 것으로, 그리고 1780~1782년에 포괄적인 경제개혁안을 제시한 것으로 정평이 나 있지 않은가.

이러한 맥락에서 볼 때 버크에게 연금을 지급하면 논쟁은 가열될 게 뻔했고 1795년 11월 연금도 연금 수령자도 상원에서 조롱거리이자 경멸의 대상이 되었다. 특히 폭스 계파의 젊은 귀족 두 명, 베드퍼드 공작과 로더데일 백작이 거세게 공격했다. 귀족 혈통의 젊은이들의 공격은 사실과 다른 주장—버크는 훌륭하게 공직을 수행한 이들에 대한 연금 지급을 반대한 적이 없었다—을 적절한 시기에 내세움으로써 그 효과가 가중되었다. 당시에 버크의 사기는 땅에 떨어져 있었다. 헤이스팅스 탄핵은 실패했고, 헤이스팅스는 훗날 동인도회사로부터 거액의 합의금을 받았다. 버크 본인은 하원에서 물러난 후였다. 프랑스와의 굴욕적인 평화협정이 눈앞에 다가왔다. 버크의 건강은 악화되고 있었다. 그의 형제, 절친한 친구들, 아들이 모두 세상을 떠나고 없었다.

이 상황에서 나온 결과물은 서머싯 몸(Somerset Maugham)의 말마따나 "영어로 쓰인 최고의 독설"이었다. 버크는 말문을 열자마자 건방진 귀족들을 질책해 제 주제를 파악하게 만들었다.

> 존경하는 의원님, 개회하자마자 베드퍼드 공작과 로더데일 백작에게 진 빚을 갚게 되리라고는 꿈에도 생각지 못했습니다. 철학과 정치에서 신흥 계파의 열렬한 추종자들이 어떤 언어로든 제 험담을 해도 불쾌하거나 놀랍지 않습니다. …저는 그분들에게 감사합니다. 프리스틀리와 페인 부류들이 탕감해주지 않아 남아 있는 빚을 한 푼도 남김없이 탕감해주셨으니 말입니다.

버크는 뒤이어 1780년 이후로 '노부스 호모'로서 조국에 봉사해온 자신의 자랑스러운 이력을 간략하게 소개하고 방어했다. "저는 평생 다른 이들에게 뭐든지 기꺼이 베풀었습니다. 그리고 제 자신을 위해 아무것도 아껴두지 않았습니다. 제가 이 나라를 구했다는 뜻이 아닙니다. 그러나 내 조국에 중요한 기여를 했다고 자신합니다. 당시에 인정받지 못한 일은 거의 없습니다. 이 나라에서 예우를 해야 할 사람이 있다면 저는 그 누구보다도 예우를 받을 자격이 있는 사람입니다."

그리고 자신을 다음과 같이 젊은 공작과 극명하게 대조시켰다.

> 저는 베드퍼드 공작처럼 금수저를 물고 태어나 애지중지 길러진 덕에 의회에 입성한 사람이 아닙니다. …저는 남의 앞잡이나 도구가 될

사람이 아니었습니다. …일생 동안 한 단계씩 전진할 때마다 저는 제 자신을 끊임없이 입증해야 했습니다. 내가 받을 작위는 오로지 내 조국에 보탬이 되는 영광을 누렸다는 작위뿐임을 입증해야 했습니다. 내가 내 조국의 법과 나라 안팎에서 국익이 걸려 있는 전체적인 체제에 대해 그다지 생소하지는 않다는 점을 입증함으로써 말입니다.

그러고 나서 버크는 조롱하듯이 지적한다. 베드퍼드 공작의 집안인 러셀 가문(The Russell Family)의 어마어마한 재산은 본래 양도받은 게 아니라 헨리 8세 통치하에서 교회로부터 몰수한 재산이라는 점을.

베드퍼드 공작은 왕의 주변 피조물들 가운데 단연 거물입니다. 그는 주체하지 못할 정도의 거구를 끌고 다닙니다. 그는 왕의 하사금이라는 바다에서 노닙니다. 거대하기는 하나 그래도 피조물입니다. 그의 갈비뼈, 지느러미, 고래수염, 지방층, 그가 숨구멍을 통해 뿜어내는 소금물이 저를 흠뻑 적십니다. 공작 본인이 소유한 것과 그 주변의 것은 모조리 왕에게서 비롯되었습니다. 그런 인물이 왕실이 베푸는 특혜에 대해 어떻게 이의를 제기할 수 있겠습니까?

모순에 모순이 더해진다. 귀족인 공작이 찬양하는 혁명은 공작 본인을 처치하게 된다고 버크는 주장한다. 혁명을 주도한 설계자들은 이미 공작의 재산을 넘보고 있다면서.

기하학자들은 공작의 토지에 눈독을 들이고, 화학자들은 공작이 소유한 부동산이 마음에 듭니다. 그들은 베드퍼드 저택, 우번 애비, 코벤트 가든을 무너뜨리는 데 적정한 양의 폭발물이 어느 정도인지 계산했습니다. 용감한 상퀼로트는 베드퍼드 공작의 붕괴된 건물들 잔해를 무기 삼아 1년 만에 유럽의 귀족을 모조리 적으로 삼아 전쟁을 일으킬지 모릅니다.

그러나 심지어 이 대목에서도 철학자이자 정치가로서 버크의 진가가 발휘된다. 버크는 혁신은 개혁이 아니라고 주장한다(버크는 급진적이고 총체적인 변화를 혁신[innovation]이라고 일컬어 개혁[reform]과 구분했다). 프랑스혁명은 왕의 공직 임명권을 개혁하자는 자신의 주장보다 극단적인 형태가 아니라 그 속성이 완전히 딴판이라고 주장한다. 버크는 사회질서를 보장하는 가장 기본적인 요소가 재산이라는 깊은 신념도 포기하지 않는다. 언행이 어설픈 이 철없는 귀족 때문에 미덕을 갖춘 귀족을 변호하는 입장이 손상되지도 않는다. 공작 본인이 사회 제도를 유지해야 한다는 좋은 예시가 된다. "베드퍼드 공작은 규범적인 법이 지속되는 한 건재할 것입니다. 재산을 보호하는 법, 문명화된 모든 나라에 공통적으로 적용되는 이 법이 본연의 취지를 잃지 않고 안정적으로 유지되는 한, 그리고 대혁명이 탄생시킨 법·경구·원칙·전례와 조금도 뒤섞이지 않는 한…."

버크 본인도 귀족 계급에 합류하기를 바랐을지도 모르지만, 그 이유는 재산을 모으기 위해서가 아니라 덕망 있는 삶을 염원했기

◆ 프랑스혁명의 예견된 참상(제임스 길레이, 1796)

때문이다. 리처드로 화제를 돌리면서 버크의 어조는 통렬하고 구슬퍼진다.

> 신께서 제게 우리 집안을 이어갈 축복을 내려주셨다면 저는 우리 집안의 창시자가 되었어야 합니다. 저는 아들을 남겼어야 합니다. 과학, 학식, 천재성, 취향, 명예, 아량, 인간성, 자유주의적 감성, 모든 자유주의적인 업적 면에서 베드퍼드 공작보다도 열등하지 않은 아들을 남겼어야 합니다. 저는 순서가 뒤바뀐 삶을 살고 있습니다. 제 뒤를 이어야 할 이들이 저보다 먼저 저세상으로 떠났습니다. 제게 후손이 되었어야 할 이들이 제 조상의 자리에 있습니다.

버크가 느끼는 두려움은 공적인 논쟁에서 한 발 물러나 있어도 조금도 줄어들지 않는다. 그러한 두려움을 제임스 길레이가 완벽하게 포착했는데 그의 풍자화 「프랑스혁명의 예견된 참상(Promised Horrors of the French Revolution)」은 바로 이러한 두려움이 영국에 의미하는 바를 잘 보여주고 있다.

왕궁이 화염에 휩싸여 있고, 혁명가들이 세인트 제임스로 몰려들고 있으며, 거리는 학살이 자행되는 아비규환이고, 토리당원들은 화이츠 클럽(White's Club) 밖에서 교수형에 처해지는 한편, 휘그당원들은 브룩스 클럽(Brook's Club) 발코니에 나와서 기요틴을 작동하고 있다. 전면에는 베드퍼드셔 품종 수소가 버크를 뿔로 받고 있는데, 이 수소는 베드퍼드 공작을 상징한다. 오늘날 봐도 매우 섬뜩한 광경이다.

버크는 병치레 한두 차례를 빼면 65년 평생 매우 건강한 삶을 누려왔다. 그러나 몇 달에 걸쳐 버크는 위장 장애 진단을 받았고 이 때문에 쇠약해졌다. 아마도 위암이었는데 의사가 오진(誤診)을 한 듯싶다. 버크는 또 다른 의사의 소견을 구하기 위해 런던으로 갔다. 버크답게 서로 다른 네 명의 의사로부터 처방을 받았다. 그는 부인 제인과 함께 온천욕을 했다. 진통제로 아편을 섭취했지만 고통을 덜지 못했다. 그는 지인들과 폭넓게 서신을 주고받았는데, 주변의 세상이 온통 화염에 휩싸이는 모습을 보면서 세상을 떠날 때까지 분개하고 절망했다.

1797년 4월 포츠머스(Portsmouth) 근처 스핏헤드(Spithead)에 정박한 16척의 그레이트브리튼왕국[e] 해군 군함에서 심각한 반란이 일어났고, 이보다 규모는 작지만 템스강 지류에서의 반란으로 이어졌다. 종교적·정치적 불안에 휩싸인 아일랜드는 폭동이 일어날 위기에 처했다. 그리고 한 해 앞서 12월에는 아일랜드인 연합(United Irishmen) 지도자 울프 톤(Wolfe Tone)이 프랑스 군대를 진두지휘해 일으킨 침략을 가까스로 모면했다. 버크가 말년에 쓴 서신 하나를 보면 버크가 모국 아일랜드에 대해 얼마나 깊은 절망을 느끼는지 나타난다. "쇠약한 몸에 낙담한 심정으로" 버크는 다음과 같이 말한다.

> 권력자들이 다음과 같은 사항을 정책 목표로 삼는 한 아일랜드 국민들에게는 희망이 없다. …정부가 국민의 대다수를 불신하고, 잉글랜드가 아일랜드에서 추구하는 바는 오로지 극소수의 인사가 아일랜

드 왕국을 완전히 독점하는 체제를 유지하는 일이라면 말이다.

에드먼드 버크는 자신이 그토록 두려워했던 아일랜드 혁명을 직접 보지 못하고 눈을 감았다. 1797년 7월 9일 자정 직후 숨을 거두었다. 그는 자신의 시신을 자코뱅 세력이 발견하고 훼손할까 봐 죽기 전에 미리 자신을 자택에 묻고 무덤에 표식을 하지 말라는 유언을 남겼다. 그러나 결국 비컨스필드 교회에 그의 아들과 동생 곁에 나란히 묻혔다.

버크는 찰스 제임스 폭스의 병문안을 거부했다. 임종하기 전 화해할 생각이 전혀 없었다. 그러나 그의 시신을 담은 관은 포틀랜드 공작과 데번셔 공작, 피츠윌리엄 백작과 인치퀸 백작, 그리고 하원 의장을 비롯해 버크와 가장 가까운 친구였던 저명인사들과 버크를 우러러봤던 이들의 어깨에 얹혀서 장지로 옮겨졌다.

버크는 유언장에서 그의 전 재산을 "내가 온전히 사랑했고 충실했고 아꼈던 둘도 없는 아내" 제인에게 남긴다고 밝혔다. 제인은 그레고리즈 자택에서 1812년까지 종신재산소유권으로 살았고, 사후에 자택을 매각해 마침내 버크가(家)의 빚을 청산했다.

「어느 귀족 상원 의원에게 보내는 편지」에서 버크는 다음과 같이 기록했다. "폭풍이 지나갔다. 그리고 나는 지나간 태풍이 내 주위에 흩어놓은 늙은 참나무처럼 누워 있다. 나는 모든 명예를 빼앗겼다. 나는 뿌리가 뽑혀 바닥에 널브러져 있다." 버크는 평생 공식적으로 적절한 예우를 받지 못했을지도 모른다. 그러나 그의 업적은 역사에 길이 남을 만큼 찬란하다. 이제 그 업적을 살펴보겠다.

제2부

사상

제6장

평판, 이성, 그리고 계몽주의 구상

버크의 평판

버크가 사망한 후 200년 남짓한 세월 동안 버크의 평판은 완만한 상승 곡선을 그렸다. 19세기 내내 꾸준히 상승해서 빅토리아 시대 말기에 거의 신격화 수준에 도달했고, 이때 그는 정치적 혜안을 보여주는 글 못지않게 수려한 영어 문장의 대가로서 대서양을 사이에 두고 양 대륙에서 존경을 받았다. 20세기 첫 25년 동안에도 높은 평판은 그대로 유지되었다. 그의 글이 미국의 학교에서 흔히 교재로 쓰였으니 말이다.

그러나 그 이후로 냉전 시대와 철의 장막이 벗겨진 후 잠깐 반짝했을 뿐 버크의 평판은 쇠락 일로를 걸어왔다. 몇 년 전부터 학계의 관심은 높아졌지만 대중은 『프랑스혁명에 관한 고찰』의 일부분에만 관심을 보일 뿐 버크의 글과 연설문은 도서관 서가를 벗어나지 못하고 있다. 정치계는 버크를 무시해왔다. 버크의 투쟁, 문체, 열정은 포스트모더니즘(postmodernism, 탈근대주의)의 모순과 대중문화가 득세한 세상에서 설 자리가 없게 되었거나 심지어 구태의연해 보이기까지 한다.

지금부터는 버크의 일생에서 그의 사상으로 시선을 돌려보겠다. 버크의 사상이 나오게 된 사회적·정치적·지적 맥락을 살펴보고 세월이 흐르면서 버크의 사상이 미치는 영향이 어떻게 변해왔으며, 버크가 영향을 미친 핵심적인 인물들과 그의 숙적들을 살펴보겠다. 운이 따라준다면 버크의 영향력과 철학사로서 언행의 일관성, 그리고 오늘날 버크의 사상이 놀라울 정도로 타당하고 중요하다는 점이 모두 드러나게 될 것이다.

그러나 버크가 사망하고 이틀 후 런던에서 발행되는 「더 타임스(The Times)」는 확신에 차 다음과 같은 평가를 내렸다. "버크 씨는 세계가 상상력의 힘과 언어의 아름다움을 존중하는 한 영원히 살리라." 그러나 필연적으로 이러한 평가에 대한 반박이 나왔고 급진주의자와 폭스 계파는 버크가 시작했던 팸플릿 전쟁을 이어가면서 버크를 비판했다.

그러나 뒤이어 그를 극찬하거나 심지어 성인의 반열에 올려놓는 전기가 잇달아 출간되었다. 그 가운데 가장 주목을 받은 전기가 1824년 제임스 프라이어(James Prior)가 쓴 『버크 전기(*Memoir of Burke*)』다. 이 책은 버크를 국익에 대한 신념이 확고하고 영국을 혁명으로부터 수호할 필요를 강조한, 편견에서 자유로운 정치가로 묘사했다. 이러한 인상은 버크의 다양한 글과 연설과 서신들을 비롯해 사후에 다소 선별적으로 버크의 작품들이 신속하게 출간되면서 더욱 강화되었다. 이러한 출판물들은 몇 쇄를 거듭해 찍었고 널리 보급되었다.

정치적으로 버크가 미래에 드리운 그림자는 매우 길다. 그의 뒤를 이어 뛰어난 아일랜드인 신세대가 영국 정계에 투신했다. 훗날 영국 총리가 된 조지 캐닝(George Canning), 리버풀 경의 행정부 때 하원을 이끌었고 나중에 캐슬레이 경(Lord Castlereagh)이 된 로버트 스튜어트(Robert Stewart) 등이 바로 그러한 인물이다. 캐닝은 폭스와 셰리든의 영향하에서 성장했지만 『프랑스혁명에 관한 고찰』에서 깊은 감명을 받고 피트를 추종하게 되었으며 1793년 이후에는 자코뱅주의에 격렬히 반대했다.

캐슬레이의 입장은 좀 더 모호했다. 1790년 다운(Down) 카운티 선거구에서 젊고 진보주의적 개혁가로 당선된 그는 프랑스혁명에 대한 버크의 분석에 공감했지만 프랑스를 상대로 혁명에 맞서는 전쟁에는 반대했다. 1794년 캐슬레이도 피트 계파에 합류했다. 아일랜드 담당 장관 대리로서 그는 1798년 아일랜드 폭동을 진압하는 데 밀접하게 관여했고 그로부터 얼마 지나지 않아 그레이트브리튼과 아일랜드 사이에 맺어진 연합법(Acts of Union)을 설계하는 데 기여했다. 화려한 정치적 여정이었다.

윌리엄 피트는 『프랑스혁명에 관한 고찰』을 "감탄을 자아내는 구절은 많으나 동의할 구절은 전혀 없는 광시곡"이라고 신랄한 평을 내렸다. 그러나 본인은 인정하지 않을지 몰라도 인도와 아일랜드에 대한 정책과 관련해서는 버크의 영향을 많이 받았다. 1793년 가톨릭 구제령과 1795년 메이누스(Maynooth)에 있는 아일랜드 가톨릭 사제들의 신학교 유증 문제가 바로 그러한 사례들이다. 피트는 1806년 세상을 떠난 후 영국을 구원한 인물로 거의 성인으로 추대되다시피 했다. 그리고 뒤이은 수십 년 동안 피트는 토리당 일파에 의해 그리스도교도 헌법주의자, 혁명적인 해외의 교리에 반대한 현상 유지 옹호자, 가톨릭교도 해방을 반대한 인물로 매도되었다.

그러나 이러한 평가는 다음과 같은 달갑지 않은 사실을 묵살하고 있다. 피트가 종교에 대해 사적으로 어떤 견해를 지녔는지 밝혀진 적이 없다. 그는 의회 개혁과 가톨릭교도 해방을 공공연히 지지했다. 반대하지 않았다. 그리고 주저하지 않고 1794년 출정영장(habeas corpus)을 — 버크의 지원 하에 — 정지시켰다. 나폴레옹에 맞서 투쟁하면서 국익을 수호하기 위해 기존의 헌법적 원칙을 무시했다. 지금과 마찬가지로 당시에도 선전선동가들은 그럴듯한 이야기를 만들어내기 위해서 사소한 사실쯤은 개의치 않고 무시했다.

이와는 대조적으로 버크는 아일랜드 혈통이고 가톨릭교도에 대한 그의 견해가 널리 알려져 있었기 때문에 쉽게 매도되지는 않았다. 그러나 1829년 가톨릭 구제령이 선포된 후 피트와 버크의 공적인 견해는 점점 일치하게 되었다. 둘의 관계를 보다 구체적으로 정치적 시각으로 해석한 글이 1835년 벤저민 디즈레일리(Benjamin Disraeli)가 쓴 「귀족이자 박식한 상원 의원에게 보내는 편지에서 잉글랜드 헌법을 옹호함(Vindication of English Constitution in a Letter to a Noble and Learned Lord)」이다. 제목에서 버크의 특성이 물씬 풍기는 게 우연일 리가 없다. 이 글에서 디즈레일리는 토리의 계보가 단절되지 않고 18세기 초까지 거슬러 올라가며 여기에는 볼링브로크, 버크, 그리고 아들 피트도 포함된다고 보고 있다.

디즈레일리는 자신이 이 전통을 이어받아 활짝 꽃피우는 인물로 간주되기를 간절히 바랐던 게 틀림없다. 그러나 1841년 신임 총리 로버트 필 경(Sir Robert Peel)이 디즈레일리를 고위직에 임명하지 않으면서 계획이 완전히 어긋났다.[1] 디즈레일리는 피트와 필까지 포함해서 피트의 후임자들이 올바른 길을 좇기는커녕 참담할 정도로 엉뚱한 길을 선택했다는 점을 증명할 필요가 생겼다. 평생 원칙을 지켜온 디즈레일리는 기존의 입장을 완전히 번복하고 자신이 쓴 「코닝스비(Conningsby)」와 「시빌(Sybil)」 두 소설에서 진정한 의미에서 토리주의를 따르는 자신과는 대조적으로 필을 '보수주의' 전통에서 빗나간 후손이라고 비판한다. 그러나 그러한 그의 주장도, 입장의 번복도 설득력이 없었다.

휘그 진영 쪽에서도 버크에 대한 정서는 어정쩡한 입장에서 받아들이는 입장으로 비슷한 궤적을 그렸다. 19세기 중엽 무렵 1832년 제1차 선거법개정안(Great Reform Act)[a]이 통과된 후 휘그의 잿더미에서 자유주의를 표방하는 정당이 탄생했을 때 대부분의 리버럴들은 의회 개혁을 거부한 버크를 증오했고 자연권과 프랑스혁명을 비판한 버크를 혐오했다. 그러나 버크가 아메리카 식민지 주민들을 지지하고 종교적 관용을 베풀어야 한다는 신념을 밝힌 점과 1688년 헌법 합의를 존중한 점, 군주의 과도한 영향력 행사를 질색하고 인도와 아일랜드에서 자행되는 불의에 저항하는 운동을 한 점은 높이 샀다.

여러모로 정치적 혁신가인 윌리엄 이워트 글래드스턴(William Ewart Gladstone)은 그럼에도 불구하고 버크를 '우상'으로 간주했다고 그의 동료이자 걸출한 전기 작가인 하원 의원 존 몰리(John Morley)가 주장했다. 몰리가 버크에 관해 저술한 짧은 전기는 호평을 받았다. 1885년 몰리는 글래드스턴에 대해 다음과 같이 기록했다. "76년의 생이 끝나가지만… 글래드스턴은 거의 날마다 버크의 글을 읽는다. '12월 18일, 버크의 글을 읽었다. 아일랜드와 아메리카에 관한 혜안이 가득한 책이다. 1월 9일, 버크의 글을 발췌했다. 이따금 거의 신묘하다는 인상을 준다.'"

초당적으로 존경을 받는 역량, 특히 각양각색의 정치인들이 자신의 마음에 드는 부분을 발췌할 수 있는 버크의 글이 지닌 역량은 미국에서도 나타났다. 저돌적인 시어도어 루스벨트(Theodore Roosevelt)는 자칭 버크의 열혈 지지자였다. 특히 정치인의 덕망과 품성을 강조한 점을 높이 샀다. 비록 루스벨트 자신은 나라 안팎에서 파격적인 행동을 함으로써 대통령으로서 미국 헌법의 한계를 시험했지만 말이다.

민주당 진영에서는 학구적인 우드로 윌슨(Woodrow Wilson)이 버크를 날카롭게 분석한 글을 썼다.[2] 자신이 영웅으로 여기는 버크에게도 여러 가지 약점이 있음을 인정하면서도 생각에 일관성이 있고 설득력 있는 일반화에 정교한 묘사를 적절히 혼용하는 데 통달한 역량을 강조했다. 윌슨에게 버크는 머리끝부터 발끝까지 철저한 보수주의자였고, 무엇보다도 잉글랜드인이었다. "이 사람, 이 아일랜드 사람은 정치에 관한 잉글랜드의 사상을 가장 설득력 있게 설파한다. 그는 정치에서 잉글랜드인의 행동을 관장해온 근본적인 이념들을 언급하는 능력에 있어서 잉글랜드 최고의 대변인 자리를 누구에게도 양보하지 않는다." 사실상 극찬이었다.

버크에 대한 찬사를 표명한 이들은 정치인에만 국한되지 않았고 찬사의 대상은 그의 정치사상에만 국한되지도 않았다. 우드로 윌슨은 이 점을 다음과 같이 역설했다. "버크가 문학적인 까닭은 다른 책을 인용해서가 아니라 그가 직접 책을 쓰기 때문이다. 그는 자신이 쓴 글을 문학으로 변모시킨다. …버크는 문체의 거장이다. 문장 하나하나가 뛰어난 상상력을 담고 있고 화려한 색채를 과시한다. 문장이 살아 움직이므로 읽는 이는 숨이 가쁘고 맥박이 빨라진다. 글의 내용은 광채와 힘을 발산하면서 읽는 이의 역량에 생기를 불어넣는다."

4세대 앞서 잉글랜드의 에세이스트 윌리엄 해즐릿(William Hazlitt)이 다음과 같이 바로 이 점을 지적했다.[3]

> 버크의 머릿속에 저장된 개념들은 변변치 않은 몇 가지 사실이 전부가 아니었다. …그의 생각의 보고(寶庫)는 인간의 심장처럼 깊이 이해하고 지치지 않으며, 인간의 본성의 원천만큼이나 다양하다. 따라서 그는 어떤 주제를 다루든 그 주제를 풍요롭게 만들고, 새로운 주제를 다룰 때조차도 그동안 발휘하지 않았던 참신한 사고력을 동원하는 계기로 삼을 뿐이다. …버크의 글은 길들여지지 않는 활력과 독

창성이 결합되어 있다.

해즐릿 본인도 어마어마하게 상상력이 풍부했지만 끊임없이 버크의 글을 참고했다. 그에게 버크는 영감을 주는 원천이자 적수였다. 나약한 정신의 소유자는 뿌리치기 힘든, 매혹적인 동시에 위험한 상대였다. 해즐릿은 자신의 에세이 「옛 책 읽기에 관하여(On Reading Old Books)」에서 버크에 대해 다음과 같이 말한다. "그의 교리에는 관심 없다. 예전과 마찬가지로 지금도 여전히 나는 그의 교리에 오염되지 않는다." 그러나 버크의 문체에 대해서는 다음과 같이 말한다. "버크보다 뛰어난 산문가가 있다면 그 사람은 내 관심 영역에서 벗어나 있는 사람이든가 내가 이해할 수 있는 영역을 초월한 사람이다."

해즐릿과 동시대 초기 낭만주의 시인들도 영어를 자유자재로 활용하는 버크의 역량을 인정했다. 그러나 적어도 처음에 이들은 버크의 정치 성향에 거부감을 느꼈다. 잉글랜드 시인 윌리엄 워즈워스(William Wordsworth)는 프랑스혁명 초기에 프랑스에 머물면서 희열을 느꼈고, 혁명의 취지를 강력히 지지했다. 그의 역작 『서곡(*The Prelude*)』에 그러한 감정이 잘 드러나 있다. "새벽이 밝아오는 기쁨이었다. 젊음은 천국 그 자체였다." 1790년대 중엽 새뮤얼 테일러 콜리지(Samuel Taylor Coleridge)와 그의 동서(同壻) 로버트 사우디(Robert Southey)는 모두가 공동으로 통치하는 이상향인 만민 동권(同權) 공동체(pantisocracy), 즉 완전 평등 사회를 펜실베이니아에 있는 서스쿼해나(Susquehanna) 호반에 건설할 계획을 세웠다. 그러나 사우디는 자코뱅주의에 빠지고 콜리지는 전원 생활에 심취하면서 이 이상향 건설은 무산되고 두 사람은 사이가 멀어졌다. 콜리지는 위즈워스와 친밀해지면서 『서정가요집(*Lyrical ballads*)』(1800)을 공동으로 펴냈다.

그러나 잉글랜드 북서부에 있는 레이크 디스트릭트(Lake District)에 거주해 호반(湖畔) 시인이라고 불린 이 세 사람 모두 버크의 사상에 점점 큰 영향을 받게 되었다. 일찍이 『서정가요집』에 실린 위즈워스의 그 유명한 서문에도 버크 특유의 주제가 담겨 있는데, 오늘날 이는 낭만주의 시풍을 알리는 최초의 선언문으로 널리 인정되고 있다. 콜리지도 마찬가지였다. 그가 마지막으로 쓴 책 『교회와 국가의 본질에 관하여(*On the Constitution of Church and State*)』는 영국의 관습법과 교회 전통을 버크의 사상과 독특한 방식으로 결합해 대륙의 철학을 대량 가미한 작품으로 읽힌다.

사우디도 마찬가지였다. 1820년대 무렵 그는 헌법을 옹호한 버크의 정통 사상에다가 가톨릭 해방에 대한 결사반대, 로버트 오언(Robert Owen)의 협동조합 운동 지지, 산업화가 야기하는 소외와 무자비함을 혼합했는데, 이는 윌리엄 코벳(William Cobbett)과 토머스 칼라일(Thomas Carlyle) 사상의 복사판이다.

19세기 초 사회적·경제적·정치적 변화의 소용돌이 속에서 각양각색의 저자들이 버크의 사상에서 시대를 초월하는 가치를 발견하게 되었다. 위즈워스가 훗날 수정한 『서곡』을 보면 그러한 정서가 아주 분명하게 드러난다.

버크는 가히 천재다!

경이로움에 매혹돼 이렇게 펜을 들었으니 용서하라…

그는 육신은 늙었으나 원기왕성하다.

무성한 잎사귀들 사이로 사슴뿔 모양의 가지들이 뻗어 나오는

참나무처럼 늠름하게 서 있다.

숲 속의 어린 형제들을 압도한다.

그는 추상적인 권리들을 도대로 구축된 모든 체제에 맞서

미리 경고하고, 비판하고, 공격을 감행하지만

그를 신랄하게 조롱하는 이들도 있다.

군주는 세월이 흐르면서 껍데기만 남은 기관과 법을 옹호한다.

관습에 따라 애착을 두게 된 사회적 관계의 위력을 강조한다.

관습을 타파하는 새로운 이론을 극도로 경멸한다.

그리고 인간은 타고난 운명에 순응해야 한다고 고집한다.

한 사람에 대한 평가를 번복한 글로서는 매우 수려하면서도 완벽하다.

에드먼드 버크는 역사학자들에게도 큰 영향을 미쳤다. 토머스 배빙턴 매콜리(Thomas Babington Macaulay)는 버크를 "밀턴(Milton) 이후로 가장 위대한 인물"로 내면에는 이성이 열정과 잇닿아 있다며 다음과 같이 말했다.[4] "버크 씨는 진실을 밝혀내는 데 적합한 식별력을 지녔다. 18세기의 그 어떤 정치인보다도, 행동하는 정치인이었든 탁상공론에 머문 정치인이었든 상관없이, 뛰어난 식별력을 지녔다. 그의 식별력을 능가할 대상은 오직 버크 자신이

지닌 맹렬하고 아무도 통제하지 못할 감성뿐이다. 따라서 그는 대체로 광신자처럼 자기 입장을 정하고 철학자처럼 자기 입장을 옹호한다."

1841년 워런 헤이스팅스에 대한 탁월한 에세이에서 매콜리는 버크의 상상력이 사람을 고무시키는 강력한 힘이 있다는 점을 다음과 같이 강조한다.

> 에드먼드 버크는 고귀한 자질을 타고났다. 과거에 살면서 미래에도 살고, 이역만리에도 살고, 현실에 없는 세계에도 산다. 인도와 그곳에 사는 이들은 대부분의 영국인들에게 한낱 이름과 추상적인 개념에 불과하지만 버크에게는 그렇지 않다. 작렬하는 태양, 종려나무와 코코아나무 같이 이국적인 식물군, 벼가 자라는 논, 이 모든 인도의 모습을 그는 마음의 눈으로 생생하게 체험한다. 탄원하는 이들이 군주에게 금과 향수를 헌정하는 왕궁 접견실에서부터 집시 무리가 야영을 하는 황무지에 이르기까지 버크의 마음의 눈에는 보인다. …그에게 벵골에서 일어나는 억압은 런던 거리에서 일어나는 억압이나 마찬가지다.

아일랜드 역사학자 W. E. H. 렉키(W. E. H. Lecky)는 『18세기 잉글랜드 역사(*History of England in the Eighteenth Century*)』에서 해즐릿이 한 말을 다음과 같이 그대로 되풀이한다. "영국 헌법의 속성과 작동 방식을 그토록 날카롭게 파고드는 천재성을 발휘한 정치가나 저자는 이제까지 없었다. …그는 인간의 본성에 대한 가장 심오한 지식에서 끌어낸 관점들을 덧없는 정당 갈등에 도입하는 독특한 재능을 지녔다." 그리고 렉키는 버크의 지혜를 다음과 같이 강조했다. "베이컨(Bacon) 이후로 그 어떤 영국 산문가도 이처럼 사상이 충만한 저술을 남긴 적이 없다. 그 저술들이 더 이상 읽히지 않는 때가 올지도 모른다. 그러나 독자가 버크의 저술들을 읽고도 더 현명해지지 않는 날은 절대로 오지 않는다." 위대한 역사학자 액튼 경(Lord Acton)도 이에 동의했다. 그는 비크의 정치적 입장에 전혀 공감하지 않았지만 말이다.

20세기 들어서도 버크의 저술은 수없이 많이 인용되었다. 1950년대와 1960년대 냉전 시대에 공산주의와 싸우는 과정에서 미국의 보수주의 정치인과 사상가들은 버크의 반(反) 전체주의적인 저술을 채택했다. 1989년 베를린 장벽이 무너진 후 동유럽과 중부 유럽 전역에서 지식인과 정책 수립자들은 그들 나름의 헌법에 대해 돌이켜보면서 버크가 제시한 정부의 실증이론(positive theory)[b]을 다시 한번 인용했다. 보수주의적 저자들 가운데 일부는 자연권(Natural Rights)[c]이라는 존 로크(John Locke) 식의 틀을 버크에게서 벗겨내고 버크로부터 그리스도교적, 토마스 아퀴나스(Thomas Aquinas) 식의 자연법(natural law)[d] 교리를 찾아내려는 시도를 끊임없이 해왔다.

그러나 버크를 가장 집요하게 공격한 이들이 내세운 주장은 그의 사상에 일관성이 없다는 점이 아니라 사사로운 이익을 추구했다는 점이다. 공격의 주동자는 버크를 가혹하게 비판한 급진주의자이자 정적인 토머스 페인[5]이었다. 버크는 페인에 대해 "우리는 짝지어 사냥한다"라고 한 적이 있지만, 이는 과장된 발언이다. 버크는 왕에 맞서 식민지 주민들의 권리를 옹호하는 데서 그쳤지만, 페인은 팸플릿 『상식(*Common Sense*)』에서 아메리카 혁명가들을 공개적으로 거리낌 없이 지지해 크게 성공했다. 페인은 그레고리즈에 있는 버크의 자택을 한 차례 이상 방문했고 버크가 프랑스혁명을 지지해주기를 바랐다. 『프랑스혁명에 관한 고찰』을 본 페인은 대단히 실망했고 도덕적인 분노와 사적인 감정이 뒤섞인 말들을 쏟아냈다.

1791년 3월에 나온 『인간의 권리(*Rights of Man*)』 제1부에서 페인은 버크를 "그에게서 그 자신을 빼앗아간 귀족의 손에 입맞춤하는 데 이골이 났다"라며 다음과 같이 말한다.

> 그는 자기 마음을 아프게 하는 현실이 아니라 자신의 상상력을 발동시키는 허울 좋은 겉모습에 영향을 받는다. 그는 새의 깃털은 안타까워하면서도 죽어가는 새는 아랑곳하지 않는다.

그러나 페인의 비판은 거기서 그치지 않고 도를 한참 넘어섰다. 그는 버크가 몰래, 또는 편법으로 연금을 받는다고 암시했다.[6] 이러한 암시는 같은 책의 제2부에서도 반복되었는데, 제2부는 이듬해에 출간되었다. 그 직후 페인은 한술 더 떠서 영국 법무장관에게 공개 서신을 보내 버크가 "10년 동안 한 해에 1,500파운드씩 편법으로 연금을 수령했다"고 주장했다. 내가 보기에 이 주장은 전혀 사실무근으로 버크가 1782년에 제안한 「왕실 예산법

(Civil List Act)」을 의도적으로 곡해한 내용들을 근거로 한 주장이다. 버크는 오랫동안 로킹엄을 비롯해 휘그당 귀족들로부터 재정적인 지원을 받았지만 1795년 7월 전까지는 왕실로부터 돈을 받은 적이 없다. 그렇지만 버크를 깎아내리려는 페인의 시도는 어느 정도 효과가 있었고, 혁명과 관련해 논란이 시작되자마자 버크는 그저 왕의 똘마니에 불과하다는 주장이 설득력을 얻었다.

이러한 주장은 잦아들지 않았다. 『아일랜드 국가에 관한 소견(*Observations on the State of Ireland*)』(1818)에서 J. C. 커웬(J. C. Curwen)은 버크를 "겉은 휘그, 속은 토리"라고 묘사했다. 그로부터 반세기 후 카를 마르크스(Karl Marx)는 『자본론(*Das Kapital*)』에서 버크에 대해 다음과 같이 말했다.

> 이 아첨꾼은 뼛속까지 천박한 부르주아다. 아메리카 사태 초기에 영국 과두정치 세력에 반대하는 리버럴 행세를 하면서 북아메리카 식민지로부터 뒷돈을 받았듯이 프랑스혁명에 반대하는 시대착오적 낭만주의자 행세를 하고 영국 과두정치 세력으로부터 뒷돈을 받았다. '상거래법은 자연법이다. 따라서 신의 법이다.' 그러니 신의 법과 자연법에 충실하게 늘 자신을 최고가에 팔아넘기는 게 당연하다.

20세기 들어서는 버크가 한낱 똘마니라는 주장을 사뭇 다른 영역에서 제기하면서 간접적으로 설득력을 얻었다. 1929년에 출간된 『조지 3세의 즉위 당시 정치 구조(*The Structure of Politics at the Accession of George III*)』에서 역사학자 루이스 네이미어(Lewis

Namier)가 18세기 정치는 근본적으로 정당과 대원칙의 시대가 아니라 끊임없이 합종연횡하며 화려하게 변신하는 정치 파벌들이 사사로운 이익을 추구한 시대라고 주장했다. 개인의 전기와 사적인 상호 관계들을 치밀하게 분석한 자료를 바탕으로 네이미어는 후원의 유형이 선거, 하원 의원들의 행동, 의회 절차, 다양한 각료들의 구성과 법원의 작동 방식에 어떤 영향을 미쳤는지를 새롭게 조명했다.

네이미어의 뒤를 이은, 사회의식이 투철하고 통계자료를 강조하는 역사학자들에게는 일반화, 평균값과 중앙값이 중요했지 예외적인 사례는 중요하지 않았다. 이들이 저술한 표준적인 문헌들은 18세기 정치인들을 '휘그'와 '토리'로 나누고 거물들은 원칙적인 정치 담론에 얽매어놓았다. 이러한 역사 관점과 그 서술 대상인 정치가들은 모두 구태의연해졌다. 그중에도 버크가 단연 두드러졌다.

1950년대 무렵 네이미어식 '방법론'이 역사학자들 사이에서 어마어마하게 영향력이 커졌다. 네이미어와 그 추종자들은 버크를 높이 평가하는 이들로부터 신랄한 비판을 받았다. 특히 버크의 전기를 쓴 걸출한 아일랜드 정치가 오브라이언(Conor Cruise O'Brien)이 두드러졌다. 일견 부당한 비판도 종종 제기되었다. 네이미어 학파는 사실을 꼼꼼하게 확인한다고 주장하지만 이에 배치되는 다분히 감정적인 분석과 주장을 제기한 사례들이 있는 것은 사실이다. 역사학자 리처드 파레스(Richard Pares)의 빈정거리는 듯한 발언이 그 한 예다. "버크의 사회적 기원을 따져본다면 위대한 아일랜드 탐험가 에드먼드 버크를 속물근성의 이론가이자 주창자로 분류할 수밖에 없다." 그러나 네이미어 학파는 버크에게 큰 비중을 두지 않았다. 불과 몇 차례 언급했을 뿐이다.

그런데 이것이 바로 요지다. 네이미어 학파와 페인과 마르크스가 옳다면, 이들이 공통적으로 버크를 비판하는 논지가 가장 버크의 위상을 손상시키게 된다. 이들의 비판은 단순히 버크의 업적이 아니라 도덕적 권위의 근원을 공격하기 때문이다. 만약 정치가 원칙이 아니라 단순히 후원과 사사로운 이익의 문제라면, 버크가 한낱 봉급이나 받는 선전선동가이고, 남의 일을 대신 해주는 아첨꾼이며, 파벌의 이익이나 계급 이익을 부르짖는 나팔수 역할을 하는 기회주의자이자 편의주의자라면, 그가 아무리 문학적으로 지적으로 뛰어난 재능을 지녔다고 해도 우리의 존중을 받을 자격이 없다. 그렇다면 그는 독립적인 사상가도 아니고 독립적인 개인도 아니다. 그렇다면 우리는 그의 기교를 높이 살지는 몰라도 그를 존중할 수는 없다. 그렇다면 그는 위인이 아니라 보잘것없는 인간이 된다.

얼핏 보기에 1770년에 발간된 버크의 『오늘날의 불만의 원인에 관한 사유』를 고려하면 문제는 더욱 심각해진다. 이 책의 취지는 심도 있는 정치적 분석 못지않게 정치 슬로건이자 정당 선언문이기도 하다. 핵심 논점은 군주의 권력을 제한하는 일인데, 그러려면 필연적으로 휘그 귀족들의 권력을 강화해야 했다. 앞에서 살펴봤듯이 이 귀족들은 버크의 후원자들이었다. 재정적 지원은 물론 새로울 게 없다. 당시에 재능 있는 젊은이가 정계에 입문하려면 그 방법밖에 없었다. 그러나 그 때문에 의문은 더 선명해진다. 버크는 그저 꼭두각시에 불과했을까?

이 문제를 두고 오랜 세월 동안 갑론을박이 있었다. 그러나 2012년 중요한 증거가 새로 등장했다. 버크가 초기에 쓴 것으로 보이는, 정당에 대한 에세이로 권위 있는 학술지에 실렸다. 발표된 시기가 1757년으로 거슬러 올라가는데, 이때 버크는 출판업자 로버트 도즐리와 함께 작업하면서 저술 작업을 활발하게 하고 있었다.[7] 『오늘날의 불만의 원인에 관한 사유』가 출간되기 13년 전이었다.

이 에세이에서 버크는 휘그와 토리의 초창기 갈등의 원인을 17세기 말 종교 논쟁에서 찾는다. 그러고 나서 정당은 분열을 야기하기는커녕 헌법의 테두리 내에서 정치적 온건함과 바람직한 정부를 추진하는 데 이용될 수 있다고 주장한다. 그는 역사적인 선례들을 폭넓게 인용하면서 파벌을 "오로지 대중의 광기로 한껏 부풀어 오른 야심을 주체 못하는 패거리"라고 비판하고 "따라서 당은 쓸모 있으나 파벌은 해롭다. 이는 그동안 충분히 논의되지 않았다"고 지적한다.[8] 진정한 의미의 정당은 원칙을 토대로 하여 반대를 할 줄 알아야 한다고 그는 주장한다. 정당은 헌법의 테두리 내에서 견제의 역할을 할 의무가 있다. 그러나,

> 현재 우리 가운데 그렇게 일컬어질 만한 당이 없다. 그저 파벌만 있을 뿐이다. 아무런 계획도 없고, 아무런 원칙도 없고, 오직 자기 나름의 이익에 눈이 먼 사람들이 무리지어 있을 뿐이다. 서로 공유하는

일종의 일반적인 계획과 고정불변의 목적이 없으면, 원칙에 고무되어 활동하거나 강력한 결속력으로 뭉친 사람들의 연합체가 존재할 수 없다.

물론 파벌과 당의 구분은 새로울 게 없다. 그럼에도 이 에세이는 페인, 마르크스, 네이미어의 논조를 단호하게 반박한다. 버크가 징계에 입문하기 훨씬 전인 아주 젊은 나이에—그가 로킹엄을 만나 의회에 입성하기 18년 전에—이미 파벌과 당을 역사적으로 살펴보고 정치적으로 분석한 방대한 자료들에 통달했다는 뜻이다. 그는 젊은 나이에 단순히 파벌 정치에 반대하는 데 그치지 않고 바람직한 정부의 근원으로서 정당을 지지했다는 점에서 매우 참신한 사고를 하고 있다. 그리고 그 과정에서 놀랍게도 『오늘날의 불만의 원인에 관한 사유』의 내용을 예고하고 있다. 『오늘날의 불만의 원인에 관한 사유』와 더불어 버크의 서신과 다른 활동들을 증거로 살펴보면, 버크가 한낱 주인의 목소리를 대변한다든가[9] 그저 휘그 귀족들의 나팔수 역할을 하기는커녕 오히려 1770년 무렵에 버크가 10여 년 전부터 개발해온 헌법 이론을 실행할 매개체로 로킹엄 계파 휘그당원들을 변신시키고 있었던 셈이다.

윌리엄 해즐릿에 따르면, "나는 상대 당 소속 인사가 상식이 있고 솔직한 사람인지 판단할 때 그 사람이 에드먼드 버크를 위인으로 인정하는지 여부를 시험해본다". 이제 버크가 꼭두각시가 아니라는 사실은 알게 됐지만, 그렇다면 과연 그는 위인이라고 인정해도 될까? 인정해야만 할까? 이 두 질문에 대한 답은 모두 "그렇다"이다.

이제 우리는 정치가이자 저자로서 뿐만 아니라 사상가로서 버크의 위대함을 제대로 인식할 수 있다. 그러나 그러려면 주제를 바꿔서 역사와 전기에서 분석과 주장으로 관심을 돌려야 한다. 버크가 제시한 개념들을 분석하고 그 개념들이 버크가 살았던 시대와 우리 시대를 어떻게 조명할 수 있는지 살펴보아야 한다.

여기서 우리는 뜻밖에 놀라운 사실을 발견하게 된다. 우선 버크는 근대 정치의 축이자 요체가 된다. 대의 정체의 영미 전통의 기초는 여전히 버크의 사상이다. 그러나 그는 최초의 탈근대 정치 사상가이기도 하다. 근대를 최초로 가장 신랄하게 비판했고, 이른바 자유주의적 개인주의(liberal individualism)를 가장 처음 신랄하게 비판했다. 자유주의적 개인주의는 버크가 사망하고 한참 뒤 19세기에 계몽주의에 대한 반성으로서 등장한, 인간의 본성과 인간의 안녕에 관한 가정들의 묶음으로서 오늘날 수백만 아니 수십억 명의 삶을 지배하고 있다.

가장 큰 역설은, 버크를 제대로 이해하면 급진주의에 반대했던 버크가 카를 마르크스보다 훨씬 더 급진적인 사상가가 된다는 사실이다. 그 이유를 파악하려면 18세기 계몽주의와 장-자크 루소(Jean-Jacques Rousseau)로 거슬러 올라가야 한다.[10] 버크는 루소와 비교하면 그 정체가 가장 극명하게 드러난다. 그리고 여기서도 버크의 비판은 그가 의회에 입성하기 거의 10년 전에 시작된다.

최초의 탈근대 정치사상가

우리가 여전히 '계몽주의(Enlightenment)'[e]라고 부르는 사상은 학자들 사이에서 논란이 되어왔다. 그러나 17세기와 18세기에 유럽 사상에서 뭔가 이례적인 일이 일어났다는 데는 의심의 여지가 없다. 1600년 무렵 아리스토텔레스와 그의 추종자들이 품었던 확신들이 무너지고 있었다. 아리스토텔레스 추종자들은 지상의 세계는 불완전하고 천상의 세계는 거룩하다고 가르쳤다. 원은 자연에서 완벽한 형태이며 과학은 근본적인 원인(basic causes)과 제일원리들(first principles)[f]을 밝혀내는 데 신경 써야 한다고 가르쳤다.

그러나 코페르니쿠스와 케플러는 태양 중심설과 타원형 행성 궤도를 주장함으로써 전통적인 태양계에 대한 관점을 무너뜨렸다. 덴마크 천문학자 튀코 브라헤(Tycho Brahe)와 프랜시스 베이컨(Francis Bacon)은 정확한 관측의 가치, 천체와 똑같이 반복되는 일상의 가치를 강조했다. 갈릴레오는 신형 망원경을 이용해 뜻하지 않게 달의 표면이 불완전하다는 사실을 발견했고, 수학을 이용해 물리적인 힘과 자연 현상을 설명할 수 있음을 증명했다.

무엇보다도 수학자이자 철학자인 르네 데카르트(René Decartes)가 아리스토텔레스가 분류한 기본 범주들(basic categories)[g]을 폐기했다는 게 가장 심오한 변화였다. 데카르트는 의도적으로 자기 자신의 존재와 그 주변 세계의 존재에 대해 극단적으로 회의(懷疑)하는 입장에서 출발했다. 그의 사변(思辨)에서 도출된 개념은 물리적 우주는 그 수가 무한한 각양각색의 사물들로 구성된 게 아니라 각자가 그 나름의 방식으로 독특하다는 개념이었다. 물리적 우주는 단순히 공간 속에 확장된 사물들로 구성되어 있다는 것이다. 사물들은 확장되므로 사물들과 사물들 간의 관계와 상호작용은 측정하거나 서열을 매기거나 셀 수 있다. 따라서 육체는 정신으로부터, 그리고 신으로부터 분리되고, 천문학과 물리학은 신학과는 독립적으로 연구 가능하다. 자연은 계량화가 가능해진다.

이는 사상의 진화였고, 그 효과는 오늘날까지도 계속된다. 이 사상은 1687년 아이작 뉴턴(Isaac Newton)의 역작 『자연철학의 수학적 원리(*Philosophiae Naturalis Principia Mathematica*)』가 출간되면서 엄청난 영향력과 권위가 주어졌다. 제목이 뜻하는 바와 같이 이 저술은 갈릴레오의 말마따나 "자연에 관한 책을 수학의 언어로 쓰는 게" 취지였다. 그리고 가장 극적인 방식으로 풀어냈다. 즉, 기본적 법칙과 가정의 묶음들을 고대 그리스 기하학자 유클리드의 방식으로 제시했는데, 이 방식을 쓰면 별과 행성들에 대해서 아찔할 정도로 수많은 설명과 예측들을 도출할 수 있다. 약간 과장을 한다면 『자연철학의 수학적 원리』는 뉴턴이 — 또는 원칙적으로 제대로 훈련된 수학자라면 누구라도 — 과거·현재·미래 어느 때라도 우주에 존재하는 모든 물체의 정확한 위치를 밝혀낼 방법을 보여주었다.

실제로 뉴턴 나름의 계산법(뉴턴과 동시대 독일의 위대한 수학자이자 철학자인 라이프니츠[Leibniz]와 상관없이 뉴턴이 독자적으로 발명한 계산법이다)은 너무 난해해서 수년 동안 이에 통달한 사람은 극소수였다. 이 때문에 뉴턴에 대한 신비감만 더해졌다. 따라서 알렉산더 포프(Alexander Pope)가 쓴 뉴턴의 묘비명이 다음과 같은 구절이라는 게 전혀 놀랄 일이 아니다. "자연과 자연의 법칙들은 어둠 속에 감춰져 있었다. 하나님이 이르시되 '뉴턴이 있으라' 하시니 모든 것이 밝혀졌다."

뉴턴의 업적은 유럽 전역의 상상력을 자극했다. 로버트 보일(Robert Boyle)과 같은 과학자들의 연구를 토대로 새로운 물리적 법칙들이 발견되었고 점점 정교해진 일련의 실험들을 통해서 평가되었으며 서서히 기술 개발에 응용되기 시작했다. 왕립학술원(Royal Society)을 통해서, 그리고 인쇄기와 활발한 서신 교환을 통해서 수렴된 발견의 정신은 외부로 확산되어 화학 같은 실험과학 분야에까지 스며들었고, 화학은 앙투안 라부아지에(Antoine Lavoisier)의 손을 거쳐 나름의 수학 혁명이 일어났다. 버크와 동시대 인물인 라부아지에는 1794년 혁명가들에 의해 기요틴에 목이 잘렸다. 과학의 영향은 역사처럼 오래된 학문 분야들까지도 스며들었고, 새로운 학문분야를 만들어내기도 했다. 애덤 스미스(Adam Smith)가 초창기 경제학 논리들을 다듬고 확장시켜 『국부론(*The Wealth of Nations*)』을 탄생시켰듯이 말이다.

거기서 그치지 않고 과학혁명은 예술·문화·사회 전반에 훨씬 더 큰 영향을 미쳤다. 대부분의 사람들이 보기에 자연의 비밀을 열 열쇠가 발견된 듯했다. 자연의 신비는 이제 처음으로 인간의 사고로 파악할 수 있게 된 듯 했다. 어둠은 걷혔고 이성이 승리했으며 의견과 편견은 이성적인 탐구에 자리를 양보했다. 인간은 만물의 척도였고 측정을 통해 만물을 길들였다.

그런데, 이게 진정으로 사실이라면 전통·권위·믿음은 어떻게 될까? 과학이 이제 탐구의 진정한 규범이 되었으니 전통은 불필요해 보이기 시작했다. 전통이 증거로서 얼마나 비중이 있겠는가 말이다. 자연과 인간의 역사를 개인의 이성만으로 판단해야 한다면, 성서와 종교와 정치의 권위 또한 이성만으로 판단해야 하고 개인의 권리에 굴복해야 할까? 데카르트의 회의론이 당대의 풍조라면 신과 믿음이 할 역할이 있을까? 귀족의 특권은? 군주는? 유럽 전역에서, 스피노자(Spinoza)에서부터 몽테스키외(Montesquieu)와 벨(Bayle)을 거쳐 볼테르(Voltaire), 달랑베르(d'Alembert), 디드로(Diderot)에 이르기까지, 데이비드 흄(David Hume)과 애덤 퍼거슨(Adam Ferguson)과 에드워드 기번(Edward Gibbon)에 이르기까지 각양각색의 사상가들이 그 가능성을 타진하기 시작했다.

이는 기존의 질서를 심각하게 뒤흔드는 현상이었다. 영국에서 나온 공식적인 반응은 여러모로 비교적 차분했다. 18세기 초에 영국은 이미 나머지 유럽에 대해 관용과 개방의 본보기였다. 볼테르는 영국에서 2년 동안 유배 생활을 마치고 1733년에 쓴 『철학 서간(*Lettres philosophiques sur les Anglais*)』에서 군주의 권력을 제한하고 국민이 정부에 참여할 지분을 부여한 영국의 헌법을 찬양한다. 영국인들은 다소 거칠고 천박할 때가 종종 있지만, 영국은 적법절차를 거치지 않고는 재산을 몰수할 수 없고 사적인 개인들이 사상과 표현의 자유를 폭넓게 누리는 곳이었다. 전제적이고 독단적인 부르봉 왕가, 편협한 교회 위계질서, 정치적 힘이 약한 의회가 있는 프랑스는 영국과 차이가 극명히 드러났고, 볼테르의 책 덕분에 프랑스에서는 잉글랜드에 열광하는 광풍이 불었다.

그러나 새로운 개념에 대해 개방적인 영국의 자세는 유럽의 다른 지역에서는 공감을 얻지 못했다. 유럽대륙 전역에서 군림하는 왕조들은 계몽주의 개념이 확산되자 공포에 휩싸였고 경악했다. 개인의 합리성, 경제적 물질주의, 민주적 권리, 도덕적 평등과 과학의 진전을 강조했으니 말이다. 지식을 널리 퍼뜨릴 기관들을 설립하는 것과 무신론, 종교적 이견, 급진적인 개혁을 관용하는 것은 별개의 문제였다. 이러한 관용은 분명히 격변으로 이어지고 어쩌면 (이제 사회적 의미에서 사용되는 과학 용어가 된) 혁명으로 이어질 가능성조차 있었다.

그렇다면 에드먼드 버크의 입장은 무엇이었을까? 그는 여러모로 계몽주의적인 인물이었다. 학식과 교양이 있고 새로운 사상의 발상지인 런던으로 진출해 흄·스미스·존슨 등과 같은 천재들과 교류했으니 말이다. 『연감』을 통해 버크는 스미스·루소·몽테스키외 등 당대 최고의 사상가들의 글을 읽고 평가했는데, 『비망록(*Notebook*)』이라는 제목으로 출간된 그의 논문집에는 볼테르에 관한 매우 비판적인 글도 포함되어 있다.

윌 버크와 함께 『아메리카에 있는 유럽 식민지에 관한 이야기』를 쓰면서, 그리고 미완성작인 『에세이(*Essay*)』를 쓸 때, 버크는 역사와 사료 편집에 관한 계몽주의적 사고의 영향을 많이 받았다. 그리고 자신의 삶에서도 버크는 계몽주의 이상에 부합하는 개혁을 추진하려고 부단히 노력했다. 그는 아일랜드에서 종교적 관용을 주장했고 노예무역 폐지에 앞서 노예를 인간적으로 대우하자고 주장했다. 아메리카 식민지 주민들의 권리를 옹호했고 동인도회사의 공적인 책임을 물어야 한다고 압박했다. 그레고리즈에 있는 농장에서 과학 영농을 실천했다.

그러나 버크는 본능적으로 인간적인 사회를 보호하고 증진시키는 것을 가장 우선시했다. 버크의 관점에서 보면 진정한 개혁은 사회를 전복하거나 훼손하지 말아야 한다. 반대로 진정한 개혁은 사회적 요구를 해소하고 불만을 줄임으로써 시간이 흐름에 따라 사회를 강화한다. 무소불위의 이성과 보편적인 개인의 권리에 대한 계몽주의 신념과는 사뭇 달랐다. 계몽주의는 혁명을 정당화함으로써 사회의 근본 자체를 위협할 가능성이 있기 때문이었다. 그게 버크의 생각이었다.

앞으로 소개하겠지만, 버크의 사상은 오늘날 서구의 정치와 사회에 계몽주의가 남긴 유산에 대한 신랄한 비판의 근거가 된다. 버크의 관심사는 그가 살았던 시대에 혁명의 기폭제로서의 계몽주의였다. 특히 그는 장-자크 루소가 깨친 해악을 집중적으로 공격했다. 루소는 자코뱅 세력에게 우상과 같은 존재가 되었고 그의 유해(遺骸)는 1794년에 팡테옹(Panthéon)에 안치되었다. 혁명에 성공한 프랑스가 추서할 수 있는 가장 큰 명예였다. 버크는 1759년 『연감』에 루소의 『달랑베르에게 보내는 편지(*Letter to d'Alembert*)』와 『에밀(*Emile*)』에 대해 우호적인 서평을 썼지만, 훗날 은퇴한 후 씁쓸한 감정을 이기지 못해 루소에게 등을 돌리고 『프랑스혁명에 관한 고찰』과 『영국의회의 한 의원에게 보내는 편지』에서 루소를 비난했다고 보는 이들이 있다. 이는 틀렸다. 대체로 버크의 사상은 그의 일생을 거쳐 발전하기는 했지만 놀라울 정도로 안정적이고 일관성이 있다. 루소에 대한 신랄한 비판도 마찬가지다. 루소에 대한 비판은 일찍이 1756년 『자연발생적 사회를 옹호함』에서 시작된다.

버크 사상의 일관성

정치적 좌익 진영에서는 숭배하고 우익 진영에서는 매도하는 인물인 장-자크 루소는 화려했던 시대에 등장한 가장 화려한 인물로 손꼽힌다. 칼뱅주의(Calvinism)의 고향인 제네바에서 1712년 개신교 중산층 가정에서 태어난 루소는 모친이 그를 낳은 직후 세상을 떠났고 훗날 아버지와 불화를 겪었다. 그는 떠돌이 교사이자 비서가 되어 자기보다 연상인 마담 드 와랑(Madame de Warens)에게 정서적으로, 성적으로, 재정적으로 의존했다. 파리에서 그는 철학자 드니 디드로(Denis Diderot)를 만났고, 계몽주의 지식을 집대성한 프랑스의 『백과전서(*Encyclopédie*)』 편찬에 참여했으며, 『학문예술론(*Discourses*)』 『사회계약론(*Social Contract*)』, 『에밀』, 『고백(*Confessions*)』 등을 연달아 출간하면서 명성을 얻기 시작했다.

파리에 머물던 1745년 루소는 문맹인 세탁부 하녀 테레즈 르바쇠르(Thérèse Levasseur)와 동거하면서 다섯 명의 자녀를 두었는데, 그녀는 루소가 고집해 양육권을 모두 포기했다. 아이들을 입양하겠다는 귀족 여성들이 있었지만 그들에게 아이들을 보내지 않고 아이들을 보내면 거의 죽을 게 뻔한 고아원에 보냈다. 그는 1768년 테레즈와 결혼했고 오랜 기간에 걸쳐 몸이 점점 쇠약해지면서 10년 후 사망했다.

루소는 사상에서도 삶에서도 인간은 무엇보다도 자연의 피조물이고 고독하고 자족적인 개인이라고 보았다. 따라서 인간은 절대적인 자유를 누려야 하고, 자유와 더불어 합리적인 선택을 할 역량이 있으며, 도덕적으로 자율적인 존재였다. 이러한 특징들은 인간다움의 부수적인 요소가 아니라, 이러한 특징들이 인간을 인간답게 만든다고 보았다. 루소가 『사회계약론』에서 한 말마따나, "자유를 포기하면 인간이기를 포기하는 셈이다". 그 논리를 따라가다보면 인간의 자유를 제약하는 그 어떤 행위도 인간의 인간다움을 훼손하며, 그렇게 되면 개인은 노예 상태, 심지어 무생물에 가까워진다.

루소 사상의 또 다른 축은 이상적인 사회를 제외하고는 어떤 사회든 대부분의 사람들은 다른 이들에게 의존하거나 노예 상태에 놓인다는 주장이다. 루소가 한 유명한 말처럼 "인간은 태생이 자유로우나 온 사방에 사슬로 묶여 있다". 사회 자체, 특히 사유재산이라는 불평등한 제도는 부패의 근원이고, 소수에게만 특혜를 주고 대다수를 예속시키는 제도이다. 사회에서 인간의 자기 보존 본능은 자기애나 오만으로 변질된다.

예술과 과학은 인간의 위대한 업적도 문명사회의 표상도 아니다. 단지 오만과 부패의 표현일 뿐이다. 물질적인 진보는 정부가 개인의 자유와 자기표현을 억압하는 도구가 된다. 이와 같이 타락하지 않으려면 자연 상태로 살거나 루소가 말하는 시민사회(civil society)에서 살아야 한다. 인간이 이성을 이용해 구제받고 타인에 대한 본능적인 측은지심이 자연스럽게 흘러넘치게 해야 한다.

시민사회를 통해서 인간이 어떻게 구제될까? 국가에 주권이 있어야 한다면 루소는 이를 인간에게 반드시 필요한 자유와 어떻게 양립시킬까? 자유를 훼손하는 그 어떤 행위도 인간을 예속시키는, 용납해서는 안 되는 행동이라면 말이다. 그 해답은 루소가 말하는 '일반의지(general will)'라는 개념에 담겨 있다. 인간이 이성적으로 생각하면, 즉 불평등에서 벗어나 자유롭게 사고할 수 있게 되면, 자신의 욕망이 국민 전체의 의지인 일반의지와 완전히 부합한다는 사실을 깨닫게 된다. 인간이 자신의 의지와 일반의지를 동일시하면 다른 사람들의 의지에 복종하지 않고도 자신의 의지를 실현하게 된다. 자신의 의지와 주권이 완벽하게 일치하면 인간은 자유로운 상태를 유지하게 되고 따라서 도덕적 자율성을 누리게 된다. 인간은 자신을 모든 이들에게 바침으로써 자신을 아무에게도 바치지 않게 된다. 따라서 시민사회는 사람들이 시민으로서 모든 권리와 자유를 한껏 누리는 사회로서, 사회계약을 통해 시민들이 나름의 법을 만듦으로써 다른 이들에게 예속되거나 의존하지 않아도 된다.

루소는 이성, 사회적 평등, 인간의 권리를 최고 가치로 여기는 계몽주의 사상을 무기 삼아 사회 자체를 공격한다. 개인과 자연은 숭상해야 하지만 사회는 태생적으로 타락했고, 구제할 방법은 오로지 사회를 완전히 뜯어고쳐서 이상향으로 만들어 사회와 사회를 구성하는 개개인들이 일반의지와 동일시되도록 하는 것밖에 없다. 낭만주의는 자연과 의지를 강조한다는 점에서 루소의 사상이 그 뿌리임을 쉽게 알 수 있다. 마르크스주의, 공산주의, 파시즘도 마찬가지다.

이와 같이 루소의 주장은 훗날 등장한 여러 정치적 범주에 걸쳐 폭넓게 발견된다. 앙시앵레짐은 '문명' 사회의 사치와 태만, 오만과 자부심을 보여준 완벽한 사례가 아니었나? 집회와 결사가 일반의지를 드러내기 위한 목적을 수행하는 제도가 아니라면 뭐란 말인가? 이에 맞서는 세력은 타락한 귀족과 반동 세력이 아니면 뭐란 말인가? 자기애에 매몰되어 일반의지를 통해 자신이 진정으로 필요한 게 뭔지 깨닫지 못하는 인간 이하의 동물이 아니고 뭐란 말인가? 혁명이야말로 인간의 양도할 수 없는 권리와 자유를 완벽하게 표현한 행위가 아닌가?

앞으로 알게 되겠지만, 버크는 이러한 질문들이 제기된다는 것 자체가 사회가 심각하게 병들었다는 징후로 보았다. 비뚤어진 역설을 주장하는 루소라는 천재의 머리에서 나온 계몽주의 개념들에서 비롯된 사회적 병리현상이었다. 그는 공개적으로 자신의 사상을 표명하기 시작하자마자 이러한 주장을 내놓았다. 1756년 버크는 최초로 출간한 『자연발생적 사회를 옹호함』에서 문명사회는 전쟁과 억압을 야기하는 사회악이며 인간은 사회 제도들에 의해 오염되지 않은 자연 상태로 되돌아가야 한다는 주장을 조롱했다.

적어도 공식적으로 이 풍자 글은 볼링브로크의 '자연발생적 종교'에 대한 공격이다. 이 글에서 버크는 루소의 이름을 전혀 언급하지 않고 있다. 그러나 루소의 『불평등 기원론(*Discourse on Inequality*)』이 1755년 프랑스에서 출간되었고, 같은 해 애덤 스미스가 이 책 서평을 썼으며, 이와 유사한 주장들이 당시 런던을 풍미했다. 게다가 『불평등 기원론』과 『자연발생적 사회를 옹호함』은 구조와 사상에서 상당히 중첩되는 부분이 많았다. 따라서 버크의 에세이를 읽을 때 이를 루소에 대한 공격으로 보지 않기가 매우 힘들다. 이러한 인상은 버크가 『달랑베르에게 보내는 편지』에 대해 다음과 같은 서평을 발표하면서 강해진다. "이 책은 역설에 빠지는 경향이 있는데, 이는 탄탄한 지식에서 늘 나타나는 해악이고, 그 역설이 이제 그 지식을 파괴할 지경에 이르러, 그 성마름이 인간 혐오에 다다르고 엄격한 미덕의 잣대가 도저히 더불어 어울릴 수 없는 경직성에 도달했다." 3년 후 『연감』에 게재된 『에밀』 서평에서도 버크는 이와 같은 연장선상에서 다음과 같이 비평한다. "상당 부분이 비현실적이고 터무니없는 내용도 있다. 비난받아 마땅한 부분도 적지 않고, 신앙심과 도덕에 위협적인 내용도 있다."

다시 말해서 일찍이 1750년대에 — 버크가 정계에 입문하기 10년 전에 — 버크는 자신의 지적인 기반을 확실히 인식하고 있었고 그로부터 40년 후에나 정면으로 충돌할 사상의 노선을 일찍이 규명하고 공격할 역량을 갖추고 있었다. 1790년대에 그가 정치적으로나 지적으로 추진할 목표는 유럽 사회의 파괴를 막고 대부분 루소의 사상에서 파생된 혁명적 개념들의 확산을 막아서 유럽 사회의 제도들을 보존하는 일이 되었다. 그렇다면 버크의 사상에 일관성이 없기는커녕 오랜 세월에 걸쳐 버크의 사상은 놀라울 정도로 일관성을 유지했다는 증거다. 귀족들에게 돈 받고 빌붙어 산 앞잡이가 되기는커녕 그의 사상은 그가 공적인 인물이 되기 족히

10년 전에 그 뿌리를 내렸다.

1750년대부터 1790년대 사이에 버크는 영국에서 대의 정체라는 새로운 개념을 주장했고, 아일랜드와 아메리카 식민지와 인도에서 일어나는 불의와 억압에 맞서 싸웠다. 이 책의 남은 장들에서는 이러한 그의 활동이 놀라울 정도로 막강한 개념들로 구성된 단일한 사상에서 비롯되었다는 사실을 증명하겠다. 그러나 버크를 더 잘 이해하려면 그의 사상을 있는 그대로 직접 파악해야 한다. 이제 그 이야기를 해보자.

제7장

사회적 자아

철학자 에드먼드 버크

더블린에 있는 트리니티 칼리지 총장의 관저에는 에드먼드 버크를 그린 멋진 초상화가 걸려 있다. 뛰어나지만 버크와 불화도 겪었던 버크의 문하생 제임스 배리가 그린 그림이다(다음 쪽 그림 참조). 이 그림에서 버크는 왼쪽 어깨를 그림을 보는 사람 쪽으로 향하고 있다. 책상 앞에 앉아 있는 버크의 뒤로는 두툼한 책이 꽂힌 책꽂이가 있고, 버크는 앞에 책을 펼쳐놓은 채 깃털 펜을 쥐고 있다. 고개는 그림을 보는 사람 쪽으로 절반쯤 틀고 있다. 인상을 찌푸리지는 않았지만 입술을 굳게 다물어 결의에 차고 위엄이 있어 보인다. 이 그림의 복제품들은 색을 너무 밝게 칠했다. 원작에서는 버크의 머리와 손이 어두운 배경과 대조되어 두드러져 보인다. 마치 그의 정신이 종이 위에 직접 빛을 비추는 듯하다. 붓질은 아주 섬세하다. 보는 이에게 달려들 듯이 생생하고 친밀하다. 행동하는 지성인이 깊은 생각에 빠진 순간을 포착한 그림이다.

◆ 에드먼드 버크의 초상화(제임스 배리, 1771)

그런데 버크는 정말로 심오한 사상가였을까? 지난 2세기에 걸쳐 버크를 지지하는 이들과 비판하는 이들은 그의 삶과 업적의 수많은 측면을 두고 격돌했다. 하지만 한 가지에서만은 의견이 일치했다. 그의 사상은 질서정연하지 않고 모험적이라는 주장이다. 체계가 아니라 짜깁기라는 주장이다. 이러한 관점에서 보면 버크는 정치가다. 그는 개념을 제시하고 웅변을 토한다. 하지만 통일된 사상의 체계를 제시하지는 않는다. 철학은 더더군다나 아니다.

버크는 너무 영리해서 전적으로 설득력이 있을 수가 없고, 너무 열정적이고 당파적이어서 전적으로 솔직할 수가 없다. 그의 친구 올리버 골드스미스(Oliver Goldsmith)는 버크에 대해 다음과 같이 말했다.[1] "우주를 위해 태어난 이가 있으니, 그는 인류를 위해 써야 할 사고를 그 범위를 좁혀서 당에 헌납했다. 온갖 학식으로 가득 찬 그대는 억지로 목청을 쥐어짜내 토미 톤젠드에게 한 표를 달라고 권한다." 이 글은 버크가 당원이라는 바로 그 이유 때문에 철학자가 아니라는 주장으로 읽혀왔다.

버크를 철학자로 그리려고 애써온 이들도 비교적 협소한 의미에서 그런 시도를 했고, 용어의 정의와 제일원리들, 일련의 추론 과정, 사고실험이나 사례의 논의 등 철학 분야의 특징들을 버크의 사상에서 찾아내는 데 어려움을 느끼는 듯하다. 지적인 무질서를 장점이라고 보는 이들도 있다. 한 학자는 다음과 같이 희망 섞인 말을 한다.[2] "우리는 버크의 정치 개념에서 체계의 부재(不在)를 강조하고 비일관성으로 빠져드는 특성을 강조해야 한다. 그의 사상이 유연하다는 것을 이해해야만 그의 사상이 풍요롭고 다채롭고 인간답다는 사실을 제대로 인식할 수 있다."

이러한 평가를 내리는 저자들은 놀랍게도 버크를 동맹으로 간주해왔다. 버크는 추상적인 탁상공론과 '형이상학'적인 사람들을 못 견뎌 한다. 『프랑스혁명에 관한 고찰』에서 그는 다음과 같이 말한다. "자유로운 정부라는 교리를 쪼개고 원자화하는 이들이 있다. 그게 마치 추상적인 문제라도 되는 듯 말이다. …그들은 자유가 긍정적인 개념인지 부정적인 개념인지를 두고 갑론을박해왔다. …이들은 철학을 오염시키고 있고 또 다른 이들은 자유를 훼손하고 있다…."

「브리스틀 행정관들에게 보내는 편지」에서 버크는 다음과 같은 질문을 던진다. "인간이 식량과 의약품을 누릴 권리를 추상적으로 따져서 무슨 소용이 있는가? 식량을 구할 방법과 의약품을 보급할 방법을 마련하는 게 관건이다. …나는 항상 형이상학을 가르치는 교수가 아니라 농부와 의사의 도움을 요청하라고 조언한다." 「허큘리즈 랭그리쉬 경에게 보내는 편지(Letter to Sir Hercules Langrishe)」에서 그는 다음과 같이 말한다. "나는 당신이 이 시대의 형이상학자들과 가장 거리가 먼 인물이라고 생각합니다. 그들은 더할 나위 없이 어리석은 이들이고, 보편적인 것과 본질을 다룰 때 넘침과 모자람의 차이를 구분하지 못하는 이들입니다."

그럼에도 불구하고 버크에 대한 이러한 상투적인 평가는 대체로 틀렸다고 봐야 할 만한 이유가 있다. 물론 버크는 스피노자나 칸트 식으로 위대한 철학적 체계를 탄생시킨 인물도 아니고 본인도 그럴 생각이 없었을지 모른다. 그는 데이비드 흄처럼 회의적인 기질이 두드러지지도 않고[3] 비트겐슈타인(Wittgenstein)처럼 상징성이 번뜩이지도 않는다.

그럼에도 버크는 자기 나름의 독특하고 선명한 세계관을 지니고 있다. 논리적인 원칙들을 적용해 그 이치로부터 연역적으로 구축한 세계관이 아니라 법과 역사에 관한 직관에서 비롯된 세계관이다. 서로 다른 여러 사상을 조합해 반사적으로 새로운 맥락에 확대 적용한다. 폐쇄적이고 완결된 교리의 집합체가 아니다. 그 기풍이 반 이념적이다. 그러나 철학적 혜안으로 충만하고, 일관성과 권위는 인간의 실존적 사실들과 어쩌다 보니 연관된 것이 아니다. 그 이상의 의미를 지닌다.

면밀히 살펴보면, 버크는 위와 같은 글들이 주장하는 것처럼 추상적인 사고를 경시하지도 않는다. 그의 주장은 철학을 공허한 탁상공론 취급하는 영국 변호사나 사업가가 부리는 허세가 아니다. 오히려 상당히 정교하고 도발적인 일련의 철학적 논점들을 효과적으로 제시한다. 절대적인 일관성은 수학이나 논리에서는 바람직할지 모르지만 인간사를 다룰 때는 가능하지도 않고 바람직하지도 않다. 보편적인 원칙들 그 자체만으로는 실용적인 사고의 지침으로 충분치 않다. 정밀과학의 개념들을 인간의 삶이라는 복잡한 대상에 적용하는 것은 큰 실수다. 정반대다. "상황(이를 아무것도 아닌 양 무시하는 이들이 있다)이 사실상 모든 정치적 원리에 독특한 색채를 입히고 구분하는 효과를 낳는다. 어떤 정치 제도가 인류에게 이로운지 해로운지를 결정하는 판단 기준은 상황이다."

과학과 인간의 삶, 사색과 행동 간에 무엇을 선택해야 하는지 버크에게는 분명하다. "정부가 추구해야 할 바람직한 목적을 규명하는 일은 사색하는 철학자의 몫이다. 그러한 목적을 달성할 바람직한 수단을 찾아내 효과적으로 사용하는 일은 행동하는 철학자인 정치가의 몫이다." 원칙을 토대로 한 정당정치의 선언문이라고 할 『오늘날의 불만의 원인에 관한 사유』에서 비롯된 이 구절은 확실히 자서전적이다. 버크는 정치인을 행동하는 철학자와 동일시하는 도발적인 주장을 한다. 버크는 철학을 경시하기는커녕 자기 자신에게 정치인의 위상뿐만 아니라 철학자의 위상까지도 부여하고 있다.

버크의 '사회질서' 사상

버크의 철학에 접근하려면 우선 버크보다 앞선 두 위대한 사상가 토머스 홉스(Thomas Hobbes)와 존 로크(John Locke)의 이야기부터 해야 한다.

홉스는 1588년에 태어나 영국 역사상 가장 흥미진진한 91년을 살았다. 그의 청년기는 셰익스피어, 벤저민 존슨(Benjamin Jonson), 존 던(John Donne)이 풍미한 시대였다. 1630년대 헌정 위기 때 중년을 맞은 그는 1640년 파리로 도피해 영국 내전을 가까스로 모면했다. 노년은 과학혁명의 와중에서 보냈다. 1651년에 출간된 저서 『리바이어던(*Leviathan*)』에서 홉스는 정치적인 문제들 가운데 가장 근본적인 것으로 손꼽히는 문제를 다루었다.

바로 '합법적인 정부의 근거가 무엇인가?' 하는 문제다. 홉스는 사회의 모든 구성원들 사이의 계약에 의해 정부가 존재한다고 주장했다. 계약에 따라 자발적으로 구성원들이 안전을 위해 자율을 어느 정도 포기한다. 정부가 없으면 사람들은 자연 상태, 또는 최대한의 불신 상태, "만인에 대한 만인의 투쟁" 상태에서 살게 된다. 이러한 상태에서는 모두가 끊임없이 위험에 처하고 끊임없이 처참한 죽음을 두려워하게 된다. 사람들이 "외롭고, 비참하고, 역겹고, 잔인하고, 짧은" 삶을 살게 된다는 홉스의 말은 유명하다. 이러한 운명에서 벗어나려면 개인들은 자유를 일정 부분 포기해야 한다. 질서를 유지하면서 개인들이 서로 자유롭게 교류하도록 법적·물리적으로 보호해줄 단일한 주권자에게 자유를 양도해야 한다.

홉스에 따르면, 이는 권한을 부여하는 행위이고 사회가 만들어지도록 하는 '사회 계약'이다. 주권자는 원칙적으로 군주가 될 수도, 과두체제가 될 수도, 민주주의가 될 수도 있다. 그러나 오로지 주권자만이 합법적인 권력의 원천이고 그 권력의 합법성은 모든 구성원들이 자발적으로 부여한 데서 비롯된다. 주권자는 법을 통과시킬 수 있다. 국민이 그렇게 할 권한을 부여했기 때문이다. 그리고 홉스에 따르면, 우리가 그 권한을 부여했기 때문에 우리에게는 법에 복종해야 할 법적인 의무뿐만 아니라 도덕적인 의무도 있다.

사회계약이라는 개념은 존 로크가 채택해 약간 변형한 후 『통치론(*Two Treatises of Government*)』의 「제2 논고(Second Treatise)」에 제시했다. 로크는 이보다 앞서 쓴 저술에서 인간을 신의 피조물로 보았지만 인간의 심리에 대해서는 훨씬 현실적인 해석을 해야 한다고 주장했다. 인간은 개념들을 내장한 채로 태어나지만 세계를 느끼고 경험하면서 사는 방법을 학습한다고 주장했다. 인간의 상상력은 창의적인 게 아니라 이미 느끼고 경험한 것들을 재조합하는 능력일 뿐이다. 그리고 인간의 정체성은 영혼이나 그 밖의 비물질적인 본질이 아니라 의식에서 비롯된다고 보았다.

이러한 현실적인 인식을 토대로 로크는 「제2 논고」에서 정부의 역할은 서로 다른 주장들을 중재하고 인간이 생명과 자유와 재산에 대한 소유권을 행사할 수 있는 틀을 마련하는 일이라고 강조한다. 이러한 주장에서 홉스와는 매우 다른 중요한 주장이 도출된다. 로크에게 정치적 권위는 한 차례 수렴한 주권이 아니라 지속적으로 피통치자들로부터 얻은 동의가 토대가 되며, 국민은 정부 아래에서 그들의 권리를 유지하고, 특히 통치자들에 맞서 반항할 권리를 보유한다. 따라서 정부는 권위라는 틀뿐만 아니라 신뢰라는 틀 안에서도 작동한다. 찰스 1세를 처형한 지 40년 만에 등장한 이 논점을 그의 글을 읽는 독자들은 놓치지 않았다.

홉스가 제시하는 사회계약은 매우 익숙하다. 오늘날 많은 사람들은 정치적 권위를 신이 부여한 권한이라기보다 이성적인 자기보호를 그 토대로 보는 홉스의 개념으로 받아들이는 듯하다. 그러나 이러한 주장을 무너뜨리는 아주 간단한 반박을 데이비드 흄이 했다고 알려져왔다. 개인들이 사회계약에 복종하겠다고 약속하려면 그 전에 먼저 약속이라는 제도가 존재해야 하지 않는가? 약속이라는 제도가 이미 존재한다면 개인들이 진정으로 자연 상태에 놓여 있다고 말할 수가 있는가?

사실 흄이 이러한 반박을 했는지는 분명하지 않다. 다만 에드먼드 버크가 볼링브로크 경을 풍자한 글인 『자연발생적 사회를 옹호함』에서 간접적으로 이와 관련된 주장을 암시하고 있다[5]. 버크는 순수한 자연 상태에서 인류라는 개념은 어떻게 규정되는지, 규정될 수는 있는지에 대한 의문을 제기하고 있다. 그로부터 거의 40년 후에 버크는 프랑스혁명과 관련해 「소장 휘그당원들이 노장 휘그당원들에게 드리는 호소문」에서 다음과 같이 비슷한 논지를 펼친다.

> 야만의 자연 상태에서 국민이란 존재하지 않는다. 여러 사람들이 있다고 해서 집단적으로 역량을 발휘하지는 못한다. 국민이라는 개념은 단체의 개념이다. …따라서 사람들이 국가에 단체의 형태와 역량을 부여하기로 한 본래 계약이나 합의를 깨면 그들은 더 이상 국민이 아니다. …그들은 더 이상 내부적으로 서로 결속해 법적으로 함께 행동하는 세력이 아니며 해외에서도 인정받기를 요구할 수 없다.

중요한 점은 원자로서의 개인이 아니라 국민이나 사회로 간주되는 개인들이 만들어내는 집단적인 역량이다. 그렇다면 버크는 인간이 사회적 동물이라고 주장한 아리스토텔레스의 뒤를 잇는 셈이다. 인간은 사회를 이루고 살려는 속성이 있는 동물이라는 주장 말이다. 사실 인간 사회로부터 완전히 단절된, 원자로서의 인간이라는 개념은 무의미하다. 인간의 자아는 사회적 자아다. 이는 대단히 중요한 의미가 있는데 여전히 잘 알려지지 않고 있다. 이에 대해 살펴보도록 하겠다.

홉스, 로크, 루소와는 달리 버크는 자연 상태가 아니라 이미 주어진 것, 즉 인간 사회 자체에서 논의를 시작한다. 인간은 사회에서 성장하고 인간의 인간다움은 사회에서 비롯된다. 각양각색의 사회들은 사실 여러모로 다르다. 부유하거나 가난하고, 개방적이거나 폐쇄적이고, 중앙 집중적이거나 분권적이고, 호전적이거나 평화적이다. 그러나 각 사회에는 나름의 사회질서가 있고, 이러한 질서는 오랜 세월에 걸쳐 무수한 상호작용을 통해 구축된 제도, 관습, 전통, 습관, 기대가 얽히고설켜 형성된 거대하고 항상 변화하는 연결망 속에 사람들을 연결시킨다.

따라서 18세기 영국에서 사회질서는 거대한 여러 부문을 아우른다. 우선 군주, 귀족, 평민이 있다. 영국 교회와 대학들 같은 기관들이 있다. 런던 시, 조합, 무역 회사들이 있다. 지방정부 기구들, 해군과 육군, 법체계와 사법부 등등이 있다. 그러한 연장선상에서 결혼·출생·사망과 관련한 제도들, 교회 예배 참석과 기도문, 선술집과 극장, 예술과 문화, 도서 판매업자들과 언론, 도박과 음주와 폭도, 교육과 부의 축적과 사회계층 이동의 유형들도 사회질서에 포함된다. 이러한 제도들은 궁극적으로 느낌과 감정의 바탕이 되고, 인간의 이성을 인도하고 이성에 지시를 내린다. 이러한 제도들은 애정, 정체성, 관심으로 유지된다.

이러한 제도들이 중요한 이유는 세 가지다. 첫째, 생존하기 위해서 서로 경쟁하고 협력하면서 서로를 제어한다. 힘을 여러 공동체에 분산시키고 국가권력에 도전하는 사회 세력을 형성한다. 둘째, 일이나 놀이와 같은 사람들의 삶에 틀과 의미를 부여한다. 하루 또는 일 년에 짜임새를 부여하고, 서로 중첩된 정체성과 충심을 만들어낸다. 버크의 『프랑스혁명에 관한 고찰』에 수록된 유명한 구절을 다시 인용하자면, "하부구조에 대한 애착과 사회 내에 존재하는 소규모 하부 집단에 대한 애정이 애국심과 인류애로 나아가는 일련의 과정을 연결하는 첫 번째 고리다". 마지막으로 제도들은 지식을 가두고 저장한다. 수많은 사적인 상호작용들과 전통과 관행들로 구성된 사회질서는 공유되는 지식과 대물림되는 지혜의 보고(寶庫)가 된다.

이러한 제도들 가운데 시장이라는 제도가 있다. 18세기 말 점점 사상과 연구의 대상으로 부상했고 애덤 스미스의 『국부론』에서 가장 부각된 시장 말이다. 애덤 스미스는 버크에 대해서 다음과 같이 말한 적이 있다.[4] "경제 관련 주제에 대해 나와 생각이 똑같은 사람은 내가 알기로는 버크뿐이다. 우리 둘은 이전에 서로 서신을 주고받은 적도 없다." 버크 사후 출간된 논문집 『희소성에 관한 고찰과 상술(*Thoughts and Details of Scarcity*)』을 보면 버크의 생각이 스미스의 생각과 일치한다는 사실이 드러난다.

이 논문집은 사회에서 가장 빈곤한 계층에 대해 매몰찬 태도를 보인다고 비판을 받아왔다. 버크가 가장 빈곤한 계층을 공공부문이 개입해 지원할 게 아니라 민간 자선단체가 지원해야 한다고 주장했다는 이유에서다. 하지만 이는 다소 부당한 비판이다. 이 논문집의 바탕이 된 원본 제안서(유실되어 존재하지 않는다)는 1795년 아들 윌리엄 피트를 비롯한 여러 인사들에게 비공개로 제출되었다. 기아가 만연하는 와중에 곡물 공급에 대한 대중의 우려에 대한 대응 방안이었다. 거창한 원칙들이라기보다 위기에 대한 구체적인 대응 방안이었을 뿐이다.

버크의 논지는 다음과 같다. 곡물 가격은 경제 법칙이 관장해야 생산자들이 정당한 수익을 올리고 간접적으로 사유재산을 보호하게 된다. 그리고 정부가 개입해 가격이나 임금을 관리하면 취업이나 공급에 해를 끼칠 가능성이 높다. 정부는 규제할 권한이 있지만 정부 자체가 경제활동의 주체가 되어서는 안 된다. 버크는 '보이지 않는 손(invisible hand)'이라는 표현은 쓰지 않았지만—대부분의 사람들이 알고 있는 바와는 달리 이 구절은 스미스의 저서에도 거의 등장하지 않는다—사상적인 노선은 『국부론』에 매우 가깝다. 그리고 스미스가 『도덕감정론(*Theory of Moral Sentiments*)』에서 시장이라는 개념을 인간의 동정심이라는 좀 더 폭넓은 도덕적 맥락에 삽입했듯이, 버크도 시장과 여러 다른 제도들이 좀 더 폭넓은 도덕 공동체 내에서 작동하고, 이러한 공동체에서 비롯되고, 이러한 공동체에 기여한다고 보았다. 버크나 스미스나 근대적인 의미에서 뼛속까지 자유무역주의자는 아니었다.

그렇다면 사회질서는 어떤 전체적인 설계의 결과물도 아니다. 특정한 계획이나 프로젝트의 결과물도 아니다. 사회질서는 오랜 세월에 걸쳐 서서히 진화한다. 각양각색의 사회질서가 진화하는 방식은 각양각색이고, 어떤 사회질서는 다른 사회질서보다 효과적이고 훨씬 성공적일지도 모른다. 사회질서는 하나하나가 독특하고 대체로 우발적으로 형성되었으며 역사적으로 볼 때 인간이 우연히 이룬 업적이다. 따라서 개별적인 사회질서가 정확히 어떻게 진화해왔는지, 그리고 그 질서가 어떻게 기능하는지에 따라 엄청난 차이가 생긴다.

인간이 만든 제도를 실제적·이론적으로 고찰하려면 — 그리고 이는 용어나 개념 못지않게 크고 작은 기관, 국민, 국가에도 적용된다 — 역사와 경험부터 살펴봐야 한다. 특정 사회질서는 애초에 어떻게 등장했을까? 그 사회질서는 어떤 원칙에 따라 어떻게 진화해왔을까? 진화하는 과정이 지속적이었을까, 단계적이었을까? 진화 속도가 빨랐을까, 느렸을까? 진화해서 어떤 효과를 낳았고 관련된 이들에게는 실제로 어떤 의미가 있을까? 버크는 인간에 관해 제대로 이해하려면 이러한 의문들, 아니면 이와 비슷한 의문들에 답하지 않고는 불가능하다고 생각했다. 따라서 인간사에 대한 모든 탐구, 인간의 모든 실제적인 생각과 행동은 역사를 살펴보는 데서 시작해야 한다.

버크에게 사회질서는, 『숭고함과 아름다움이라는 우리의 사상의 기원에 대한 철학적 탐구』에 등장한 말을 빌리자면, 그 자체로 숭고하다. 인간의 이해를 훌쩍 뛰어넘고, 사회질서를 파악하려는 사람들에게 자기 보존의 본능을 불러일으키며, 경외심과 겸허함을 느끼게 한다. 사회질서는 대물림되고, 각 세대마다 사회질서를 보존할 의무가 있으며, 가능하다면 향상시켜서 다음 세대에 물려주어야 한다. 그리고 사회질서에서 빠져나갈 도리는 없다. 『프랑스혁명에 관한 고찰』에 나온 구절을 빌려 말하자면 다음과 같다.

> 사회는 진실로 계약이 맞지만… 국가는 특정 집단이 마음대로 해체해서는 안 된다. 사회는 존중되어야 한다. …온갖 과학과 온갖 예술과 온갖 미덕이 협력해 만들어낸 결과다. 그러한 협력이 추구하는 목적은 수세대 만에 달성되지 않는다. 단순히 살아 있는 이들끼리의 협력에 그치는 것이 아니다. 살아 있는 이들, 세상을 떠난 이들, 그리고 앞으로 태어날 이들 간의 협력이다.

그렇다면 버크가 생각하기에 사회계약은 존재한다. 그러나 홉스, 로크, 루소가 생각하는 사회계약과는 매우 다른 종류의 사회계약이다. 홉스에게 사회계약은 군주가 통치할 권리를 확보하기 위해 요구되는 최소한의 토대다. 로크에게 사회계약은 인간이 생명과 재산에 대한 권리를 보호하고 누리기 위한 실용적인 수단이고, 사회 계약이 탄생시킨 군주는 혁명으로 축출할 수 있다. 루소에게 사회계약은 앞의 장에서 살펴본 바와 같이 개인의 의지와 집단의 의지가 하나가 되는 장치의 첫 번째 단계다.

그러나 버크는 사실상 이 모든 개념들을 다음과 같은 이유로 거부한다. 첫째, 사회질서가 존재해야 집단 정체성의 존재가 정당화되는데, 밑도 끝도 없이 은근슬쩍 집단 정체성이 존재한다고 가정하기 때문이다. 둘째, 혁명을 일으킬 권리를 허용하기 때문이다. 극단적인 상황에서는 혁명이 필요할지 모르지만, 혁명권을 부여할 수 있는 사회질서는 없다. 셋째, 사회질서 자체보다 폭도의 일시적인 충동을 우선시하기 때문이다. 버크에게는 자연 상태란 존재하지 않는다. 자연 상태에 호소하면 무정부 상태가 초래되기

십상이다.

게다가 홉스, 로크, 루소가 뜻하는 사회계약은 모두 이상화한 개념들이다. 그러나 버크는 서로 다른 세대들 간에 체결할 이상적인 계약을 주장하지 않는다. 그는 단지 이미 존재하는 계약을 지적할 뿐이며 이러한 계약이 그 계약의 보호를 받는 이들에게 어떤 혜택을 주고 어떤 의무를 부과하는지를 설명할 뿐이다. 버크는 『프랑스혁명에 관한 고찰』에서 자신이 생각하는 사회계약을 소개할 때 설레발을 치지 않는다. 그렇다고 해서 비상하게 흥미롭고 강력한 개념, 버크 본인에게서 비롯된 것으로 보이는 이 개념을 무시해서는 안 된다.

사회질서는 고정불변의 구조물이 아니다. 18세기 프랑스의 경직된 위계질서는 폐쇄적이고 억압적인 정도가 사회마다 다르다는 사실을 상기시켜주는 좋은 예다. 앞서 살펴본 바와 같이 버크는 부유층, 특권, 불평등을 옹호하고 의회 개혁과 같이 이러한 대상을 위협하는 요소에 반대한 수구반동으로 간주되는 경우가 종종 있다. 버크가 의회 임기 단축, 투표권의 확대 등과 같은 의회 개혁을 지지하지 않은 것은 사실이지만, 지금 돌이켜보면 당시에 그가 우려한 사항들이 지나치게 부풀려진 듯이 보이기도 한다.

그러나 버크는 그가 살았던 시대에 수구반동이 아니었다. 아일랜드에서 성장한 그는 빈곤과 결핍을 외면하기는커녕 가난한 이들에 대해 평생 깊은 우려를 표했다. 버크가 노예제도에 반대한 사례—브리스틀과 같이 노예무역이 활발한 항구를 지역구로 둔 의원으로서 쉬운 일이 아니다—가 잘 보여주듯이 그는 기존의 질서에 대한 부정적인 여론이 형성되기 훨씬 전부터 두려워하지 않고 현상에 의문을 제기했다.

버크의 사상도 수구반동적이지 않다. 로크와 마찬가지로 버크도 사회나 사회질서가 제 기능을 하면 개인들에게 법적 권리, 특히 사유재산권으로 보장되는 자유라는 소중한 선물을 안겨준다고 생각했다. 원칙적으로 사회질서는 개인들이 사회 내에서 어떤 위치에 있든 상관없이 몰수당하거나 도난당할 염려 없이 재산을 합법적으로 획득하고 유지할 수 있는 공적인 맥락을 조성해준다. 그렇다면 사회는 개인의 기력과 열망을 앗아가기는커녕 사회적·경제적 진전을 가능케 한다. 사회질서는 집단이 달성하는 엄청난 업적이고, 따라서 개혁가를 꿈꾸는 이들은 사회질서를 극도로 조심해서 다루어야 한다.

따라서 성공적인 사회질서는 개인에게 권리와 자유를 부여할 뿐만 아니라 의무도 부과한다. 버크는 자연권에 초지일관 반감을 보였다고 여겨지곤 한다. 그러나 사실은 그렇지 않다. 버크의 세계관에서 권리는 필수적인 구성 요소다. 버크가 거부하는 요소는 실제 사회적 맥락으로부터 유리된 보편적인 권리, 또는 이른바 자연 상태에서 인간의 권리를 바탕으로 한 보편적 권리다. 버크는 (자연의 창조주인 신이 부여한) 핵심적인 자연권이 존재한다고 본다. 그리고 이러한 핵심적인 자연권은 법적인 절차에 따라 인간 사회 내에서 만들어지고 강화된다고 본다. 「폭스의 동인도회사 법안에 대한 연설」에서 버크는 이 점을 다음과 같이 설명한다.

> 인간의 권리, 다시 말하면 인류의 자연권은 진정 성스럽다. 공공의 조치가 이러한 권리에 악영향을 미치는 것으로 드러나면, 이에 맞서서 그 조치를 사장시켜야 한다. …이러한 자연권이 명시적인 계약으로 규정되고 선언된다면 더더욱 바람직하다. …이러한 수단을 통해 확보된 대상은, 오해의 소지가 있는 모호한 표현이 없다면, 인간의 공인된 권리라고 불리는 게 타당하다.

그렇다면 자연권은 법이라는 절차에 따라 사회 내에서 걸러지고 사회에 근거를 두어야 한다.

버크는 법적 권리에 덧붙여 오랜 세월에 걸쳐 알려져왔고 구축되어온 규범도 권리로 인정했다. 관습법에 따른 권리와 마찬가지로 이러한 규범적 권리는 사실상 인간 경험의 축약본이다. 무수한 법적 판단을 통해 각양각색의 맥락들 전반에 걸쳐서 사회 구성원들 사이에 합의되고, 잘 이해되고, 정교하게 다듬어지고, 미묘한 차이가 파악되며. 잘 규정된 권리들이다. 『프랑스혁명에 관한 고찰』에서 버크는 다음과 같이 말한다.

> 나는 실제적인 인간의 권리를 이론상으로도 부인하지 않고, 실제로도 마음속으로 인정하기를 주저하지 않는다. 시민사회의 존재 이유는 인간을 이롭게 하는 것이다. 사회가 인간에게 부여하는 모든 이로움들은 인간의 권리가 된다. …개개인이 각자 무엇을 하든, 다른 사람의 권리를 침해하지 않는 한, 그 사람은 자신을 위해 무엇이든 할 권리가 있다. 그리고 인간은 인간에게 제공할 수 있는 온갖 기술과

힘의 조합들을 갖춘 사회가 자신에게 해줄 수 있는 모든 혜택에 대해 정당한 자기 몫을 누릴 권리가 있다.

그러한 권리들은 프랑스혁명가들이 내세운 '인간의 보편적 권리'와는 매우 다르다. 이는 루소가 (그리고 어쩌면 로크도) 말한 '자연권'이다. 인류가 원래의 자연 상태에서 누렸다고 간주되어온 권리다. 그러한 권리들은 합법적이지 않다. 법·관습·전통의 맥락과는 유리되어왔기 때문이다. 이러한 권리들은 슬로건일 뿐이다. 그 의미가 불분명하고 사실상 혁명을 야기할 소지가 있는 선동 문구일 뿐이다.

버크에게 사회질서는, 가장 폭넓은 의미에서, 국가를 구성하는 요소다. 『잉글랜드섬의 역사를 축약한 에세이』에서 버크는 잉글랜드 국가의 민족적인 뿌리를 살펴보았다. 이는 18세기 정치적 담론의 주제였다. 즉, 국가라는 정서, 시민 사회의 제도들, 오랜 세월 장수해온 의회와 1688년 헌법적 합의에서 파생된 시민 사회의 제도들에 있어서 잉글랜드섬과 영국이 예외적인 존재라는 정서가 18세기 정치적 담론의 주제였다. 그러나 버크는 훨씬 포괄적인 개념을 염두에 두고 있다. 프랑스혁명 무렵, 이러한 사회질서로서의 국가라는 개념은 버크가 즉각적으로 프랑스를 사실상 자아를 망각한 국가로 볼 수 있었던 하나의 이유일지도 모른다.

그러나 사회질서는 좀 더 협소하게 규정된 헌법에 의해 유지되고, 영국에서 사회질서는 영국 헌법을 구성하는 법적 문서·법규·전통·관습에 의해 유지된다. 그리고 헌법을 구성하는 이러한 요소들은 사람들이 사용하고 경험함으로써 인정된다. 이러한 요소들은 어느 한 시기에 한 사람이 생각해낸 것이 아니라 수세기에 걸쳐서 수많은 사람들이 지혜를 모은 결과물이다. 그 저변에는 잉글랜드 관습법인 '국법(law of the land)'[a]이 존재한다. 그리고 권리나 자유는 시간적으로 일정한 간격을 두고 법규에 명시되거나 기록된다. 그러한 법규가 관습법의 원칙을 바탕으로 작동하면 환영할 만한 일이라고 버크는 말한다.

버크가 보기에 영국 헌법의 진수(眞髓)는 (고전적인 공화정 이론, 몽테스키외, 그리고 수세기에 걸쳐 잉글랜드에서 진행되어온 정치적 숙려(熟慮) 등으로 미루어 볼 때) 사회질서를 지배하는 큰 집단들, 즉 군주·귀족·평민의 이익이 균형을 이루는 방식으로 진화해왔다는 점이다. 헌법은 균형 잡혀 있으므로 상황과 새로운 사회적 요구에 따라 융통성 있게 적응할 수 있다. 또한 스스로 바로잡을 수단도 갖추고 있다. 여기서 세 가지 사항이 도출된다. 첫째, 특정 이익집단이 그 집단에 주어진 권한의 한계를 넘으려고 시도하면 저항에 부딪힌다. 여기서 사법부의 권한을 확장하는 데 버크가 반대한 근거를 볼 수 있다. 둘째, 헌법 자체는 급격하거나 과격한 변화에 노출되어서는 안 된다. 그렇게 되면 대대로 물려받은 사회질서의 지혜를 일부 파괴하고 자가 수정 역량도 훼손하기 때문이다. 마지막으로, 그러한 변화가 불가피하다면 개혁은 제한적이어야 하고 당대의 요구에 합당한 정도에 한정되어야 한다.

따라서 버크는 변화 자체에 반대하는 게 아니라 오로지 급진적이고 총체적인 변화에만 반대한다. 오히려 버크는 변화를 수용하는 것이 주어진 사회질서를 지키기 위해서 반드시 필요하다고 본다. 그래야 사회질서 자체가 끊임없이 진화하게 된다. 『프랑스혁명에 관한 고찰』에 담긴 말을 떠올려보면, "변화를 일으킬 수단이 없는 국가는 국가를 보존할 수단이 없는 셈이다". 버크는 1688년 명예혁명을 비방하기는커녕 『프랑스혁명에 관한 고찰』과 「소장 휘그당원들이 노장 휘그당원들에게 드리는 호소문」에서 명예혁명을 헌법을 보존하기 위해 요구되는 필수적이고 제한적인 변화라고 찬양하고 있다. 결국 새 군주 윌리엄 3세와 그의 뒤를 이은 스튜어트 왕조와 하노버 왕조는—적어도 버크가 보기에 조지 3세까지는—입헌군주제로 조성된 균형을 존중했다. 1625년부터 1660년까지의 기간 동안 왕·의회·군이 차례로 통치를 하면서 헌정 질서에 깊은 상처를 남겼지만 1688년 후에는 영국에서 주권이 그런 식으로 행사되지 않았다. 주권은 의회가 기존의 관습과 법에 따라 군주의 의지와 행동을 제약하는 체제, 즉 왕이 의회의 틀 내에서 주권을 행사하는 체제(King in Parliament)로 의회와 왕이 집단적으로 행사했다. 지금도 여전히 그렇다.

사회질서에서 귀족 계급의 중요성

1688년에 구축된 힘의 균형은 막강한 귀족에 의해 유지되어왔다. 버크는 자신이 활동하던 시기에 헌법이 제 기능을 하고 보다 폭넓은 사회질서가 유지되려면 귀족을 없어서는 안 될 존재로 보았다. 버크는 1772년 리치먼드 공작 3세에게 보낸 다소 현란한 문장의 서신에서 이 점을 다음과 같이 제시한다.

귀하처럼 대대로 신탁기금이나 재산을 물려받는 명문가 사람들은 나 같은 사람과는 다르다. 우리는 속성으로 성장해 열매를 맺고, 땅 위를 기어 다니는 동안 크기나 풍미가 독특한 열매로 배를 채우면서 우쭐해 하지만, 그래봤자 우리는 여전히 계절과 함께 시들고 아무런 자취도 남기지 않는, 한낱 한해살이 식물에 지나지 않는다. 그러나 귀하는, 귀하가 제구실을 한다면, 내가 보기에 나라에 그늘을 드리우는 잠나무 거목으로서 귀하가 누리는 혜택은 내내로 영속된다.

이 구절은 간혹 버크가 귀족에게 아첨하는 글로 읽힌다. 그러나 버크의 글에서 흔히 그러하듯이 겉으로 드러나지 않은 숨은 의미를 읽고 버크 특유의 단서 조항을 눈여겨 봐야 한다. "귀하가 제구실을 한다면"이라는 단서 조항 말이다. "영속적인" 귀족이 야심만만한 "한해살이" 평민보다 본질적으로 우월하다는 게 초점이 아니라, 지주계급이 사회 전체가 번성할 수 있는 생태계를 조성했다는 게 초점이다. 의식이 깬 휘그 귀족들은 1688년 합의를 인정하고 정당화하는 노력의 일환으로 정치체제, 특히 하원에 새로운 인재들을 영입해 활력을 불어넣을 필요가 있다고 인식하고 있었다.

버크는 부와 권력의 불평등한 배분은 인간의 삶에서 불가피한 측면이라고 보았다. 그는 개인이 자신과 자신의 가족이 성공하기 위해서 자구책을 강구하고 어려운 사람들을 돕는 게 옳다고 믿었다. 그러나 귀족의 재산은 사회질서 자체를 보장하는 근본적인 요소의 하나로 보았다. 그들의 자본은 토지이고 영속적이며 특정한 공동체에 속해 있다. 금융자본처럼 일시적이고 이동 가능한 자본이 아니다. 이따금 한 개인과 가족이 귀족 지위에 오를 만큼 탁월함을 입증하기도 한다.

하지만 사유재산을 징발하는 방법으로 평등을 조성하려는 욕구는 비현실적이고, 개인의 자유에 대한 심각한 침해이며, 사회질서 자체에 대한 위협이다. "귀족이 우리 왕국에서 공공의 관심사마다 막강한 영향력을 행사하는 게 사실이다. 그들은 자산가이지만 이를 막을 방법은 없다. 모든 재산이 제대로 작동하지 못하게 하는 방법을 쓰지 않고서는 말이다. 재산은 권력이지만 재산권의 작동을 원천 봉쇄하는 이런 방법은 공감을 얻기가 쉽지 않으며 그런 방법이 쓰이기를 결코 바라서도 안 된다."

그렇다면 토지 사유재산은 불가피하고 사회 전체에 중요한 가치를 지닌다. 그러나 어떤 형태의 권력이라도 그러하듯이 특권을 누리는 지위는 혜택 못지않게 의무도 수반된다. 버크는 모든 권력에는 책임이 따른다고 보았다. 따라서 지주 가문은 공적인 품행이 방정해야 하고 정치적 견해를 갖기 위해 독자적인 사고를 해야 한다. 규범적인 권리에는 규범적인 미덕이 수반된다—즉, 토지 자산과 영향력이 있는 사람들은 부와 지위에서 비롯되는, 공중의 높은 기대치에 부응해야 한다. 유동적인 금융자산과는 암암리에 대조된다. 금융자산은 공개적으로 덜 드러나고, 덜 영속적이며, 소유자 입장에서 자산을 잘 관리하고 품행이 방정해야 한다는 요구를 덜 받으며, 소비되는 경향이 더 강하다. 그리고 1791년 「프랑스 정세에 관한 고찰(Thoughts on French Affairs)」에서 버크는 프랑스혁명이 일어난 하나의 원인은 공화주의자들이 지주계급을 의도적으로 파괴한 이후로 금융자산이 증가하면서 사회에 불안정과 부패가 만연해졌기 때문이라고 주장했다.

버크는 자기 나름대로 해석한 키케로(Cicero)의 공적인 미덕의 기준을 자신이 사적으로 교류하는, 막강한 영향력을 행사하는 주요 인사들, 심지어 자신이 속한 정당에까지도 적용했다. 그는 서신에서 그들의 칠칠치 못함, 나태함, 이기심, 무책임을 자주 비판했고, 정중하지만 직설적인 어투로 그들에게 의무를 다하라고 끊임없이 요구했다.

그리고 젊은 베드퍼드 공작이 규범적인 미덕의 공적 기준을 깨자 버크는 다음과 같이 비판을 아끼지 않는다. "그가 공공에 대한 봉사라는 개념을 통해 방대한 토지를 획득하게 되었고, 그러한 개념에 계속 생명을 불어넣을 나름의 공적인 자격이 있다고 말하면 입에 침이 마르게 찬사를 하는 게 아니라 무례하게 빈정대는 셈이다. 내가 갖춘 자격은, 그것이 무엇이든 간에, 자수성가로 얻었다. 그가 지닌 자격은 물려받은 자격이다." 현란한 문구지만 급소를 찌르고 있다. 버크가 보기에 베드퍼드 공작은 아무런 능력도 영향력도 없는 인물로 명문가 자손의 자격도 없으며 오로지 금수저를 물고 태어나 사유 재산의 사회적 중요성 덕분에 행세하고 살아왔다.

따라서 버크는 당대에 소수의 이익과 다수의 이익의 균형을 맞추는 혼합형태의 헌법과 더불어 사회질서의 중심축으로서 귀족의 권한과 의무를 옹호했다. 그러나 궁극적으로 그는 겉만 번드

르르한 귀족이 아니라 실제로 덕망을 갖추고 업적을 쌓은 귀족에 대한 믿음을 지니고 있었다. 그가 한 다음과 같은 말에서 그런 믿음이 엿보인다. "나는 귀족의 친구가 아니다. 통상적으로 이해되는 그런 귀족 말이다. 헌법의 제약을 받지 않는 귀족은 가혹하고 거만한 지배자가 될 위험이 있다." 그러나 리치먼드 공작에게 보낸 서신에서는 언어를 다듬어서, 참나무가 달성해야 할 목적은 그늘을 드리워서 새로운 인물들이 등장하고 새로 부를 축적하는 이들이 나타나도록 지원하는 일이고, 이를 통해 일부는 자기 나름의 뿌리를 내리게 된다고 말한다. 버크 자신이 아들 리처드를 통해서 그리하려고 했듯이 말이다. 이 대목에서도 버크는 보통 알려진 정도보다 훨씬 실력을 중시하는 인물임을 알 수 있다. 그는 군주·귀족·평민 모두에게 구속력을 갖는 헌법이 사회질서를 제대로 떠받쳐준다면 이 또한 근본적으로 실력 위주의 사회라고 생각한다.

사회질서는 '예의범절'로 유지된다

그러나 사회질서는 권력자들의 덕망만으로 유지되지 않는다. 보다 근본적으로 사회 모든 계층의 습관과 행동 또는 '예의범절(manners)'로 유지된다. 인간은 사회적 동물이다. 사람들은 당연히 서로 모방한다. 사람들은 서로 협력하고 경쟁한다. 사람들은 관행, 습관, 규율, 행동 양식을 만들고 이를 통해 서로 협력하고 경쟁할 수 있게 된다. 개인의 차원에서 바람직한 습관은 미덕으로 내면화된다. 집단의 차원에서 바람직한 습관은 제도를 탄생시키고 그 결과 오늘날 우리가 말하는 사회적 자본, 즉 신뢰가 생긴다.

버크는 이러한 신뢰는 두 가지 구체적인 역사적 진전을 통해 영국에서 구축되었다고 보았다. 그가 이런 생각을 하게 된 이유는 스코틀랜드 역사학자 윌리엄 로버트슨(William Robertson)의 영향을 받아서인 듯하다. 첫째, 중세 초기에 귀족 사이에서 기사도 정신이 등장했다. 전사(戰士)의 기풍이 (특히 여성에 대한) 정중함, 궁중 예절, 공적인 책임으로 변형되었다.[6] 둘째, 사제의 문해력과 학식, 베푸는 정신이었다.

버크는 다음과 같이 말했다. "우리의 예의범절, 우리의 문명을 오랜 세월 동안 지탱해온 두 가지 원칙이 있다는 데는 의문의 여지가 없다. 그리고 사실 이 두 원칙이 복합적으로 작용해 나온 결과이다. 바로 신사의 정신과 종교의 정신이다." 기사도는 "지배계층이 사회적 존경을 받기 위해 본분을 다하도록 했고… 법 위에 군림하거나 법을 어기는 행위들은 예의범절을 강조해 제압해야 했다". 상업과 사업은 예의범절을 발전시켰다. 그러나 궁극적으로 상업과 정치는 둘 다 예의범절에 의존한다—즉, 사회질서가 창출한 신뢰에 의존한다는 뜻이다. 예의범절 덕분에 영국인들은 예의 바른 동시에 상업 정신이 투철한 국민이 되었다.

버크에 따르면, 심지어 도덕과 법조차도 예의범절에 좌우된다. 예의범절은 사회, 모든 법의 근본에 직접 영향을 준다. "예의범절은 법보다 훨씬 중요하다. 법은 예의범절에 상당 부분 의존한다. 법은 어쩌다가 우리와 접촉하게 되지만, 예의범절은 우리를 어리둥절케 하고, 위안을 주고, 타락시키거나 정화하고, 야만스럽게 만들거나 정제시킨다. …예의범절은 우리 삶에 전체적인 틀을 부여하고 색을 입힌다. 예의범절은 그 질적 수준에 따라서 도덕관념 형성을 돕고, 도덕관념 자체를 제공하거나 도덕관념을 완전히 파괴한다."

예의범절은 또한 이성의 산물이 아니라 무분별한 개인의 습관과 사회적 지혜의 산물이다. 인종적 혹은 종교적 혹은 정치적 편향성(bias)이 아니라 바로 이것이 버크가 말하는 '편견(prejudice)'이다. 물론 노예제도나 종교적 편협함처럼 추한 편견도 있다. 그러나 버크가 말하는 '편견'은 한 개인의 총체적인 경험이나 직관을 일컫는다. 이성적 사고나 증거의 경중을 따지기 전에 작동하는 지혜의 원천 말이다. 따라서 인간이 신속하고 올바르게 행동하도록 하는 것이 편견이고, 이성적인 사고를 바탕으로 자기이익을 계산하면 사람을 부정직한 쪽으로 몰아가게 된다고 말한다 해도 버크의 사상에서 크게 벗어나지 않는다.

그렇다면 자유는 질서정연한 사회의 결과물이다. 주어진 사회를 구성하는 습관·전통·제도·예의범절 등이 부과하는 수많은 제약과 가능성의 산물이다. 따라서 버크는 자유와 '허용(licence)'의 전통적인 구분을 차용한다. 허용은 상황이 어떻든 상관없이 무엇이든 원하는 대로 하는 추상적인 자유다. 사회의 안녕이 아니라 개인 의지의 신성함을 가치 있게 여기는 관점에서 비롯되는 자유다. 이 관점에 따르면 사회적 이득은 개인의 행동에서 비롯되는 부산물이고 개인의 의지가 완전히 실현되려면 개인을 조금도 속박하지 말아야 한다.

그러나 버크는 이러한 시각이 크게 잘못되었다고 본다. 본질적으로 사회적인 인간의 속성과 개인의 안녕을 무시한다는 점에서 잘못이고 인간이 어떻게든 사회를 초월할 수 있고 초월해야 한다는 유토피아적인 발상이라는 점에서 잘못이다. 그뿐만이 아니다. 이러한 시각은 사회질서 자체를 타락시키고 훼손한다. 자유를 가능케 하는 것은 오로지 사회질서뿐인데 말이다.

이와는 대조적으로 버크는, 그리고 홉스도 마찬가지로, 아무도 자기 나름의 명분에 대해 자기 스스로 판단을 내려서는 안 된다는 게 자연법[7]이라고 생각했다. 따라서 사회를 구성하는 그 어떤 구성원도 하고 싶은 대로 할 자유는 없다. 무슨 뜻일까? 사회질서는 신뢰를 토대로 하고 공무를 담임하는 사람들은 하나같이 국민을 대신해서 그 신뢰를 지킬 공적인 의무가 있다고 한 버크의 주장을 명심하라.

버크는 『오늘날의 불만의 원인에 관한 사유』에서 공무를 담임하는 이들은 국민을 대표한다며 다음과 같이 말한다. "왕은 국민의 대표자다. 상원 의원들도 마찬가지다. 판사도 그렇다. 그들은 하원 의원들과 마찬가지로 모두 국민으로부터 신뢰를 위탁받은 이들이다. 그 어떤 권한도 오로지 그 권한을 쥔 사람을 위해서 주어진 게 아니다. 그리고 정부는 신으로부터 권한을 부여받은 기관임에는 틀림없지만, 정부의 형태와 정부를 운영하는 사람들은 모두 국민으로부터 비롯된다." 그러나 군주와 귀족과 마찬가지로 국민의 의지도 제약되어야 한다.

따라서 영국에서 근본적인 헌법적 원칙은 국민의 주권이 아니라 의회 주권이다. 사회에 존재하는 각양각색의 시각과 이익을 대표하고 거르고 갑론을박하고 제약하고, 궁극적으로 조정해서 균형을 맞추는 역할은 의회가 하기 때문이다. 법규와 법률은 군주가 국민에게 하달하는 지침이 아니다. 군주·상원·하원 간에 타협해 합의한 결과다—즉, 나라 전체가 스스로 만들어내는 결과라는 뜻이다. 버크는 민주주의를 국민 의지의 직접적이고 무제한적인 표현으로 생각한다. 그런 의미에서 그는 민주주의자가 아니다. 그러나 버크는 권력에는 책임이 뒤따라야 하고 권력은 국민을 대신해서 모든 차원에서 공개적으로 행사되어야 한다고 주장한다. 이는 놀라울 정도로 근대적이고 민주주의적인 사상이다.

버크가 직접 언급하지는 않지만, 사회적 제약의 경제적 가치는 1688년 후에 일어난 사건들이 완벽하게 증명해준다. 그 전까지만 해도 수익이 있어야 하는 영국 군주들은—왕실을 운영하고 전쟁을 수행하기 위해서 정기적으로 자금이 필요했다—과세를 통해 자금을 조달하기를 꺼려했다. 그러려면 의회를 소집해야 했는데, 의회는 필시 왕에게서 새로운 권리와 특권을 얻어내려 했기 때문이다.

따라서 오래전부터 영국 군주들은 작위와 왕실 사유지를 팔고, 담배처럼 인위적으로 독점권을 만들어 판매하고, 귀족과 런던의 금융가들로부터 강제로 융자를 받아 기금을 조성해왔다. 각 방법마다 심각한 부작용이 있었다. 작위의 가치가 하락했다. 왕의 사유지를 매각하면 왕실의 수익 기반이 점점 줄어들기 때문에 애초에 해결하려던 문제가 오히려 더 커질 뿐이다. 인위적으로 독점권을 조성하면 가격이 폭등하고 교역이 훼손된다. 왕실이 강제로 융자를 얻어내는 행위는 점잖은 형태의 강탈이었고, 왕실은 융자를 거의 상환하지 않았다.

그런데 윌리엄 3세가 즉위하면서 상황이 완전히 바뀌었다.[8] 새로운 헌정 질서하에서 이제 왕은 의회의 일원으로서 주권을 행사하게 되었다. 왕은 행정 권력, 특히 국방 문제에서 행정권이 주어졌지만 의회의 제약을 받았다. 이는 공공 재무를 엄격히 관리하는 효과를 낳았다. 새 군주는 권한이 예전보다 줄었기 때문에 신뢰도는 높아졌다. 의회가 윌리엄 3세의 채무불이행을 허락하지 않게 되면서 왕이 융자를 상환하겠다는 약속에 갑자기 신빙성이 생겼다. 그 결과 왕의 부채는 1688년 100만 파운드에서 1697년 1,700만 파운드로 치솟았다. 융자금의 안전이 담보되자 이를 반영해 이자율은 1690년대 초 14퍼센트에서 1700년 직전 6~8퍼센트로 하락했고 1720년대 무렵에는 겨우 3퍼센트에 불과했다. 융자금은 대부분 스페인 왕위계승 전쟁(The War of the Spanish Succession)에 쓰였고, 이 전쟁에서 말버러 공작(Duke of Marlborough)은 18세기 들어 첫 10년 동안 대승을 거두었다.

반면 프랑스는 오래전부터 루이 14세 통치하에서 대륙의 초강대국 지위를 누려왔다. 그러나 독재적이고 제멋대로인 군주, 경직된 행정부, 무기력한 의회가 정부 체제를 취약하게 만들었다. 투명성, 신뢰, 자유로운 제도들이 결여되어 있으므로 대규모 기업가 계급이 등장하지 못했고 무엇보다도 신용 대출이 부족했다. 정부가 끊임없이 채무불이행을 선언했기 때문이다. 바로 이러한 공적 신용이 결여되어 있었기 때문에 1789년 삼부회가 붕괴되었고, 버크가 제대로 인식했다시피, 이 사태가 뒤이은 혁명을 앞당기는 데 큰 역할을 했다.

버크의 루소 비판

이제 우리는 버크가 루소를 비판한 까닭을 제대로 이해할 수 있다. 사실 어떤 면에서 보면 두 사람은, 어느 쪽도 크게 인정하지 않을지 모르지만, 생각보다 공통점이 많다. 둘 다 과학적 사고방식이 지배하는 상황을 탐탁지 않아 했다. 둘 다 공인된 전문 지식보다 보통 사람들의 지혜로움과 개인적인 경험을 신뢰했다. 그리고 둘 다 이성뿐만 아니라 감성에도 바탕을 둔 인간 특유의 속성이라는 개념을 받아들였다.

그러나 여기서 두 사람의 사상은 확연히 갈라진다. 『자연발생적 사회를 옹호함』에서 루소의 사상에 대해 무언의 비판을 가하고 그가 쓴 책 몇 권에 대해 다소 엇갈린 서평을 썼다는 사실 말고는 버크는 루소가 살아 있을 때, 그리고 사실 1778년 루소가 사망한 후 10년이 지나도록 루소에게 큰 관심을 보이지 않았다. 그러나 1790년 프랑스 의회가 루소를 기리는 동상을 건립하기로 결정하자—그리고 뒤이어 혁명가들이 그의 유해를 팡테옹에 안치하기로 하자—자극을 받은 버크는 독설을 쏟아냈다. 대부분 거의 인신공격에 가까웠다. 그는 루소를 "의회의 정신 나간 소크라테스" "허무의 윤리학을 가르치는 철학 강사"라고 했다. "그는 자기와 피 한방울 섞이지 않은 남에게는 더할 나위 없이 다정하게 굴고 마음을 녹이면서, 아비로서 당연히 느껴야 할 고통도 느끼지 않고 자신의 역겨운 애정 행각으로 태어난 자기 자식들을 마치 내장과 배설물을 내다버리듯이 고아원에 보낸다"라고도 했다.

그러나 루소에 대한 버크의 비판의 핵심은 인신공격이 아니라 루소의 주장이다. 버크가 보기에 루소의 사상은 개인과 개인의 이성을 찬미해 사회가 엄청난 대가를 치르게 한다. 앞서 살펴본 바와 같이 루소의 사상은 "실제로 모든 정치적 원칙에 독특한 색채를 입히고 차별적인 효과를 낳는 사실과 상황들을 완선히 무시해야 작동한다". 특히 법적·사회적 맥락을 무시한 원칙과 권리들을 찬양한다. 오직 법적·사회적 맥락만이 그러한 원칙과 권리에 의미를 부여할 수 있는데 말이다. 따라서 '자유' '평등' '박애'[b] 같은 추상적인 명사들은 그저 혁명가들이 마음대로 남용하는 수단일 뿐이다. 이성은 이러한 단어들에 "기하학에 준하는 정확성을 도덕적 주장에 부여한다는 망상을 불러일으킨다". "그 어떤 도덕적 혹은 정치적 주제에 관해서도 보편성을 이성적으로 확언할 수 없는데도 말이다. 도덕은 수학처럼 명확히 선을 그을 수 있는 게 아니다. 도덕은 예외를 인정하고 수정을 요구한다. 이러한 예외와 수정은 논리라는 절차가 아니라 신중함의 법칙에 따라 이루어져야 한다."

따라서 자코뱅은 절대적인 일관성을 달성하려는 욕구 때문에 이상적인 사회를 추구하게 되었다. 이 때문에 인간은 역사, 경험, 사회적 지혜를 지침으로 삼지 않고 제한된 지식, 무한한 상상력으로 눈을 돌렸다. 그리고 루소는 프랑스혁명가들에게 인간의 추상적인 권리를 쟁취한다는 미명하에 사회질서를 뒤엎으라고 가르쳤다. 기존의 제도들이 제약하는 역할은 파기되었고 개인의 야만성과 잔혹성을 부추겼다. 집단적인 깨달음 대신 개인적인 야만성이 득세했다. 자유는 허용으로 대체되었다.

그 결과 그저 위선적이고 자기모순적인 데 그치지 않고 재앙을 낳았다. 루소의 영향 아래 혁명가들은 도덕·법·예의범절을 파기하고 도달 불가능한 이상형을 추구하게끔 인간을 도덕적으로 개조하는 작업에 착수했다. 개인의 안녕을 추구한다는 미명하에 학살의 광란이 벌어졌고 그 과정에서 개인의 안녕은 파괴되었다. 신앙심은 광적인 무신론과 사악함으로 대체되었다. 인간에 의한 인간의 지배는 줄어들기는커녕 더 늘었다. "충격은 예의범절과 견해를 시들게 하지만 권력은 살아남는다." 이는 '허무의 윤리학'이었다. 개인에게 신이나 소유할 법한 의지를 누리게 해주기 때문이다. 그렇게 되면 오히려 그 의지 자체가 타락하는데 말이다.

루소 본인이 그러한 윤리학을 상징했다. 자기 자식들을 양육하는 인간의 기본적인 도리를 저버리고 상식과 '편견'과 자기 나름의 원칙까지도 무시하고 자기 나름의 이성적인 판단에 따라 자기 자녀들을 죽음으로 내몰았기 때문이다. 루소는 『고백』에서 독자들에게 자신을 꾸밈없이 낱낱이 드러낸다고 주장하지만, 이 또한 허영과 자기애를 확인해주는 행동일 뿐이다.

그러나 더 폭넓은 진실은 버크와 루소의 사상은 일정 부분 중첩되기도 하지만, 버크의 철학은 루소의 영향을 받은 혁명적인 합리주의에 대한 준엄한 꾸짖음이라는 것이다. 버크의 철학은 계몽주의의 영향을 받았으나 계몽주의 사상에 대한 반격이다. 감성이 이성의 길잡이 역할을 한다고 주장하기 때문이다. 권력은 신뢰가 뒷받침되어야 한다고 주장하기 때문이다. 사회질서는 소중한 보호막이라고 주장하기 때문이다. 그리고 권력을 갈망하는 이들이 지녀야 할 바람직한 태도는 겸허함, 중용, 그리고 공적인 책임감이라고 주장하기 때문이다.

다음 장에서 보겠지만 버크는 이러한 원칙들을 바탕으로 정부와 정치 지도자에 대해 심오하고 독특한 개념을 제시한다.

제8장

근대 정치의 형성[1]

영국의 정당 제도

W. S. 길버트(W. S. Gilbert)가 대본과 가사를 쓰고 아서 설리번(Arthur Sullivan)이 작곡한 코믹 오페라 〈이올란테(Iolanthe)〉(1882)는 매우 난해하고 복잡한 초반 장면이 지나면 1834년에 대화재로 소실된 이후 재건된 웨스트민스터 의사당 근처 광장에 달빛이 은은하게 비치는 밤 장면이 펼쳐진다. 왼쪽으로는 시계탑 빅벤(Big Ben)이 있고 오른쪽으로는 버크가 워런 헤이스팅스를 탄핵한 장소인 웨스트민스터 홀이 있으며, 그 뒤로는 하원이 있다. 무대 중앙에는 윌리스 병사가 보초를 서고 있는데 따분해 죽겠다는 표정이 역력하다.

윌리스 병사는 한낱 군인에 불과하지만 오페라 후반에 요정들의 여왕과 결혼하는 엄청난 운명을 맞게 된다. 그러나 그 스스로 관객에게 보여주듯이 '똑똑한 젊은이'인 그는 영국 정치 체제, 특히 양당 제도의 의문점들을 파헤치기로 한다. 그는 다음과 같이 노래한다. "생각해보면 참으로 우습다. 어떻게 자연의 섭리는 예외 없이 작동하는지. 이 세상에 태어나는 남자아이와 여자아이는 하나같이 꼬마 자유당 지지자(liberal)[a] 아니면 꼬마 보수당 지지자(conservative)로 태어나니 말이다."

윌리스 병사에 따르면 자유당 아니면 보수당 양자택일해야 하는 불쌍한 유권자들은 선택의 여지가 별로 없다. 그러나 의회 의원들도 마찬가지다. 각 당이 서로 갈라져서 당이 요구하는 대로 표결해야 하니 말이다. "의사당에서 하원 의원들이 반으로 갈라질 때면, 그들도 대뇌와 소뇌가 있을 텐데, 뇌는 의사당 밖에 두고 표결에 참여해야 한다. 당수가 하라는 대로 표결해야 한다. 하원 의원들이 우르르 몰려다니며 표결에 참여해 머릿수나 채우는 정치적 양 떼처럼 행동한다면, 그들이 존재해야 할 이유가 뭘까?" 그런데 윌리스 병사가 날카롭게 지적하듯이 이에 대한 대안은 더 엉망이다. "그러나 멍청한 하원 의원들, 온통 사리사욕만 챙기는 하원 의원들을 가까이서 접하게 되면 누군들 마음의 평정을 유지하겠는가."

200여 년 넘는 오랜 세월에 걸쳐 지각 있는 수많은 이들이 영국 정치 체제에 대해 이와 비슷한 절망적인 심경을 토로해왔다. 유권자들이 몇몇 정당 가운데서 선택해야 하는 체제보다 훨씬 지적인 체제를 설계하는 게 틀림없이 가능할 텐데 말이다. 선출되려면 정당에 가입해야 하고 일단 선출되면 사견은 제쳐두고 당의 노선에 복종해야 하는 그런 체제보다 더 나은 체제 말이다.

'원내 대표(whip)' 체제는 정당들의 집단적인 표결을 보장하려고 만든 제도로서 특히 대중의 질타를 받아왔다. 원내 대표는 정치인의 개인적 양심을 깔아뭉개는 악한이라는 혹평을 받는다. 당의 노선대로 표결하는 정치인은 정계에서 신분 상승에 혈안이 된 천박한 아첨꾼이라는 비난을 받는다. 당 노선을 무시하는 이들은 동료 의원들에 대한 의리보다 자기 자존심을 우선시하는 배신자이자 당 파괴자로 증오를 산다. 미국 정치는 엄격하게 당 노선을 추종하는 성향이 좀 덜하다. 그러나 여러모로 미국 정치는 일반 대중으로부터 더 낮은 평가를 받는다. 양당 체제가 굳어져 있고 헌법이 이익집단의 정치와 '돈의 힘'에 취약하기 때문이다.

물론 인간이 만든 그 어떤 제도도 완벽하지 않다. 그리고 대부분의 정당들은 매우 불완전하다. 그런데 놀랍게도 오랜 세월 동안 정치 이론에서는 제대로 기능하는 정당이 성숙한 민주주의의 본질로 여겨져 왔다. 정당을 통해서 이념들이 충돌한다. 각양각색의 정치적 견해와 관심사가 제기되고 논의되고 수렴되어 선언문이 작성되고 정부 정책들이 만들어진다. 야당은 정책 아이디어를 개발하고 이를 선거 때 제시한다. 정당은 개인들을 모집해 정치 전통과 기법을 교육하고, 선거운동 하는 방법을 가르친다. 권력은 한 정당에서 다른 정당으로 평화롭게 이양된다. 정치인들이 선거에서 민주주의적인 방식으로 위임받은 정책들을 법으로 만들 것이라고 유권자들이 믿을 수 있으려면, 정당과 원내 대표 체제, 또는 그에 상응하는 제도가 필요하다. 정당을 혐오하는 이들은 그런 정당마저도 없거나 오직 하나의 정당만 존재하는 나라들에 직접 가보면 정당 혐오증이 말끔히 치유된다.

영국에서 대표성 있는 정당의 면모를 갖춘 체제는 1825년 이후에 등장했다. 보수당은 일반적으로 최초의 근대 정당으로 간주되는데, 전통적으로 그 근원은 칼턴 클럽(Carlton Club) 창립으로 거슬러 올라간다. 1832년 제1차 선거법개정안(Great Reform Act) 전에 창립된 이 클럽은 1834년 로버트 필 경(Sir Robert Peel)이 '탬워스 선언문(Tamworth manifesto)'을 발표하면서 근대 영국 정치에서 보수당의 근간이 되는 원칙들이 제시되었다. 미국에서는 1790년대에 토머스 제퍼슨(Thomas Jefferson)과 제임스 매디슨(James Madison) 주도로 민주공화당을 만들면서 정당정치의 신호탄이 울렸다. 그러나 '파벌'에 반대하면서 '정당'을 본격적으로 내세우고 1820년대 뉴욕에서 최초로 제 기능을 하는 명실상부한 정당인 민주당을 구축한 이는 마틴 밴 뷰런(Martin van Buren)이다.

에드먼드 버크는 특정 정당을 창립하거나 양당 체제를 구축하지도 않았다. 그는 정당을 전국을 돌면서 선거운동을 하는 대규모 당원 중심 조직으로 여기지 않았던 듯싶다. 18세기에 정당에 상응하는 체제였다고 할 지역 서명운동을 보면서 버크는 근심이 깊었다. 정당이 정부를 구성하려면 하원에서 다수를 차지해야 하는 개념, 그 정당의 당수가 사실상 총리가 되는 개념, 그리고 총리가 군주와 상의하지도 않고 내각을 구성하는 개념 등은 몇십 년 뒤에나 등장하게 된다.

그럼에도 불구하고, 앞으로 알게 되겠지만, "구성원 모두가 동의하는 특정한 정치적 원칙을 토대로 함께 국익을 추구하고 신장시키기 위해 모인 이들의 집합체"로서 정당의 근대적 개념을 최초로 제시하고 주장한 이는 버크다. 정당의 원형이라고 할 최초의 정당인 로킹엄 휘그(Rockingham Whigs)의 주요 설계자는 버크다. 무엇보다도 20여 년에 걸쳐 왕실의 영향력과 공직 임명권의 축소, 정부의 재정 개혁과 정부의 책임 소재를 분명히 하는 정책을 당의 주요 원칙으로 천명하고 밀어붙인 주인공은 버크다. 그리고 프랑스혁명기의 자코뱅주의라는 공동의 적에 맞설 때 정당정치가 어떤 식으로 타협하고 양보해야 하는지를 보여준 이도 버크다.

휘그와 토리의 기원

버크 본인의 말에 따르면, 모든 정당들이, 혹은 모든 종류의 정당정치가 똑같지는 않다. '휘그'와 '토리'라는 명칭은 1678~1681년 승계 배제 위기(Exclusion Crisis)[2]에서 비롯되었는데, 정당정치에 대한 버크 나름의 분석은 이 시기에서 시작된다. 찰스 2세는 1660년에 복위했다. 그러나 그는 노쇠했고 포르투갈의 브라간사 왕가(Casa de Bragança) 출신인 캐서린 왕비와의 사이에 왕위를 계승할 적자(嫡子)가 없었다. 따라서 왕위 승계 규정에 따라 찰스 2세의 동생인 요크 공작 제임스가 후계자가 되었다. 그러나 제임스는 1673년에 제정된 심사령(審査令)에 따른 선서를 거부했다. 선서를 하는 이로 하여금 여러 가지 가톨릭 교리와 관행을 거부하고 잉글랜드 교회인 성공회(Church of England)를 받아들이도록 한 법령이다. 이를 거부했으니 제임스는 로마가톨릭교도라는 사실이 공식적으로 명백해졌다. 제임스는 이탈리아 모데나(Modena) 출신의 가톨릭교도 마리와 재혼함으로써 그가 가톨릭교도라는 주장은 공식적으로 확인된 셈이다.

헨리 8세와 엘리자베스 여왕이 개신교 가치와 잉글랜드 성공회를 지키기 위해 투쟁했고, 그 내전을 치러야 한 데는 종교적인 이유도 있다는 이야기를 듣고 자란 사람들은 가톨릭 하면 유혈사태, 절대주의, 외국의 영향력을 연상했고, 제임스의 즉위에 극도로 거부감을 보였다. 제임스가 초혼에서 얻은 아들이 없었고, 따라서 마리의 아들이 왕위를 계승하게 되면 잉글랜드 왕실이 로마 가톨릭 왕조가 될 가능성이 제기되면서 더더욱 거부감을 불러일으켰다. 가톨릭에 대한 반감은 1678년 봄에 더욱 고조되었다. 교황이 찰스를 죽이고 제임스를 왕위에 앉히려는 음모를 꾸몄는데 그 음모에 마리가 가담했으며 루이 14세와 은밀하게 연계되어 있다는 주장이 제기되었기 때문이다.

위기는 1678년 12월 폭발했다. 프랑스가 대륙에서 치르는 전쟁에서 영국이 중립을 지키는 대가로 찰스가 루이로부터 거액을 받았다는 사실이 드러났기 때문이다. (존 로크의 후원자인) 섀프츠베리 백작(Earl of Shaftesbury)이 규합한 하원 의원들은 제임스를 승계 대상에서 배제해야 한다는 법안을 하원에 제출했다. 이를 막기 위해 찰스는 의회를 해산했고 이 문제는 선거 때마다 끊임없이 다툼의 대상이 되었다. '토리(아일랜드 반란군을 비하하는 용어)'는 왕의 특권(따라서 제임스의 특권)을 옹호했고, '휘그(장로교 반란군들을 지칭하는 스코틀랜드 단어)'는 이에 반대했다.[3] 서명운동이 일어났고 런던에서 대규모 시위도 있었다. 예수회 수사들과 주교, 그리고 수녀 차림을 하고 매춘부처럼 행동하는 이들의 가두행렬에 뒤이어 거대한 교황 인형의 화형식이 거행되었다.

역사학자 매콜리의 말을 빌리자면, "그처럼 정교하게 조직화되고 그처럼 어마어마한 영향력을 끼친 정치 단체는 일찍이 존재하지 않았다". 이러한 단체 회원들은 단순히 편을 가르거나 순수하게 정치적이지도 않았다. 이러한 단체들을 버크는 "대단한" 정당이라고 일컬었다. 그러나 이 클럽들은 오로지 종교적 문제 하나를 놓고 일치단결했고, 그 문제가 해결된 뒤에도 존속될 의도로 만들어지지는 않았으며, 실제로도 존속되지 않았다. 당은 긴급사태에 대응하기 위해서 한시적으로 결속된 조직으로 간주되었다.

3년 만에 의회를 세 차례 해산한 후 왕은 또다시 의회를 소집하지 않는 간단한 임시방편으로 승계 배제 위기를 헤쳐 나갔다. 그러나 토리는 보다 폭넓은 전쟁에서는 패했다. 1688년 제임스 2세가 망명을 떠나고 그 이듬해 가톨릭교도가 왕위 승계에서 배제되었고 1701년 왕위계승법(Act of Settlement)에서 이러한 입장은 강화되었다. 그 이후에도 휘그와 토리라는 명칭이 여전히 일상적으로 쓰였다. 그러나 18세기 동안 자칭 휘그 정치인들이 조지 1세와 2세 하에서 정계를 장악하고 종교적 관용이 확산되면서 이 명칭들은 서서히 그 본래 뜻을 잃었다. 저술가이자 휘그 소속 정치인인 호러스 월폴(Horace Walpole)의 말마따나, "내가 아는 상식 있는 토리 회원은 모조리 제임스 2세를 지지하는 자코바이트이거나 휘그가 되었다. 토리에 남은 이들은 바보들뿐이었다".[4] 1745년 보니 프린스 찰리(Bonnie Prince Charlie)[b]와 자코바이트의 두 번째 반란이 실패하면서 가톨릭이 왕위를 위협할 마지막 가능성은 제거되었다. 1760년 즉위한 조지 3세는 훗날 7년전쟁의 승리를 토대로 나라를 통치하게 되었을 뿐만 아니라 하노버 왕조의 시조로서 종교적 반란의 위협으로부터 안전한 나라를 통치하게 되었다.

그러나 새로 왕이 된 조지 3세는 국내 정치가 마음에 들지 않았다. 군주와 그 승계자 간의 알력은 하노버 왕조의 특징이었다. 조지 3세는 자기 조부인 조지 2세를 극도로 싫어했다. 그는 특히 과거의 전임 조지 1세와 2세가 월폴이나 펠럼 같은 당대 거물 정치인들에게 너무나도 많은 사안들을 양보하는 안이한 태도를 보였다고 생각했다. 조지 2세는 왕실이 누리는 가장 중요한 특권인 각료 임명권을 행사하는 데 거듭 실패했다. 그의 아들 웨일스 공(Prince of Wales) 프레더릭(Frederick)은 정치적인 견제 세력으로서 철저히 무능했고 마흔넷 젊은 나이에 세상을 떠났다. 조지 3세 본인도 즉위하기 전 10년 동안 자존심 강한 정치인들에 의해 포위되어 운신의 폭이 좁았다. 그러니 이제 그가 자기 뜻을 펼치고 과거를 설욕하려는 게 당연했다.

1688년 헌법적 합의를 통해 왕이 할 수 없는 일은 명확해졌지만, 왕이 적극적으로 행사하는 권한은 왕이 받는 제약보다 훨씬 불분명하게 정의되었다. 각료 임명권, 왕의 후원과 작위 수여 권한, 내각 해산권, — 이러한 권한들은 왕의 특권으로 받아들여졌고 조지 3세는 이러한 권한을 지키려고 안간힘을 썼다.

그러나 18세기 말 군주의 권한이 어떤 영역에서 어느 정도까지 확장될 수 있는지를 두고 왕과 정치인들 사이에 끊임없이 논쟁이 벌어졌다. 크고 작은 구체적인 사안들을 두고 양쪽이 번갈아 가면서 싸움을 걸었다. 예컨대, 1765~1766년 로킹엄은 왕의 지지자들이 인지조례(Stamp Act) 철폐를 지지하는 표결을 하도록 만들려고 애썼지만 실패했다. 이를 잊지 않은 로킹엄 계파는 1782년 집권하자 이례적으로 기존의 하급 관리들을 다수 제거할 권리를 조심스럽게 주장했다.

상대 진영에 속한 많은 이들은 왕이 1783년 폭스-노스 연립정부의 와해를 적극적으로 조장하면서 도를 넘는 행위를 했다고 생각했다. 그러나 그때도 왕은 자신이 셸번을 임명하려 했지만 폭스와 노스가 의회에서 음모를 꾸며 그의 임명을 막았다고 주장할 수 있었다.

수십 년에 걸쳐 왕의 권한은 점진적으로 축소되면서 영국에서 근대적인 형태의 입헌군주제가 등장할 토대가 마련되었다. 그러나 버크는 왕실의 영향력과 행정 권한이 점점 강화되고 있다고 우려했고 이는 전혀 오판이 아니었다. 1783년에 일어난 사건들과 1780년 존 더닝(John Dunning)의 그 유명한 발의안을 보면 버크의 우려가 옳았음이 명백히 드러난다. 하원에서 233 대 215로 가까스로 통과된 이 발의안은 "왕의 영향력이 증가해왔고 지금도 증가하고 있으며 이는 축소되어야 한다"는 내용이다.

그렇다고 해도 왕에게 맞서기는 참으로 까다로운 문제였다. 조지 3세가 막강했기 때문만이 아니라 매우 적극적이고 사실상 핵심적인 정치적 행위자였기 때문이다. '파벌'은 오래전부터 각계각층의 증오의 대상이었고 오로지 맞서기 위해서 결성된 파벌을 특히 혐오했다. 정치인이 개인적으로 중요하게 생각하는 구체적 사안을 두고 군주와 이견을 보이는 것과 자기가 추구하는 명분에 다른 정치인들을 동원하려는 것은 별개의 문제다. 이는 그 정치인이 추구하는 명분이 자체적으로 내재된 가치가 없다고 인정하는 행위로 간주되었다. 게다가 왕의 권한 자체에 맞서려는 시도로 해석되었다.

버크에게 세습군주제는 혼합형 헌법의 필수적인 구성 요소였다. 그러나 왕의 영향력이 정부에서 실현되는 세 가지 방식이 있는데, 그는 이 세 가지가 하나같이 결함이 있다고 생각했다. 하나는 볼링브로크가 과거에 제시한 '애국자 왕(Patriot King)'[5] 개념에 담겨 있다. 조지 3세가 어렸을 때부터 배우면서 자란 이 개념에 따르면 군주는 합리적인 원칙을 토대로 국익을 위해 행동하고, 모든 계파와 정당에 우선하며, 타락한 정치인들을 숙청하고 원칙과 역량을 갖춘 사람들을 통해 통치할 수 있다.

두 번째는 왕실의 총애를 받는 인물에 의한 통치였다. 그 인물은 뷰트 백작(Earl of Bute)으로서 조지 3세는 상원 의원도 하원 의원도 아니고 따라서 철저한 낙오자임이 판명된 그를 1760년 각료에 임명했다.[6] 셋째는 걸출한 인물이 등장하면 그를 이따금 지지하는 형태를 띠었다. 아버지 피트(the Elder Pitt)가 바로 그런 인물이었는데, 그는 개인적인 영향력과 전국적인 평판과 하원에서의 웅변술을 동원해 통치하려 했다.

이러한 방식들에 대한 버크의 평가는 다음과 같이 신랄하고 단호했다. "공명심에서 열정이 불타오르는 사람이 아니라면 그 누구도 체계도 없고 지지도 못 받는 단발성 시도로써 미묘한 계획을 무산시키고 야심찬 시민들로 똘똘 뭉친 패거리들을 물리칠 힘이 있다고 자신하지 않는다. 악한들이 힘을 모으면 선한 이들은 연합해야 한다. 그러지 않으면 선한 이들은 하나씩 차례로 쓰러지고 하찮은 투쟁에서 희생돼 동정도 받지 못하는 신세가 된다."

버크, 근대 정치 체계를 설계하다

그러나 최근에 버크가 쓴 것으로 판명된 1757년 에세이가 보여주듯이 조지의 즉위 이전에도, 그리고 제2차 자코바이트 반란이 일어난 지 15년이 채 지나지 않은 시점에도, 버크는 책임 있는 정당 정치를 주장하고 있었다. 지금과 마찬가지로 그 당시에도 정치는 마음대로 되지 않고 때때로 상처를 입게 되는 일이었고 버크는 정당에 대한 환상을 지니고 있지 않았다. "나는 가끔 그저 재미로조차도 궁금해하지 않는다. 사려 깊고 양심적인 사람이 정치계와 연결되면 정당이 어떻게 그 사람을 변질시키는지에 대해 말이다." 정계와 관련되는 게 항상 나쁜 일은 아니다. "정치계의 인맥은 공적인 의무를 제대로 수행하려면 반드시 필요하다. 어쩌다 파벌로 변질되기는 하지만 말이다." 그러나 종교적인 논쟁이 잦아들면서 대규모 정당이 아니라 군소 정당이 등장할 길이 열렸고, 이는 원칙적인, 또는 '충직한' 야당에 합법성을 부여하고 이를 존중받을 만하거나 심지어 영예로운 사명으로 만들었다.

1689년 이후로 영국의 혼합형 헌법은 왕·귀족·평민 간의 힘의 균형을 이루게 되었고 이는 3자 간에 이견과 갈등이 있을지 모른다는 사실을 인정한 셈이다. 사실 이러한 상황에서 헌법이 파생되었다. 군소 정당이 이러한 갈등을 어떻게 바람직한 정부로 변모시킬지가 관건이었다.

버크가 제시한 해답은 사실상 여섯 부분으로 나뉜다. 첫째, 무엇보다도 정당은 정치에 안정성을 부여한다. 버크는 정당을 "구성원 모두가 동의하는 특정한 원칙을 토대로 함께 국익을 추구하고 신장시키기 위해 모인 이들의 집합체"라고 정의한 사실을 상기하라. 정당은 어렵거나 복잡한 입법을 추진하는 데 — 또는 반대하는 데 — 필요한 일관성 있는 투표 행태를 가능케 한다. 이는 사소하게 볼 문제가 아니다. 실제로 하원 의원들을 동원해 표결에 참여하도록 하는 게 얼마나 어려운지 감안하면 말이다. 18세기 내내 정당을 불문하고 의회 전체가 겪은 어려움이다. 게다가 계파와는 달리 정당은 집권에 실패해도 해산하지 않는다. 정당은 핵심적인 원칙을 중심으로 여전히 단결하고, 야당일 때도 그러한 원칙들을 지속적으로 표방한다. 그리고 덧붙인다면 오늘날에는 그러한 원칙을 바탕으로 정책과 프로그램들을 제안한다. 이러한 안정성 덕분에 권력은 합법적이고 평화적으로 한 정당에서 다른 정당으로 이양된다. 따라서 정당들은 자의적이거나 변덕스러운 정부를 제도적으로 교정하는 역할을 한다.

둘째, 정당은 국익이 무엇인지 투명하게 밝히고 국익에 집중하도록 해준다. 집단적인 원칙들은 숨길 수가 없다. 당내에서 그러한 원칙들에 합의할 필요가 있고 의회라는 공론의 장에서 그러한 원칙들을 옹호할 필요가 있기 때문에 좀 더 솔직한 토론이 가능해진다. 게다가 이러한 원칙들은 대체로 국익이라는 틀을 갖추게 된다. 그러한 원칙들이 한낱 사회의 특정 집단에게만 이익이 된다면 누구든 쉽게 인지하게 된다. 버크는 공적인 원칙을 고수하는 태도와 왕실의 계략을 다음과 같이 비교한다. "군주에게 부여된 재량권은 왕실의 선호도나 편견이 아니라 공적인 원칙과 국익에 부합하게 행사되어야 한다."

셋째, 정당은 정부를 조정하고 통제한다. 정당들은 국민의 지지를 얻기 위해 서로 경쟁하고, 따라서 행정부를 견제할 능력을 갖춘다. "최근까지도 의회의 첫 번째 의무는 국민이 납득할 만한 인물들이 권력을 손에 넣을 때까지는, 아니면 계파들이 국가가 신임하지 않는 왕실을 압도하는 동안에는, 정부를 지지하지 않는 일이었다." 정당은 공공의 관심사를 원만하게 해결함으로써 그 가치를 지속적으로 증명하라고 정부에 요구한다. 정당들은 의회를 통해 중요 사안들을 다루고 해결하는 과정에서 국민의 불만을 수렴하고 그러한 불만이 다른 출구를 통해 표현될 소지를 차단한다.

넷째, 정당은 정상적인 정치에서 정치가의 필요성을 제거한다. 버크는 당시에 ― 지금도 마찬가지다 ― 이러저러한 정치인들을 경멸하는 경향에 대해 통렬히 비판한다. "이러한 경향은 정치가는 하나같이 당연히 타락하고, 정치가의 견해는 오로지 사악한 의도를 토대로 형성된다는 천박하고 철없는 생각에서 비롯된다." 그러나 정당은 정치가가 필요하지 않다. 정당은 정상적인 품위와 역량을 갖춘 사람들이 정부에서 역할을 할 수 있도록 도와준다. 정당은 긴 세월을 거쳐 얻은 지혜와 경험을 축적하고 보유하고 정보를 신속하고 효과적으로 공유할 수 있다. 그 결과 "가장 보잘것없는 사람이 전체의 무게에 자기 몫을 보탬으로써 자신의 가치를 증명한다". 오히려 정당은 정치인을 고결하게 만든다. 정당은 사사로운 이익이나 계파의 이익이 아니라 서로 공유하는 공공의 원칙을 중심으로 정치인들을 결속하기 때문이다.

다섯째, 정당은 정치인들을 모집해 자질을 시험해보는 기반으로서 가치가 있다. 정당은 억지로 가입하는 조직이 아니다. 그러나 "특정한 정당의 토대가 되는 일반적인 원칙들에 동의하지 않는 사람은 애초에 자기 견해와 훨씬 부합하는 다른 정당을 선택해야 한다". 당원들은 자신의 경륜을 입증하고 동료들과의 관계를 구축함으로써 자신의 가치를 증명해야 한다. 버크는 이 두 가지 측면을 모두 강조한다. "정권을 잡기 전까지는 친구가 없었던 사람, 공직을 맡고서야 비중 있는 인물이 되고 공직에서 물러나면 아무런 비중도 없는 사람으로 돌아가게 될 인물은 절대로 의회를 장악해 공적인 사안을 주도하고 나아갈 방향을 제시해서는 안 된다. 그런 사람은 국민의 이익과 아무런 관련이 없기 때문이다." "로마인은 삶 속에서 자기 자신 말고 누군가를 배려하는 사람은 공적인 상황에서 행동하게 됐을 때 자기 이익 말고 다른 이익도 고려할 가능성이 높다고 믿었다." 다른 모든 제도와 마찬가지로, 아니 대부분의 제도보다 더욱더, 정당은 '예의범절', 개인적인 친분, 공유하는 가치와 정체성, 그리고 사회적 욕구에 뿌리를 둔다.

그러나 여섯 번째로 중요한 단서 조항이 있다. 버크가 1774년 「브리스틀 유권자들에게 드리는 말씀」에서 밝혔듯이 "의회는 서로 상충하는 각종 이익들을 대변하는 이들의 모임이 아니다. 의회는 나라 전체의 이익, 하나의 이익을 대변하는 이들이 모여 심사숙고하는 곳이다." 그렇다면 정당은 국민을 대표하는 이들의 모임이다. 수가 너무 많고 거리도 멀어서 의회에 직접 참가하지 못하는 지역구 유권자들의 지시를 받고 행동하는 정치적 대리인들의 모임이 아니다. 마찬가지로 정당은 자기 지역구에 그저 정당의 노선을 전파하는 일이나 하는 웨스트민스터 정치인들로 구성되어서는 안 된다. 하원은 "국민을 관리 감독하는 기구가 아니라 국민을 위해서 관리 감독하는 기구이기 때문이다". 하원 의원은 "공정한 견해, 성숙한 판단, 깨어 있는 양심"을 자신의 지역구 유권자들을 위해 희생시켜서는 안 된다. 그러한 것들을 자기가 속한 당을 위해 희생시켜서도 안 된다. "각료들을 무차별적으로 지지하면 정부를 관리 감독하는 의회의 역할이 훼손되고 정부가 잘못해도 눈감아주는 셈이다."

여기서 버크는 미묘한 균형 감각을 보여준다. 정당은 강하고 규율이 잡혀 있어야 정부에 책임을 묻고 성공적인 정치 체제의 토대인 안정성과 투명성을 보장할 수 있다. 그러나 지나치게 당파적이면 공익을 망각하게 되고 의회의 심사숙고하는 기능을 훼손한다. 현안을 토론하고 법을 면밀히 살피는 역량 말이다.

그리고 당이 지나치게 경직돼 하원 의원들이 대표자로 행동하지 못하게 하고 나름대로 성숙한 판단력을 행사하는 데 방해가 되어서는 안 된다. 정당정치는 중요한 사안에 대해 자신의 양심에 반하는 판단을 내려야 한다거나 요즘 말마따나 당 노선을 노예처럼 따라야 한다는 뜻이 아니다. 버크는 정당이 집단적인 규율을 개인의 창의성 및 독자적인 사고와 조화시키지 못하면 어떻게 되는지 뼈저리게 인식하고 있다.

정당에 대한 버크의 생각을 미국 건국의 아버지 가운데 한 사람이자 제3대 대통령인 토머스 제퍼슨(Thomas Jefferson)의 생각과 비교해보면 아주 흥미롭다.[7] 제퍼슨은 제임스 매디슨과 더불어 미국 정당정치의 창시자로 여겨지곤 한다. 제퍼슨은 새로운 정당을 창당하고 조직화하고 이끌어 선거에서 승리한 최초의 인물이다. 오늘날 그는 독립선언문(Declaration of Independence)의 주요 작성자이자 놀라울 정도로 성공한 대통령으로 추앙을 받는다.

그러나 정당정치인으로서 제퍼슨의 추한 면을 기억하는 사람은 많지 않다. 제퍼슨은 국무장관으로 재직하면서 자기가 모시는 대통령 조지 워싱턴(George Washington)을 공개적으로 폄하하려고 적극적인 조치를 취했다는 놀라운 기록이 있다. 그리고 부통령으로 재직할 때는 자신과 절친한 존 애덤스(John Adams)의 평판을 뭉개려고 했다는 기록도 있다. 그는 추문을 캐고 다니는 필립 프레노(Philip Freneau)라는 기자를 내세워 그에게 (연방 정부 자금이 일부 포함된) 자금을 지원하고 애덤스에 대한 정보를 흘렸다. 프레노는 필라델피아에서 「내셔널 가제트(National Gazette)」라는 신문사를 차리고 제퍼슨과 그의 주장들을 지지하고, 워싱턴, 애덤스 그 밖의 연방주의자들을 깎아내리는 글을 썼다.

제퍼슨은 계몽주의적 합리주의자였다. 그는 정당이 국민의 의지를 직접 표현하고, 국민으로부터 지시를 받아야 하며, 선거를 통해 국민들로부터 승인을 받고 권한을 위임받는다고 믿었다. 이러한 시각에서 보면 정당은 다수 지배의 도구로서 엄격하게 헌법의 조항들과 절차를 통해 작동한다. 버크가 조목조목 이의를 제기했을 개념들이다. 버크는 선거에서 선출된 정치인들은 대표자이지 대리인이 아니라고 생각했다.

이들은 지시를 받고 행동하는 게 아니라 자기 나름의 판단에 따라 행동한다. 다수 지배는 자의적인 지배다. 그 어떤 개인이나 집단도 자기가 추구하는 명분을 스스로 평가해서는 안 된다는 근본적인 원칙을 깨기 때문이다. 그리고 효과적인 정부는 단순히 법을 따른다고 달성되는 게 아니라 국민의 정서를 고려하고 사회와 정치체(body politic)를 구성하는 중요한 이익들을 고려해야 한다.

둘 중에 제퍼슨의 사상은 훨씬 단순하고 분명하고 18세기 급진주의가 추구한 상식적인 정치를 기반으로 한다. 버크의 사상은 훨씬 포착하기 어렵고 깨어 있고 정부가 처하는 현실에 훨씬 가깝다. 이는 훗날 제퍼슨 본인이 대통령으로 재직하는 동안 여러 시점에서 헌법의 한계를 시험하는 사건들이 일어나면서 드러났다. 그리고 이러한 차이는 보다 중요한 결과를 낳는다. 정당은 한낱 사적인 기관이나 협회에서 벗어나, 처음에는 비공식적으로나마, 헌법 내에서 공적인 역할을 하는 방향으로 나아가게 된다.

본질적으로 버크는 영국 헌법에서 서로 상충하는 두 가지 중요한 원칙들을 인정하는 견해를 정치적 관행에도 확대 적용하고 있다. 첫째는 우리가 민주주의적이라고 부르는 원칙이다. 정치적 장악력은 궁극적으로 통치받는 이들의 동의에서 비롯되고 그러한 동의는 총선에서 재가된다. 국민의 의지는 선거 주기에 따라 출렁이지 않고 장기적으로 지속되는 제도들, 서로 다른 관점들과 이익들과 가치들을 반영하고 집단적인 미래상과 개인적 충심을 권장하는 장기적으로 지속되는 제도들을 통해 조정되어야 한다. 버크의 말대로, "동서고금을 막론하고 그 어떤 입법가도 자신의 의석이 부여하는 권한을 자발적으로 다수의 손에 맡긴 적은 없다. 국민은 당연히 권력을 감시 통제해야 한다. 그러나 권력을 행사하는 동시에 권력을 감시 통제하는 행위는 모순적이고 양립 불가능하다". 따라서 영국에서 주권은 국민이 아니라 의회에 있다.

미국 헌법도 국민 의지의 직접적인 표현을 제약하고 당파성을 억제하려는 시도를 담고 있는데, 사람들은 이를 이따금 잊는 경향이 있다. 제퍼슨 본인도 가끔 잊는 듯이 보인다. 미국 건국의 아버지들, 특히 제퍼슨의 버지니아 동지 제임스 매디슨의 천재성은 바로 버크의 제도적인 관점을 취해서 수정하고 일반화시킨 점에서 드러난다. 그는 주 정부와 연방 정부의 권한, 행정부와 입법부와 사법부의 권한, 하원과 상원의 권한을 의도적으로 억제하고 분산시킨 헌법을 설계했다. 그렇게 함으로써 서로가 서로를 견제하고, 현안과 정부 권한의 바람직한 범위와 한계에 대해 모두가 갑론을박할 수밖에 없도록 만든다.

이는 정부에 대한 견제일 뿐만 아니라 국민 주권에 대한 견제이기도 하다. 이러한 구조는 존 애덤스가 말한 "사람이 아니라 법이 지배하는 정부"를 창출하고 특정한 집단이나 정당이 미국 정부를 완전히 장악하지 못하게 만든다. 버크와 마찬가지로 미국 건국의 아버지들도 헌법은 권력을 행사하는 게 아니라 권력의 행사를 감시하고 억제하는 역할을 한다고 생각한다. 영국과 미국에서는 민주주의 자체가 국민의 의지를 제도적으로 제약해야 한다고 여긴다. 이는 오늘날에도 여전히 대의 민주주의의 밑바탕이 되는 사상이다.[8]

간단히 요약해보자. 1757년 에세이가 발표된 후부터 1774년 브리스틀에서 선거 연설을 할 때까지 대략 20년의 기간 동안 에드먼드 버크는 대표성 있는 정당이라는 개념의 토대를 마련했고, 그 개념은 지금도 여전히 유효하다. 당시의 정치적 맥락은 오늘날의 정치적 맥락과 다소 차이가 있고 오늘날의 정당에는 버크가 예견하지 못한 많은 측면들이 존재한다. 그러나 그의 사상은 단순히 관습이나 다른 사람들의 사상을 수렴한 게 아니다. 대부분 버크 본인이 깊은 사유를 통해 착안한 독창적인 사상으로서, 『오늘날의 불만의 원인에 관한 사유』를 쓰기 전에 착안해 이 책에 수록했고, 이와 동시에 로킹엄 휘그당원들과 함께 실천하려 했다. 시간이 흐르면서 이러한 개념들과 관행은 널리 채택되었고, 영국 헌법에 흡수되었으며, 비슷한 과정을 거쳐서 대부분 미국 국가 체제 설계에도 도입되었다. 19세기에 영국의 영향력과 권위가 높아지면서 영국이 표방하는 대표성 있는 정당 체제의 영향력도 높아졌다. 오늘날 이러한 정당은 근대 민주주의의 초석으로 널리 인식된다. 그렇다면 버크는 진정으로 영미 정치의 근대화, 그리고 사실상 세계 정치 근대화의 설계자라고 해도 무방하다.

정치 지도자의 자질

그러나 버크의 사상은 정당에 대한 사유에만 한정되지 않는다. 그의 사상은 훨씬 넓고 깊게 확장돼 정치의 속성 자체, 정치적 변화, 정치적 지도력, 그리고 정치인의 품성과 미덕에까지 영향을 미친다.

18세기 말의 정부는 오늘날의 정부와 매우 달랐다는 사실을 각별히 유념할 필요가 있다. 정부는 공공질서를 유지하고 외교와 무역을 관리하고 전쟁을 수행하는 것이 주요 역할이었다. 빈민구제법(Poor Law)을 제외하면 전국적인 사회 안전망이나 복지 체제도 없었고, 의료보험, 사회보장제도, 교육이나 연금 등 대부분의 근대 정치·경제 체제에서 시행하는 공적 자금이 대대적으로 투입되는 정책들도 없었다. 아메리카 독립 전쟁이 끝난 후 영국의 공공지출은 평균 10퍼센트를 밑도는 평시 수준으로 되돌아갔고 이 수준은 1870년대~1880년대까지 유지된다.[9] 국민의 삶에서 정치적 의사결정에 좌우되는 부문들이 훨씬 적었던 것은 이러한 이유도 있다.

그렇다고 해도 버크의 정치사상은 당시 상황 못지않게 사회의 속성에 대한 폭넓은 시각을 바탕으로 구축되었다. 그는 인간은 완벽하지 않으므로 인간이 하는 정치도 본질적으로 혼란스러우며, 그 어떤 중요한 결정을 내리더라도 사회를 구성하는 수많은 사적인 합의와 이해에 피해를 줄 위험이 있다고 보았다. 사람들은 당연히 자신과 자기 가족을 부양하고, 개인적인 자유를 누리고, 자기 역량을 발휘하며, 재산과 지위를 확보하려고 애쓴다. 그렇다면 정치는 우선 화해시키고 조정하는 기능을 해야 한다. 정치는 담론의 장을 제공하고 법과 관행을 제시해 그 안에서 개인 간의 의견 차이와 고충·불만을 다루게 해야 한다. 또 개인의 자유를 사회질서가 요구하는 바와 조화시키고 공공의 담론이 인간에 내재된 자치 역량을 통해 확장되도록 해야 한다.

관습과 관행을 강조하면 정치 지도력에 관한 매우 독특한 개념이 나오게 된다. 버크는 정부가 단순히 법을 통과시키거나 법을 적극적으로 집행하는 역할을 한다고 보지 않았다. "국가는 우선적으로 법에 의해 통치되지 않는다. 더군다나 폭력에 의해 통치되지도 않는다. 국가가 통치하는 방법은 권한이 없는 개인이 자기와 동등한 이들, 또 자기보다 우월한 이들을 다스리는 방법과 똑같다. 즉, 그들의 기질을 헤아리고 이를 분별 있게 관리함으로써 통치한다." 버크는 자신의 글과 연설에서 '국민의 기질'을 헤아려 통치한다는 개념으로 끊임없이 되돌아가면서 "정치가가 가장 먼저 할 일은 자기가 더불어 살아가는 국민의 기질을 파악하는 일이다"라고 주장한다.

이는 오늘날 우리가 생각하는 정치 지도자의 모습과는 완전히 다르다. 오늘날 정치 지도력을 논할 때 미래지향적 기획, 이념 제시, 훌륭한 입법안, 단호한 행동과 지도자 개인의 의지가 지닌 생명력 등에 초점을 맞춘다. 그렇다면 버크가 한 말은 무슨 뜻일까?

버크가 국익을 도모하는 차원에서 사회질서를 보존하고 증진시키는 게 정치의 요체라고 한 점을 기억하라. 사회질서는 나라마다 제각각이고 독특하다. 제도, 습관, 공유하는 관행들이 서로 맞물린 헤아리기 어려울 정도로 복잡한 체제다. 그러나 사회질서는 단순히 수많은 관계와 이익의 집합체가 아니다. 내재된 가치와 변하는 견해의 집합체이기도 한다. 개인과 마찬가지로 국가도 국민도 하나같이 그 나름의 특성이 있다.

정치 지도자는 우선 역사를 살펴보고 지금 우리가 사회학이라고 일컫는 학문을 살펴봐야 한다. 정치 지도자는 특정한 사회질서가 어떻게 진화해왔고 국민의 정서가 어디에 놓여 있는지를 이해하려고 애써야 한다. 물론 버크가 살았던 시대에는 여론조사가 없었다. 그러나 그는 국민 정서의 기본적 동인들과 그러한 동인들이 각종 변화에 어떻게 반응하는지에 대해 오늘날 대부분의 뛰어난 여론조사 전문가들이 제시하는 정도보다 훨씬 깊이 이해하고 있었다.

따라서 정치 지도력은 사회질서에 대한 존중에서 시작된다. 사회질서는 숭고하므로 겸허한 자세에서 출발해야 한다. 정치적 변화 자체도 마찬가지다. 정치 지도자가 아무리 좋은 의도에서 변화를 일으킨다고 해도 변화는 하나같이 사회의 구조를 파괴하고 예측하지 못했던 부정적인 결과를 낳을 가능성이 있다는 사실을 미리 알아야 한다. 총체적이고 — 버크가 '혁신'이라고 일컬은 — 급격한 변화는 더더욱 그러하다. 그러한 변화는 인간이 터득해 결론이 난 것들과 사회가 축적해온 지혜의 자취를 깡그리 지워버린다. 급격한 변화가 진정으로 진가를 발휘하려면 엄청난 사회적 이득을 초래하거나 극단적으로 절실히 필요해야 한다.

앞으로 살펴보겠지만, 일부에서 주장하는 바와는 달리 버크는 이러한 변화에 대해, 심지어 급격한 변화에 대해서도 본질적으로 반감을 지니고 있지 않다. 그러나 그는 혁명은 말할 것도 없고 그 어떤 종류의 극단적인 조치도 이를 실행한 정부가 바람직한 방향으로 나아가도록 하는 경우는 거의 없다고 주장한다. 버크가 1789년 그의 젊은 프랑스인 친구 뒤퐁에게 보낸 편지에서 말한 바와 같이, "절제는 바람직할 뿐만 아니라 막강한 위력이 있는 미덕이다. 절제는 해결하고, 조정하고, 화해시키고, 확고히 하는 미덕이다".

바람직한 정치 지도자는 '개혁'에 집중해야 한다. 효과적인 개혁의 속성에 대한 버크의 발언은 여기저기 흩어져서 발견되지만 일곱 가지 핵심적인 특징들로 요약된다. 어떤 문제의 부작용이 확실히 감지되기 전에 그 문제가 등장하리라는 점을 초기에 예측해야 한다. 개혁의 강도는 처치해야 하는 악의 수준에 부합해야 하고 부작용을 최소화해야 한다. 기존의 구조와 과거의 개혁을 토대로 시행해야 한다. 그래야 거기서 습득한 지식을 활용할 수 있다. 점진적이어야 한다. 그래야 변화를 행하는 주체와 변화의 영향을 받는 이들이 자신의 행동을 변화에 알맞게 조정할 수 있다. 합의를 토대로 해야 한다. 그래야 개혁의 과정에서 불필요한 갈등을 피하고 개혁을 주도하는 지도자가 임기를 마치고 나서도 개혁이 지속될 수 있다. 변화가 일어나는 과정 내내 합의를 유지할 수 있도록 냉철해야 한다. 마지막으로 각 단계가 실용적이고 도달 가능해야 한다.

그러나 정치 지도력은 단순히 개혁이나 법이나 정책만으로 달성되지 않는다. 지도자 본인이 덕망과 인품이 있어야 한다. 버크는 당대에 채텀이 즐겨 인용한 "인간이 아니라 조치(measures)"라는 문구를 일축했다. 탁월한 채텀 본인이 권력을 장악해야 한다는 일종의 자기도취적인 발언이라고 여겼기 때문이다. 버크는 정말로 중요한 문제는 각료들이 자신의 권한을 행사하는 방식이며, 이는 '조치'보다는 '개인의 품성'의 문제라고 생각했다. 앞서 살펴본 바와 같이 버크는 효과적인 정치인이 갖추어야 할 조건은 폭넓은 개인적 경험, '국민의 이익'과의 깊은 연관, 그리고 동료들과 관계를 구축하는 역량을 아우른다고 보았다.

그러나 진정한 지도력에는 더 많은 조건들이 필요하다. 지도자의 절제력은 사회질서에 대한 존중에서 그치지 않고 자기가 누리는 권한의 제한까지 확장된다. 국가가 오랜 세월에 걸쳐 축적해온 총체적인 지혜의 자본에 비하면 정말 보잘것없는 "지도자 자신이 개인적으로 축적한 이성"의 한계를 인식하고 절제하는 능력이 필요하다. 경험과 지혜를 공유할 때 판단력—즉, 정치적 행위를 정치적 여건에 맞추는 역량—이 생긴다.

게다가 개인의 이성은 제한적이므로 효과적인 지도자는 뛰어난 역량과 경험을 갖춘 이들을 찾아내 그들을 신뢰하고 곁에 두어야 한다. 그런 이들은 나름대로 덕을 갖추려고 애쓰게 된다. 덕은 바람직한 습관이 낳는 결과이기 때문이다. "따라서 우리는 우리의 정신을 세심하게 가꾸어 더할 나위 없이 활력 넘치고 성숙한 정신과 우리의 본성에 내재된 가장 너그럽고 정직한 감성을 아낌없이 배양해야 한다."

무엇보다도 정치 지도자는 국가와 사회에 봉사하는 데 혼신을 다해야 한다. 어떤 권력이든 책임이 뒤따른다. 정치 지도자의 가장 숭고한 의무는 사회 자체를 보존하는 일이다. 그 사회는 국가이고 국가는 도덕의 정수(精髓)다. 단순히 시민이나 민족이나 지리적인 표현이 아니다. 국가는 특정한 개인이나 집단이 소멸되어도 살아남는다. 그러나 국가는 파손되거나 붕괴되거나 파멸될 수도 있다. 정치 지도력을 판단하는 궁극적인 시험대는 국가를 보존할 역량이 있는지 여부다.

따라서 버크가 생각하는 정치 지도력은 단순히 평상시에 보이는 역량이 아니라 위기·전쟁·혁명 때 발휘하는 역량이다. 버크가 이론적으로도 현실적으로도 인정하듯이, 국가가 중대한 위협을 받게 되면 정치인들은 이견을 뒤로하고 일치단결해 적을 물리치고 파멸시켜야 할 절실한 필요가 생긴다. 이는 헌법의 핵심적인 부분들을 일시적으로 중단해야 한다는 뜻이다. 피트가 1794년 출정영장 집행을 중지시켰듯이 말이다. 정당정치를 일시적으로 중단하고 긴급사태에 대응하는 연합 전선을 구축해야 한다는 뜻이기도 하다. 버크와 훗날 포틀랜드 휘그가 당적을 초월해 피트와 손을 잡았을 때처럼 말이다. 이것은 적극적이고 단호한 행동을 뜻하기도 한다.

그러나 버크가 생각하기에 정치 지도자가 갖춰야 할 필수적인 요건들은 여전히 변함없다. 절제력, 자제력, 역사에 대한 관심, 행동을 필요에 맞추는 판단력, 신뢰, 합의, 냉철함, 공공에 대한 투철한 봉사정신과 국가 수호다. 극단적인 정치적 조치와 임시방편을 실행해야 한다면 이러한 자질들은 더욱더 중요해진다.

정치 지도자의 본보기 에이브러햄 링컨

버크의 정치철학, 구체적으로는 정당 · 정치 지도력 · 정치적 변화에 대한 그의 시각은, 앞의 장에서 살펴본 바와 같이 사회의 속성과 인간의 안녕에 대한 깊은 고민과 사유에서 자연스럽게 샘솟는다. 물론 버크의 시각은 자신의 직접적인 경험을 통해 형성되기도 했다.

특히 버크의 이러한 시각은 아메리카 식민지에서 위기가 발생했을 때 여실히 드러난다. 버크의 관점에서 보면 이는 무능한 정치 지도력의 사례 연구 대상이다. 정책의 급격한 변화를 두고 논쟁이 일었다. 아메리카와의 무역에 최초로 과세하는 문제였다. 새로운 정책은 신속히 실행되었다. 국내에서 합의를 도출하는 절차도 밟지 않았고, 새로운 정책의 영향을 받는 이들과 상의하지도 않았다. 절제되지도 않았고, 필요에 상응하는 정도를 넘어섰으며, 냉철한 판단도 아니었다. 버크가 「식민지와의 화해를 위한 결의안을 제의하는 연설」에서 강조하듯이, 해외에 거주하는 영국인으로서든, 아니면 강인하고 매우 독자적인 사고를 갖추고 법을 중요시 하면서 그들 나름의 관습과 개념들을 개발하는 사람들로서든, 아메리카 식민지 주민들의 기질에 대한 진정한 이해가 전혀 반영되지 않은 조치였다.

정책에서도, 영국 정부 자체에서도 연속성이 전혀 없었다. 1770년 노스 경의 정부가 들어선 후에도 마찬가지였다. 그러한 연속성이 있어도 영국 행정부는 계속 식민지의 정서를 잘못 읽었다. 전쟁을 미연에 방지하거나 조속히 끝낼 기회를 놓쳤다. 영국

내의 반응이 그러했으므로 평화 협상 타결 조건은 필요 이상으로 훨씬 아메리카 식민지에 너그러운 내용이 되고 말았다. 이러한 참사를 야기한 가장 큰 책임은 조지 3세에게 있다.

그러나 버크의 사상은 단순히 개인적인 경험을 일반화한 것이 아니다. 그의 사상은 그 자체로 시간을 초월하는 정치적 지혜와 이해의 원천이다. 버크가 살았던 시대에서 한 세기 정도 미래로 이동해보면 이러한 사실이 보인다. 1860년대 초 미국에서 남북전쟁이 일어나고 에이브러햄 링컨(Abraham Lincoln)이 활약했을 때 말이다. 링컨이 바로 버크가 말하는 정치적 지도자의 본보기다.

얼핏 보면 이러한 주장이 어처구니가 없어 보일지도 모른다. 링컨이 버크의 글에서 영향을 받았다는 증거는 사실상 없다. 있다고 해도 부정적인 영향이다. 실제로 링컨은 버크의 숙적인 급진주의자 토머스 페인의 글을 읽고 그를 우러러보았다. 버크는 초등교육에서부터 대학까지 마쳤고 법학원에서 법률 공부까지 했다. 링컨은 개척지 근처에서 자랐고 정규 교육은 거의 받지 못했으며 법률은 윌리엄 블랙스톤(William Blackstone)의 『영국법 주해(Commentaries)』를 어렵게 탐독해 독학으로 깨우쳤다.

버크와 달리 링컨은 대단한 웅변가나 문체의 마술사로 여겨지지도 않았다. 링컨이 한 세기 일찍 태어났다면 아무도 알아주지 않는 관리자형 정치인에 그쳤을 게 틀림없다. 그리고 그 어떤 상황에서도 링컨은 버크가 주장한 것처럼 귀족과 군주를 아우르는 정부 체제를 옹호했을 리가 절대로 없다. 링컨은 머리끝부터 발끝까지 스스로를 민주주의자로 보았고 "국민에 의한, 국민을 위한,

국민의 정부"를 신봉했다.

링컨의 사상은 블랙스톤과 그가 영웅시한 헨리 클레이(Henry Clay)의 휘그 신념에 기반을 두었지만, 그의 정치 지도력은 뼛속까지 철저히 버크가 제시한 자질을 갖춘 지도력이었다. 링컨은 역사에 통달했고, 행동하기 전에 특정 사안의 세부 사항을 철저히 파악했다. 정치인으로서 그의 품성은 겸손하고 흠이 될 정도로 온화했다. 얼마나 온화했넌지 그는 공적인 자리에서 자기주장을 강하게 내세우지 않는다고, 또 못되고 무능한 아랫사람들에게 너무 관대하다고 툭하면 비판을 받았다. 그는 오로지 '자신이 축적해온 이성'에만 의존하지 않고 1860년 선거에서 패배한 후보들에게 다가갔고 그 가운데 일부를 선발해 '경쟁자 팀'을 꾸렸다는 사실은 유명하다.

링컨은 신생 정당인 공화당 내에서, 또 당과 주를 초월해 여러 인사들과 개인적인 친분을 쌓는 데 능했고, 개척지에서 살면서 축적한 이례적인 경험을 잘 활용했으며, 흥미진진한 사연과 눈썹을 찌푸릴 만한 일화도 끊이지 않고 쏟아내 상대방과의 사이에 놓인 마음의 벽을 허물었다. 그는 끊임없이 자기 수양을 하고 덕을 갈고 닦았으며, 우울한 성정을 드러내지 않고 비극적인 개인사나 가정사를 겪으면서도 겉으로 평정심을 잃지 않았다.

링컨은 이른바 '격정을 토로한 서신(hot letters)'을 몰래 쓰고는 폐기하면서 남북전쟁에서 성과가 나지 않는 데 대한 분노와 절망감을 다스렸다. 그는 자기가 세운 목표를 달성하는 데 반드시 필요하지 않으면 대결을 피했고, 첫 취임 연설에서 화해를 주장했으며, 사우스캐롤라이나주 찰스턴 항구에서 섬터 요새(Fort Sumter)를 불법적으로 포위한 이들에 대한 선제 총격을 거부했다.

버크와 마찬가지로 링컨도 혁신보다 개혁을 주장했다. 1860년 그가 쿠퍼 유니언(Cooper Union)에서 한 연설에는 다음과 같이 단순하지만 막강한 설득력을 지닌 믿음이 담겨 있다. "내가 꼭 말하고 싶은 바는, 그 어떤 경우라도 우리가 선조의 견해와 정책을 폐기하려면, 우리 선조의 권위를 심사숙고하고 경중을 잘 따져서 그 권위를 지탱하기가 불가능할 정도로 결정적인 증거와 명명백백한 논지가 바탕이 되어야 한다."

노예제 폐지론자들에게는 절망스럽게도, 그리고 개인적으로는 노예제도에 대해 강한 거부감을 지니고 있었음에도, 링컨은 처음에는 노예제도에 대한 공개적 비판을 삼갔다. 그는 1830년대에 노예들을 라이베리아에 정착시키려 한 헨리 클레이의 노력을 높이 샀고, 1854년에 캔자스-네브래스카 법안[c]을 통해 신생 주까지 노예제도를 확대하는 데 반대하는 정도에 그쳤다. 그는 이미 노예제도가 시행되고 있던 주에서는 노예제도를 존속시키는 데 찬성했고 1861년 미주리주에서 프레몽(Fremont) 장군이 남부군에게 부역한 자들의 노예를 해방시키겠다고 선언하자 이를 막았다.

그는 지역 차원에서 행해진, 노예를 해방시키고 대안을 물색하고 해방된 노예들을 해외에 정착시키려는 시도들을 거부했다. 그는 1862년 여름 노예해방 선언문 초안을 작성해놓고도 남북전쟁의 승전보를 기다리고 있었고, 마침내 앤티텀(Antietam) 전투에서 희소식이 날아와 전세가 북군에게 유리하게 돌아섰다는 확신을 하고서야 노예해방 선언문을 발표했다. 이 선언문은 헌법 수정안 제13조의 토대가 되었고 이로써 노예제도 자체가 폐지되었다.

링컨의 최우선 과제는 버크와 똑같았다. 조국을 보존하고 유지하는 일이었다. 즉, 연방을 구제하는 일이었다. 링컨은 버크보다는 도덕적인 판단을 자제했고 대중에게 다가가 그들을 선동하겠다는 의지는 훨씬 강했다. 그러나 두 사람은 지도력에 대한 개념을 공유했다. 지도자는 근본적으로 도덕적 품성과 미덕을 보여줘야 한다고 생각했다. 둘 다 절대로 대중을 하대하지 않았다.

두 사람은 자신이 본보기를 보임으로써, 명백한 증거를 제시하고 설득력 있는 주장을 펼침으로써, 때로는 영어로 더할 나위 없이 수려하고 감동적인 표현을 구사함으로써 사람들을 자기편으로 만들었다. 링컨이 뛰어난 지도력을 발휘하는 계기가 된 남북전쟁은 버크가 대표성 있는 정당정치와 정치 지도력에 대한 나름의 개념들을 제시한 지 3~4세대 후에 일어났다. 그러나 링컨의 지도력을 기린다면 버크가 이상적인 정치가의 표준으로 제시한 개념들을 기리는 셈이다.

버크의 지혜는 18세기와 19세기 정치에만 국한되어 적용되지 않는다. 그는 한낱 근대 정치 개념을 확립한 주인공에서 그치지 않는다. 우리가 이제까지 살펴본 바와 같이, 그는 최초의 탈근대 정치 사상가이기도 하다. 남은 장에서 살펴보겠지만, 버크는 마르크스보다도 훨씬 더 강력하게 오늘날 서구의 정치·사회·경제의 저변에 깔린 가정들을 반박한다. 이러한 면에서 여러모로 우리는 여전히 그로부터 배울 점이 많다.

제9장

자유주의적 개인주의[1]의 발흥

근대화의 빛과 그림자

> 눈을 떴을 때 막 동이 트고 있었다. 나는 일어나려 했지만 몸을 움직일 수 없었다. 바로 누워 있었는데, 내 사지가 각각 바닥에 단단히 고정되어 있었다. 내 머리카락, 길고 숱이 많은 내 머리카락도 마찬가지로 바닥에 묶여 있었다. 겨드랑이에서 허벅지까지 내 몸뚱이가 가느다란 띠 몇 가닥에 묶여 있다는 느낌이 들었다. 나는 시선을 오로지 위로만 향할 수 있었다.

신비의 섬에 표류한 레뮤얼 걸리버(Lemuel Gulliver)는 아주 작은 난장이들이 자신을 밧줄로 묶어놓았다는 사실을 깨달았다. 조너선 스위프트(Jonathan Swift)의 천재성이 발휘된 『걸리버 여행기(*Gulliver's Travels*)』는 모험 이야기이자, 기행문이자, 소설이자, 정치 팸플릿이자, 풍자이자, 우화다. 그리고 문학작품에서 하릴없이 땅에 박힌 말뚝에 묶여 있는 걸리버의 모습만큼 뇌리에 생생하게 남는 장면도 드물다. 1726년 이 책이 처음으로 출간된 이후로 걸리버의 이 모습은 개인으로서 인간의 영혼과 자아를 상징해왔다. 개인 자신이 만들지도 않았고 책임질 일도 없는 사회에서 다른 사람들이 만든 규정과 사회적 관습과 종교적 도그마에 얽매여 있는 처지를 의식하게 만들었다.

걸리버는 소인국 난쟁이들이 자신의 몸을 묶어놓은 속박에서 벗어나 벌떡 일어서고 싶다. 이것은 수많은 역사를 통해서, 수많은 교실에서, 수많은 신문 사설면에서, 지난 3세기가 우리에게 준 단순한 교훈이다. 태생은 자유롭지만 어딜 가나 사슬에 묶여 있는 인간은 자기 처지를 인식하고 분연히 떨쳐 일어나 속박에서 벗어나게 된다. 편견은 관용으로 대체되었다. 사회적 관습은 다양성으로, 종교적 권위는 자유로운 사고로, 일화와 도그마는 과학으로 대체되었다. 조합과 관세와 중상주의는 자유 시장으로, 정치적 통제는 표현의 자유와 보편적 투표권과 인권으로 대체되었다. 반동적인 정부는 적극적이고 전문성을 갖춘 정부로 대체되었고, 그 정부는 국가 경제의 조타수를 자처하고 사회복지를 개선한다. 이는 영국과 서유럽에서 태어나 북미와 이제 전 세계 곳곳에 확산된 계몽주의 개념이 이룬 혁혁한 공이다. 그리고 이는 문명화 정도를 가늠하는 시금석이다.

그리고 이런 상황이 발생했다는 데 그치지 않고 이런 상황이 발생해야 한다는 통념이 널리 퍼져 있다. 논쟁은 끝났다. 사회주의는 죽었고 우리는 역사의 막바지에 다다랐다. 세계는 평평해졌고 경쟁은 세계적 차원에서 이뤄지고 있으며 소비자는 왕이다. 사회적·경제적 자유화를 확산하는 대대적인 정책들을 통해서만이 세계 곳곳의 전통적인 사회들이 진정으로 근대화될 수 있다. 오직 그러한 정책들을 통해서만이 개발도상국들이 서구에 존재하는 수준의 부와 번영에 도달할 수 있다.

1945년 이후 서구 민주주의 사회가 이룩한 눈부신 번영을 공산주의 진영의 미진한 성장과 비교해보라. 아니면 한국의 사례를 보라. 한국전쟁이 끝나고 30년 만인 1983년 자본주의 체제인 남한의 1인당 GDP는 공산주의 체제인 북한의 다섯 배였다. 2009년에는 16배로 차이는 더 벌어졌다. 중국의 경제성장은 1980년대에 가서야 속도가 붙기 시작했다. 경제특구를 개방하고 시장 지향적인 개혁에 착수한 뒤였다. 원조가 아니라 무역이 수십 년 동안 경제성장이 정체되어온 아프리카를 가난에서 구제하고 있다.

그러나 문제가 있다. 덴마크와 노르웨이처럼 세계에서 가장 행복 지수가 높은 나라들은 여러모로 매우 전통적인 한편, 한국과 중국처럼 오늘날 성공한 개발도상국은 여러모로 다소 보호주의적이다. 서구적 기준의 자유화는 최근에 발생한 일련의 참사를 막지는 못했다. 오히려 참사의 원흉이라는 주장을 하는 이도 있었다. 시장 자유화와 새로운 경화(硬貨) 체제는 1990년대에 러시아에서 안정과 성장을 주도하리라고 기대되었다. 그런데 오히려 역사상 가장 대대적인 규모로 공적 자산을 개인이 착복하는 사태가 발생했다. 소수 민간인들이 재산권이 확립되지 않은 상황을 이용해 엄청난 부를 축적했다. 2003년 이라크 침공은 서구 형태의 자유시장 민주주의 체제의 구축으로 이어지리라고 기대되었다. 그런데 오히려 종교적·인종적 내전으로 이어졌고, 바트(Baath) 정권이 무너지고 나서 아직 효과적인 새 정부가 들어서지 않은 무정부 상태를 틈타 서로 다른 온갖 집단들이 권력을 차지하려고 다투었다. 세계 금융시장의 규제 철폐는 산업계의 융자 비용을 낮추고 경제성장을 높이리라고 기대되었다. 그런데 오히려 서구 진영에서 경세 대공황 이후로 최악의 경제 위기로 이어졌다.

그리고 이보다 더 심오한 불안의 징후들도 나타나고 있다. 서구 사회 자체에 대한 일종의 도덕적 공황 상태다. 이러한 공황 상태는 약물 남용, 외로움, 자살, 이혼, 미혼모와 10대 임신 등 사회적 지표에 대한 우려로 나타난다. 사회적 계층 이동성이 줄어들고 유유상종하는 자칭 엘리트 계층이 등장하고 정치권에 대한 불신이 증가하는 현상, 그리고 권력층이 냉담하고 무책임하며 지도자 역량이 없다는 의구심이 높아진다는 데서도 나타난다. 존중, 근면, 공공에 대한 봉사라는 기본적 가치가 상실되고 유명 인사 숭배와 소비 만능주의와 돈이면 뭐든 가능하다는 문화가 만연해 있다는 믿음에서도 나타난다.

이러한 불안감은 영국인 방송인 매슈 패리스(Matthew Parris)가 2012년 한 신문에 기고한 글에 잘 집약되어 있다.[2]

> 우리는 그동안 분에 넘치는 삶을 영위해왔다. 우리는 노력에 상응하는 대가보다 훨씬 많은 보상을 받아왔다. 우리는 호시절은 절대로 끝나지 않으며 호황과 침체의 경기순환이 반복되는 시대는 끝났다고

> 장담할 정치 지도자들을 찾아 헤맸다. 우리는 그러한 호언장담을 하는 이들에게 표를 던졌다. 우리는 제공할 담보도 없으면서 신용 대출을 원했고 우리 사업을 광고해주는 은행과 거래했다. 우리는 자녀들이 시험에서 좋은 성적을 올리기를 바랐고, 시험 기준을 낮춤으로써 높은 점수를 받도록 해주는 정치인들을 얻었다. 우리는 자유롭고 향상된 건강보험을 원했고, 우리가 세금을 내지 않아도 건강보험료를 대신 내줄 재무관리를 요구했다. 우리는 신문에서 외설적인 기사들을 읽고 싶어 했고, 규정을 어겨가면서까지 그러한 기사를 싣는 신문을 구독했다. 그리고 이제 우리는 하원 의원·금융인·기자들에게 칭얼거리고 으르렁거리고 있다. 다 일리가 있다. 여러분, 그러나 이렇게 된 데는 우리 모두에게 책임이 있다는 사실을 여러분은 잘 알고 있지 않은가.

에드먼드 버크는 지난 200년 남짓한 기간의 역사를 대체로 환영했으리라고 본다. 그는 대체로 자유 시장의 성장, 종교적 관용, 책임 소재가 분명한 투명한 정부, 개인의 자유와 법치의 확립을 찬양했으리라고 본다. 지금까지 우리가 살펴본 바에 따르면, 그는 평생 이러한 개념들을 강력히 옹호했고 — 정치 근대화의 토대인 — 대표성 있는 정당정치라는 독창적인 개념을 제시한 위대한 이론가이자 앞서간 실천가이다.

그러나 근대화 자체의 여러 면모에 대해 최초로 가장 강력하게 비판했다는 사실도 그가 이룩한 놀라운 업적이다. 세상을 떠난 지 200년 이상이 지난 지금 무엇이 잘못되었는지 가장 파격적이고 설득력 있는 분석을 제시하고 어떻게 하면 회복할 수 있는지 그 길을 가리키는 이는 바로 버크다.

자유주의적 개인주의란 무엇인가

우리는 앞서 계몽주의 시대 초창기에 사상적인 발전을 통해 두 가지 핵심적인 주제가 강조되었다는 사실을 살펴보았다. 첫째, 이성의 탁월함, 특히 합리적 사고의 본보기로서 과학의 탁월함이 강조되었다. 과학은 자연이 어떻게 작동하는지 원칙적으로 포괄적인 설명을 제시할 수 있다고 보았다. 둘째, 개인의 도덕적 가치를 강조했다. 지난 2세기 동안 이러한 개념들이 체계적인 사상으로 발전했고, 이러한 사상은 막강한 영향력을 발휘해 이제 사실상 거의 근대의 정설처럼 굳어졌다. 이는 단일한 이론이 아니다—여러 가정과 이론이 수렴되어 구축된 세계관이다. 우리는 이를 넓게 '자유주의적 개인주의(liberal individualism)'의 범주 아래 둔다('자유주의적[liberal]'은 자유의 가치를 소중히 여긴다는 영국식 의미에서 사용되었다. 미국에서처럼 '좌익'이나 '진보'의 의미로 쓰인 게 아니다).

자유주의적 개인주의를 이해하려면 잠시 첫 번째 원칙으로 되돌아가야 한다. '개인(individual)'이라는 단어는 원래 더 나누면 본래의 정체성을 상실하게 되는, 더 이상 쪼갤 수 없는 대상을 뜻한다. 과학에서 개인은 원자다. 즉, 독립적이고 자율적인 주체로서 이성적 사고, 설명, 예측의 근본적인 토대를 형성한다.

이러한 세계관에 따르면 인간 개인은 도덕, 정치, 경제를 설명하는 기본 단위다. 개인은 단순히 도덕적 가치를 지니는 데 그치지 않는다. 개인은 사회 자체보다 자신의 도덕적 가치를 우선시하고, 개인의 이익은 사회가 부과하는 제약보다 일반적으로 우선한다. 실제로 사회라는 개념 전체가 의문시된다. 사회를 구성하는 개인보다 우선하는 사회라는 게 무엇인지에 대한 의문이 제기되기 때문이다. 그리고 사회가 개인보다 우선하지 않는다면 '사회'를 위한다는 명분하에 특정한 개인이나 개인들로 구성된 특정한 집단에 반하는 주장을 어떻게 할 수 있겠는가?

개인이 근본적으로 도덕적이라면 개인의 자유는 사회적으로, 경제적으로, 정치적으로 으뜸이라는 주장이 나오게 된다. 사람은 저마다 관심사, 욕구, 견해가 제각각이다. 그러니 다른 사람이—그리고 특히 '사회'나 국가가—무엇이 개인을 행복하게 해주는지 결정하거나, 바람직한 삶이 무엇인지에 대한 서로 다른 여러 가지 개념들을 중재할 자격은 없다.

자유주의적 개인주의의 전문용어를 빌리자면, 국가와 사회는 가치중립적이어야 한다. 경제 부문에서도 마찬가지다. 개인의 자유는 존중되어야 하고, 국가는 세금, 보조금, 관세, 또는 시장 개입 같은 경제적 제약을 가능한 한 최소화해야 한다. 정치에서도 마찬가지다. 개인의 투표할 자유, 투표권이 필수적이다. 그렇다면 투표권은 가능한 한 폭넓게 행사되어야 하고 정치적으로 의사를 결정하는 다른 방법들보다 우선되어야 한다. 따라서 자유주의적 개인주의는 서로에 대한 관용, 인권, 경쟁 시장, 국민의 주권을 강조한다.

마지막으로, 과학이 등장한다. 공적인 의사 결정을 내리려면 권위가 있어야 한다. 표현의 자유라는 맥락에서 보면 공적인 의사 결정은 합리성을 토대로 해야 하고 이성적으로 변호가 가능해야 한다. 과학은 합리성의 기준이 되고 이러한 시각에서 보면 공적인 의사 결정은 과학에 직접적인 근거를 두든가 과학의 표준·언어·개념에 따라 정당화할 수 있어야 한다. 과학은 당위를 제시하는 규범적인 분야가 아니라 현상을 기술하는 분야다. 과학은 세상을 있는 그대로 기술한다. 세상의 모습이 어떠해야 한다고 주장하지 않는다. 과학은 하나의 도덕이나 문화적 가치의 묶음을 다른 묶음보다 더 선호하지 않는다. 따라서 과학도 가치중립적이다.

그렇다면 이는 자유주의적 개인주의다. 정치 부문에서 이는 좌익과 연관되곤 하는 사회적 자유주의에서부터 경제적 자유주의 혹은 우익 진영의 자유지상주의(libertarianism)[a]에 이르기까지 각양각색의 수많은 정당과 견해의 통일된 배경을 제시해왔다. 구체적인 기원은 수없이 많고 다양하므로 딱 꼬집어 말하기 어렵다. 홉스·로크·루소의 사상에서 우리는 이미 몇 가지 초기 형태의 자유주의적 개인주의를 보았다. 18세기 말 급진적인 내용의 팸플릿, 구체적으로는 『프랑스혁명에 관한 고찰』 출간에 뒤이은 팸플릿 전쟁, 그리고 버크에 대한 반박으로 나온 토머스 페인의 『인간의 권리』에도 등장한다. 그러나 결정적인 영향을 미친 인물은 제러미 벤담(Jeremy Bentham)이다.

벤담은 언어와 주제를 막론하고 가장 다작을 남긴 주요 저자라는 소리를 들을 만하다. 84년 평생에 걸쳐 3,000만 단어를 쓴 것으로 추산된다. 글에서 다룬 주제도 법체계·윤리학·형법이론·

경제학·심리학·정치학·행정학, 사회정책과 종교를 아우르는 아찔할 정도의 범위를 섭렵하고 있다. 그는 자신이 보기에 모호하고 비합리적이고 불공정하고 부패한 권력과 사상 체계에 분노해 이와 같이 폭넓은 주제에 대해 글을 쓰게 되었다. 특히 그는 런던에 패놉티콘(Panopticon), 즉 과학적으로 설계된 교도소를 건설하려는 오랜 계획이 무산되자 대단히 실망했다. 그는 실패의 원인을 사유재산을 보호하려 혈안이 된 각양각색의 귀족들의 반대로 돌렸다.

벤담은 공리주의(utilitarianism)의 창시자이자 "옳고 그름의 척도는 최대 다수의 최대 행복"이라는 원칙으로 가장 잘 알려져 있다. 그러나 이 자체는 훨씬 포괄적인 프로젝트의 일부에 불과했다. 도덕뿐만 아니라 법, 경제, 정치 자체도 과학을 그 토대로 한다는 프로젝트 말이다. 벤담에게 근본적인 질문은 "그 취지가 무엇인가?"였다. 사회에 존재하는 모든 규정, 관행, 제도는 그 가치나 효용이 무엇인지 객관적으로 측정할 수 있어야 했다.

게다가 벤담에게 인간이 고통과 쾌락의 지배를 받는 존재라는 것은 단순한 심리학적 사실이었다. 그는 정교한 '쾌락 계산법(hedonic calculus)'을 개발해 각종 공공 의사 결정이나 개인적인 의사 결정을 행복에 미치는 '순 영향(net effects)'을 바탕으로 평가할 수 있다고 주장했다. 말하자면 벤담은 도덕과 실제 관행—사람들이 어떻게 행동해야 하는지와 실제로 어떻게 행동하는지—은 객관화할 수 있고 계량화 가능하며 따라서 과학적이라고 생각했다.

벤담의 개념은 참으로 지대한 영향을 미쳤다. 한때 벤담의 제자이기도 했고 벤담을 우러러본 제임스 밀(James Mill)은 벤담의 개념들에서 영감을 얻어 공리주의적 정치학 이론을 개발했다. 이 이론은 정부를 순전히 최대 다수의 최대 행복이라는 목적을 추구하는 수단으로 취급한다. 그리고 벤담의 개념들에서 영감을 얻은, 제임스 밀의 아들 존 스튜어트 밀(John Stuart Mill)은 자기 나름의 공리주의를 개발했고, 『자유론(*On Liberty*)』에 소개한 그 이론은 자유주의적 개인주의의 핵심 교리, 이른바 위해 원칙(Harm Principle)이 된다. "문명화된 공동체의 구성원을 대상으로 그 구성원의 의지에 반해 권력을 행사하는 게 정당화되는 유일한 경우는 다른 사람들에게 해가 되지 않도록 방지할 필요가 있을 때다. 신체적이든 도덕적이든 그 구성원 본인에게 바람직하다는 이유는 충분한 요건을 구성하지 않는다"는 원칙이다.

벤담의 개념들은 경제에서도 혁명을 일으켰다. 애덤 스미스의 이론과 같은 폭넓은 의미에서 재해석된 게 아니라 개인이 부를 추구하는 행위를 탐구하는 과학으로서 말이다. 자유주의적 개인주의에 따르면, 사람들은 더 이상 쪼갤 수 없는 존재이자 독립적인 원자다. 19세기 후반에 이러한 가정과 공공정책을 과학화하려는 벤담 추종자들의 시도는 한 세대의 경제학자들에게 영감을 주어 근대 경제학의 기초가 마련되었다. 이 이론에 따르면, 사람들을 개별적인 경제 주체로 이해해야 한다. 존 스튜어트 밀의 말마따나 경제학은,

> 인간의 본성이 온전히 사회적 여건에 의해 수정된다고 보지 않는다.

> 사회에서 인간의 행동이 온전히 수정된다고 보지도 않는다. 경제학은 오로지 부를 소유하려는 욕망을 지닌 존재로서의 인간에게만 관심이 있다. 그 목적을 달성하는 데 이용할 여러 가지 수단들의 상대적 효율성을 판단할 역량이 있는 존재로서만 관심이 있다. 경제학은 오직 부를 추구하는 과정에서 나타나는 결과로서 사회에서 일어나는 현상들만을 예측할 뿐이다. 경제학은 그 외에 인간의 다른 열정이나 동기는 전혀 다루지 않는다.[3]

그렇다면 이 이론에서 중요한 것은 오로지 개인, 부를 추구하는 개인의 욕망과 선호도, 그러한 욕망을 충족시키는 데 따르는 한계 비용과 이익뿐이다. 이러한 이론은 20세기에 경제학이 하나의 학문으로 급속히 성장하는 지적 토대가 되었다.

구체적으로 근대 경제학은 여전히 인간의 본성에 대한 세 가지 단순화된 기본적인 가정에서 비롯된다. 첫째, 개인은 철저히 합리적이다. 둘째, 개인은 효용과 이익, 수익을 극대화한다. 셋째, 개인은 완벽한 정보를 바탕으로 각자 독자적으로 행동한다. 이러한 가정을 바탕으로 경제학자들은 놀라울 정도로 정교한 수학적 기법들을 차용했다. 그 결과 오늘날 경제학은 공식, 데이터, 기술 용어로 가득하다. 그리고 "그 외에 인간의 다른 욕망이나 동기는 철저히 배제"하라는 존 스튜어트 밀의 엄명을 충실히 받들게 되었다.

경제학은 개인이나 집단의 행동에서 나타나는 복잡한 세부 사항은 대부분 의도적으로 무시한다. 이런 내용은 수학적 공식으로 만들기 불가능하다는 점을 깨달았기 때문이다. 그럼에도 경제학은 뛰어난 기술적 성과를 낸 이론적 체계가 되었다. 특히 경제학자들은 형식적으로, 그리고 매우 구체적인 특정한 여건하에서 시장경제 체제가 최대한 효율적으로 작동해서 그 체제에 속한 사람들에게 주는 이득을 극대화한다는 점을 증명할 수 있었다. 그렇다면 이론적으로 사회주의, 그리고 시장경제에서 완전한 경쟁을 훼손하는 그 어떤 행위도 비효율을 야기하는 데 그치지 않고 일부 사람들에게 피해를 입힌다. 이는 놀라운 결과다.

따라서 근대 신고전주의 경제학은 자유주의적 개인주의에서 간접적으로 파생되었고, 모체인 자유주의적 개인주의와 마찬가지로 개인 지상주의를 표방하고 공공정책에서 과학적인 검증을 중요시한다. 신고전주의 경제학은 유인책, 대리인, 특혜, 행동, 효용 등과 같은 용어로 인간의 언어에 영향을 미친다.[4] 그리고 범죄를 분석하는 작업에서부터 결혼이나 종교 분석에 이르기까지 다른 맥락에서도 폭넓게 이용된다.

신고전주의 경제학은 정치에도 영향을 미친다. 경제학 원리가 투표 행태, 특수 이익 집단의 작동 방식, 정치인의 행동 등 정치적 사안에도 응용된다. 그리고 정치는 사실상 한 꺼풀 벗겨내면 경제학이라는 암시를 준다. 정치인과 관료는 그들이 주장하는 것처럼 직업적 소명 의식이 있거나 공공에 대한 봉사 정신이 투철한 게 아니라 순전히 자기 이익을 추구한다고 암시한다.

더 넓게 보면 기본적인 세계관으로서의 자유주의적 개인주의의 영향은 서구 진영에서 인간의 삶을 구성하는 수많은 영역에 걸쳐 만연해 있다. 그 영역은 교육, 인종, 보건, 세계화, 종교, 노인, 국제 개발과 무역, 소수자에 대한 대우, 이민에 대한 담론을 망라한다. 자유주의적 개인주의는 정치적 근대성을 구성하는 요소가 되었다. 자유주의적 개인주의의 기본적인 전제들을 공유하지 않는 국가나 문화, 공동체는 '원시적' '전통적' 또는 '후진적'이라고 치부되고, 여기서 탈피할 방법은 오로지 대대적인 사회적·경제적 자유화뿐이라고 인식된다.

버크의 자유주의적 개인주의 비판

그러나 이러한 장밋빛 환상을 찬양하고 싶은 이들에게 그러기에는 시기상조라고 말하고 싶다. 버크의 관점에서 보면 자유주의적 개인주의에는 그 나름의 병리 현상·취약점의 근원이 내재되어 있다. 버크의 사상은 근대에 전개된 사상을 직접 다루지는 않는다. 버크가 사망하고 한참 뒤에 생겨났기 때문이다. 그럼에도 버크의 사상에는 자유주의적 개인주의에 대한 통렬한 분석과 비판이 담겨 있다.

개인은 독립적이고 더 이상 나눌 수 없는 원자라는 개념부터 알아보자. 앞서 살펴본 바와 같이 철학적으로도 법적으로도 버크는 개인의 지위를 인정한다. 그리고 버크는 역사와 정치에서 올리버 크롬웰(Oliver Cromwell)의 의지, 또는 버크가 활동한 시대의 채텀의 의지와 같은 개인의 의지가 지닌 위력도 인정한다. 그러나 다른 사람들로부터 완전히 단절된 개인이라는 개념은 버크에게 별 의미가 없다. 인간은 사회적 존재다. 인간은 서로 어울리고 협력하는 경향이 있다는 의미에서 뿐만 아니라 인간의 감정, 충심, 정체성은 본질적으로 사회적이고 상호 의존적이라는 깊은 의미에서도 그러하다. 자아는 사회적 자아다. 그뿐만 아니다. 자아의 안녕이 다른 사람들과의 상호작용에 달려 있는 능동적인 자아다. 그렇다면 근대 경제학이 가정하듯이 효용이나 선호도로 표현되는 수동적인 자아가 아니다.

좀 더 일반적으로 말하자면, 자유주의적 개인주의는 개인과 사회 간의 우선순위를 잘못 이해하고 있다. 사회는 단순히 개인들이 어울려 살기로 결정하여 등장한 부수적인 현상이 아니다. 사회는 처음부터 존재했다. 그뿐만이 아니다. 사회는 개인들을 인간으로 만든다. 한 인간이 주어진 사회에서 성장하는 과정은 단순히 인간이 문명화되는 과정이 아니다. 개인들이 인간이 되는 과정이기도 하다. 사람들의 인간다움뿐만 아니라 개인의 정체성도 그들이 사는 사회의 역사, 제도 — 가족·학교·종교·일·놀이 — 에 내장되어 있다. 마찬가지로 버크에게 개인의 권리는 특정한 사회적 맥락과는 별도로 주어지는 개념이 아니다. 버크가 개인의 권리의 중요성을 부인한다는 뜻이 아니다. 사실 버크는 『프랑스혁명에 관한 고찰』에서, 자유로운 사회에서 시민은 단순히 폭넓은 개인적 자유를 누리는 데 그치지 않고 재능과 노력을 통해 사회가 제시하는 것의 '정당한 몫'을 주장할 권리가 있다는 뜻을 내비친다. 이 또한 사회질서가 부여하고 사회질서에 수반되는 권리다.

그러나 버크에 따르면 사람들을 한낱 개별적인 원자로 간주함으로써 범하게 되는 더 큰 오류가 있다. 세대 간의 사회계약이나 신뢰 유지에서 참여자로서의 집단적 정체성을 부인하는 셈이다.

사회 자체가 지닌 계약이라는 속성을 부인하는 셈이다. 소인국의 걸리버와 마찬가지로, 개인 의지의 지상주의를 강조하고 모든 사회적 제약을 떨쳐버려야 할 속박으로 본다. 자유는 허용으로 바뀐다. 즉, 이때 자유는 개인의 의지를 방해하는 요소의 부재 상태다. 그렇다면 자유주의적 개인주의는 사람들을 매우 이기적으로 만들 위험이 있다.

위대한 정치사상가 알렉시 드 토크빌(Alexis de Tocqueville)의 말[5]을 빌리자면, 사람들은 "계몽된(enlighted)" 상태에서 "탈계몽된(unenlightened)" 자기 이익을 추구하는 인간으로 타락한다. 자유주의적 개인주의는 사람들로 하여금 자기 자신의 삶과 다른 사람들의 삶을 순전히 자기중심적인 관점에서 바라보도록 적극적으로 부추긴다. "내게 어떤 영향을 미치지? 내가 얻는 건 뭐지?"라는 의문만 갖게 된다. 자기 자신의 안녕은 본질적으로 사회적 속성이 있다는 사실을 파악하지 못하고 자신을 다른 사람들과 별개로, 자기 주변의 제도들과 별개로 간주하게 만든다.

최근에 나온 심층 연구 결과에 따르면 미국의 젊은이들은 도덕적 사안들을 규명하고 설명하는 데 대단히 어려움을 겪는다고 한다.[6] 이는 우연이 아니다. 젊은이들은 타당한 도덕적 개념이나 용어를 모르므로 자연히 자유주의적 개인주의의 입장을 취할 수밖에 없다. 도덕적 결정은 그저 개인적 취향의 문제라는 시각을 갖게 된다.

이게 바로 버크가 신랄하게 비판한 '허무의 윤리학'이다. 이와 비슷한 의미에서 버크는 벤담의 개념과 공리주의자와 근대 경제학이 그 자체로 매우 영향력 있는 제도가 되어 전 세계 대학, 경영대학원, 기업에 스며들었다는 사실을 대단히 우려스럽게 바라보았을지 모른다. 인간은 이득을 추구하고 손실을 회피하는 순수하게 경제적 주체라는 것이 이들의 기본적인 입장이다. 이러한 입장은 세대에서 세대로 자기 이익 추구라는 교리를 주입시키고 그렇게 함으로써 그들을 더욱더 이기적으로 만드는 순환 고리가 형성된다는 위험이 도사리고 있다. 경제학자의 가정으로 시작된 관점이 깊은 문화적 병리 현상이 되어버린다.

개인의 차원에서 끝나지 않는다. 버크는 집단 이기주의의 위험도 있다고 주장한다. 여러 세대들 전체가 과거·현재·미래 세대들을 하나로 묶어주는 기본적인 신뢰를 자기 세대는 더 이상 지키지 않아도 된다고 생각할 위험이 있다. 자기 세대의 이익이 자손들의 이익보다 우선한다고, 아니면 자기들의 지식이 부모들의 지식보다 우월하다고 오만하게 주장할지도 모른다. 그러한 주장을 하게 되면 사회적 지혜가 상실되고, 공동체와 정체성이 상실된다. 가장 극단적인 경우 사회가 붕괴된다. 이게 바로 프랑스혁명이 주는 교훈이다.

여기서 다시 버크와 제퍼슨을 비교해보면 흥미롭다. 바스티유 교도소가 함락되고 두 달 후인 1789년 9월 6일 파리에서 제임스 매디슨에게 보낸 서신에서 제퍼슨은 바로 정반대 주장을 장황하게 하면서 다음과 같이 말한다. "자명하다고 생각되는 일이지만, 이 세상을 사용할 권리는 살아 있는 사람들에게 있다. 죽은 자는 이 세상에 대한 어떤 권한도 권리도 없다." 당시에 이는 뜨거운 논쟁거리였다. 프랑스는 엄청난 빚을 지고 있었고, 그 전 두 달 동안 세무서와 통행료 징수처들이 샅샅이 털렸고, 탈세가 폭증했으며 이 때문에 세수는 급격히 줄었다. 혁명가들 사이에서 프랑스의 빚을 탕감해야 할지, 아니면 교회 소유의 방대한 토지들을 국유화해야 할지 논쟁이 거세지고 있었다. 확신에 찬 계몽주의 급진주의자인 제퍼슨은 확고하게 혁명가들 편에 섰다. 그는 다음과 같이 말했다.

> 사회의 구성원 개개인에게 통용되는 것은 구성원 전체에게도 집단적으로 통용된다. 전체의 권리는 개인의 권리의 총합에 지나지 않는다. …세상은 언제나 살아 있는 세대의 것이다. 따라서 그들은 세상을 관리해도 되고, 거기서 나오는 것은 마음대로 사용해도 된다. 그들은 자기 자신의 주인이므로 자기 자신을 마음대로 통치해도 된다.

그러나 버크의 관점에서 보면 이러한 교리는 완전히 잘못되었다. 사실 정신 나간 주장이다. 설상가상으로 이성이 미쳐서 나은 광기다. 의미를 부여할 수 있는 그 어떤 실용적인 맥락이나 사회적 맥락과도 분리된 추상적인 개념들을 토대로 이상향을 추구하느라 안정된 인간의 삶 전체를 파괴한다.

그런데 여기서도 버크는 심오한 철학적 논지를 제시하고 있다. 수학과 정밀과학에서 비롯된 개념들은 정확한 정의가 가능하고, 이는 특정한 시간이나 장소에 전혀 구애받지 않는다. 예컨대, 원(圓)은 평면상에서 주어진 한 지점으로부터 동일한 거리에 있는 점들의 묶음으로 정의될 수 있다. 이는 지금도, 1,000년 후에도, 지구상에서도, 머나먼 은하계에서도 사실이다. 마찬가지로 경구나 추론의 조건과 법칙은 구체적으로 명시될 수 있다. 힘은 질량에 가속도를 곱한 값에 상응한다는 뉴턴의 제2법칙처럼 말이다.

그러나 인간의 삶을 꾸려나가는 행위와 인간사에서는 이러한 논리가 통하지 않는다. 인간의 삶과 인간사에 적용되는 원칙들은 정밀하시 않고, 그 의미는 맥락에 크게 좌우되며, 상황에 따라 "독특한 색채가 더해지고 차별화되는 효과"가 있다.

게다가, 버크에 따르면 맥락을 벗어난 추상적인 원칙들을 인간사에 적용하려는 행위는 논리적으로 대단한 실수다. "이성적 사고의 대가 아리스토텔레스는 우리에게 엄중하고 적절하게 경고한다. 도덕적 주장에서 기하학적인 정확성을 찾는 망상에 젖은 인간이라는 족속들을 조심하라고. 이는 모든 궤변들 가운데 가장 그릇된 궤변이라고."

따라서 보편적 원칙은 실제적인 문제를 심사숙고할 때 사용할 지침으로서는 그 자체로 절대로 충분치 않다. 보편적 원칙을 적용하면 언제나 어느 정도의 오류나 논리적 실수를 저지르게 된다. 극단적인 경우 그러한 오류는 참사를 낳게 되고 뜻하지 않게 엄청난 피해를 야기한다. 버크가 『프랑스혁명에 관한 고찰』에서 "어설픈 지식인과 이해타산과 계산에 밝은 이들의 시대"가 도래했다고 할 때 바로 이러한 오류를 염두에 두고 한 말이다.

무엇보다도 버크는 절대적인 일관성은 인간사에서 실현 가능하지도 않고 바람직하지도 않다고 주장한다. 서로 다른 원칙과 가치 사이에 필연적으로 갈등이 생기기 때문이다. 원칙과 가치는 사람들이 진정으로 중요하게 여기고 지키려 하기 때문이다. 정치 지도자를 비롯해 각계의 지도자들은 아무리 사실이나 이론이 불완전하다고 해도 행동하고 선택해야 한다. 따라서 이러한 갈등과 갈등이 부여하는 의무를 받아들이고, 어처구니없는 이념적인 일관성을 억지로 만들어 내거나 그에 굴복하기보다 모든 여건을 종합해 고려해볼 때 구체적인 상황에서 나아가야 할 올바른 방향이 무엇인지 심사숙고해야 한다.

그러고 나서 버크는 사실상 자유주의적 개인주의에 내재된 추가적인 위험들을 뭉텅이로 규명한다. 첫 번째 위험은 개인의 이성지상주의는 권위 있는 자들 사이에 무지한 오만으로 변질되기 쉽다. 상충하는 이익과 원칙들이 요구하는 바를 조화시키거나 국민의 기질을 고려해 절제된 통치를 하지 않고, 자기 나름대로 추구하는 이상향과 비생산적인 계획에 착수하는 오류를 범하게 된다.

버크의 말을 빌리자면, "무자비한 심장, 망설임 없는 자신감이 완벽한 입법가가 갖추어야 할 유일한 자질이라는 견해가 파리에 만연해 있는 듯하다. 고위 공직에 대한 내 생각은 전혀 다르다. 진정한 입법가는 감성이 풍부한 가슴을 지녀야 한다. 그는 인간을 아끼고 존중해야 하며 자기 자신을 두려워해야 한다".

둘째, 인간의 본성과 주어진 사회질서에 획일적이고 보편타당한 원칙들을 부과하려는 시도는—칸트가 "인류라는 뒤틀린 목재(crooked timber of humanity)로는 곧은 물건을 만들 수 없다"고 했듯이—위험으로 점철되어 있다. 사실상 고대 그리스 신화의 프로크루스테스(Procrustes)의 현대판이다. 엘레우시스(Eleusis)로 가는 길에서 낯선 사람들을 하룻밤 묶고 가라고 자기 집으로 초청해 자기 침대에 눕히고 침대 길이와 꼭 맞아야 한다며 침대 길이보다 짧은 사람은 잡아당겨 늘리고 침대 길이보다 큰 사람은 다리를 잘라낸 인물 말이다.

이러한 관점에서 보면, 벤담이 사회의 모든 제도를 하나같이 비용-편익 분석에 따라 재단하려는 욕구는 진정 개혁으로 나아가는 시도가 아니라 수많은 제도들, 혹은 모든 제도를 모조리 없애려는 시도다. 사회제도는 역사의 산물이지, 순전히 합리성을 근거로 구축된 것이 거의 없다. 그리고 합리적인 근거로 시작된 제도라고 해도 곧 그 합리성에서 벗어나게 된다. 개인은 경제적 유인책 못지않게 습관의 피조물이다. 게다가 벤담과 그의 후계자들은 적반하장으로 상대방에게 증명해야 할 의무를 지게 만든다. 자유로운 사회에서, 우려할 만한 독자적인 원인이 없다면, 제도가 스스로를 정당화해야 할 의무는 없다. 제도를 철폐하거나 개혁해야 한다고 주장하는 권력자들이 자기주장의 정당성을 증명해야 한다.

이는 피상적인 비판이 아니다. 오히려 정반대다. 이러한 사고는 자유주의적 개인주의 이론의 저변에 깔린 핵심적인 지적 프로젝트를 파괴한다. 정치를 과학으로 격하시키고, 정치적 선택을 파기하고 전문가로 구성된 기술관료주의적 정부를 선호한다. 벤담의 '최대 다수의 최대 행복'과 존 스튜어트 밀의 '위해 원칙' 같은 추상적인 원칙들은 절대로 정확하고 일관성 있고 가치 있는 방식으로 보편적으로 적용될 수 없다는 게 핵심이 아니다. 그러한 원칙들을 적용하려 하면, 마치 정책의 목적이나 목표는 비정하고 이를 달성하기 위한 가용 수단들의 영향을 받을 수 없다는 듯이, 목적과 수단이 완전히 분리된다는 뜻도 아니다.

자유주의적 개인주의에 대한 버크의 비판은 훨씬 더 본질적이다. 버크가 주장하듯이, 수학적·과학적 개념과 원칙들을 정치에 응용하려 하면 언제나 논리적 오류를 범할 소지가 있고, 따라서 벤담의 '쾌락 계산법'과 여기서 파생된 개념들은 절대로 원칙상으로도 성공할 수가 없다. 여기서 근대 경제학에도 마찬가지 논리가 적용될 수 있다는 놀라운 가능성이 제기된다. 경제학을 경성(硬性) 과학 쪽으로 밀어붙이고 경제학을 수학적으로 추적 가능한 학문으로 변모시키는 단순한 가정들은 그 자체가 논리적 오류를 야기한다. 버크가 아리스토텔레스의 발언을 빌려 주장했듯이 말이다.

버크는 어떤 혁명을 지지했는가

그렇다면 해당 세대가 스스로 문제를 해결하겠다고 나서면 어떤가? 혁명은 어떤가? 모든 혁명은 기본적으로 동일하다—자유와 자율을 염원하는 인간의 근본적인 욕구의 표현이자 사회의 속박에서 벗어나려는 열망 아닌가? 그렇다면 버크의 논리에는 전혀 일관성이 없지 않은가? 아메리카 식민지 주민은 지지하면서 자코뱅은 격렬히 반대하지 않았는가?[7]

대답은 둘 다 "아니다"이다. 사실, 직접적으로 혹은 간접적으로 버크가 받아들이거나 지지한, 권력에 맞선 봉기는 하나가 아니라 적어도 다음과 같은 다섯 가지 사건이었다. 1688년 명예혁명, 아메리카 독립전쟁에서 식민지 주민들의 권리, 1764년 코르시카가 프랑스에 매각된 후 코르시카인의 자유를 쟁취하기 위한 투쟁, 1768년 후 폴란드인이 폴란드-리투아니아 연방으로부터 러시아인들을 축출하려고 일으킨 바르 동맹 전쟁(War of the Bar Confederation), 인도에서 워런 헤이스팅스 통치하의 동인도회사에 맞선 몇 차례 폭동…. 각 사건에서 버크는 핍박받는 쪽을 지지하고 있다. 넓게 보면 각 사건은 기존의 자유와 관습의 이름으로 자의적이고 억압적인 혁신을 강제하는 데 맞서 공동체가 일으킨 봉기다. 각 사건은 자기 공동체의 사회질서와 생활방식을 보존하려는 시도였다.

따라서 버크가 보기에 아메리카에서 일어난 혁명은 과세에 대한 구체적인 고충·불만과 구체적인 권리 주장에서 비롯되었다. 혁명가들이 아니라 영국 정부가 부당하게 자의적으로 권한을 행사하려 한 데서 비롯되었다. 근본적인 원인은 영국식의 자유라는 구체적인 개념을 둘러싼 갈등이었다.

버크가 「식민지와의 화해를 위한 결의안을 제의하는 연설」에서 말하듯이, "식민지 주민들은 단순히 자유를 소중히 여기는 게 아니라 영국적인 개념과 영국적인 원칙에 근거한 자유를 소중히 여긴다. 추상적인 자유는, 다른 여느 추상적 개념과 마찬가지로, 아무 데도 존재하지 않는다. 자유는 사리를 분별할 줄 아는 객체에 내재되어 있다". 따라서 아메리카에서 일어난 혁명은 영국의 통치와 군주의 권한에 맞서는 전쟁이었지만, 아메리카에 존재하는 영국의 문화와 가치들을 전복하려는 시도는 아니었다.

그 혁명은 아메리카의 사회나 제도의 파괴로 이어지지도 않았다. 혁명 당시 아메리카에는 아직 헌법도 연방 정부도 존재하지 않았고, 설사 영국이 혁명을 진압하는 데 성공했다고 해도 아메리카 사회나 제도가 파기되지는 않았을 것이다. 게다가 영국에서 4,800킬로미터 떨어진 곳에서 일어난 혁명이다. 그렇다면 버크가 생각하기에 아메리카의 투쟁은 권위를 불법적으로 강제하려는 시도에 맞선 봉기다. 총체적 혁명이 아니라 부분적 혁명이다.

그러나 프랑스에서 일어난 투쟁은 매우 다르다. 구체적인 불만을 바로잡으려는 시도가 아니었다. 버크가 보기에 혁명가들이 폭도를 선동해 무질서와 폭력이 난무한 긴 기간을 거쳐 부당하고 자의적으로 권력을 찬탈한 행위였다. 기존의 삶의 방식을 방어하기 위해서 일으킨 봉기가 아니라 추상적인 보편적 권리를 쟁취한다는 미명하에 진정한 의미가 불분명하고 불확실한 선동 문구를 동원한 봉기였다.

시작부터 군주, 대부분의 귀족, 대부분의 사유재산을 비롯해 기존의 프랑스 제도들을 철저히 파괴하는 결과로 이어졌다. 「인간과 시민의 권리 선언문」 제2조에서 재산권을 자연적인 불가침의 권리라고 구체적으로 명시하고 보호했으면서도 말이다. 프랑스 혁명 세력은 교회 소유의 토지를 몰수해서 국유화했다. 프랑스혁명은 영국에서 불과 35킬로미터 떨어진 곳에서 일어났고, 그 위력과 선례로서 영국 자체에 대단한 위협이 되었다. 프랑스혁명은 진정한 의미에서 총체적 혁명이었다.

존 로크는 시민 정부는 피지배자의 합의에 의존하며 피지배자는 폭군이나 권력 남용에 맞서 혁명을 일으킬 권리가 있다고 가르쳤다. 버크는 로크식의 합법적인 권위와 불법적인 권위의 구분을 수용한다. 그러나 버크는 추가로 정치적 권위에 저항하는 부분적인 혁명(버크도 이런 종류의 혁명을 용인하는 경우가 있다)과 총체적 사회적 혁명을 구분한다. 이러한 구분은 그의 사상이 근본적으로 일관성이 있음을 보여준다.

그러나 버크는 여기서 그치지 않는다. 그는 혁명 자체의 근대적인 개념을 만들어낸다. 아리스토텔레스에게 혁명은 헌법의 부분적 개정 또는 전면 개정이다. 이러한 혁명에 대한 전근대적인 개념은 우주론, 과학, 사계절의 순환에서 파생된 직설적인 개념이다. 혁명은 인생의 수레바퀴가 회전하는 행태로서, 과거에 존재한 것을 복구하고 새로운 성장을 가능케 한다. 이는 1688년 명예혁명의 언어다. 그러나 버크의 개념은 매우 다르다. 혁명은 폭력적인 격변으로서 정치가와 헌법뿐만 아니라 사회 전체를 집어삼키고, 과거에 존재했던 것을 말소시킨다. 이게 바로 오늘날 우리가 생각하는 혁명의 의미다.

버크에게 중요한 것은 사회질서의 보존과 개선이다. 극단적인 경우 저항은 반드시 필요할지도 모른다. 사회질서나 생활방식에서 소중한 요소들을 보존하기 위해 말이다. 그러나 혁명을 일으킬 권리는 절대로 있을 수 없다. 권리는 대체로 사회에서 파생된다. 그런데 혁명은 사회 자체를 파괴하겠다고 위협한다.

그렇다면 이제 어떤 결론이 나올까? 버크의 개념에 따르면, 자유주의적 개인주의는, 수많은 장점과 업적이 있음에도 불구하고, 심각한 결점이 내재되어 있다. 인간은 사회적 존재라는 기본적 속성을 폄하하거나 외면한다. 사회보다 개인이 우선한다는 잘못된 주장을 한다. 사람들의 삶에 의미를 부여하는 습관과 제도들을 깎아내린다. 그뿐만이 아니다. 자유주의적 개인주의 안에는 위험이 도사리고 있다. 사회에서, 개인적 차원에서, 그리고 세대적 차원에서 이기심을 조장할 위험이 있다. 정치인과 관료들을 오만하게 만들고 잘못된 정보를 바탕으로 잘못된 결정을 내리도록 부추길 위험이 있다. 극단적인 경우 혁명을 부추겨 처참한 결과를 야기할 위험이 있다.

지금까지 살펴본 바와 같이, 버크는 오로지 과학을 공공의 의사 결정과 정부 체제의 근거로 삼는 계몽주의의 몽상을 공격하고 파괴한다. 정치와 정치적 선택은 불가피하다. 정치와 정치적 선택은 경제학이나 전문가의 의사 결정으로 격하될 수 없으며, 경제학 자체도 절대로 경성 과학이 될 수 없다. 정치에 대한 온전히 합리적인 정설은 절대로 존재할 수 없다. 자유주의적 개인주의라는 정설을 포함해서 말이다.

이러한 결론에 참으로 실망을 금치 못하는 이들이 많을지도 모르겠다. 선출된 대표자들에 대한 신뢰가 바닥을 치고 고난의 시기에 대중은 정치인들이 확신을 주고 공개적으로 안심시켜주기를 절실히 갈망하는 상황을 고려해볼 때 말이다. 그러나 골수 무정부주의자나 과학만능주의자들 빼고 대부분의 사람들에게 버크의 비판은 희소식이어야 한다. 그 이유는 세 가지다. 첫째, 폭넓은 범위에서 토론하고 의견을 교환하고 서로 다른 우선순위들을 두고 타협할 여지가 있고 그러한 여지는 항상 있어야 한다는 것이 정치의 본질임을 확인해주기 때문이다. 이 도로를 건설해야 할까, 아니면 야생 생태계를 보존해야 할까? 저비용 주거 단지에 재정적 지원을 해야 할까, 아니면 여분의 돈을 불우한 여건에 놓인 아이들을 돕는 데 써야 할까, 감세해야 할까, 아니면 군사비용을 늘려야 할까? 이러한 타협의 필요성은 관료의 전문성에 의존한다고 해서 사라지지 않는다.[8] 게다가 민주주의, 사회자유주의, 자유시장의 속성과 한계에 대해서도 갑론을박이 있을 수 있고 있어야 한다. 이러한 개념들이 아무리 바람직해 보인다고 해도 말이다.

둘째, 버크의 비판은 정치인은 경제 원리만 자동적으로 따르는 이들이 아니라, 정치인에게는 사사로운 이익에서부터 사명감과 공공에 대한 봉사정신에 이르기까지 폭넓은 동기 유발 요인들이 존재한다는 사실을 상기시켜 준다. 정치인은 가장 좋은 의미에서 아마추어여야 한다고 암시한다. 물론 행동은 고도로 전문적이어야 한다. 특정 분야의 정책이나 국가적 사안에서 전문성을 갖추되 주어진 직종이나 사상 체계에 완전히 사로잡히지 않으면 가장 이상적이다. 우리는 정치인을 고대 그리스인이 정치인을 바라보는 시각으로 바라보아야 한다. 무엇보다도 정치인은 시민이고, 우리를 대신해 공적인 권력을 행사하라고 일시적이고 제한된 조건부의 신뢰를 위탁한 사람들이다. 정치인이 특정한 직업적 관점을 채택하는 순간 — 그것이 사업가든, 환경보호주의자든, 의사든, 사회복지사든, 군인이든, 경제학자든 — 적절한 균형을 잡기가 훨씬 힘들어진다. 전문성은 한계가 있다. 경험, 지혜, 독자적인 판단력, 그리고 상식이 훨씬 중요하다.

셋째, 버크의 분석에 따르면 인간을 다른 사람들로부터 단절된 원자로 보려는 시도는 소용없다. 버크는 사실상 국가와 개인, 그리고 국가와 시장 사이에 놓인 빈 공간을 채운다. 그는 제3의 범주가 있다고 주장한다. 바로 사회 자체다. 우리는 사회적 동물이다. 사회는 관계적이고 서로 연결되어 있다. 사회는 단순히 개인들의 집합이 아니라, 사회 내에 존재하는 제도·관습·습관·관행들을 아우른다. 사회는 또 다른 존재가 아니라 존재하는 것들을 조정하는 존재다. 오늘날의 비유를 이용하자면, 화학에서 미분자와 같다. 서로 다른 원자들을 미리 따로따로 볼 수도 없고 미분자가 최종적으로 어떤 형태를 띠게 될지 항상 정확히 알 수도 없다. 이는 원자들이 어떻게 연결되는지에 따라 달라진다. 그러나 미분자의 최종적 형태와 구성은 그 미분자가 지닌 힘과 효과에 거의 전적으로 달려 있다.

게다가, 우리는 사회적 동물이기 때문에 원칙상으로도 절대로 — 이마누엘 칸트(Immanuel Kant)에서부터 존 롤스(John Rawles)에 이르기까지 위대한 사상가들이 주장한 것처럼 — 우리가 우리 자신에서 탈피해 우리가 아니라면 어떻게 행동할지 질문을 던질 수 없다. 자유주의적 개인주의는 가치중립을 추구할지 모르지만, 자유주의적 개인주의도 가치에서 자유롭지 못하며 그 이념이 표방하는 가치들도 나름의 문제를 야기한다. 좀 더 깊이 들어가면,

가치로부터 자유로운 도덕이나 정치란 절대로 달성할 수 없다. 가치로부터 자유로운 세계에 거주하기를 바라서도 안 된다.

인간의 이성은 놀랍다. 그러나 버크는 옳든 그르든 인간은 무엇보다도 감성·감정·열정·충심을 지닌 피조물이라고 주장한다. 우리에게 소중하고 소중하게 여겨야 할 것은 추상적인 자유가 아니라 우리의 공동체 내에서 다른 사람들과 어울려 삶을 잘 영위할 자유다. 궁극적으로는 W. B. 예이츠(W. B. Yeats)가 그의 시 「일곱 현인(The Seven Sages)」에서 버크를 찬미하면서 언급한, 버크가 부른 '위대한 선율(Great Melody)'은 단순히 자의적인 권력에 대한 증오가 아니라 합리주의[9] 자체의 거부다.

세계 도처에서 정설로 여겨지는 자유주의적 개인주의에 대한 설득력 있고 도발적인 비판은 다 좋은데, 여기서 우리는 핵심적인 질문에 직면한다. 과연 버크의 주장은 진실일까? 아리스토텔레스와 더불어 버크는 인간은 사회적 동물이라고 주장하면서 그 주장에 함축된 모든 의미들을 수용하는데 과연 그가 옳을까?

다음 장에서 이 질문을 좀 더 구체적으로 살펴보겠다. 그러나 『걸리버 여행기』 자체에 해답이 암시되어 있다. 걸리버는 사실 속박에서 벗어나 자유인으로 우뚝 서지 않는다. 그는 소인국 난장이들의 문화에 입문해 그들의 언어와 관습을 익힌다. 그의 속박은 상호 합의에 의해 벗겨지고 사회적 관계로 대체된다. 그 결과 걸리버는 소인국 릴리풋(Liliput)에서 자유로운 삶이 주는 모든 혜택을 누린다. 적어도 한동안은. 일찍이 1726년에 이미 저자 스위프트는, 버크와 마찬가지로, 자유주의적 개인주의를 거부하고 있다.

제10장

가치의 회복

버크 사상의 재발견

2000년에 출간돼 극찬을 받은 로버트 퍼트넘(Robert Putnam)의 저서 『나 홀로 볼링(*Bowling Alone*)』은 장장 500여 쪽과 20만 단어 이상을 '사회적 자본(Social Capital)'이라는 개념에 할애하고 있다. 이 책은 사친회(師親會, Parent Teacher Association)에서부터 보이스카우트, 프리메이슨과 노조에 이르기까지 독립적인 조직들을 폭넓게 아울러 해당 조직이 성공하거나 실패한 이유들을 살펴본다. 결론적으로 이 책은 가족과 친구, 개인적 관계와 제도적 관계망은 한 국가의 금융자본과 경제력과 함께 강조해야 할 소중한 사회적 자본이라는 점을 역설한다.

퍼트넘의 이 책은 에드먼드 버크의 이름을 전혀 언급하지 않는다. 그러나 이러한 개념들은 뼛속까지 버크의 사상이다. 버크는 퍼트넘이 금융 용어를 써서 은유적으로 사회적 자본이라고 칭한 점을 달가워하지 않았을 듯싶다. 그는 아마도 역사, 철학, 그리고 인간의 경험을 토대로 한 개념을 어떤 식으로든 사회과학 분야의 연구서가 평가할 수 있다는 주장을 극도로 신중하게 다루었을 것이다.

그러나 오늘날 버크의 사상이 지닌 지혜를 일부 사회과학을 통해서 재발견하고 있다는 사실은 매우 놀랍다. 그렇게 함으로써 앞의 장에서 제시한 개인주의적인 사회상을 뒤집어엎고, 인간의 동기와 사회적 안녕에 내해 훨씬 미묘하고 흥미로운 해식으로 대체된다.

오늘날 인류학, 유전학, 사회학, 심리학은 버크의 사상에서 너무나도 멀리 벗어나 있으므로 그 연관성을 살펴보려면 먼 거리를 이동해야 한다. 그러나 최근에 실시된 연구에서는 버크의 핵심적인 논점을 뒷받침하는 다음과 같은 결과가 반복해서 나오고 있다. 인간은 독특한 사회적 속성을 타고난다. 감성이 인간의 이성의 길잡이다. 이성 자체는 한계가 있고 오류를 범한다. 충심과 정체성은 제도를 토대로 한다. 제도는 인간 안녕의 원천이다. 절대적인 자유나 '허용'은 개인에게도 사회질서에도 해악을 끼친다. 절제된 종교는 엄청난 사회적 가치의 원천이다. 무엇보다도 중요한 것은 인간은 도덕적 공동체 안에서 서로 공유하는 규정과 규범에 따라 함께 살아간다는 점이다. 그리고 앞으로 알게 되겠지만, 영국과 미국을 비롯해 서구의 많은 국가들이 스스로를 지나치게 개인주의적인 시각으로 바라보게 만든 힘들을 암시해준다.

인간의 사회적 본성

우선 인간의 착시 현상을 보여주는 표준 척도로 손꼽히는 유명한 뮐러-라이어(Müller-Lyer) 실험을 살펴보자.

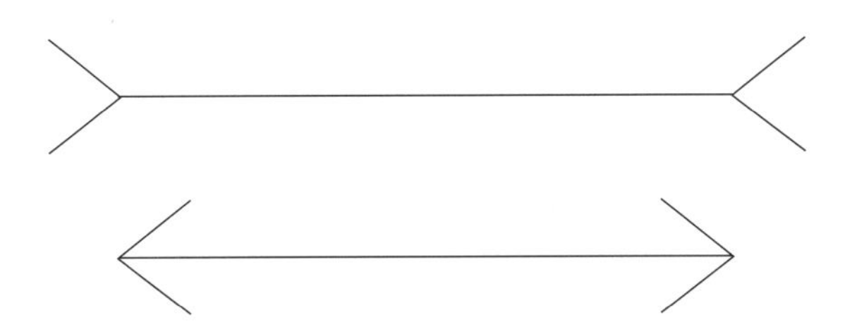

두 그림에 그어진 수평선을 오래 응시하라. 어느 쪽이 더 길어 보이는가? 사실 두 선은 길이가 똑같다. 그런데 이 실험에서 흥미로운 사실은 자로 두 선을 재서 길이가 같다고 확인한다고 해도 위의 선이 더 길다는 착시현상을 극복하기가 힘들다는 점이다. 이는 수십 년에 걸쳐 수천 명의 실험 대상들을 상대로 한 연구실 실험에서 확인된 결과다. 우리가 선과 물체를 바라보는 방식에 대한 기본적인 사실이다.

그런데 과연 그럴까? 여러분이 칼라하리사막에 거주하면서 수렵·채집 활동으로 생활하는, 부시맨이라고 더 잘 알려진 산(San) 부족이라면 착시 현상을 전혀 겪지 않는다. 산 부족은 로런스 반 데르 포스트 경(Sir Laurens van der Post)의 저서 『바람 같은 이야기(*A Story Like the Wind*)』와 『머나먼 곳(*The Far Off Place*)』을 통해 사람들의 뇌리에 각인되었다. 그들에게 두 선은 있는 그대로 보인다. 길이가 똑같아 보인다는 뜻이다. 게다가 서구 진영이 아닌 지역에 거주하는 각종 집단들에게 착시 현상은 거의 존재하지 않거나 훨씬 효과가 약하다. 인공적인 환경, 즉 날카로운 모서리가 있는 '인간이 다듬은 세상(carpentered world)'에 살수록 착시 현상을 일으킬 가능성이 높다. 확실히 가장 착시 현상을 강하게 겪는 이들은 미국 대학생들일 것이다. 그들에게는 아래의 선이 위의 선보다 20퍼센트 더 길어야 두 선이 똑같은 길이로 보인다. 그렇다면 출발점인 기본적인 사실부터 사실이 아닌 셈이다. 인간의 시각적인 인식은 부분적으로는 문화에 의해 결정되는 듯하다. 어느 문화에 속하는지에 따라 사람들은 말 그대로 사물을 달리 본다.

다시 말해서 문화는 중요하다. 인간의 문화는 여러 가지 사회적·유전적 요인들이 복잡하게 얽히고설켜 형성되는데, 이러한 요인들은 부분적으로만 규명되었고 그 상호작용은 여전히 논쟁거리다. 그러나 어떤 문화든지 그 핵심에는 두 가지 진실이 담겨 있다는 주장이 점점 우세해지고 있다. 하나는 인간은 대단히 사회적인 동물이라는 사실이다. 또 하나는 '사회적 자본'은 인간의 안녕의 필수적인 원천이다. 둘 다 버크 특유의 주장이다. 이러한 주장에 대해서 지난 2세기에 걸쳐 여러 시점에 반론이 제기되기도 했다. 그러나 새로 공개되는 방대한 연구 자료를 보면 이러한 주장을 뒷받침하는 결과들이 많다.

뮐러-라이어 도형은 문화에 따라 다르게 인식된다. 그러나 인간의 행동이 문화에 따라 다르게 나타나지 않는 분야들도 많이 있고, 인간 본성의 기본적인 핵심은 아무리 문화적 차이가 크다고 해도 상관없이 일관성 있게 나타난다. 모든 인간은 근본적으로 분노·두려움·역겨움·경멸·슬픔·창피함을 느낄 때 똑같은 표정을 짓는다. 모든 인간은 낯선 사람과 뱀에 대해 원초적인 공포심을 느낀다. 모든 사람은 언어 본능이 있는 것으로 보인다. 그래서 어릴 때 놀라울 정도로 빠른 속도로 모국어를 익힌다. 숫자에 대한 인식도 마찬가지다. 겨우 생후 20주밖에 안 된 유아도 아주 간단한 덧셈과 뺄셈을 할 수 있다. 집단의 차원에서 모든 인간 사회는 강간과 살인을 금기시한다. 모든 인간 사회는 구성원과 구성원이 아닌 사람을 구분한다. 그리고 사회 구성원들은 다양한 방식으로 서로의 서열을 정한다. 모든 인간 사회는 예술 작품을 만들고 이야기를 즐기며 신(들)을 섬긴다.

그렇다면 이성과 감성은? 이성은 감성을 지배하는가? 반대로 이성은 감성의 종인가? 아니면 이 둘 사이에 좀 더 미묘한 관계가 존재하는가? 플라톤과 프랑스 계몽주의 철학자들은 이성이 감성을 지배하는 주인이라고 가르쳤다. 그러나 『인간 본성에 관한 논고(*Treatise on Human nature*)』(1739~1740)에서 데이비드 흄은 이를 부인하면서, 다음과 같이 특유의 잊지 못할 명언을 남긴다. "이성은 열정의 노예이고, 오로지 열정의 노예여야만 하며, 열정에 봉사하고 복종하는 일 외에는 그 어떤 역할도 할 수 없다."

버크의 시각은 이 정도로 단정적이지는 않다. 이성이 개입하기 전에 감각이 인간의 행동을 유도할 수 있다. '정서' 혹은 느낌은 충절과 정체성의 원천이다. 이성은 인간의 믿음, 인간의 제도를 정당화한다. 그러나 무절제한 이성은 사람들의 감정을 자극함으로써 그들을 선동할 수 있다. 프랑스혁명 지도자들을 선동했듯이 말이다.

최근에 발표되는 연구 자료 가운데는 이 논쟁에서 흄-버크의 손을 들어주는 결과가 점점 많이 나오고 있다. 예컨대, 사람들이 일상적으로 보이는 반응은 먼저 자극된 감정이 기폭제로 작용해 영향을 미칠 수 있다는 점을 보여주는 연구 결과들이 많다. 따라서 슈퍼마켓 장내에서 프랑스 음악이 흐르면 사람들은 프랑스 식품을 사게 된다. 시험을 보기 전 수험생에게 대단한 업적에 관한 이야기를 들려주면 대체로 시험 점수가 올라가는 반면, 부정적인 편견을 들려주면 시험 점수가 내려간다. 멜리사 베이트슨(Melissa Bateson)이 이끄는 뉴캐슬대학교 연구팀이 실시한 한 실험[1]에서 차와 커피 무인 판매대에서 '정직 상자(honesty box)'에 들어오는 기부금의 액수는 판매대에 노려보는 눈 그림을 붙여놓으면 늘어나고 꽃 그림을 붙여놓으면 줄었다. 이러한 연구들은 인간의 이성이 무의식적으로 자극을 받거나 본능과 감정에 의해 유도되는 듯이 보이는 폭넓은 맥락들이 있음을 보여준다.

금전은 특히나 흥미롭고 혼란스러운 자극이다. 일련의 기발한 실험에서 심리학자 캐슬린 보스(Kathleen Vohs)를 비롯한 학자들은 실험 대상에게 다양한 방식으로 돈의 개념을 주입시켰다. 일반적으로 돈에 자극받은 참가자들은 돈에 자극받지 않은 참가자들보다 훨씬 독립적이고 어려운 작업에서 도움을 구하거나 받아들일 의향이 적었다. 또한 그들은 훨씬 이기적이었다. 실험 진행자가 우연히 연필 상자를 바닥에 떨어뜨렸을 때, 돈의 자극을 받은 참여자들이 집어 든 연필이 훨씬 적었다. 학생 기금에 기여할 기회가 주어졌을 때도 그들이 기부한 액수가 더 적었다. 그들은 혼자 있고 싶어 하는 경향도 훨씬 강했다. 다른 참여자와 서로 대화를 나누기 위해서 의자 두 개를 배치하라고 하자, 그들은 돈의 자극을 받지 않은 참여자들에 비해서 자기 의자를 훨씬 멀리 떨어뜨려놓았다. 일련의 후속 실험에서 유진 카루소(Eugene Caruso), 캐슬린 보스와 동료 학자들은 실험 참여자들을 돈의 자극에 노출시키면 자유 시장 자본주의에 대한 믿음, 세계는 근본적으로 정의롭다는 믿음, 사회적 불평등의 불가피성에 대한 믿음이 강해진다는 것을 보여주었다.[2]

이러한 실험의 함의는 놀랍다. 돈의 이미지, 언어, 문화에 둘러싸여 성장한 사람들 — 세계에서 고도로 발달한 경제 국가들에 거주하는 사람들은 대부분이 그렇다 — 은 그들의 행동과 태도가 무의식적으로 이러한 자극을 받아 형성될 가능성이 있고, 그렇다면 훨씬 탐욕스럽고 훨씬 이기적이고 훨씬 개인주의적이고 사회적·경제적 불평등을 훨씬 수용하게 만드는 효과를 낳는다.

그렇다면 이와 같이 서로 맞물려 영향을 주는 순환 고리는 어떻게 작동하는가? 사회과학을 통해서 살펴보는 게 한 가지 방법이다. 2010년 인류학자이자 경제학자 조지프 헨릭(Joseph Henrich)과 동료 학자들은 얼마나 방대한 양의 사회과학 연구가, 그들이 쓰는 도발적인 용어를 쓰자면, 'WEIRD'인지를 보여주었다 — 즉, 서구적이고(Western), 고학력이고(Educated), 산업화되고(Industrialized), 부유하고(Rich), 민주주의적인(Democratic) 사회에서 추출한 표본들을 바탕으로 한 연구라는 뜻이다.[3] 그뿐만이 아니다. 실험 대상이 미국 대학생들에게 특히 집중되어 있다. 소속 대학에서 일상적으로 실험 대상으로 실험에 참가를 권유받기 때문이다.

그러나 헨릭과 그 동료 학자들이 지적한 바와 같이, 서구인들, 구체적으로는 미국인들, 그리고 특히 미국 대학생들은 나머지 세계 사람들과 매우 다르다. 심지어 다른 미국인들과도 다르다. 이들은 세계를 인식하는 방식에서 훨씬 자기중심적이고 자신들을 매우 독립적이라고 여기며, 자기 나름의 시각에 대해 훨씬 확신을 지니고 있다. 사고과정이 더 분석적이거나 규정 중심적이고, 덜 총체적이거나 덜 상황 중심적이며, 거래할 때 훨씬 이기적이다. 이들은 최근에 실시된 대부분의 사회과학 연구에서 연구결과를 뒷받침하는 증거 역할을 한다. 이들은 아마도 지구상에서 가장 개인주의적인 사람들일지 모른다.

사회과학 자체가 최근 수십 년 동안 앞의 장에서 말한 자유주의적 개인주의를 세계에 확산시키는 대대적인 문화 운동이었을지 모른다는 뜻이다. 과학은 온갖 증거와 공식과 통계 수치로 연구 결과를 뒷받침하므로 권위를 지닌다. 그리고 사람들은 대체로 과학은 서구적이고, 구체적으로 미국적이고, 미국 대학생과 비슷하다고 주장하는 듯하다.

하지만 이는 서구, 그리고 구체적으로 미국 대학생이 지닌 가치와 경험을 일반화하는 데 지나지 않는다. 그 결과 우리는 우리 자신의 문화와 다른 문화들을 체계적으로 오해하고 있는 듯하다. '과학'을 이용해 서구적인 시각을 확증하는 셈이다. 그뿐만이 아니라 우리는 우리 자신의 과거도 오해하고 있을지 모른다. 서구의 가치를 과거에 소급 적용해 끼워 맞추고 마치 그것이 인간의 본성에 대한 기본적인 사실인 듯이 여긴다.

이러한 허점에도 불구하고 최근 몇 년 동안 기본적으로 사회적인 인간의 본성에 대해 엄청나게 많은 증거가 나왔다. 예컨대, 행동경제학(behavioral economics)[4]은 벤담과 공리주의자들이 주창한 호모 에코노미쿠스(Homo economicus)라는 표준적인 인간상을 훼손시켰다. 사람들은 체계적으로 달리 행동한다. 특히 표준적인 인간상과는 달리 행동한다. 사람들은 현재와 현상(現狀)을 선호하는 편향성을 보인다는 설득력 있는 증거가 있다. 사람들은 이득에 예민하기보다 손실 회피적인 성향이 훨씬 강하다. 사람들은 새것보다 자기가 이미 갖고 있는 물건에 훨씬 높은 가치를 부여한다. 사람들이 결정을 하는 방식은 그러한 결정이 어떤 틀에 담겨 제시되는지에 따라서 크게 영향을 받는다. 사람들은 주어진 선택지가 긍정적인 틀에 담겨 있을 때(예컨대, "에너지를 탐사한다")와 부정적인 틀에 담겨 있을 때(예컨대, "석유를 시추한다") 서로 다른 결정을 내린다.

사회적 동물로서 인간은 다른 이들과 함께 살아가는 사회가 있어야 번성한다. 인류 초기에 이는 다른 사람들, 특히 자기 부모에 대한 강한 애착을 뜻했다.[5] 따라서 부모에 대해 강한 애착을 느끼는 자녀들이 학교생활도 더 잘하고 스트레스도 더 잘 견뎌내며 삶에서 더 성공하고 다른 사람들과의 관계도 더 원만하다.

데이비드 브룩스(David Brooks)는 자신의 저서 『소셜 애니멀(*The*

Social Animal)』에서 르네 스피츠(René Spitz)의 사연을 소개한다. 오스트리아 의사인 그는 1945년 미국 고아원을 방문했다. 그 고아원은 티끌 하나 없을 정도로 깨끗하고 직원도 충분하고 아기들의 영양 상태도 좋았다. 그러나 하루 종일 아기들을 혼자 내버려두었다. 아기들에게 손도 대지 않았다. 감염될 위험을 줄이기 위해서였다. 아기와 아기 사이에는 천을 드리워 병균이 이동하지 못하게 했기 때문에 아기들끼리 눈을 마주칠 수도 없었고 감각에 자극을 받지도 못했다. 결과는 어땠을까? 아기들 가운데 40퍼센트가 두 살이 채 되기도 전에 세상을 떠났다. 아기들은 접촉과 공감의 부족으로 죽어가고 있었다.

성인의 삶에서 사회적 관계는 행복과 안녕과 높은 상관관계가 있다. 오랜 기간 결혼 생활을 유지하는 이들이 대체로 그렇지 않은 사람보다 행복하다. 행복감과 가장 높은 상관관계가 있는 일상적인 활동은 (퇴근 후 친구를 만나는 행위 같은) 사회적 행동인 반면, 행복감이 가장 낮은 활동은 (출퇴근 같이) 혼자 하는 행동인 경향이 있다.

관계의 가치는 자신이 속한 지역사회에 적극적으로 관여하는 이들에게서 특히 두드러진다. 따라서 다른 사람들을 위해 정기적으로 기부하고 시간을 할애하고 도와주는 사람들이 그렇지 않은 사람들보다 육체적·정신적으로 훨씬 건강한 삶을 누리고, 우울증에 걸리거나 자살하는 비율이 낮으며, 장수한다. 자선단체에 기부하는 이들이 그렇지 않은 이들보다 훨씬 스스로 평가하는 행복지수가 높다.

자원봉사 활동을 하는 사람들은 그렇지 않은 사람들보다 사망률이 더 낮고 말년에 우울증에 걸리는 비율도 낮다.[6] 특히 1년에 100시간 이상 자원봉사를 하고, 낯선 사람들을 도우면서 인간적인 접촉을 반복해서 하는 경우 효과가 두드러진다. 외롭고 우울한 사람들은 다른 사람들과 관계를 맺고 자기가 속한 지역사회에 참여하는 이들보다 수명을 다하지 못하고 일찍 사망할 가능성이 3~10배 높다.

인간의 사회적 교류 욕구는 무의식에 깊이 뿌리내리고 있다. 사람들은 오랜 기간 교류하다 보면 무의식적으로 서로 행동을 조율하기 시작한다. 이들은 서로 상대방의 호흡, 대화하는 유형, 그리고 몸짓을 따라한다. 상당 기간 함께 사는 여성들은 생리 주기도 일치하게 된다. 사람들은 상대방의 감정을 그대로 똑같이 느끼지는 않지만 공감은 한다. 장 디세티(Jean Decety)를 비롯한 학자들이 실시한 연구를 보면, 인간의 뇌에 동정이나 공감을 불러일으키는 신경계 기반이 있다.[7] 다른 사람, 특히 자신의 동반자가 고통스러워하는 모습을 본 사람들은 부분적으로는 자기 뇌에서 고통을 느끼는 중추를 통해서 이러한 정보를 처리하는 듯하다. 다른 사람들이 감정적으로 어떻게 반응할지를 고려하는 사람들은 본인의 감정 신경 체계를 통해서 그런 생각을 한다.

집단 차원에서 사람들은 자신이 동일시하는 집단이나 제도의 규범과 기준을 받아들이는 경향이 있다. 말하자면 사람들은 서로서로 상대방에게 느낌으로, 언어로, 생각으로 점령당하는 셈이다. 특히 언어의 역할이 중요하다. 그리고 언어 습득은 맥락에 크게 의존한다.[8] 1995년에 출간된 명저 『미국 어린이의 일상 경험에서 의미 있는 차이(*Meaningful Differences in the Everyday Experience of Young American Children*)』에서 베티 하트(Betty Hart)와 토드 리즐리(Todd Risley)는 평균적인 미국 어린이는 세 살이 될 무렵까지 자기 의사를 표현하는 데에 800만 단어를 구사한다는 사실을 보여주었다. 서로 대화를 가장 많이 하는 가정에서 자란 아이들은 평균 1,200만 단어를 구사하는 반면, 대화가 가장 적은 가정에서 자란 아이들은 겨우 400만 단어를 구사한다.

대화의 수위는 부모의 사회·경제적 차이에 따라 달리 나타난다. 통계학 용어로 말하자면 사회적 계층이나 소득, 인종보다도 대화의 빈도가 장래에 아이가 달성할 지적인 성취도를 훨씬 잘 예측한다. 리즐리는 이에 대해 다음과 같이 말한다.

> 과묵한 부모도 있고 말이 많은 부모도 있다. 물론 부모는 생물학적인 기질을 유전자를 통해 자녀에게 물려준다. 그러나 말수가 적거나 많은 습관, 대화의 주제, 공적인 이야기만 하는지 사적인 이야기도 하는지 여부 등은 부모가 가족이라는 소규모 문화 공동체를 통해서 자녀에게 — 자녀가 아기일 때 — 물려준다. 그리고 이러한 가족 경험을 통해서 부모는 가족 문화를 다음 세대에게 물려준다. 언어와 사회적 교류가 충만한 가족생활의 문화든 공허한 가족 문화든 말이다.

다시 말하면, 언어적 관습과 관행은 제도(가족)를 통해서 인간의 문화를 전파하고, 문화는 개인들이 성공해서 풍족하고 충만한 삶을 살도록 해준다. 단란한 가족은 중요하다. 이는 버크의 사상에 매우 부합하는 가족상이다.

그리고 감정이 절대적으로 근본적인 토대가 되는 가족상이다. 두 가지 면에서 그렇다. 첫째, 인간이 인간다워지는 기제인 애착, 호감, 사회적 관여, 규범과 문화의 흡수라는 중요한 과정의 저변에 감정이 깔려 있기 때문이다. 둘째, 감정은 객체와 결정에 가치와 의미를 부여한다. 감정이 없는 세상은 가치가 없는 세상이고, 가치가 없는 세상에서는 인간이 생존할 수 없다.

이 점은 신경과학자 안토니오 다마지오(Antonio Damasio)의 연구에서 잘 드러난다. 다마지오는 전두엽(안구 뒤쪽 상단에 위치)의 특정 부위가 손상된 환자들이 감정을 느끼지 못한다는 사실을 알아냈다. 이 환자들은 끔찍한 사진을 보거나 자기 삶에서 일어났던 비극적인 사건을 털어놓으면서도 공포심이나 슬픈 감정을 표하지 않았다. 이들은 다른 사람들이 이들에게서 적절한 감정 표현을 기대하리라는 사실을 알고 있었지만 도대체 그런 감정이 느껴지지가 않았다. 게다가 특정한 날짜에 약속을 잡는 일과 같이 아주 사소한 일들에 대해서도 결정을 내리거나 선택을 하지 못했다. 선택을 할 수 없으니 어리석게 살든가, 최악의 경우 소시오패스(sociopath) 같은 삶을 살 수밖에 없었다. 그들에게는 어느 선택지도 다른 선택지보다 나아 보이지 않았다. 어떤 선택지에 대해서도 감정적으로 가치가 느껴지지 않았기 때문이다.

사회적 제도의 중요성

이게 사실이라면 우리는 인간을 독특한 인간 본성을 지닌 사회적 동물로 볼 필요가 있다. 감정은 이성의 길잡이가 되고 충심의 바탕이 된다. 우리는 아주 어렸을 때부터 인간 사회의 제도와 언어와 애정에 침잠(沈潛)함으로써 인간이 된다. 그러나 제도는 사회의 구성원들에게만 바람직한 데서 그치지 않는다. 사회 자체에도 바람직하다. 이게 바로 이 장에서 다루는, 비크의 사상이 제시한 두 번째로 탁월한 개념이다.

사람들은 제도라고 하면 영국성공회처럼 거대한 조직이나 의회 도서관 같은 대규모 건물을 떠올린다. 그러나 제도는 구체적이든 추상적이든 종류도 다양하고 규모도 다양하다는 말이 훨씬 정확하다. 진화생물학자 마크 페이글(Mark Pagel)에 따르면, 지구상에 통용되는 언어는 자그마치 7,000개다. 즉, "인간이라는 한 동물 종이 서로 의사소통이 안 되는 7,000개의 언어를 쓰고 최소한 700개의 개별적인 사회가 존재한다는 뜻이다. 포유류에 속하는 단일한 동물 종이 포유류 전체가 사용하는 언어의 수보다 더 많은 언어 체계를 사용한다".

어떻게 규정하든 상관없이 이는 놀라울 정도로 다양한 미세문화(micro-culture)가 존재한다는 뜻이다. 그리고 제도라는 개념을 어떻게 규정하든 상관없이—기본적으로 제도는 개인들이 자신의 행동을 조율할 때 사용하는 규정과 관행의 집합이라고 정의된다—인간이 구축한 사회의 수는 그 사회를 구성하는 다양한 제도의 수보다 훨씬 적다.

제도는 다른 사람들과 관계를 맺고자 하는 인간의 욕구와 경제적·사회적 교류와 호혜성에 바탕을 두고 있다. 요기 베라(Yogi Berra)가 남긴 명언처럼 "다른 사람의 장례식에 가지 않으면 당신 장례식에 아무도 오지 않는다". 구성원들이 고도로 연결된 사회와 지역공동체가 그렇지 않은 사회와 지역공동체보다 훨씬 성공적이라는 증거가 넘친다.

사회적 자본도 범죄율, 학교 중퇴 비율, 학업 성취도, 청소년 비행, 이민자와 소수 인종의 사업 성공 등과 같은 사회 현상들을 예측하는 지표로 사용되어왔다. 로버트 퍼트넘의 말을 빌리자면, "사회적 자본의 수위가 높을수록 아이들이 건강하고, 안전하게 자라고, 학력이 더 높으며, 사람들이 더 오래 더 행복하게 살고, 민주주의와 경제가 더 잘 작동한다".

이러한 지역사회는 그 구성원을 정보와 영향력의 연결망에 엮어서 일자리를 구해주고 소득을 높여주는 등 이득이 된다. 이러한 지역사회는 경제학자들이 말하는 긍정적 외부 효과(positive externality)도 낳는다. 낯선 사람들도 돕는다. 구성원들의 관계가 친밀한 공동체의 삶에 참여하지 않는 무임승차자들조차도 낮은 범죄율에서 이득을 본다—물론 그 공동체의 규범과 관행을 훼손할 정도로 무임승차자가 많지는 않다는 전제하에서 말이다. 거꾸로 가족이 자주 이주하는 가정의 아이들은 손해를 본다. 한 지역에 뿌리내리고 구성원들과 연결망을 구축할 수 없기 때문이다.

사회적 자본이 헐거운 공동체들은 성적이 그다지 좋지 않다. 예컨대, 1989년 한 연구에서 로익 바캉(Loïc Wacquant)과 윌리엄 줄리어스 윌슨(William Julius Wilson)은 시카고 남부와 서부 지역에서 제조업 일자리와 중산층 가정이 사라지면서 이 지역에 사회적 자본이 파괴되어 실업률과 복지 수당 의존도가 상승하는 결과를 낳는 과정을 추적했다.[9]

그러나 사회적 자본이 항상 모든 사람에게 긍정적인 영향을 주지는 않는다는 사실을 종종 잊는다. 사회학자 알레한드로 포르테스(Alejandro Portes)는 사회적 자본의 부정적인 결과들을 강조해왔다.[10] 즉, 외부인들의 접근을 차단하고, 무임승차자들의 요구 때문에 사업이 침체되고, 사회적으로 순응하라는 압력 때문에 혁신과 기업가 정신을 가로막고, 특정한 집단들을 기득권 주류로부터 소외시킨다는 것이다.

19세기에 유대인 상인들은 막강한 사회적 연결망을 통해 뉴욕 다이아몬드 거래를 장악했는데, 이는 외부인들이 이 업계에 진입하지 못하도록 막았기 때문이다. 17세기와 18세기 청교도 사업가들은 자립이라는 정서를 함양해 게으른 친척들이 도움을 청하지 못하도록 했다. 대부분의 국가에서 수세대 동안 젊은이들은 시골을 떠나 도시로 향했다. 그리고 1995년에 발표된 한 연구를 보면 푸에르토리코 마약 밀거래자들이 '백인' 말투와 백인의 가치관에 대한 적개심을 이용해 자기들이 구축한 판매망 내에서 결속을 다진다. 그 밖에도 사회적 자본의 부정적인 사례들을 보여주는 자료들이 많이 있다.

그렇다면 사회적 자본은 오로지 축복이라고만 할 수는 없다. 승자도 만들지만 패자도 만드니 말이다. 하지만 사회적 자본의 효과는 압도적으로 긍정적인 것이 많다. 사람들은 번성하려면 인간과의 접촉과 인간관계가 필요하다. 그런데 다다익선일까, 아니면 공동체 내에서 일대일 관계를 맺는 것만으로 충분할까? 19세기 사회학의 창시자로 손꼽히는 에밀 뒤르켐(Emile Durkheim)은 그리 생각하지 않았다.[11] 그는 사람들이 도덕적 공동체에 결속되어, 그 공동체와 자신을 동일시하고 규범과 가치를 공유할 필요가 있다고 생각했다. 자살에 관한 선구적인 연구에서 그는 유럽 국가의 자살률은 사회적 통합의 수준과 반비례 관계라고 주장했다. 구체적으로 대가족, 가톨릭교도이거나 유대교도, 전쟁 중인 나라에 거주함 등과 같은 요인들은 통합을 증진시키고 자살률을 낮췄다. 부유함, 고학력, 개신교도 같은 요인들은 통합을 낮추고 자립도를 높였으며, 자살률도 증가시켰다.

극단적인 경우 구성원들을 결속시키는 규범이나 기준이 거의 없고, 따라서 개인이 자신과 동일시할 도덕적 공동체가 없는 사회다. 외부에서 가하는 제약이 없으므로 개인은 자기 나름의 욕망과 선호도를 좇을 수 있게 되고 좇을 수밖에 없게 된다. 이 상태가 바로 뒤르켐이 말하는 아노미(anomie)다. 심리학자 조너선 하이트(Jonathan Haidt)는 다음과 같이 지적했다.

> 자기가 선호하는 것을 추구할 완전한 자유는 대부분의 경제학자들에게 당연히 바람직해 보일지 모르지만, 뒤르켐에게 이는 비참함과 사회의 쇠락을 불러오는 요인이다. 뒤르켐은 사람들이 멋대로 하도록 내버려두면 절대로 무한한 소유욕을 만족시키지 못한다고 생각

했다. 넘어서는 안 되는 한계를 긋고 바람직한 행동의 기준을 설정하는 집단의 구성원인 인간만이 자기의 욕망을 달성하고 만족을 느낄 수 있다.

인간은 가치 없는 세계에서 행복하게 살 수 없다.

뒤르켐의 자살 연구 결과는 오늘날 실시된 연구 결과에 의해서도 대체로 뒷받침되어왔다.[12] 그런데 뒤르켐의 이론은 더 폭넓게 적용된다. 지난 몇십 년에 걸쳐 인간의 안녕을 가늠하는 많은 사회적 지표들은 서구 진영에서 급격히 증가하는 1인당 GDP를 따라잡는 데 실패했다. 아니 오히려 — 정신 질환과 우울증이 증가하면서 — 상당히 악화되었다. 뒤르켐의 이론은 종교의 지위에 새로운 의미를 부여한다.

최근 몇 년 사이 각종 종교들과 사실상 종교 그 자체가 끊임없이 공격을 받아왔다. 크리스토퍼 히친스(Christopher Hitchens), 리처드 도킨스(Richard Dawkins), 대니얼 데닛(Daniel Dennett) 같은 문학계와 과학계의 거장들이 앞장서왔다.[13] 특히 9·11테러 만행 사건이 일어난 후 심해졌다. 이들의 주장에 일리가 있는지 여부와 상관없이 — 다소 과대평가되는 경우가 종종 있다 — 이 저자들의 주장에는 단순하고 핵심적인 문제가 있다.

미국을 비롯해 세계 대부분의 국가에서 신앙생활은 여전히 활발히 이루어지고 있다. 미국에서 실시한 설문조사를 보면 미국인의 50퍼센트 이상이 종교가 자기 삶에서 매우 중요하다고 답한다. 하지만 종교에 반대하는 사람들은 이들이 완전히 망상에 빠져 있다고 생각하며, 종교 자체를 진화의 과정에서 뭔가가 처참하게 잘못된 결과라고 본다. 데닛에게 종교는 '기생충'에 불과하다. 도킨스에게 종교는 돌연변이와 자연선택이 적용되는 '바이러스'로서, 자기가 침투한 숙주를 통해 세대에서 세대로 전파시키고 자기가 생존하기 위해서 숙주에게 해를 끼친다.

물론 종교의 이름으로 거악이 행해지기도 했다. 그러나 과학의 이름으로 자행된 거악도 있다. 나치의 우생학과 인종 이론이 어떤 결과를 낳았는지 보라. 뒤르켐도 도덕적 사회가 그 규범과 기대치 때문에 너무 경직되고 구속력이 강하면 그 구성원이나 이웃들이 번성하지 못한다고 생각한 점을 눈여겨봐야 한다. 모든 종교가 하나같이 그 종교를 믿는 당사자나 사회에 바람직하지는 않다. 예나 지금이나 극단적인 종파들이 그런 예다. 그러나 수십억 명의 사람들이 그저 망상에 빠져 있을 뿐이라는, 종교에 반대하는 이들의 시각은 별로 설득력이 없다.

하지만 달리 보면, 적당한 신앙생활은 개인과 사회에 바람직할 수 있고, 대체로 그들도 이를 알고 있다. 신앙생활을 하는 사람들이 그렇지 않은 사람들보다 건강하고, 수명이 길고, 더 행복하다는 연구결과들이 많이 있다. 신앙생활을 하는 이들이 알코올 남용과 우울증에 빠질 소지가 훨씬 적다. 이들은 일자리를 잃거나, 중병에 걸리거나, 아끼는 이를 여의거나, 이혼과 같은 위기에 훨씬 잘 대처한다. 예배에 참석할수록 대체로 더 너그럽고 자비를 베푸는 성향이 강해지고 지역공동체의 활동에도 더 적극적으로 참여한다. 종교가 없는 사람들은 이러한 활동을 할 수 없다는 뜻이 아니라, 대체로 종교가 없는 사람들이 이런 활동을 안 하거나 덜 한다는 뜻이다.

종교는 공동의 노력이라는 정서를 구성원들에게 심어주고 이들을 사회적으로 하나의 도덕 공동체로 통합시킨다. 그러기 위해서 종교는 공동의 습관·관행·의식을 만들어낸다. 인류학자 리처드 소시스(Richard Sosis)는 19세기와 20세기에 미국에 구축된, 종교적 또는 세속적 생활공동체(commune) 200여 개의 역사를 면밀히 살펴보았다.[14] 그랬더니 종교적 생활공동체가 세속적 생활공동체보다 네 배 오래 지속되었고, 구축된 지 첫 5년 내에 해체될 가능성은 세속적 생활공동체의 절반이었다. 구축되고 20년 후에도 기능하고 있는 세속적 생활공동체는 겨우 6퍼센트에 불과했지만 종교적 공동체의 경우는 거의 40퍼센트에 달했다.

무엇이 이런 차이를 낳았을까? 종교적 생활공동체에서는 알코올 섭취 금지와 단식, 공동체의 복장 규정 준수, 외부 세계와의 단절 등과 관련 있어 보인다. 세속적 생활공동체에서는 이러한 상관관계가 없었다. 소시스는 희생이 신성시될 때 가장 효과적이기 때문이라고 추측했다. 즉, 희생을 관장하는 규범들이 신성시되고 신(들)과 같이 외적인 힘에 좌우된다고 간주될 경우에 효과적이라는 뜻이다. 희생과, 그보다 강도는 약하지만 성가를 부르거나 성서를 읊조리는 행위들은 종교적인 의례가 되고, 종교적인 의례는 내부의 갈등을 줄이고 집단적인 목표 달성에 매진하도록 해주며, 이는 결국 도덕 공동체의 혜택을 확산시킨다. 그렇게 되면 종교집단은 더 크게 더 많이 확장된다. 그 집단과 관련이 없거나 공통점이 전혀 없는 사람들도 결속시켜주는 역량이 있기 때문이다.

이러한 관점에서 보면, 종교는 바이러스나 기생충과는 거리가 멀고 종교 집단 주변의 공동체들에게도 이득이 되는 사회적 자본을 창출할 뿐만 아니라, 그 구성원들에게 진화론적으로 장점이 될 가능성이 높다. 게다가 과학적 사고를 하는 사람에게는 무용지물이고 비이성적으로 보이는—따라서 경제학의 비용편익분석에는 적합하지 않은—종교적 의례·관행·관습과 부적이 바로 충심과 공동체 소속감을 느끼게 만든다. 따라서 앞서 설명한 바와 같이 그 구성원들에게 건강과 안녕, 고난을 이겨내고 회복할 역량을 안겨준다.

그렇다면 성스러운 관습과 의례는 종교적 공동체[15]의 수명과 성공에 중요한 역할을 하는 것으로 보인다. 그러나 여기서 드러나는 놀라운 점은 종교로서의 계시보다는 제도로서의 종교와 도덕 공동체에 방점이 찍혀 있다는 사실이다. 사회적 동물로서의 인간이 자기들끼리 습관·기준·관행·규정·도덕적 규범을 개발하고 이들이 구성원들을 결속시키는 역할을 한다. 이러한 결속 요인들은 세계에 가치를 부여하고 뒤르켐이 말하는 아노미 상태와 과도한 개인주의가 야기하는 부정적인 효과들을 제어한다. 물론 신의 계시를 믿고 신의 말씀이 진리라고 여기는 사고가 종교의 중심이라고 고집하는 신앙인들은 그 어떤 종교를 믿든지 간에 이 정도만으로는 전혀 만족스럽지 않을 것이다. 그러나 인간의 안녕이 비롯되는 원천은 바로 공동체를 결속시키는 바로 이러한 요인들임을 증거는 말해주고 있다.[16]

그렇다면 도덕 공동체에 속해서 사는 게 중요하다. 그런데 어느 도덕 공동체에서 살아야 할까? 도덕 공동체마다 도덕적 규범은 천차만별이다. 문화심리학자 리처드 슈웨더(Richard Shweder)는 인도의 오리사(Orissa)와 미국에서 실시한 현지 조사를 바탕으로 도덕적 차이가 나타나는 세 가지 분야를 규명했고, 이를 자율 윤리, 공동체 윤리, 신성 윤리라 명명했다.

'자율 윤리'는 자유주의적 개인주의의 도덕이다. 사람들을 자율적인 개인으로 간주하고 개인의 욕구와 필요를 충족시키는 게 목적이다. 따라서 선택, 절차적 정의와 권리를 강조한다. 이러한 사회에서는 사람들이 다른 사람에게 해를 끼치지 않는 한 자신을 표현할 권리가 중요하다.

'공동체 윤리'는 제도 자체를 주체로 여기고 사람들을 제도의 구성원으로 본다. 그리고 상호의존성, 위계질서, 다른 사람에 대한 존중과 의무를 강조한다. 이러한 사회에서 중요한 것은 사회질서 자체를 포함해서 제도를 외부의 위협과 개인의 이기심으로부터 보호하는 일이다.

마지막으로 '신성 윤리'는 세계를 성역으로, 사람들을 사물의 외부 질서와 연관된 영혼으로 간주하고 이를 유지하는 일을 의무로 여긴다. 순수함, 죄악, 보존, 자기 절제, 육신에 대한 존중을 강조한다. 이러한 사회에서 중요한 것은 자아와 사회를 오염과 타락으로부터 보호하는 일이다.

세계의 수많은 나라들에 이러한 세 종류의 도덕 공동체가 스며들어 있는 정도는 제각각이다. 서구 민주주의 국가들은 대체로 첫 번째 종류, 자율 윤리에 속한다. 그러나 세계적으로 많은 사람들은 이에 속하지 않는다. 그들의 기본적인 문화적 기대치와 도덕적 직관은 매우 다른 규범들을 반영하고 순전히 개인주의적인 면보다 공동체적이고 사회적인 면을 강조하며, 물질보다 성스러움을 강조한다. 그리고 서구 국가에서도 공동체 윤리와 신성 윤리가 존재한다. 앞서 살펴본 바와 같이, 미국은 매우 개인주의적인 사회다. 하지만 공동체 봉사활동 비율이 매우 높은 나라이기도 하다. 미국인들은 국기를 훼손하는 행위를 본능적으로 질색하는데, 이는 신성 윤리가 아직 남아 있다는 뜻이다.

사회적 가치의 회복

인간에게는 사회적 자본이 풍부하거나 개인적인 관계나 제도와의 연관성이 높은 사회에 사는 일만 중요한 게 아니다. 도덕 공동체의 구성원으로서 아노미가 아니라 가치와 의미를 지닌 세상에서 사는 일도 중요하다.

이 또한 버크의 사상에 깊이 뿌리내리고 있다. 앞서 살펴본 바와 같이 버크는 민주주의자가 아니었다. 그러나 노예제도를 혐오했듯이, 버크가—아메리카·인도·아일랜드·프랑스 등—'세계를 대상으로' 펼친 운동은 모두 그 핵심에 도덕 공동체의 중요성에 대한 강한 믿음, 권력 남용에 대항하는 정의감이 있다. 「식민지와의 화해를 위한 결의안을 제의하는 연설」에서 그는 아메리카 식민지 주민들이 "잉글랜드의 개념에 따르는 자유를 소중히 여기고 잉글랜드의 원칙을 토대로 하는 잉글랜드인들"이라고 말한다.

「아르코트의 태수가 쌓은 빚에 관한 연설」(1785)에서 버크가 "고통 받는 우리 시민들"이라고 일컬은 이들은 동인도회사 직원들이 아니라 인도인들이다. 1788년 2월 16일 워런 헤이스팅스에 맞서는 연설에서, 버크는 "지리에 따라 달라지는 도덕"에 대해 다음과 같이 일갈한다. "적도만 넘으면 모든 미덕이 죽는다. 도덕의 법칙은 어디서든 똑같이 적용되어야 한다. 그리고 잉글랜드에서 공금 횡령, 갈취, 억압, 야만성이라고 낙인찍힌 행동은 아시아에서도, 전 세계 어디에서도 똑같이 취급되어야 한다."

「허큘리즈 랭그리쉬 경에게 보내는 편지」에서는 아일랜드에서 가톨릭교도를 해방시켜야 한다고 버크가 주장한 근거는 — 가톨릭교도 대다수도 사회에서 어엿한 일원으로 대우받아야 한다는 — 사리판단뿐만 아니라 "공동의 이익도 없고, 동정심을 받지도 못하고 사회와의 연결고리도 없는" 도덕적으로 부당한 대우를 받는 가톨릭교도의 사회적 지위에 대한 분개이기도 하다. 그리고 버크가 프랑스혁명을 비판한 여러 가지 이유 가운데 가장 기본적인 이유는 유럽 국가들 사이에 존재하는 국제 질서 전체를 위협하는 '무장한 독트린'을 만들어내기 때문이었다.

버크가 도덕 공동체를 강조하면서 두 가지 놀라운 결과가 나오게 된다. 첫째, 버크는 개방적이고 포용적인 제국의 개념을 제시했는데, 결국 일련의 사건들 — 아메리카 혁명, 1800년 아일랜드와의 연방, 인도에서 라지(Raj)의 고립과 종교적 경직성과 편협함 — 로 인해 제국은 무너졌지만 오늘날 '연성 권력(soft power)'이라는 개념을 구축하는 데 기여함으로써 버크가 제시한 제국의 개념은 여전히 관심을 모은다.

둘째, 버크는 잉글랜드 내에서 도덕 공동체를 위협하는 위험에 대해 인식하고 있었다. 앞서 언급한 오늘날의 연구에 따르면, 버크가 과도한 자유주의적 개인주의에 대해 우려했다는 사실을 뒷받침해주는 근거는 충분하다. 인간의 행동은 대부분 이기적인 게 맞다. 그러나 경제학에 내장되어 있는 인간에 대한 시각, 즉 인간을 이익의 극대화를 추구하는 탐욕스러운 본성을 지녔다고 보는 표준적인 시각은 인간이 개별적으로, 또 집단적으로 행동하는 방식을 체계적으로 오해하고 있다.

게다가, 금전적 자극을 준 실험이 증명해주듯이 금전적 성공을 강조하는 사회는 그 구성원들을 더 탐욕적이고, 더 이기적이고, 더 개인주의적으로 만드는 효과가 있다. 적어도 수십 년 동안 과학도 서구 문화에 속한 사람들로 하여금 그들 나름의 개인주의를, 여러 가지 한계가 있음에도, 정상적이고 옳다고 여기고 다른 사람들도 으레 그렇게 생각한다고 넘겨짚게 해왔다. 설상가상으로 자기들처럼 생각하지 않으면 그저 원시적이고 미개한 사람들로 간주하도록 부추기는 문화적 과정을 강화해왔다.

그러나 공감에도 한계는 있다. 오늘날 실시된 연구 결과들이 그 이유를 설명해준다. 인간의 행동이 사회질서 자체를 위험에 처하게 하고 도덕 공동체를 훼손할 수 있다. 이게 바로 버크가 프랑스혁명을 바라본 시각이다. 첫째, 혁명은 사회 자체를 파괴하려는 단호한 시도로서 수천만 명의 안녕을 위험에 처하게 한다. 둘째, 버크 자신과 유럽 문명 전체가 속한 도덕 공동체에 대한 절대적이고 근본적인 공격이다. 오늘날 우리에게도 그렇듯이 버크에게도 제도라는 집단적 지혜는 사회적 자본을 구성하는 필수 요소다. 그 지혜를 무질서와 혁명으로 잃게 되면 사회는 일시적으로 정신착란 상태에 빠진다.

좀 더 넓게 보면, 정치가 해야 할 기본적 임무는 그저 사회적 자본과 도덕 공동체를 보존하는 일이라는 뜻이다. 이상적으로는 이를 위해 덕망 있는 지도자들이 필요하다. 사회질서를 보호하는 동시에 본인이 그 공동체의 도덕규범을 행동으로 몸소 실천하는 타의 모범이 되는 사람 말이다.

버크의 시각은 여기서 더 나아간다. 앞서 살펴본 바와 같이 버크는 인간이 사회적 동물이라고 주장한 아리스토텔레스를 추종한다. 그러나 "사회적 동물"이라는 구절은 본래 그리스어로 된 표현이 뜻하는 바의 일부분만 포착한다. 아리스토텔레스는 우주가 간직한 사연은 에너지가 펼쳐지는 이야기이며, 에너지가 펼쳐짐으로써 잠재력이 실현된다고 믿었다. 그가 주장하기를, 인간에게 이와 같이 펼쳐지는 잠재력은 인간들이 스스로 통치하는 데 필요한 조건과 목적을 공개적으로 논의할 역량으로 표현된다. 따라서 인간은 인간 사회의 속성 자체를 돌아보고 형성할 독특한 역량을 지니고 있다. 그러한 역량을 행사하는 행위—그 역량이 행사되는 방식과 여기서 도출되는 구체적인 결과 둘 다를 뜻한다—가 바로 사회를 규정한다. 이게 바로 정치다.

아리스토텔레스에게 그리스 도시국가 폴리스(polis)가 이룬 뛰어난 업적은 심사숙고하는 인간의 역량을 최고조에 달하게 한 제도를 갖추었다는 점이다. 여기서 한 발 더 나아가 버크가 이룬 뛰어난 업적은 정당정치의 이론과 관행을 통해 그와 같이 심사숙고하는 역량이 정치계를 넘어 사회 전체에 확장되도록 할 원칙적인 수단을 제시했다는 점이다. 그러면서도 버크는 효과적인 정치적 의사결정의 특징인 전문성, 다양성, 장기적인 시각이라는 장점들을 희생시키지 않는다. 특히 버크가 제시한 "세상을 떠난 이들과 지금 살고 있는 이들과 앞으로 태어날 이들의 협력 관계"라는 독특한 개념은 당대의 개인이나 집단, 또는 특정 세대가 제시하는 주장에 맞서서 질서정연한 사회의 제도적 특징, 유산, 연속성을 보존한다. 이는 심오한 철학적 업적이다.

인간은 심사숙고할 때 자의식을 동원해야 하므로 언어 자체도 제도라는 사실을 인정해야 한다. 언어는 사회가 가치를 이해하는 데 사용하는 틀을 제공하기 때문이다. 이는 앞서 인간의 삶에 수학적·과학적 분류법을 적용하면 항상 논리적 오류를 범하게 된다고 한 에드먼드 버크의 주장의 당연한 확장이다. 경제학과 경영학의 전문 용어가 인간의 삶에서 가치를 표현하는 언어를 대체해서는 안 된다는 뜻이다. '반복' '행동' '주체' '효용', 그리고 사실 '사회적 자본'과 같은 단어들은 '신뢰' '품행' '사람' '행복' '관계'와 동의어로 간주되어서는 안 된다는 뜻이다. 이러한 개념들과 충심, 존엄성, 존중과 같은 개념들은 경제 모델에 잘 들어맞지 않을지 모르지만, 이러한 단어들은 중요한 규범과 가치를 수반하며 이를 다른 단어로 옮기면 그 의미를 잃거나 단어 자체를 폐기하는 셈이 된다.

버크 본인의 화법에서도 여러 차원에서 이러한 점을 십분 이해하고 있다는 사실이 드러난다.[17] 일찍이 1757년 『숭고함과 아름다움이라는 우리의 사상의 기원에 대한 철학적 탐구』에서 이미 버크는 언어에 대한 실용적인 이론을 제시하고 있다. '정의'나 '명예' 같은 추상적인 단어가 대단한 위력을 발휘한다는 사실을 인식하고 있다. 이러한 단어가 어떤 의미인지 제대로 이해하지 못한 사람들의 감정을 사극하는 효과가 있다는 뜻이다. 버크 자신도 연설에서 이 점을 이용한다. 거의 40년이 지나 프랑스혁명이 내세운 추상적인 개념들을 한낱 선동적 문구에 지나지 않는다고 비판할 때도 이 점을 이용한다.

게다가 버크는 다른 문화들의 존재를 인식하고 상상을 통해 그러한 문화에 자신을 몰입시키는 뛰어난 역량을 지녔기 때문에 도덕적 동기를 유발하는 다양한 원천들에 대해 매우 세심하고 사려가 깊다. 버크 자신의 사상에 앞서 설명한 세 종류의 도덕 공동체 각각에서 얻은 통찰력이 모두 함축되어 있는 점은 참으로 놀랍다. 개인의 자유와 서로에 대한 관용을 찬미한다는 점에서 자율윤리가 들어 있고, 충심과 제도를 강조한다는 점에서 공동체 윤리가 들어 있으며, 사회질서 자체의 초월적인 가치를 주장한다는 점에서 신성 윤리가 들어 있다.

그렇다면 사실상 버크는 각 공동체 구성원들에게 중요한 화두를 던져주지만, 절대로 그들을 모두 만족시키지는 못한다. 그는 한 가지 공동체에 열광하고 맹신하는 이들이 보기에 너무나 다변적인 시각을 지니고 있다. 시집 『풀잎(*Leaves of Grass*)』에서 월트 휘트먼(Walt Whitman)이 자기 자신을 묘사한 구절처럼 버크도 폭이 넓다. 버크 안에는 여러 사람이 들어 있다.

그러나 버크는 연설문에서 끊임없이 의미를 추구하고 의미를 전달할 방법을 찾아 헤맨다. 셰익스피어가 의도적으로 자신의 희곡에서 아리스토텔레스가 제시한 시간·장소·행위라는 3요소를 이용하고 파기하고 때로는 이 3요소에서 벗어나기도 하듯이, 버크도 열정으로 타오르는 자신의 지성을 표현할 때 웅변에 적용되는 고전적인 법칙들을 이용하고 파기하고 벗어나기도 하면서, 몇 개의 문장 속에서 가장 숭고한 표현에서 가장 거친 표현으로 갑자기 돌변한다.

버크에게 세상에 궁극적으로 의미를 부여하고 세상을 고양시키는 것은 신으로부터 받은 섭리다. 신의 섭리는 다시 창의적이고 공감할 줄 아는 인간의 뛰어난 상상력에 불을 붙이고 그 상상력에서 자양분을 얻는다. 우리가 있는 그대로를 이해하는 데 그치지 않고 무엇이 가능할지를 가늠하고, 제약이 뭔지 깨닫는 데 그치지 않고 잠재력을 파악하고, 한계를 인식하는 데 그치지 않고 포부를 품을 수 있는 이유는 상상력이 있기 때문이다. 자아, '허무의 윤리', 아노미가 가치를 위협할 때 이를 극복하고 세계를 다시 찬미하고 인간이 번성하도록 해주는 도덕 공동체에 대한 인식을 회복하게 해주는 것이 상상력이다.

마지막으로 이러한 혜안, 이러한 의미의 추구가 바로 버크를 호반 시인들과 하나로 엮어준다. 그러나 그 결과는 존 키츠(John Keats)가 워즈워스에 대한 헤즐릿의 평을 인용해[a] 워즈워스를 일

켰을 때 사용한 표현, '자기중심적인 숭고함(egotistical sublime)', 즉 맥락이나 습관에 전혀 동요하지 않는 불멸의 자아, 내면의 대화를 통해 세계로부터 이탈하는 자아가 아니다. "사실과 이성을 추구하느라 조바심 내지 않고, 불확실하고 신비롭고 의구심이 드는 상태에 머무를 수 있는 역량"이라고 하면서 키츠가 자기를 비하하듯 언급한, 자신을 절제하는 '소극적 역량(negative capability)'[b]도 아니다. 정반대로 버크는 특유의 뛰어난 상상력을 통해 적극적으로 관여한다. 자아와 상황 간의 균형, 야심과 절제 간의 균형, 개인과 사회의 균형을 달성하기 위해서 말이다. 보수주의자 버크는 낭만주의 시인들을 능가하고, 적어도 일부 낭만주의 시인들에게는 영웅이 된다.

결론

오늘날 왜 버크를 읽어야 하는가?

자, 그렇다면 버크의 면모를 총체적으로 고려해볼 때 우리는 에드먼드 버크를 어떻게 보아야 할까? 물론 버크도 결함이 있었다. 그는 자존심 강하고, 지성 못지않게 열정이 넘쳤으며, 이따금 분노와 동정심을 이기지 못하는 바람에 정치적으로 망신살이 뻗치기도 했다. 그는 가차 없고, 집착하고, 때로는 앙심을 품기도 했다. 평생 폭넓은 주제에 관해 그가 행한 수많은 연설과 그가 쓴 수많은 글들은 초지일관 절대적 일관성과는 거리가 멀고, 그러고 싶어하지 않았을지도 모르겠다.

사는 동안 빚에 짓눌리기도 했고, 청운의 꿈이 대결 정치의 지루한 싸움 와중에 무산되기도 했으며, 나이가 들면서 점점 말과 글이 독선적이고 과격해지기도 했다. 「식민지와의 화해를 위한 결의안을 제의하는 연설」에서 그는 다음과 같이 말했다. "불변하는 사물의 이치가 그러하니, 무절제한 인간은 절대로 자유로울 수 없다. 인간의 열정이 인간을 구속한다." 버크 자신이 그러했다.

게다가 적어도 관습적인 기준으로 판단해보면, 또 정치적 역정(歷程)으로 보면 버크의 인생은 실패한 인생이었다. 버크와 그가 속한 정당은 영국과 아메리카 식민지들 간의 전쟁을 막지 못했다. 그는 워런 헤이스팅스의 탄핵소추를 가결시키는 데 실패했다. 그의 정치 개혁안과 아일랜드인과 가톨릭교도의 고충·불만을 해소하려는 노력은 절반의 성공에 그쳤다. 프랑스혁명에 맞서야 한다는 호소는 묵살당했다. 하원 의원으로 재직한 30년에 걸쳐 공직을 맡은 기간은 2년이 채 되지 않았다.

그리고 버크의 사상에서 핵심적인 측면들 가운데는 요즘 사람들이 들으면 틀렸거나 해당되지 않거나 그저 불쾌하고 모욕적이라고 생각할 만한 부분도 있다. 사유재산을 강조한 점은 빈곤층을 공격하고 특권을 옹호한다고 해석되기도 한다. 오늘날 정당은 사람들로부터 이제까지 유래가 없을 정도로 더할 나위 없이 낮은 평가를 받고 있는데, 정작 버크는 정당이 중요하다고 주장한다. 무신론에 대한 강한 혐오는 요즘 현실과 동떨어져 보인다. '편견', 습관, 전통에 대한 그의 믿음은 잘못 해석돼 널리 오해를 불러일으킨다. 여성에 대해서는 이렇다 할 견해가 없다. 프랑스혁명에 반대했다는 이유로 변화나 혁신 자체에 적대적인 인물로 보이기 일쑤다.

그러나 공교롭게도 버크는 다음과 같이 말했다. "패배한 정당의 행동은 절대로 옳아 보이지 않는다. 적어도, 통상적인 판단 기준들 가운데 유일하게 틀림없는 기준인 성공은 절대로 충족시킬 수가 없다." 버크를 입체적으로 보면 전혀 딴판인 인물이 보인다. 그는 다정하고, 너그럽고, 매력적이고, 마음이 열려 있고, 현명하다. 제인과의 결혼 생활은 사랑이 넘치는 원만한 관계였다. 당시는 성적으로 상당히 개방적인 시대였지만 그의 사생활은 흠잡을 데 없었다. 그는 헌신적인 아버지이자 친구로서 가족을 끔찍이 아꼈고, 수십 년 동안 궁지에 빠진 자기 동생 리처드와 '사촌 윌'을 경제적으로 한 식구처럼 뒷바라지했다.

버크는 붙임성과 사교성이 뛰어난 마당발이었으며, 연극 관람을 즐겼고, 레이놀즈, 존슨을 비롯한 인사들과 더불어 클럽 창립 회원이기도 했다. 예술 애호가로서 그레고리즈에 마련한 자택을 예술 작품으로 채웠다. 아일랜드인 젊은 화가 제임스 배리를 지원했고 가난과 채무불이행으로 교도소에 갈 위기에 놓인 시인 조지 크래브(George Crabbe)를 구제했다. 인간의 본성을 꿰뚫어보는 재능이 있는 패니 버니(Fanny Burney)는 1782년 버크에 대한 첫인상을 다음과 같이 묘사했다. "그는 키가 훤칠하고, 풍채가 기품 있으며, 사람들을 제압하는 분위기를 풍기고, 말을 걸 때는 고상하다. 목소리는 명료하고 날카롭고 맑고 힘이 있다. 그가 구사하는 언어는 풍요롭고 다양하고 설득력 있다. 상대를 대하는 예의범절은 사람을 끄는 힘이 있고, 그와 나누는 대화는 즐겁다."

버크는 관운은 없었다. 사실이다. 그는 피트나 필처럼 긍정적이든 부정적이든 정치 역정에서 여러 가지 업적을 달성한, 선거에서 승리해 행정부를 구성한 정치인들과는 다르다. 버크의 정치 역정은 버크 자신의 상상력과 대중의 상상력 속에 살아 있는 아이디어와 꿈으로 가득한 이야기다. 스스로 터득하고 깨달은 지식을 바탕으로 한 매우 사변적인 일생이었고, 버크를 제대로 이해하려는 사람 또한 깊은 생각을 요한다.

그의 사상은 수많은 차원에서 수많은 대상에게 울림을 준다. 단순한 사상이 아니다. 그때도 지금도 기존의 사상과 기존의 범주를 심각하게 위협하는 사상이다. 페인이 경악했듯이, 버크는 특정 부류에 "붕붕그려지는" 사상가가 아니다. 유추나 당대의 유행에 따라 판단 가능한 신념을 지닌 사상가가 아니라는 뜻이다. 정반대로 그는 행동하는 철학자이고, 그의 사상은 최근에 나타난 탈계몽주의적 사조들을 예견했다. 그의 사상은 지금보다 훨씬 높은 관심을 받을 자격이 있다.

노련한 정치인은 여론보다 너무 앞서가지 않는다. 그러나 버크는 정치적 계산을 하지 않으며 거의 항상 여론보다 앞서간다. 버크가 활동한 시대에 아메리카·아일랜드·인도·프랑스와 관련해 그가 펼친 운동을 보면 정말 그러하다. 군주의 권한을 제한하려 애쓴 점, 노예제도와 사형제도에 반대하고 자유시장을 지지한 점도 그러하다.

버크의 이 모든 입장들을 한데 묶는 것은 질서 속에서 누리는 자유, 바람직한 삶을 영위하고 인간 사회가 부여하는 혜택을 누릴 인간의 권리에 대한 불굴의 신념이다. 버크는 변화에 반대하기는커녕 변화는 필연적이고, 신중하고 절제된 정치 개혁은 당연하고 바람직하다고 여긴다. 특권을 옹호하기는커녕 성공적인 사회 질서는 개인의 재능과 노력이 정당한 보상을 받도록 해주는 수단으로 보았다. 버크에게 정치는 이러한 절차들이 제대로 시행되어 사회 전체에 이롭게 만드는 기능을 하는 수단이다. 그러려면 정치 지도자들이 겸허하고 덕망이 있고 지혜로워야 한다. 그리고 버크가 「혼인법 폐지 법안에 관한 연설(Speech on a Bill for Repeal of the Marriage Act)」에서 말했듯이, "극단적인 경우 혈투를 하게 된다면, 그런 일은 절대로 없기를 바라지만, 내 입장은 정해졌다. 나는 가난한 자, 비천한 자, 힘없는 자와 운명을 같이 하리라".

그러나 자유에 대해 버크가 지닌 신념의 또 다른 축은 권력 남용에 대한 절대적인 혐오다. 최근에 나온, 버크 사상에 대한 권위 있는 해석과는 달리, 버크는 자연법 이론가가 전혀 아니다. 그의 사상은 경험적이고 역사, 사실, 상황에 뿌리를 두고 있다. 그러나 그 어떤 사람도 자기가 내세우는 명분을 스스로 판단해서는 안 된다는 논리는 버크에게는 자연법의 심오한 원칙이다. 이것이 바로 버크 전기 작가 코너 크루즈 오브라이언이 예이츠의 시를 인용해 '위대한 선율'이라고 일컬은 것의 근원이다. 버크가 아메리카 식민지들과 아일랜드 가톨릭교도들과 인도인에 대한 영국의 억압적 행위를 반대한 이유를 일관되게 설명해준다. 이중 내각과 점증하는 왕의 영향력을 비판할 때도 이 주제가 밑바탕에 깔려 있다. 사회질서를 전복하는 프랑스혁명의 위력에 대한 증오도 이 주제를 토대로 한다.

이 점을 윈스턴 처칠만큼 명료하고 수려하게 표현한 인물은 없다. 처칠은 자신의 에세이 『정치에서의 일관성(*Consistency in Politics*)』에서 다음과 같이 말한다.

> 버크는 한편으로는 자유를 신봉하는 최고의 사도로 추앙받고 또 다른 한편으로는 의심할 여지없이 권위를 옹호하는 인물로 매도당한다. 그러나 사람들이 그에게 퍼붓는 정치적으로 일관성 없다는 비난은 치졸하고 편협해 보인다. 역사를 보면 버크가 그처럼 행동하게 된 이유와 추세들이 금방 드러나고, 이처럼 완전히 상반되는 의견을 표명하게 만드는 엄청난 변화에 버크가 직면하고 있었으므로 버크가 지닌 심오한 사상과 진정성을 의심할 이유가 없다.
>
> 버크의 영혼은 폭정에 저항했다. 그 폭정이 군림하는 군주의 형태로 나타나든, 부패한 왕실과 의회 체제로 나타나든, 존재하지도 않는 자유의 선동적인 구호를 입에서 쏟아내는 잔혹한 폭도와 사악한 패거리의 형태로 나타나든 상관없이 저항했다. 자유를 옹호하는 버크와 권위에 맞서는 버크를 제대로 이해한다면 그는 한결같은 목표를 추구하고, 한결같이 바람직한 사회와 정부의 모습을 모색하며, 이를 위협하는 양쪽의 극단적인 세력들과 번갈아가며 맞서 싸웠다는 사실을 알 수 있다.

에드먼드 버크는 그가 살았던 시대의 정치인에만 그치지 않는다. 그는 우리 시대의 정치인이기도 하다. 그의 사상은 방대한 지혜의 보고(寶庫)이고, 오늘날 우리는 여전히 그 보고에서 지혜를 끌어다 쓴다. 여러모로 그가 주는 교훈들이 잊힌 현실은 우리에게 큰 손실이다. 버크의 사상을 새롭게 되새겨야 할 때가 왔다.

우선 우리는 일부에서 대단히 불편하게 여기는 진실과 마주할 필요가 있다. 바로 에드먼드 버크가 보수주의자라는 사실이다. 버크는 보수당 당원도 아니고, 신보수주의자나 신권 정치를 표방하는 보수주의자도 아니고, 대처나 레이건류의 보수주의자도 아니다. 그러나 그래도 어쨌든 보수주의자다. 여러모로 그는 최초의 보수주의자, 보수주의의 창시자다. 보수주의를 확연히 구분되는 정치사상으로 확립했다고 말할 자격이 있는 최초의 인물이다.

이러한 평가에 대해서는 갑론을박이 있다. 버크는 자신을 보수주의자라고 일컬은 적이 없다. 보수주의라는 용어 자체는 버크가 사망하고 수십 년이 지나서야 정치에 도입되었다. 버크는 휘그당원이었고 휘그당은 19세기에 리버럴에게 자리를 내주었기 때문에 오늘날 (고전주의적) 리버럴 성향이 있는 많은 정치인들은 그를 리버럴로 간주한다. 게다가 버크는 리버럴 성향의 개혁 조치들을 철저히 옹호했다. 그런데 그가 어떻게 보수주의자일 수 있는가?

물론 정치적 성향의 범주는 정확하게 구분되지 않는다. 중첩되는 부분이 많다. 휘그당이 여러 개의 휘그 계파들로 서서히 쪼개지면서, 특히 윌리엄 피트 추종자들은 리버럴에 합류하지 않았다. 그러나 버크가 이 논쟁에서 보수주의 진영에 속한다는 데는 의심의 여지가 없다. 앞서 살펴본 바와 같이 자유주의(liberalism)—여기서 파생된 오늘날의 자유지상주의(libertarianism)나 신자유주의(neoliberalism)[a]와 마찬가지로—는 개인 지상주의다.

버크는 사회질서의 중요성을 강조한다. 자유주의는 자유를 개인의 의지에 대한 제약이 없는 상태로 본다. 버크는 자유를 질서를 토대로 한 자유로 본다. 자유주의는 무엇보다도 이성의 힘을 믿는다. 버크는 전통, 습관, 그리고 '편견'을 믿는다. 자유주의는 보편적인 원칙을 강조한다. 버크는 사실과 상황을 강조한다. 자유주의는 과거를 시시하게 생각한다. 버크는 과거를 애지중지한다. 자유주의는 급격한 변화를 흠모한다. 버크는 급격한 변화를 질색한다. 자유의지는 의무에 종속될 수 없다. 버크는 자유의지가 의무에 종속되어야 한다고 주장한다. 버크가 보수주의자라는 증거는 이처럼 명명백백하다.

그렇다면 버크는 최초의 보수주의자다. 그러나 그가 보수주의를 독점하지는 않으며, 그의 보수주의적 관점은 휘그의 색채가 강하다. 그의 보수주의는 행정부보다 의회를 지지하고 관용을 소중히 여긴다. 그의 보수주의는 모든 차원에서, 그리고 사회의 모든 부문에서 자유로운 경제적·사회적 제도를 강조하고, 권력의 집중을 극도로 경계한다. 그 권력이 군주든, 동인도회사든, 근대국가든 상관없이 말이다.

정치적 신념으로서 보수주의는 필연적으로 그 이념이 표방하는 다양한 원칙들 간의, 예컨대 자유와 권위 간의 긴장 관계를 내포한다. 사실 절대적으로 일관성이 있으면서도 고려해볼 가치가 있는 윤리 이론은 존재할 수 없다는 생각은 버크의 통찰력에서 비롯되었다. 이러한 생각은 가장 위대한 도덕 철학자들 가운데도 파악하지 못한 이들이 있다. 그러나 버크의 사상이 지난 150년에 걸쳐 영국 보수당의 기본적 철학에 너무나도 잘 맞아떨어진 이유는 쉽게 알 수 있다. 휘그 정신에 뿌리를 둔 데 덧붙여, 사회질서와 의무를 강조함으로써 토리의 전통주의자들로부터 공감을 얻는 한편, 정치는 사회 전체에 도움이 되어야 한다는 버크의 온정주의적 신념은 곤궁한 계층에 대해 측은지심을 느끼는 사람들을 끌어들였다. 보수당의 여러 부류들 가운데 버크의 사상에서 이렇다 할 영향을 받지 않은 부류는 자본가와 노동자 간의 단체교섭을 믿었던 20세기 조합주의자(corporatist)뿐이다.

그러나 1867년 제2차 선거법개정(Reform Act)[b] 이후로 보수주의자들이 선거에서 승승장구해온 이유는 이와 같이 유권자 동맹을 구축한 데 있다. 그리고 여러 부류에게 파급력이 큰 버크의 사상이, 인정하든 아니하든 상관없이, 보수당이 그동안 성공을 거두게 된 핵심적인 원인이다. 그뿐만이 아니라, 버크의 사상은 보수주의에 감수성과 측은지심이라는 폭넓은 감정적 토대를 제시함으로써 사회를 구성하는 각계각층의 사람들을 모두 이해하고 고무시키는 역량을 지녔다.

그러나 버크는 당대의 많은 보수주의자들의 날개를 꺾기도 한다. 예컨대 미국에서는 버크의 전통을 근대 보수주의의 세 지류가 대체했다고 흔히들 말한다. 자유 시장, 신보수주의 그리고 신정(神政) 보수주의 혹은 종교적 보수주의다. 이 세 지류 모두 버크의 사상이 토대라고 주장한다. 그러나 버크는 이 세 지류가 표방하는 핵심적인 특징들을 모두 거부했으리라는 데 의심의 여지가 없다. 가장 극단적인 상황에서 피치 못하게 대응해야 할 경우를 제외하면 버크의 정치는 절제되고 온건했다.

그는 일찍이 자유 시장을 옹호했지만 개인의 신의 성실, 법, 시장 규범과 신뢰가 바탕이 되는 맥락에서만 옹호했다. 그는 국가와 국가에 대한 충성심이라는 근대 개념을 확립하는 데 기여했지만,

다른 문화들을 매우 존중했고 군사적 모험을 거부했다. 그는 신앙생활을 찬양했지만 도덕적 절대주의를 혐오했다. 버크는 관념적 탁상공론에 맞섰다. 그가 그렇게 한 이유는 보수주의자이기 때문이다.

지금까지 살펴본 대로 버크는 정당에 대한 근대적 개념의 틀을 최초로 마련했고, 정당의 첫 원형인 로킹엄 휘그의 주요 설계자였다. 그의 사상은 1750년대에 일관성 있는 사상 체계로 사리를 잡았고, 평생 정치 활동을 하면서 자신의 사상을 개발하고 실천했다. 1790년대에는 자신의 사상으로 장-자크 루소의 낭만적인 합리주의와 프랑스혁명의 도덕적·지적 기반을 공격했다. 그는 정치에서 사회라는 개념을 기본적 범주로 취급하고, 사회질서를 구축하는 인간의 역량에서 정치적 숙의와 제도를 발견해낸 최초의 근대 철학자다.

버크가 세상을 떠난 후에도 그의 사상은 여전히 살아 숨 쉬며 근대의 자유주의적 개인주의를 준엄하고 신랄하게 비판했다. 그리고 인간의 본성, 인간의 안녕, 사회와 제도에 대한 버크의 생각은 사회심리학과 진화심리학, 인류학 분야에서 최근에 실시된 연구를 통해 뒷받침되고 있다. 최근에 "보수주의는 죽었다"[1]라는 선언이 나왔지만, 보수주의는 죽기는커녕 버크는 우리에게 미래상을 제시하고 있다. 충격적인 발언으로 세간의 주목을 끌고, 단일 이슈에서 극단적 입장을 밀어붙이고, 정치적으로 사분오열된 세계에서 우리에게 절실히 필요한 것은 버크의 사상인지도 모른다.

그렇다면 오늘날은 어떤가? 오늘날 우리는 버크의 사상에서 무엇을 배울 수 있을까? 나는 여섯 가지 핵심적인 교훈을 버크의 사상에서 얻을 수 있다고 본다.

첫째, 극단적 자유주의는 지금 위기에 놓였다. 각종 참사가 일어나면서 개인의 도덕적 지상주의, 인간의 이성만으로 정치적·경제적 문제를 해결하는 역량, 개인적 소비가 인간을 구제하는 힘, 무절제한 개인의 자유가 개인적·사회적 안녕을 실현하는 역량 등에 대한 기존의 믿음이 심각하게 훼손되어왔다. 그뿐만이 아니다. 자유주의적 개인주의는 경제적으로 선진화된 산업화 사회에 살고 있는 수많은 사람들의 눈을 가려 다른 나라들과 그 국민들의 필요나 속성을 보지 못하게 할지도 모른다.

극단적인 자유주의는 사람들로 하여금 인간의 안녕을 촉진하는 진정한 사회적 원천을 상실하고 금전적 성공과 명성에 집착하게 하여 점점 더 이기적이고 개인주의적으로 변하게 만든다. 버크가 살아 있다면 그는 국가 정체성과 국가에 대한 충성심을 없애는 계획을 추진하는 이들에게 이러한 시도는 실패할 가능성이 높다는 사실을 상기시켜주었을지 모른다.

하지만 버크가 지적한 바와 같이, 개인은 한낱 욕구의 집합체가 아니고, 인간의 행복은 개인의 욕구를 충족시키는 단순한 문제가 아니며, 정치가 추구하는 목적은 지금 살아 있는 개인들의 이익만을 충족시키는 것이 아니다. 과거, 현재, 그리고 미래 세대들의 욕구를 조화롭게 충족시키기 위해 사회질서를 보존하는 일이다. 따라서 버크의 보수주의에 담긴 역설은, 그의 사상을 제대로 이해한다면, 본질적으로 절제되고 겸허하지만, 극단적인 자유주의는 오만과 이기심을 부추긴다. 버크의 보수주의는 사납게 날뛰는 개인주의와 다수의 횡포를 제약하는 반면, 극단적 자유주의는 이러한 효과를 더욱 악화시킬 위험이 있다. 사실 버크는 정치를 개선하는 길이 "우리가 하면 더 잘할 수 있어"라는 주장이 아니라 관점의 근본적인 변화를 통해서 가능할지 모른다는 발칙한 생각을 하게 만든다.

둘째, 자유주의가 최근에 야기한 수많은 재앙들은 정책과 지도력의 실패에서 비롯되었는데, 버크의 관점을 취했다면 이를 모면했을지도 모른다. 존 F. 케네디(John F. Kennedy)의 백악관에는 미국 정치계에서 최고의 전문가들이 포진하고 있었지만 나라를 베트남전쟁으로 몰고 갔다. 1990년대에 러시아에 대한 서구의 정책은 경제에 집중되어 있었고, 화폐 태환(兌換)과 자유 시장 제도에 초점을 맞추었다. 신뢰와 사회적 자본이 매우 낮다는 러시아의 현실을 완전히 무시했고, 따라서 공공 자산이 새롭게 부상한 올리가르히(oligarch: 정경유착을 통해 막대한 부를 축적한 신흥 재벌)에게 넘어가는 상황을 적극적으로 도운 셈이다. 이라크와 아프가니스탄 전쟁은 그 사회를 어떻게 재건할지 구체적인 계획을 세우지 않은 채 시작했고, 지역 주민들을 존중하고 반란을 억제할 '진심 어린' 효과적인 접근 방식을 개발하는 데 수년이 걸렸다. 유럽연합에서는 엘리트 계층이 새로운 화폐 유로(euro)를 도입하면서 오래전부터 있어온, 관련 당사국들 간에 엄청난 차이가 있다는 대중의 우려와 유럽연합의 제도들의 합법성에 대한 대중의 우려를 무시했

고 지금도 여전히 무시하고 있다.[2]

이러한 대대적인 정치적 행위들 가운데 그 어떤 것도 필요하지 않았다. 모두가 지역의 여건과 해당 지역의 '국민의 기질'을 무시했다. 모두가 재앙을 낳았고 여전히 낳고 있다. 그보다 작은 규모에서도 마찬가지 현상이 나타나고 있다. 외부에서 들어온 슈퍼마켓, 어리석은 도심 재개발 프로젝트 등으로 사회적 자본이 파괴되었다는 우울한 내용의 사례 연구들이 수없이 많다. 그러나 버크의 관점에서 보면 뭐가 잘못됐는지 금방 감지된다. 버크의 관점은 도시와 국가에서 제도가 중추라는 사실을 깨닫게 해준다. 좀 더 깊이 들어가면, 민족적·종교적·이념적 충성심이라는 깊은 흐름을 분석하고 이해할 지적인 맥락을 제시해준다.

셋째, 버크는 매우 중요하지만 평가절하되어 있는, 정치 지도자의 모델을 제시한다. 버크에게 정치가 추구하는 목적은 국익의 관점에서 사회질서를 보존하고 향상시키는 일이다. 지도력은 사회질서를 존중하고, 따라서 겸허한 태도를 지니는 데서 출발한다. 지도자는 국민을 면밀히 연구해야 한다. 사실 국민, 제도, '예의범절' 전체를 면밀히 연구해야 한다. 따라서 지도력은 과학에 대한 감각이 아니라 역사에 대한 감각에 뿌리를 두어야 한다.

버크가 생각하는 바람직한 지도자는 천천히 움직이는 정부를 믿는다. 지도자는 지금 당장 인기 있다고 미래 세대의 이익을 희생시켜서는 안 된다. 지도자는 정치를 경제의 부분집합으로 봐서는 안 되고, 법을 통과시키는 데 집착해서도 안 되며, 개인사에 개입하거나 현재 작동하고 있는 제도를 고치겠다고 만지작거려서도 안 된다.

이와는 정반대로 지도자는 개혁가여야 한다. 이념이나 인간의 발명이 아니라 경험과 전통에서 새로운 아이디어를 얻어야 한다. 공적인 전문성, 급격한 변화를 야기하는 계획, 야심만만한 정부에 대해 의구심을 품어야 한다. 냉철하고, 합의할 줄 알고, 실용적이어야 한다. 애국심이 투철해야 하지만, 다른 나라들의 관심사와 다른 사람들의 생활방식을 무시해서는 안 된다. 그리고 단기적인 교정과 장기적인 개선 사이에 균형을 유지하는 데 신경 써야 한다. 무엇보다도 버크가 생각하는 바람직한 지도자는 공공선과 공공에 대한 봉사와 공적 의무의 중요성을 강조해야 한다.

넷째, 앞서 살펴본 바와 같이, 버크는 정치 활동을 하는 내내 과도한 권력, 권력의 자의적인 행사와 남용을 증오했다. 그는 당대에 자신의 가장 큰 업적으로 동인도회사의 영향력과 탐욕과 직원들의 착복을 제약하고 민간 권력이 합법적인 공공 권위를 행사하면 책임을 물어야 한다고 주장했던 활동을 꼽았다.

버크는 오늘날 기업과 금융 권력의 부상을 비슷한 시각으로 지켜보았을지 모른다.[3] 기업 활동이 상당 부분 공익과 유리되어 "정실 자본주의(crony capitalism)"[c]로 변질되고 고위직의 연봉은 개인의 업적이나 집단이 낸 성과를 더 이상 반영하지 않게 된 오늘날의 현실을 말이다. 이는 진정한 자본주의와 자유 시장의 바람직한 기능, 부의 창출과 기업가 정신과는 상당히 다르다.

버크는 오늘날 서구 사회에 만연한 시장 근본주의를 통렬하게 비판하는 관점을 제시한다. 그러나 버크는 정치적 스펙트럼에서 좌익의 입장이 아니라 우익의 입장에서 이러한 비판을 제시한다. 버크의 관점은 보수주의적 자유 시장과 자유주의적 자유 시장을 구분한다.[4] 보수주의적인 입장에서 보면 시장을 우상화해서는 안 된다. 신뢰와 전통이 중재하는 문화적 가공물로 취급해야 한다. 자본주의는 천편일률적인 소비만능주의 이념이 아니라 일종의 스펙트럼으로서 그 스펙트럼상에 서로 다른 모델들이 존재하고 이러한 모델들이 지닌 장점에 따라 평가해야 한다.

버크는 지난 10여 년에 걸쳐 시장이라는 가면을 쓰고 일련의 카르텔을 구축한 금융계의 거물들이 보여준 어마어마한 탐욕과 착복도 주목하리라고 본다. 국가 차원에서 효과적인 규제와 감독의 부재, 정당이 편협해지고 잘게 쪼개지는 현상, 정치적으로 심도 있는 논의를 할 때 정당들이 하는 어느 정도 공적인 역할이 줄어들고 파편화되는 현상, 헌법이 보장하는 표현의 자유를 이용해 정치 선거운동에 무한히 돈을 쏟아붓는 정치활동위원회(Political Action Committee, PAC)[d], 혹은 슈퍼팩(super PAC)이 미국에서 부상한 현실 등도 버크가 지적했을 것이다. 버크의 관점에서 보면, 이러한 현상들은 오늘날 미국 정치에서 극단적인 당파성을 이용하고 악화시킴으로써 바람직한 헌법적 힘의 균형을 깨뜨리고 사회적 혹은 경제적 이득이라는 보다 폭넓은 개념이 아니라 기업 집단들이 중재하는 재분배의 정치를 향해 미국을 밀어붙인다.[5]

다섯째, 버크는—기업 권력이든, 정부 자체에 있는 행정부 권력이든—권력 남용을 막는 보루로서 대표성 있는 정부와 법치를 보호하는 게 근본적으로 얼마나 중요한지 상기시켜준다. 오늘날

민주주의 개념은 정치적 참여의 균형을 잡고 여과하는, 서로 상쇄하는 작용을 하는 여러 가지 원칙들을 아우른다. 권력은 정부를 구성하는 다양한 기구들 간에 분산되고, 기구 내의 다양한 차원들 사이에서도 분산되어야 한다. 투표의 합법성은 헌법적 절차와 투명성과 기존의 선례의 합법성과 균형을 이루어야 한다. 다수도 자신의 의견을 표명할 권리가 있지만, 소수의 권리도 보호되어야 한다. 이러한 개념들이 바로 몽테스키외와 매디슨이 주는 교훈이고 버크 자신이 주는 가르침이기도 하다.

여기서 영국은 나름의 독특한 역사와 제도들에 대해서 자부심을 느낄 만하다. 그러나 나라들은 전통, 가치, 정부의 병폐에 있어서 저마다 제각각이다. 천편일률적으로 적용되는 단 하나의 민주주의 모델은 없다. 진정한 민주주의는 공적으로 담론을 심도 있게 논의하는 데 달렸고, 진정한 민주주의 안에서 정당은 중추적인 역할을 한다. 역사적으로 정당이 대중의 호감을 얻었던 적은 없고, 사실 그럴 만했다. 오늘날 정당들은 지탄의 대상이고 개혁이 절실히 필요하다. 전자 서명, 국민투표(plebiscite, referendum)[e], 단일한 이슈를 내걸고 이해관계가 동일한 집단이 뭉쳐 선거운동을 하는 부족주의적 이념, 관료주의적 타성, 소비지상주의 등이 만연한 세상에서 정당의 미래는 밝아 보이지 않는다. 한편에서는 다당제 민주주의가 불안정하고 근시안적이라는 비판이 높아지고 있는데, 중국 같은 국가는 역설적으로 중국 정부가 가장 불신하는 바로 이러한 자유롭고 독립적인 제도들이 절실히 필요하다. 바람직하고 안정적인 정부는 제 기능을 하는 효과적인 정당이 필요하다는 게 진실이다. 정당은 영미 국가 체제를 구축하는 데 큰 기여를 했지만 그 존재가 위협받고 있다. 그리고 이를 대체할 현실적인 대안은 보이지 않고 있다.

마지막으로 버크는 사회적 가치의 상실과 회복을 이해할 맥락을 제시한다. 버크가 전하는 메시지는 중요하고 시간을 초월한다. 문화가 중요하다는 메시지다. 정치가로서 그는 공공에 봉사한다는 숭고한 이념에 충실했고 개인이나 특정 세대의 오만함 그리고 '허무의 윤리학'에 대해 통탄했다. 그의 사상에는 역사와 기억의 중요성이 스며 있고 역사와 기억을 지우려는 자들을 조지 오웰과 마찬가지로 증오한다.

버크는 인간의 감수성과 정체성, 사회적 제도와 연결망에 내장된, 인간이 만든 게 아니라 대대로 물려받은 예의범절과 감성과 '편견'이 얼마나 중요한지 강조한다. 그는 공리주의자들이 말하는 행복을 느끼는 수동적인 객체나 현대 경제학에서 말하는 원자처럼 개별적인 존재가 아니라 적극적인 사회적 행위자로서의 자아를 강조한다. 버크에게 정부는 단순히 효용과 효율성이 전부가 아니다. 정부는 국민의 애정과 충성심을 살 수 있도록 지속적으로 노력해야 하는 존재다.

그러나 버크는 오늘날 정치와 미디어의 자화상, 진실은 존재하지 않으며 다만 권력을 쟁취하고 유지하는 데 이용되는 각양각색의 주장만 존재할 뿐이라는 공허한 포스트모더니즘에 대해서도 의문을 던진다. 버크는 변하지 않는 가치와 원칙을 제시하고, 역사를 긍정하며, 권력보다 원칙을 우선시하는 도덕적 정직성을 높이 산다. 그는 상실된 정치의 언어를 회복시킨다. 명예·충성·의무·지혜의 언어, 그 어떤 정산표나 경제모델로도 제대로 포착할 수 없는 언어를 말이다.

버크는 공동 규범의 원천으로서 온건하고 겸허한 신앙생활과 도덕 공동체, 인간의 창의성과 상상력이 세계를 다시 매료시키고 의미로 가득 채우기 위해서 할 역할의 중요성을 강조한다. 서구 진영이 세속적 타락의 가능성과 씨름하는 가운데, 인간의 이기심으로부터 공익을 도출해내고 정치적·경제적으로 나아갈 길을 다시 설정할 방법을 모색하는 오늘날, 버크가 남긴 가장 위대한 유산은 인간의 가능성과 사회적 가치의 재생을 강조한 선견지명인지도 모른다.

지은이 주

들어가는 말

1. Weintraub, *Disraeli.*
2. Laski, *Political Thought in England from Locke to Bentham.*

제1장 나라 밖의 아일랜드인: 1730~1759

1. 버크는 율리우스력(Julian Calendar)으로는 1월 1일, 1752년에 채택된 그레고리력(Gregorian calendar)에 따르면 1월 12일에 태어났다. 그가 출생한 해는 불확실하다. 통상적으로는 1729년에 태어났다고 하는데, 이 책에서는 로크(F. P. Lock)를 따라 1730년으로 본다.
2. *The Reformer*, 10 March 1748.
3. Dillon, *The Much-Lamented Death of Madame Geneva: The Eighteenth-Century Gin Craze.*
4. Dabhoiwala, *The Origins of Sex*, p.204.
5. *Annual Register*, 1760, p.206.
6. Burke's letter to Philip Francis, 9 June 1777, *Correspondence*, iii, p.348.
7. 'De Gustibus Ain't What Dey Used to Be', *New Yorker*, 18 April 1953.

8. Leo Strauss, *Natural Right and History*, final chapter.

제2장 권력의 심장부를 드나들다: 1759~1774

1. 휘그와 토리: 이 명칭들과 이를 세분화한 명칭과 의미의 변화는 역사학자들 사이에서 큰 논쟁의 대상이 되어왔다. 이를 개관한 탁월한 다음 저서를 참조하라. J. G. A. Pocock, 'The Varieties of Whiggism from Exclusion to Reform', *Virtue, Commerce and History*.
2. Langford, *Walpole and the Robinocracy*.
3. Bingham, 'Clubs and Clubbability', *Dr Johnson and the Law and Other Essays on Johnson*; Uglow, *Dr Johnson, his Club and Other Friends*.
4. Thomas, *The House of Commons in the Eighteenth Century*.
5. 오늘날 하원 의사당에서 모자는 보통 쓰지 않는다. 그러나 1998년까지만 해도 표결할 때 하원 의원들은 이의를 제기하고 싶을 때 모자를 써야 했고, 따라서 그럴 경우에 대비해 항상 접히는 실크해트를 곁에 두었다.
6. Pares, *King George III and the Politicians*, p.14.
7. Lambert, *Edmund Burke of Beaconsfield*.
8. Cash, *John Wilkes: The Scandalous Father of Civil Liberty*.
9. Christie, *Myth and Reality in Late Eighteenth Century British Politics*, ch.1.
10. Harris, 'Publishing Parliamentary Oratory: The Case of Edmund Burke', *Parliamentary History* 26.1 (2007) 112~130.

제3장 아일랜드, 아메리카, 그리고 고든 폭동: 1774~1780

1. 선거구와 선거에 관해서는 다음 문헌을 참고하라. Namier, *The Structure of Politics at the Accession of George III*; O'Gorman, *Voters, Patrons and Parties*.
2. Hague, *William Wilberforce*, ch.14.
3. Mitchell, *Charles James Fox*.
4. Hibbert, *King Mob, and Innes, Inferior Politics*, ch.7.

제4장 인도, 경제개혁, 그리고 왕의 광기: 1780~1789

1. Robins, *The Corporation that Changed the World*.
2. Hague, *William Pitt the Younger*.
3. Trotter, *Warren Hastings: A Biography*; Bernstein, *Dawning of the Raj*.
4. Richard Hift, Timothy Peters and Peter Meissner, 'A Review of the Clinical Presentation, Natural History and Inheritance of Variegate Porphyria: Its Implausibility as the Source of the "Royal Malady"', *Journal of Clinical Pathology* 65.3 (2012) 200~5.
5. Mitchell, *Charles James Fox and the Disintegration of the Whig Party*, ch.4.
6. Elliot, *Letters to a Prince, from a Man of Kent.*

제5장 프랑스혁명에 관한 고찰: 1789~1797

1. Doyle, *The Oxford History of the French Revolution*; Schama, *Citizens*.

2. 포괄적인 자료 모음은 다음 저서를 참조하라. Butler(ed.), *Burke. Paine, Godwin, and the Revolution Controversy*.
3. '자코뱅(Jacobins)'은 '자코바이트(Jacobites)'와 다르다. 후자는 1688년 제임스 2세가 망명을 떠난 후 제임스 2세와 그의 후계자들을 추종했거나 그들이 통치할 권리가 있다고 믿은 사람들이다.
4. 미첼(Mitchell)은 버크와 폭스의 관계가 어떻게 소원해지게 되었는지를 보다 넓은 맥락에서 탁월하게 설명하고 있다. 다음 자료를 참조하라. *Charles James Fox and the Disintegration of the Whig Party*, chs.5,6.
5. 포콕(Pocock)이 「The Varieties of Whiggism from Exclusion to Reform」에서 지적한 바와 같이 버크가 사용한 '신 휘그(New Whig)'와 '구 휘그(Old Whig)'라는 용어들은 오늘날 사료 편찬에서 쓰는 용어와 전혀 같지 않다. 이 책은 버크의 용법을 따른다.

제6장 명성, 이성, 그리고 계몽주의 구상

1. 이 이야기는 다음 글에 등장한다. Blake, *A History of the Conservative Party from Peel to Major*, Introduction.
2. 'Edmund Burke, the Man and his Times', from *Mere Literature*, reprinted in *Woodrow Wilson: Essential Writings and Speeches of the Scholar-President*.
3. Bromwich, *Hazlitt: The Mind of a Critic*, especially pp.288ff.
4. Southey's Colloquies', *Edinburgh Review* 50 (Jan. 1830) 528~9.
5. Copeland, *Edmund Burke: Six Essays*, ch.5.
6. Blakemore, *Intertextual War*, ch.4.
7. Richard Bourke, 'Party, Parliament and Conquest in Newly Ascribed

Burke Manuscripts', *HistoricalJournal* 55.3 (2012) 619~52. For a statement of previously accepted view, see O'Gorman, *Burke: His Political Philosophy*, p.25.

8. 파벌과 당의 상대적인 장점들에 대해 18세기에 어떤 담론이 오갔는지 알고 싶다면 다음 자료를 참조하라. Gunn, *Factions No More*.
9. O'Gorman, *Burke: His Political Philosophy*, p. 26.
10. Richard B. Sewall, 'Rousseau's Second Discourse in England from 1755 to 1762', *Philological Quarterly* 17.2 (Apr. 1938) 97~114.

제7장 사회적 자아

1. 'Retaliation', by Oliver Goldsmith.
2. O'Gorman, *Edward Burke: His Political Philosophy*, p.14.
3. P. F. Brownsey, 'Hume and the Social Contract', *Philosophical Quarterly* Vol.28, No.111 (Apr. 1978) pp.132~48.
4. Bisset, *Life of Edmund Burke*, ii, p. 429.
5. Sewell, 'Rousseau' Second Discourse in England from 1755 to 1762'.
6. Pocock, 'Introduction' to his edition of the *Reflections on the Revolution in France*, Hackett 1987. 커모드 경(Sir Frank Kermode)을 비롯해 일부 학자들은 '지배(domination)'를 로마제국의 황제 '도미티아누스(Domitianus)'로 해석하기도 한다. 이 책에서는 통상적인 해석을 따른다.
7. Hobbes, *De Cive*.
8. Douglass North and Barry Weingast, 'Constitutions and Commitment: The Evolution of Institutions Governing Public Choice in Seventeenth Century England', *Journal of Economic History* 49.4 (1989) 803~32; cf.

also Harford, *The Logic of Life and Bingham, This Little Britain*.

제8장 근대 정치의 형성

1. 제8장은 특히 다음 저서를 크게 참고했다. Harvey Mansfield, *Statesmanship and Party Government: A Study of Burke and Bolingbroke*.
2. Dillon, *The Last Revolution: 1688 and the Creation of the Modern World*.
3. cf. Pocock, 'The Varieties of Whiggism from Exclusion to Reform'.
4. *Memoirs of the Reign of King George III*, i, p.192.
5. 볼링브로크는 또한 좀 더 체계적인 형태의 의회 야당 또는 초당적으로 국익을 추구하는 '국가 당(country party)'의 필요성을 역설했다는 점을 주목할 필요가 있다.
6. Pares, *King George III and the Politicians*, pp. 99ff.
7. Copeland, *Edmund Burke: Six Essays*, ch.5.
8. Lee Auspitz, 'A "Republican" View of Both Parties', *Public Interest* 67 (Spring 1982) 94~117.
9. www.ukpublicspending.co.uk, after Mitchell, *British Historical Statistics*.

제9장 자유주의적 개인주의의 발흥

1. 가장 저명한 토크빌(Tocqueville)에서부터 최근의 맥퍼슨(C. B. Macpherson) (소유적인 개인주의[possessive individualism]), 스크루턴(Roger Scruton)과 매킨타이어(Alasdair MacIntyre)에 이르기까지 다양한 사상가들이 이와 유사한 개념들을 폭넓은 여러 관점에서 탐색해왔다. 매킨타

이어가 『덕의 상실(*After Virtue*)』과 후속작들, 특히 『누구의 정의인가? 누구의 합리성인가?(*Whose Justics? Whose Rationality?*)』에서 논한 자유주의적 개인주의는 상당 부분 버크의 영향을 받은 듯하다. 매킨타이어가 시종일관 버크에 적대적인 태도를 보이는 이유가 무엇인지 불분명하다.

2. *The Times*, 30 June 2012.
3. 'On the Definition of Political Economy', in *Essays on Some Unsettled Questions of Political Economy*.
4. 신고전주의 경제학의 속성과 결함을 비판하는 논문이 급속히 늘어나고 있다. 다음 논문도 그 가운데 하나다. Shleifer, Inefficient Markets: An Introduction to Behavioral Finance; 또는 Quiggin, *Zombie Economics*.
5. *Democracy in America*, book2, ch.8, "어떻게 미국인들이 사익의 원칙을 제대로 이해함으로써 개인주의에 맞서는가?" 토크빌은 개인주의를 다음과 같이 정의한다. "차분하고 사려 깊은 감정으로서 각 시민으로 하여금 동료 시민으로부터 벗어나 가족과 친구들 속으로 들어가게 만든다." 따라서 사회와 정부에 참여하는 데 위협이 된다. 토크빌이 생각한 해법은 "제대로 이해한 사익"이다. 제대로 이해한 사익은 "거창한 자기 희생적인 행동을 유발하지는 않지만 일상적으로 자기를 부정하는 소소한 행동들을 권장한다. 그 자체만으로는 인간을 고결하게 만들기에 충분치 않다. 그러나 많은 사람에게 규칙성, 기질, 절제, 예견, 극기와 같은 습관이 몸에 배게 한다. 그리고 사람들로 하여금 자기 의지로 곧바로 덕을 갖추게 유도하지는 못하더라도 습관이 몸에 배게 함으로써 서서히 사람들을 바람직한 방향으로 유도한다". 토크빌은 프랑스혁명과 관련해 자신을 버크와 대척점에 있는 적으로 간주한다. 다음 자료를 참조하라. Gannett, *Tocqueville Unveiled*, ch.4. 그러나 이는 두 사람 간에 중첩되고 연속성 있는 많은 논점들 가운데 하나다.
6. Smith, Christoffersen, Davidson and Herzog, *Lost in Transition: The Dark*

Side of Emerging Adulthood.

7. Alfred Cobban, 'Edmund Burke and the Origins of the Theory of Nationality', *Cambridge Historical Journal* 2.1 (1926) 36~47.
8. Tetlock, *Expert Political Judgement*.
9. 영국 철학자 마이클 오크숏(Michael Oakeshott)이 20세기 합리주의를 비판한 「정치에서의 합리주의(Rationalism in Politics)」와 다른 논문들을 비교해보라. 일반적으로 알려진 정도보다, 그리고 저자 오크숏 본인이 인정하는 정도보다 버크의 논리에 훨씬 더 영향을 받았다.

제10장 가치의 회복

1. Melissa Bateson, Daniel Nettle and Gilbert Roberts, 'Cues of Being Watched Enhance Cooperation in a Real-World Setting', *Biology Letters* 2.3 (2006) 412~14.
2. Kathleen Vohs, 'The Psychological Consequences of Money', *Science* 314.5802 (17 November 2006) 1154–6; Eugene Caruso, Kathleen Vohs, Brittani Baxter and Adam Waytz, 'Mere Exposure to Money Increases Endorsement of Free-Market Systems and Social Inequality', *Journal of Experimental Psychology* Brief Report, 9 July 2012.
3. Joseph Henrich, Steven Heine and Ara Norenzayan, 'The Weirdest People in the World?', *Behavioural and Brain Sciences* 33.2~3 (June 2010) 61~83.
4. 이에 관해서는 방대한 자료가 있지만 한 예로서 다음 자료를 참조하라. Kahneman, Slovic and Tversky, *Judgement under Uncertainty*; Kahneman and Tversky, *Choices, Values and Frames*; Kahneman, *Thinking, Fast and*

Slow.

5. Brooks, *The Social Animal*, p.61.; Roy F. Baumeister and Mark R. Leary, 'The Need to Belong: Desire for Interpersonal Attachments as a Fundamental Human Motivation', *Psychological Bulletin* 117.3 (1995) 497~529.
6. *The Health Benefits of Volunteering: A Review of Recent Research*, Corporation for National and Community Service 2007; 한 예로 다음 자료도 참조하라. Luks and Payne, *The Healing Power of Doing Good*.
7. 특히 장 디세티(Jean Decety)와 공동 연구자들의 연구 자료를 참조하라. 다음 사이트에서 볼 수 있다. http://home.uchicago.edu/~decety/jean_cv.html. 다음 예를 참조하라. 'A Social-Neuroscience Perspective on Empathy', *Current Directions in Psychological Science* 15.2 (2006) 54~8.
8. Hart and Risley, *Meaningful Differences in the Everyday Experience of Young American Children*.
9. Loïc Wacquant and William Julius Wilson, 'The Cost of Racial and Class Exclusion in the Inner City', *Annals of the American Academy of Political and Social Science* 501 (Jan. 1989) 8~25.
10. Alejandro Portes, 'Social Capital: Its Origins and Applications in Modern Sociology', *Annual Review of Sociology* 24 (1998), pp.1~24.
11. Durkheim, On Suicide; Haidt, *The Righteous Mind*.
12. Richard Eckersley and Keith Dear, 'Cultural Correlates of Youth Suicide', *Social Science & Medicine* 55.11 (Dec. 2002) 1891~1904.
13. 참고문헌 목록을 참조하라.
14. Richard Sosis, 'Religion and Intragroup Cooperation: Preliminary Results of a Comparative Analysis of Utopian Communities', *Cross-Cultural Research* 34.1 (2000) 70~87.

15. 종교적 공동체의 유형은 다음 자료를 참조하라. Richard Shweder, Nancy Much, Manmohan Mahapatra and Lawrence Park, 'The "Big Three" of Morality (Autonomy, Community, Divinity) and the "Big Three" Explanations of Suffering', 1997, reprinted in Shweder, *Why Do Men Barbeque? Recipes for Cultural Psychology*.
16. David Myers, 'The Funds, Friends, and Faith of Happy People', *American Psychologist* 55.1 (2000) 56~67.
17. Chris Reid, 'Burke as Rhetorician and Orator', in Dwan and Insole (eds), *The Cambridge Companion to Burke*, Harris, op. cit., and the works by Bullard and Reid in the Bibliography.

결론 –오늘날 왜 버크를 읽어야 하는가?

1. Tanenhaus, *The Death of Conservatism*.
2. Marsh, *The Euro: The Battle for the New Global Currency*.
3. Monks, *Corpocracy: How CEOs and the Business Roundtable Hijacked the World's Greatest Wealth Machine... And How to Get It Back*.
4. Norman, 'Conservative Free Markets, and the Case for Real Capitalism', on www.jessenorman.com.
5. Mann and Ornstein, *It's Even Worse than It Looks*.

옮긴이 주

제1장 나라 밖의 아일랜드인: 1730~1759

a. 프리카세는 고기를 잘게 썰어 볶은 뒤 국물에 푹 삶다가 베샤멜(béchamel) 소스 등을 넣어 만드는 프랑스 요리이다. 라구는 고기와 채소를 큼지막하게 썰어 약한 불에서 장시간 천천히 익힌 요리이다.

b. 정치, 평론, 제안 등을 담은 소책자이다.

c. 17세기에 아일랜드의 정치적·사회적·경제적 지배 계층을 구성한 지주·개신교 성직자·전문직 종사자의 후손을 뜻하며 앵글로-아이리시로 불리기도 한다.

d. 11세기에 노르망디 공(Duke of Normandy)이 이끄는 노르망디, 브리타니, 플랑드르, 프랑스 군대가 잉글랜드를 침공해 점령한 이래로 중세에 잉글랜드 지배 계층을 구성한 앵글로-색슨·노르만·프렌치 등을 일컫는다.

e. 명예혁명 후 망명한 스튜어트가(家)의 제임스 2세와 그 후손을 영국의 적통 군주로 지지한 세력이다. 제임스의 라틴 이름인 야코부스(Jacobus)에서 유래했다.

f. 제임스 2세(재위: 1685~1688)는 로마 가톨릭교도였고 이 때문에 의회와 갈등을 빚었다. 의회의 견해를 무시하고 종교적 관용을 내세워 로마 가톨릭 신자들을 관리로 채용했다. 교황주의자들이 일으킬지도 모르는 위험을 방지하기 위해 마련된 심사령(Test Act)을 유명무실하게 하는 이

러한 정책은 의회에 잉글랜드 교회(성공회)의 붕괴로 비쳤다. 1688년 4월 제임스 2세에게 아들이 태어났다. 개신교도였던 딸 메리의 왕위 계승을 기대하던 개신교도들은 영국제도(British Isles)에 가톨릭 왕국이 들어설지도 모른다는 위기의식을 느끼게 되었다. 이 때문에 서로 대립하던 토리당과 휘그당은 동맹을 맺고 제임스 2세를 퇴위시키고 왕위를 둘 다 개신교도인 그의 딸 메리와 그녀의 남편이자 네덜란드 공화국 총독인 오라녜 공 빌럼에게 넘기기로 했다. 당시 빌럼은 가톨릭과 프랑스의 전제정치에 맞서는 유럽 개신교의 대표자로서 명성을 떨치고 있었다. 1688년 영국 의회와 네덜란드의 오라녜 공 빌럼이 연합하여 가톨릭교도인 제임스 2세를 퇴위시키고 오라녜 공 빌럼은 윌리엄 3세로 즉위했다. 영국 의회 민주주의의 시발점인 명예혁명 이후 영국의 왕조는 의회를 무시하는 무소불위의 권력을 행사하지 못하게 되었다.

g. 오늘날 영국의 공식 명칭은 '그레이트브리튼과 북아일랜드 연합 왕국(The United Kingdom of Great Britain and Northern Ireland)'이다. 한국에서는 통상적으로 '영국(United Kingdom 또는 Great Britain)'이라고 부른다. 그레이트브리튼(Great Britain)은 잉글랜드(England), 스코틀랜드(Scotland), 웨일스(Wales)를 아우른다. 따라서 원서의 'England'는 영국 영토 전체를 아우르는 의미의 '영국'이 아니라 그레이트브리튼 섬의 일부인 '잉글랜드'로 번역했고, 'Britain'은 영국 영토 전체를 뜻하는 '영국'으로 번역했다.

h. 그레이즈 인(Gray's Inn), 링컨즈 인(Lincoln's Inn), 이너 템플(Inner Temple), 그리고 미들 템플(Middle Temple)이 네 개의 법학원이다.

i. 스페인 왕위 계승 전쟁(1701~1714)에서 유럽의 주요 열강들은 힘을 합쳐 프랑스가 스페인의 왕위를 계승하려는 시도를 막았고, 이로써 유럽의 힘의 균형을 바꾸어놓았다.

j. 엑스라샤펠 조약(1668): 프랑스와 스페인 사이에서 일어난 왕위 계

승 전쟁을 종식시킨 조약이다. 이 전쟁에서 동맹을 결성해 스페인을 지원한 잉글랜드 왕국, 네덜란드 공화국, 스웨덴의 중재를 통해 프랑스와 스페인이 조약을 체결했다. 이 조약에 따라 프랑스는 아르망티에르(Armentières), 베르그(Bergues), 샤를루아(Charleroi), 코르트레이크(Kortrijk), 두에(Douai), 푀르너(Veurne), 릴(Lille), 아우데나르더(Oudenaarde), 투르네(Tournai)를 획득하는 대신 계승 전쟁 중에 점령한 프랑슈콩테(Franche-Comté)를 스페인에 반환했다.

k. 7년전쟁(Seven Years' War, 1756~1763): 오스트리아 왕위 계승 전쟁에서 프로이센에 패배해 비옥한 영토인 슐레지엔을 빼앗긴 오스트리아 합스부르크 왕가가 그곳을 되찾기 위해 프로이센과 벌인 전쟁이다. 유럽의 거의 모든 열강이 참전했고, 이 전쟁은 유럽뿐만 아니라 유럽 열강의 식민지가 있던 아메리카와 인도까지 확산되었다. 주로 오스트리아-프랑스-작센-스웨덴-러시아가 동맹을 맺어 프로이센-하노버-영국의 연합에 맞섰다. 유럽에서는 영국의 지원을 받은 프로이센이 승리해 슐레지엔의 영유권을 확보했다. 아메리카대륙에서 영국과 프랑스가 맞붙은 프렌치 인디언 전쟁에서는 영국이 승리를 거두어 북아메리카의 뉴프랑스(현재의 퀘벡주와 온타리오주)를 차지하면서 북아메리카에서 프랑스를 축출했고, 인도에서도 영국이 프랑스 세력을 몰아내 대영제국의 토대를 마련했다.

l. 고대 켈트족의 고위 전문직 계급으로서 성직자인 동시에 법조인·심판관·설화구전가·의사·정치자문관이기도 했다. 드루이드는 문해력이 있었지만 지식을 기록으로 남기는 행위가 금지되었기 때문에, 로마인이나 그리스인 같은 동시대의 다른 민족들이 남긴 기록을 통해서만 이들의 행적을 추적할 수 있다. 드루이드는 그리스도교화가 끝난 아일랜드 땅의 신화나 전설에서 마법사로서 그리스도교의 도래를 반대하는 기성 세력으로 묘사된다. 18~19세기에 켈트 부흥의 추세에 힘입어 고대 드

루이드의 사상을 복원하려는 집단들이 출현했다.

제2장 권력의 심장부를 드나들다: 1759~1774

a. 자코바이트는 명예혁명(1688)에 맞선 반혁명 세력의 통칭으로서 추방된 스튜어트왕조의 제임스 2세와 그 직계 후손을 영국 왕실의 적통으로 지지하고 복위를 추구하면서 두 차례(1715, 1745) 반란을 일으켰다.

b. 그의 성 피트(Pitt)와 채굴장을 뜻하는 단어 피트(pit)가 동음이의어임을 이용한 별명이다.

c. 목을 매달고 내장을 발라내고 사지를 토막 내는(hanged, drawn and quartered) 극형이다.

d. 비공식적으로 막후에서 권력을 행사하는 숨은 실력자를 일컫는다.

e. 민주주의적 절차보다 막강한 정치적 후원자의 입김에 따라 당선이 결정되는 지역구로서 '부패한 지역구(rotten borough)'라고도 불렸다.

f. 신문, 한 면 인쇄지, 면허증, 모든 법률적 문서에 수입인지를 붙여야 한다고 규정한 법으로서 아메리카 식민지의 지식층으로부터 강력한 반발을 샀다.

g. 집권당 행정부 내각에 입각한 각료도 아니고 야당이 정권을 잡을 경우에 대비해 구성하는 그림자 내각의 대표자들도 아닌 하원 의원이나 상원 의원을 일컫는다. 의사당 내에서 이들은 프론트벤처(front bencher)라고 알려진, 자기 당의 대표자들 뒤쪽에 앉는다고 해서 백벤처(back bencher)라는 이름이 붙었다.

h. 자기 돈 일부에 중개인으로부터 빌린 돈을 보태 주식을 매입하는 방식이다.

제3장 아일랜드, 아메리카, 그리고 고든 폭동: 1774~1780

a. 윌버포스(1759~1833)는 잉글랜드 국교 성공회의 신자로서 노예제도는 비도덕적이고 비윤리적인 국가의 범죄라고 주장하면서 노예제 폐지 운동에 앞장섰고 결국 노예제 폐지를 의회에서 법으로 관철시키는 데 성공했다.

b. 1642년에 영국에서 청교도혁명이 일어나면서 혁명 지도자 크롬웰(Oliver Cromwell)은 1649년에 찰스 1세를 처형하고 왕정을 폐지했다. 의회파는 크롬웰을 호국경으로 약속했지만, 사후에 호국경을 계승한 그의 아들 리처드 크롬웰은 정치력이 없었고, 스스로 사임을 요청했다. 의회는 찰스 1세의 아들 찰스 2세에게 왕권을 반환하고, 1660년에 스튜어트 왕조가 부활했다.
왕정복고(Restoration)라는 용어는 군주제가 복구된 실제 사건을 뜻하기도 하고 그 후 새로운 정치적 안정이 구축된 시기를 일컫기도 한다. 이 시기는 주로 찰스 2세가 통치한 1660~1685년과 그의 동생 제임스 2세가 통치한 1685~1688년을 아우른다. 어떤 맥락에서는 앤 여왕이 서거한 후 하노버 왕조인 조지 1세가 즉위한 1714년에 이르기까지 스튜어트 왕조가 통치한 시대 전체를 아우르기도 한다.

c. 라틴어로 "새로운 인간(new man)"이라는 뜻이다. 고대 로마에서 자기 집안에서 최초로 로마 상원에 진출했거나 집정관에 선출된 사람을 일컬었다.

제4장 인도, 경제개혁, 그리고 왕의 광기: 1780~1789

a. 7년 법안은 의회 최장 임기(즉, 총선과 총선 사이의 최장 기간)를 3년에서 7

년으로 늘린 법이다.

b. 16세기 초부터 19세기 중반까지 오늘날의 인도 중남부, 파키스탄, 아프가니스탄에 이르는 지역을 지배한 이슬람 왕조를 일컫는다.

c. 라지는 힌두어로 '통치(rule)'라는 뜻이다. 1858년 영국 동인도회사가 빅토리아 여왕에게 통치권을 이관한 이후부터 1947년까지 영국이 인도아대륙을 통치한 시대를 영국 라지(British Raj)라고 일컫는다. 1877년에 인도제국이 수립되었지만 이는 영국의 식민 제국이었고 영국 왕이 인도 황제를 겸했다. 영국이 지배한 지역은 대영제국이 직접 통치한 지역 외에도 영국 왕실 고위층의 사유지도 포함되었는데, 그러한 지역은 '인도제국'이라는 용어에는 잘 포함되지 않는다.

d. 파리조약은 유럽의 7년전쟁과 북아메리카대륙에서의 프렌치-인디언 전쟁의 결과로 1763년에 영국·프랑스·스페인 간에 체결된 강화조약이다. 이 조약에 따라 프랑스는 퀘벡 등 캐나다의 영토와 미시시피강 동쪽의 루이지애나를 영국에 할양하고 미시시피강 서쪽의 루이지애나를 스페인에 할양하면서 북아메리카대륙에서 완전히 물러나게 되었다. 프랑스는 또한 세네갈을 영국에 할양하고, 일부 상업 도시를 제외한 인도의 식민지를 포기함으로써 인도에서도 사실상 물러났다. 영국은 스페인에게서 마닐라와 아바나를 반환하는 대신 플로리다를 얻었다. 이 조약에 따라 영국과 프랑스 간의 프렌치-인디언 전쟁은 종식되었고, 영국이 인도와 북아메리카 식민지 패권을 확립하게 된다. 영국은 이렇게 거대한 시장을 확보하면서 산업혁명에 박차를 가했다. 그러나 장기간 식민지에서 전쟁이 계속되면서 영국과 프랑스는 심각한 경제난을 겪게 되었고, 이 때문에 영국은 북아메리카 식민지에 대한 경제 통제를 강화하면서 식민지 주민들의 반발을 불러 아메리카 독립전쟁을 초래하게 된다.

e. 인도 무굴제국에서 주(州)를 통치하는 태수(Nawab)를 일컫는 또 다른 용어로, 인도에서 부를 축적해 영국으로 귀환한 신흥 부자를 뜻하는 말로

쓰였다.

f. 추밀원은 영국 왕이 대권을 행사하는 문제와 관련해 자문을 하는 조직이다. 의회의 소집 및 해산, 선전 포고의 칙령은 국왕의 권한이지만, 관습적으로 추밀원의 회의를 거치게 되어 있다.

g. 1629년 의회를 해산한 찰스 1세는 11년간 의회 없이 전제정치(專制政治)를 행했다. 찰스 1세는 스코틀랜드에서 잉글랜드 국교를 강제하려다가 스코틀랜드의 장로파(長老派)의 반란을 야기했고, 이에 찰스 1세는 반란을 진압할 전쟁 비용을 조달하려고 1640년 의회를 소집하였다. 그러나 의회는 국왕의 요구를 묵살한 채 국왕에 대한 불만을 토로했고 찰스 1세는 3주 만에 다시 의회를 해산했다. 이를 '단기의회(Short Parilament)'라고 일컫는다.

'장기의회(Long Parliament)'라는 명칭은 의회 의원들의 동의가 있어야 의회를 해산할 수 있다는 의회법(Act of Parliament)에 따라 붙여졌다. 단기의회 해산 후 전제정치로 되돌아간 찰스 1세는 스코틀랜드에 대한 배상 등 자금이 필요해 1640년 의회를 다시 소집했지만 새로 소집된 의회는 의회파가 장악해 국왕의 최측근인 토머스 웬트워스(Thomas Wentworth)의 처형 등 혁명적인 입법을 계속했다. 이에 왕은 의회 지도자 존 핌(John Pym) 등 다섯 명을 반역죄로 탄핵하고 체포하기 위해서 의회에 군대를 보냈다. 그러나 왕의 계획은 사전 유출로 실패했고 의회는 왕이 의회의 특권을 침해했다며 격분해 내전이 일어났다.

잉글랜드 내전(English Civil War)의 1차 내전(1642~1646)과 2차 내전(1648~1649)은 찰스 1세를 지지한 왕당파(Royalist 또는 Cavalier)와 의회파(Parliamentarian, 또는 Roundhead) 간의 내전이었고, 3차 내전(1649~1651)은 찰스 1세의 아들 찰스 2세를 지지한 왕당파와 의회파 간에 벌어졌다. 1651년 9월 3일에 우스터 전투로 내전은 의회파의 승리로 끝났다. 내전의 결과 찰스 1세는 처형당했고(1649), 찰스 2세는 추방되었다.

찰스 1세 처형 후 올리버 크롬웰이 이끈 의회파는 스코틀랜드와 아일랜드를 병합해 잉글랜드 연방(Commonwealth of England, 1649~1653)을 구성했고 올리버 크롬웰을 호국경(Lord Protector)으로 선출하였다. 잉글랜드 연방은 크롬웰 사후 왕정이 복고(1660)되면서 해체되고 세 나라로 다시 나뉘었다.

1649년 찰스 1세가 처형된 후부터 찰스 2세의 즉위로 1660년에 왕정이 복고되기까지 공위 기간(空位期間, Interregnum) 동안 다양한 형태의 공화정(republican government)이 들어섰다. 잉글랜드 내전은 영국 정치에서 의회가 군주에 대항하는 첫 번째 사례가 되었고, 이후 1688년에 일어난 명예혁명에 영향을 주었다.

h. 중범죄와 경범죄는 위증·권한 남용·수뢰·위협·자산 오용·감독 소홀·의무 태만·품행 불량·합법적 명령에 불복종·만성적인 만취·탈세 등과 같은 공직자의 혐의를 아우른다. 여기에는 공직자의 일반적인 범죄도 포함되지만 공직자가 아닌 사람보다 엄격한 증거와 처벌 기준이 적용된다.

i. 맨더빌의 사상은 자유주의 경제학의 등장과 발전에 큰 기여를 했다. 개인의 이기심을 경제활동의 원천으로 본 애덤 스미스는 『국부론』에서 "우리가 먹고살 수 있는 까닭은 정육점 주인, 양조장 주인, 빵집 주인이 자비로워서가 아니라 자기 이익에 관심이 있기 때문"이라고 했다. 애덤 스미스의 이러한 생각은 맨더빌로부터 영향을 받았다고 알려져 있다.

j. 18세기에 무르시다바드는 근대 금융 중심지의 시초였다. 70년 동안 무굴제국에 속한 벵골주의 수도로서 오늘날 방글라데시와 인도의 서벵골(West Bengal)주, 비하르(Bihar)주, 오리사(Orissa)주를 아우른다.

제5장 프랑스혁명에 관한 고찰: 1789~1797

a. 프랑스혁명 전 다급해진 루이 16세가 소집한, 전국 각계의 명사로 구성된 자문 기구이다.

b. 제임스 2세(재위: 1685~1688년)는 로마가톨릭신자였기 때문에 의회와 갈등을 빚었다. 의회의 견해를 무시하고 종교적 관용을 내세워 로마 가톨릭신자들을 관리로 채용하였다. 교황주의자들이 일으킬지도 모르는 위험을 방지하기 위해 마련된 심사령(Test Act)을 유명무실하게 하는 이러한 정책은 의회에 잉글랜드 교회(성공회)의 붕괴로 비쳤다. 1688년 4월 제임스 2세에게 아들이 태어났다. 개신교도였던 딸 메리의 왕위 계승을 기대하던 개신교도는 영국제도(British Isles)에 가톨릭 왕국이 들어설지 모른다는 위기의식을 느끼게 되었다. 이 때문에 서로 대립하던 토리당과 휘그당은 동맹을 맺고 제임스 2세를 퇴위시키고 왕위를 둘 다 개신교도인 그의 딸 메리와 그녀의 남편이자 네덜란드 공화국 총독인 오라녜 공 빌럼에게 넘기기로 했다. 당시 빌럼은 가톨릭과 프랑스의 전제정치에 맞서는 유럽 개신교의 대표자로서 명성을 떨치고 있었다. 1688년 영국 의회와 네덜란드의 오라녜 공 빌럼이 연합하여 가톨릭교도인 제임스 2세를 퇴위시키고 오라녜 공은 윌리엄 3세로 즉위했다. 명예혁명은 영국의 의회 민주주의의 시발점으로서 명예혁명 이후 영국의 왕조는 의회를 무시하는 무소불위의 권력을 행사하지 못하게 되었다.

c. 찰스 2세가 1673년에 제정한 반가톨릭 법률로서 공식 명칭은 '교황을 따르고 잉글랜드 국교에 복종하지 않는 자들이 야기할지 모르는 위험을 방지하기 위한 법(An act for preventing dangers which may happen from popish recusants)'이다. 찰스 2세는 망명 중 프랑스에서 자라는 동안 은밀히 가톨릭을 신봉하게 되었고 왕정이 복고되면서 즉위 후 국내의 가톨릭 세력을 부활시키려는 의도로 가톨릭에 대해 관용을 베푼다고 선언

했으나 왕의 의도를 간파한 의회는 찰스 2세의 선언을 철회시키고 1673년 심사율을 제정하여 국가의 공직자는 잉글랜드 국교도에 한한다고 규정했다. 이로써 모든 문무관은 잉글랜드 국교의 의식에 따라 의무적으로 영성체를 하게 되었고, 사실상 가톨릭교도를 비롯해 잉글랜드 국교 신도가 아닌 이들은 일체의 공직에서 물러나야 했다.

d. 왕과 관련된 직책을 맡거나 그 직책에서 수익을 얻거나 왕으로부터 연금을 받는 이는 하원 의원직을 수행할 수 없다.

e. 그레이트브리튼왕국(The Kingdom of Great Britain)은 1707년 (웨일스를 포함한) 잉글랜드 왕국과 스코틀랜드 왕국이 통합되어 구성된 단일 왕국으로서 그레이트브리튼섬 전체와 맨섬(Isle of Man) 및 채널제도(Channel Islands)를 제외한 그레이트브리튼 주변 섬들을 아우른다. 이는 1801년 그레이트브리튼과 아일랜드 연합왕국(The United Kingdom of Great Britain and Northern Ireland)으로 대체되었고, 1922년 그레이트브리튼 북아일랜드 연합왕국으로 바뀌어 오늘날에 이르고 있다.

제6장 명성, 이성, 그리고 계몽주의 구상

a. 국민대표법안(The Representation of the People Act)이라고도 불리는 이 법안은 잉글랜드와 웨일스 선거 체제를 폭넓게 개정했다. 이 법안의 전문(前文)에 따르면 이 법안은 하원 의원을 선출하는 데 있어서 고질적인 병폐들을 바로잡는 조치들을 마련했다. 개정 전에는 대부분의 하원 의원들이 명목상으로 선거구를 대표했다. 한 선거구의 유권자 수는 몇 십 명에서 1만 2,000명에 이르기까지 천차만별이었다. 하원 의원 선출은 보통 막강한 권력을 행사하는 후원자 한 사람이 사실상 좌지우지했다. 예컨대 노퍽(Norfolk) 11대 공작 찰스 하워드(Charles Howard)는 11개 선

거구를 장악했다. 투표권을 얻기 위해 충족해야 하는 기준은 선거구마다 천차만별로, 토지를 소유해야 투표권이 주어지는 선거구에서부터 주전자에 물을 끓일 화덕이 있는 집에 거주하기만 해도 투표권이 주어지는 선거구까지 다양했다. 이 법안은 산업혁명 기간에 우후죽순으로 등장한 대도시들에 하원 의석들을 부여했고 유권자 수가 아주 적고 부유한 후원자가 좌지우지하는 '부패한 선거구(rotten boroughs)'의 의석을 없앴다. 이 법안으로 유권자 수가 40만 명에서 65만 명으로 늘어나 성인 남성 다섯 명 중에 한 명이 투표권을 갖게 되었다.

b. 가치판단을 배제하고 세계를 이해하는 방법이다.

c. 자연권은 특정 문화, 특정 정부의 법이나 관습에 의존하지 않으며, 따라서 보편적이고 양도할 수 없으며 인간의 법으로 폐기할 수도 없는 권리다. 로크에 따르면, 인간에게는 세 가지 자연권이 있다. 첫째 생명(life), 둘째 자유(liberty), 셋째 재산(property)을 누릴 권리다. 둘째의 경우, 첫째 권리와 충돌하지 않는 한 인간은 무엇이든 할 자유가 있다. 셋째의 경우, 첫째와 둘째 권리와 충돌하지 않는 한 인간은 증여나 매매를 통해 창출하거나 획득한 것은 모두 소유할 권리가 있다.

d. 도덕을 판단하는 기준들은 어떤 의미에서는 세계의 속성과 인간의 속성에서 비롯된다고 본다. 아퀴나스는 인간의 이성적인 본성이 도덕법을 규정한다고 보고, 인간의 행동을 규제하고 측정하는 것은 이성이고 이성은 인간 행동의 첫 번째 원칙이라고 주장한다. 인간은 그 속성상 이성적인 존재이기 때문에 이성적인 본성에 부합하는 방식으로 행동해야 도덕적으로 적합하다. 즉, 도덕법은 인간의 본성에서 파생되는 자연법이다.

e. 계몽주의는 '철학의 세기(Century of Philosophy)'로 불리는 18세기에 유럽을 풍미한 사상운동이다. 아이작 뉴턴의 『수학 원리(*Principia Mathematica*)』(1687)를 최초의 계몽주의 저술로 보는 이들도 있다. 프랑

스 역사학자들은 전통적으로 계몽주의 시대를 1715년부터 1789년, 즉 루이 15세 즉위 때부터 프랑스혁명까지로 본다. 19세기에 접어들면서 계몽주의가 막을 내렸다는 데는 대체로 동의한다.

이 시기의 철학자와 과학자들은 자신의 사상을 과학학술원·문학 살롱·커피하우스 등에서, 또 저서·학술지·팸플릿 등 인쇄물을 통해서 널리 확산시켰다. 계몽주의 개념들은 군주와 교회의 권위를 훼손했고 18세기와 19세기 정치혁명의 토대를 마련했다. 자유주의(liberalism)와 신고전주의(neoclassicism)를 비롯해 19세기에 등장한 다양한 운동들의 지적인 계보는 계몽주의로 거슬러 올라간다.

계몽주의는 인간의 이성을 지식의 일차적인 원천으로 보는 다양한 개념을 비롯해, 자유(liberty)·진보(progress)·관용(toleration)·박애(fraternity)·헌법적 정부와 정교분리(separation of church and state) 같은 이상을 추구했다. 계몽주의는 종교적 정설에 점점 의문을 제기하고 과학적 방법과 생명 현상을 물리학적·화학적으로 설명하려는 시도인 환원주의(reductionism)가 특징인데 "사페레 아우데(Sapere aude, 감히 알려고 하라)"라는 구절이 계몽주의 사상을 일목요연하게 포착한다.

f. 현상의 배후에서 현상을 지배하는 근본적인 원리를 말한다.

g. 논리학에 관한 아리스토텔레스의 글 모음집 『오르가논(Organon)』에 실린 「범주론(Katēgoria)」은 명제(proposition)의 주어(subject)나 술어(predicate)가 될 수 있는 모든 종류의 사물들을 열거하고, 인간이 인식하는 객체를 본질(essence, substance)·양(quantity)·성질(qualification, quality)·관계(relative)·장소(place)·시간(time)·위치(posture, attitude)·상태(condition)·능동(doing, action)·피동(being affected, affection) 등 10개의 범주로 나눈다.

제7장 사회적 자아

a. 1215년 대헌장(Magna Carta)에 사용된 문구다. 본래 라틴어로 쓰인 대헌장에서 이 문구는 렉스 테라에(lex terrae) 또는 레겜 테라에(legem terrae)로 되어 있다. 법률이나 판례를 비롯해, 한 국가나 지역에서 효력이 있는 모든 법을 뜻하며 여기에는 성문법(statute)과 판례(case-made law)도 포함된다.

b. 프랑스혁명 당시 로베스피에르(Maximilien Robespierre)가 『국가수비대 조직화에 관한 논고(*Discours sur l'organisation des gardes nationales*)』(1790)에서 최초로 자유(liberté)·평등(égalité)·박애(fraternité)라는 좌우명을 제시했다.

제8장 근대 정치의 형성

a. 자유당(Liberal Party)은 휘그당을 중심으로 1859년 창당되어 영국의 양대 정당 지위를 누리다가, 1920년 스코틀랜드 사회주의자 하디(James Keir Hardie)가 1900년에 창당한 노동당(Labor Party)에 양대 정당 지위를 빼앗겼다. 자유당은 1988년 사회민주당과 합당하여 자유민주당이 되었다. 보수당(Conservative Party)은 로버트 필 경이 기존 토리당을 현대화시켜 1834년에 창당했으며 대영제국 시대를 이끈 벤저민 디즈레일리, 제2차 세계대전을 이끈 윈스턴 처칠 경, 신자유주의 경제정책을 도입해 영국병을 치유한 마거릿 대처 등 유명한 총리들을 배출했다.

b. 제임스 2세의 아들인 제임스가 죽은 후 자코바이트는 스코틀랜드에서 보니 프린스 찰리(Bonnie Prince Charlie)로 불리는 제임스의 아들 찰스 에드워드 스튜어트(Charles Edward Stewart)를 연합왕국의 왕위 계승자로

지명했고, 스튜어트는 스코틀랜드에 입국해 자코바이트의 반란을 총지휘했다.

c. 1854년에 미국이 캔자스와 네브래스카 준주(準州, Territory: 주에 준하는 미국의 행정구역. 미국 독립 후의 중서부, 서부, 새로 확보한 태평양과 대서양 연안의 여러 지역이 이 행정구의 형태로 편성됐다)를 창설해 새로운 토지를 개방한 법으로, 국민주권을 통해 준주 개척자들이 노예제 인정 여부를 자체적으로 결정할 수 있게 허용했다. 그 결과 노예제 찬성 세력과 반대 세력이 캔자스로 밀려들어오면서, 피의 캔자스 사태를 빚게 되었다. 캔자스-네브래스카 법은 미국을 분열시켰고 남북전쟁으로 이어졌다.

제9장 자유주의적 개인주의의 발흥

a. 자유지상주의(自由至上主義)는 정치적 자유와 자율성의 극대화, 선택의 자유, 개인의 권리를 중시한다. 자유지상주의는 권위와 국가권력에 회의적이지만, 국가의 합법적 기능과 사적인 권력, 경제 체제에 대해 서로 다른 입장을 취하는 여러 학파들이 존재한다. 좌익적 자유지상주의는 자본주의의 폐지를 지향하고 생산수단의 사적 소유가 아닌 공유를 지지한다. 사유재산이 진정한 자유를 가로막는다고 생각하기 때문이다. 우익적 자유지상주의는 불간섭주의(Laissez-faire)와 자본주의를 지지하며 사유재산을 강하게 옹호한다. 자유주의(liberalism)와 자주 혼동된다.

제10장 가치의 회복

a. 영국 문학평론가이자 철학자 윌리엄 해즐릿(William Hazlitt)은 위즈워스

의 「소요(Excursion)」에 대한 시평에서 워즈워스의 작품에 나타나는 그의 자기중심적이고 자기도취적인 성향을 강조했다. 해즐릿의 이러한 평가는 존 키츠(John Keats)가 워즈워스를 '자기중심적인 숭고함'을 상징하는 인물로 보게 되는 데 영향을 미쳤다.

b. 1817년 낭만주의 시인 존 키츠가 대문호들(특히 셰익스피어)이 지닌 특징을 설명할 때 사용한 용어다. 대문호는 예술적인 아름다움을 추구하는데 설사 그러한 추구가 자신을 지적인 혼돈과 불확실에 빠뜨린다고 해도 철학적 확신을 얻겠다며 예술적인 아름다움 추구를 포기하지 않는다. 많은 시인과 철학자들이 이 용어를 인식하고 생각하고 행동하는 개인의 역량을 묘사하는 데 써왔다.

결론 –오늘날 왜 버크를 읽어야 하는가?

a. 불간섭적인 경제적 자유주의와 자유시장 자본주의와 연관된 19세기 개념들이 20세기에 다시 부상하면서 등장했다. 오늘날 신자유주의의 사상과 특징을 두고 상당한 갑론을박이 있지만, 민영화, 긴축, 탈규제, 자유무역, 정부 지출을 줄이고 경제와 사회에서 민간 부문의 역할 확대 등이 주요 특징이다. 이와 같이 시장을 토대로 한 개념과 정책들은 1945년부터 1980년까지 지속된 케인스 학설로부터 일대 전환을 야기했다.

b. 잉글랜드와 웨일스에서 도시 남성 노동계급의 일부에게 처음으로 투표권을 준 영국 법안이다. 이 법안이 통과되기 전에는 잉글랜드와 웨일스에 사는 700만 명의 성인 남성 가운데 겨우 100만 명이 투표할 수 있었는데, 이 법안이 통과되면서 유권자 수가 두 배가 되었다.

c. 위험을 감수한 결과로 사업이 번창하는 게 아니라 기업인의 정치적 인맥을 통해, 즉 재계와 정치계가 결탁한 정경 유착의 결과로 수익이 창출

되는 구조를 말한다.

d. 미국 연방선거관리위원회(Federal Election Commission)에 따르면, 연방 차원에서는 연방 선거에 영향을 미치려는 목적으로 1,000달러 이상을 모금하거나 지출하는 기관은 정치활동위원회(PAC)로 연방선거관리위원회에 등록한다. 정치활동위원회는 회원으로부터 선거운동 기금을 거둬들여 특정 후보, 특정 발의, 특정 법안을 지지 또는 반대하기 위해 자금을 기부하는 조직으로 기부금 상한선이 정해져 있다. 슈퍼팩은 특정 후보의 선거운동이나 정당에는 기부하지 않지만, 독자적으로 정치자금을 무한정 쓸 수 있다. 통상적인 정치활동위원회(PAC)와는 달리 슈퍼팩은 개인, 기업, 노조, 그 밖의 다양한 집단으로부터 기금을 조성하는데 법적으로 기부금 액수에 제한이 없다.

e. 두 용어를 명확히 구분하기는 힘들다. 레퍼렌덤(referendum)은 특정 제안에 대해 유권자 전체가 직접 투표를 하는 방식으로 새로운 법을 채택하는 결과를 낳을 수도 있다. 레퍼렌덤은 흔히 법(legislative referral)과 발의안(initiative) 모두에 포괄적으로 사용된다. 레퍼렌덤은 특정한 단일 사안에 대한 찬반 투표로 알려져 있지만 여러 가지 선택지가 제시되는 경우도 있다. 일부 국가에서는 이를 플레비사이트(plebiscite)와 동의어로 쓰기도 한다. 플레비사이트는 로마공화국의 평민위원회(Concilium Plebis)에서 유래했다고 알려져 있다. 플레비사이트는 한 국가의 헌법이나 정부를 바꾸는 투표 형태라고 정의되는 경우도 있다.

오늘날 두 용어는 같은 뜻으로 혼용되기도 하고, 나라마다 두 용어가 달리 정의되기도 한다. 예컨대, 오스트레일리아는 레퍼렌덤을 헌법을 변경하는 투표로 정의하고, 플레비사이트는 헌법에 영향을 미치지 않는 투표로 정의한다. 아일랜드는 플레비사이트를 헌법 채택 여부에 대한 투표로 정의하지만, 헌법을 수정할지 여부와 기타 법안에 대한 투표는 레퍼렌덤으로 정의한다.

참고문헌

참고문헌 목록은 인용된 문헌들과 버크의 생애·시대·사상, 그의 사상이 미친 영향이나 해석과 관련된 일반적인 관심사를 담은 자료들을 모두 아우른다.

버크의 저술

Correspondence, ed. Thomas Copeland et al., 10 vols, Cambridge University Press 1958–78

Works, 8 vols, Bohn's British Classics, London 1854–89

Writings and Speeches, ed. Paul Langford et al., 8 vols to date, Oxford University Press 1981–

버크의 전기

Stanley Ayling, *Edmund Burke: His Life and Opinions*, John Murray 1988

Robert Bisset, *The Life of Edmund Burke*, 2 vols, London 1800

Carl Cone, *Burke and the Nature of Politics*, University of Kentucky Press 1957 and 1964

Russell Kirk, *Edmund Burke: A Genius Reconsidered*, Arlington House 1967

Paul Langford, 'Edmund Burke', *Dictionary of National Biography*

F. P. Lock, *Edmund Burke*, 2 vols, Oxford University Press 1998 and 2006

C. B. Macpherson, *Burke*, Oxford University Press 1980

Philip Magnus, *Edmund Burke*, John Murray 1939

John Morley, *Burke*, Macmillan 1888

Robert Murray, *Edmund Burke: A Biography*, Oxford University Press 1931

Conor Cruise O'Brien, *The Great Melody*, University of Chicago Press 1992

James Prior, *Memoir of the Life and Character of the Right Hon. Edmund Burke*, Philadelphia 1825

Nicholas K. Robinson, *Edmund Burke: A Life in Caricature*, Yale University Press 1996

기타 문헌

Jeremy Bernstein, *Dawning of the Raj*, Aurum Press 2000

Paul Bew, *Ireland: The Politics of Enmity 1789–2006*, Oxford University Press 2007

Harry Bingham, *This Little Britain*, Fourth Estate 2007

Tom Bingham, *Dr Johnson and the Law and Other Essays on Johnson*, Inner Temple and Dr Johnson's House Trust 2010

Tom Bingham, *The Rule of Law*, Penguin 2010

Robert Blake, *A History of the Conservative Party from Peel to Major*, Heinemann 1997

Steven Blakemore, *Intertextual War*, Associated University Presses 1997

David Bromwich, *Hazlitt: The Mind of a Critic*, Oxford University Press 1983

David Bromwich, *On Empire, Liberty and Reform: Speeches and Letters of Edmund Burke*, Yale University Press 2000

David Brooks, *The Social Animal*, Random House 2011

Paddy Bullard, *Edmund Burke and the Art of Rhetoric*, Cambridge University Press 2011

Ian Buruma, *Anglomania: A European Love Affair*, Vintage Books 2000

Geoffrey Butler, *The Tory Tradition*, Conservative Political Centre 1957

Marilyn Butler (ed.), *Burke. Paine, Godwin, and the Revolution Controversy*, Cambridge University Press 1984

Herbert Butterfield, *George III and the Historians*, Collins 1957

Arthur Cash, *John Wilkes: The Scandalous Father of Civil Liberty*, Yale University Press 2006

Ian Christie, *Myth and Reality in Late Eighteenth Century British Politics*, Macmillan 1970

Alfred Cobban, *Edmund Burke and the Revolt against the Eighteenth Century*, Allen and Unwin 1929

Linda Colley, *In Defiance of Oligarchy: The Tory Party 1714–60*, Cambridge University Press 1982

Thomas Copeland, *Edmund Burke: Six Essays*, Jonathan Cape 1950

J. C. Curwen, *Observations on the State of Ireland*, 1818

Faramerz Dabhoiwala, *The Origins of Sex*, Allen Lane 2012

Richard Dawkins, *The God Delusion*, Bantam 2006

Daniel Dennett, *Breaking the Spell: Religion as a Natural Phenomenon*, Allen Lane 2006

Patrick Dillon, *The Last Revolution: 1688 and the Creation of the Modern World*, Jonathan Cape 2006

Patrick Dillon, *The Much-Lamented Death of Madam Geneva: The Eighteenth-Century Gin Craze*, Headline Books 2002

Sean Patrick Donlan, *Edmund Burke's Irish Identities*, Irish Academic Press 2007

William Doyle, *The Oxford History of the French Revolution*, Oxford

University Press 2002

Emile Durkheim, *On Suicide*, Penguin 2006

David Dwan and Christopher Insole (eds), *The Cambridge Companion to Burke*, Cambridge University Press 2012

Gilbert Elliot, *Letters to a Prince, from a Man of Kent*, 1789

Amanda Foreman, *Georgiana, Duchess of Devonshire*, Random House 1998

Robert T. Gannett Jr, *Tocqueville Unveiled*, University of Chicago Press 2003

Luke Gibbons, *Edmund Burke and Ireland*, Cambridge University Press 2003

J. A. W. Gunn, *Factions No More: Attitudes to Party in Government and Opposition in Eighteenth-Century England*, Frank Cass 1972

William Hague, *William Pitt the Younger*, HarperCollins 2004

William Hague, *William Wilberforce*, HarperCollins 2007

Jonathan Haidt, *The Righteous Mind*, Allen Lane 2012

Tim Harford, *The Logic of Life*, Little Brown 2008

Ian Harris, 'Edmund Burke', entry in *Stanford Encyclopaedia of Philosophy*

Robin Harris, *The Conservatives: A History*, Transworld 2011

Betty Hart and Todd Risley, *Meaningful Differences in the Everyday Experience of Young American Children*, Brookes Publishing 1995

Christopher Hibbert, *King Mob*, Longman 1958

Christopher Hitchens, *God is Not Great: How Religions Poisons Everything*, Atlantic 2007

Thomas Hobbes, *De Cive* ('On the Citizen'), ed. R. Tuck and M. Silverthorne, Cambridge University Press 1998

Joanna Innes, *Inferior Politics*, Oxford University Press 2009

Daniel Kahneman, *Thinking, Fast and Slow*, Farrar, Straus & Giroux 2011

Daniel Kahneman, Paul Slovic and Amos Tversky, *Judgement under Uncertainty*, Cambridge University Press 1982

Daniel Kahneman and Amos Tversky, *Choices, Values and Frames*, Cambridge University Press 2000

Elizabeth R. Lambert, *Edmund Burke of Beaconsfield*, University of Delaware Press 2003

Paul Langford, *A Polite and Commercial People*, Oxford University Press 1994

Paul Langford, *Walpole and the Robinocracy*, Chadwyck-Healey 1986

Harold Laski, *Political Thought in England from Locke to Bentham*, Holt 1920

W. E. H. Lecky, *A History of England in the Eighteenth Century*, 8 vols, 1878–90

Allan Luks and Peggy Payne, *The Healing Power of Doing Good*, iUniverse.com 2001

Jim McCue, *Edmund Burke and our Present Discontents*, Claridge Press 1997

John James McGregor, *A New Picture of Dublin*, 1821

Alasdair MacIntyre, *After Virtue*, Duckworth 1981

Alasdair MacIntyre, *Whose Justice? Which Rationality?*, Duckworth 1996

C. B. Macpherson, *The Political Theory of Possessive Individualism*, Clarendon Press 1965.

Thomas Mann and Norman Ornstein, *It's Even Worse than It Looks*, Basic Books 2012

Harvey Mansfield, *Statesmanship and Party Government: A Study of Burke and Bolingbroke*, University of Chicago Press 1965

David Marsh, *The Euro: The Battle for the New Global Currency*, Yale University Press 2009

J. S. Mill, *Essays on Some Unsettled Questions of Political Economy*, 1829–30

B. R. Mitchell, *British Historical Statistics*, Cambridge University Press 1988 (revised edn 2011)

L. G. Mitchell, *Charles James Fox*, Penguin 1997

L. G. Mitchell, *Charles James Fox and the Disintegration of the Whig Party*, Oxford University Press 1971

Robert A. G. Monks, *Corpocracy: How CEOs and the Business Roundtable Hijacked the World's Greatest Wealth Machine . . . And How to Get It Back*, John Wiley 2007

Thomas Moore, *Memoirs of the Life of the Right Honourable Richard Brinsley Sheridan*, 1824

Lewis Namier, *England in the Age of the American Revolution*, Macmillan 1930

Lewis Namier, *The Structure of Politics at the Accession of George III*, Macmillan 1929

Jesse Norman (ed.), *The Achievement of Michael Oakeshott*, Duckworth 1992

Jesse Norman, *The Big Society*, University of Buckingham Press 2010

Michael Oakeshott, *Rationalism in Politics*, revised edn, ed. T. Fuller, Liberty Press 1991

Frank O'Gorman, *Edmund Burke: His Political Philosophy*, Allen & Unwin 1973

Frank O'Gorman, *The Emergence of the British Two-Party System 1760–1832*, Edward Arnold 1982

Frank O'Gorman, *Voters, Patrons and Parties*, Oxford University Press 1989

Noël O'Sullivan, *Conservatism*, Everyman 1976
Richard Pares, *King George III and the Politicians*, Oxford University Press 1953
Nicholas Penny, *Reynolds: Catalogue of a Royal Academy of Arts Exhibition*, Weidenfeld & Nicolson 1986
J. G. A. Pocock, *Virtue, Commerce and History*, Cambridge University Press 1985
Robert Putnam, *Bowling Alone*, Simon & Schuster 2000
John Quiggin, *Zombie Economics*, Princeton University Press 2010
Christopher Reid, *Edmund Burke and the Practice of Political Writing*, Gill & Macmillan 1985
Nick Robins, *The Corporation that Changed the World*, Pluto Press 2006
Simon Schama, *Citizens*, Knopf 1989
Roger Scruton, *The Meaning of Conservatism*, Penguin 1980
Andrei Shleifer, *Inefficient Markets: An Introduction to Behavioral Finance*, Oxford University Press 2000
Richard Shweder, *Why Do Men Barbeque? Recipes for Cultural Psychology*, Harvard University Press 2003
Christian Smith, Kari Christoffersen, Hilary Davidson and Patricia Snell Herzog, *Lost in Transition: The Dark Side of Emerging Adulthood*, Oxford University Press 2011
Leo Strauss, *Natural Right and History*, University of Chicago Press 1965
Andrew Sullivan, *The Conservative Soul*, HarperCollins 2006
Sam Tanenhaus, *The Death of Conservatism*, Random House 2009
Philip E. Tetlock, *Expert Political Judgement*, Princeton University Press 2006

P. D. G. Thomas, *The House of Commons in the Eighteenth Century*, Oxford University Press 1971

Lionel James Trotter, *Warren Hastings: A Biography*, London 1878

Jenny Uglow, *Dr Johnson, his Club and Other Friends*, National Portrait Gallery 1998

Various, *Dictionary of National Biography*, Oxford University Press 1885 –

Horace Walpole, *Memoirs of the Reign of King George III*, ed. G. F. R. Barker, 4 vols, 1894

Stanley Weintraub, *Disraeli*, Hamish Hamilton 1993

Woodrow Wilson, *Essential Writings and Speeches of the Scholar-President*, ed. Mario R. DiNunzio, New York University Press 2006

감사의 말씀

이 책을 쓰면서 나는 얼마나 많은 사람들에게 내가 빚을 지고 있는지 뼈저리게 느꼈다.

버크의 전기 작가들과 참고문헌 목록에 열거한 이들이 행한 일차적인 조사에 덧붙여, 추가로 현재 역사학자들과 버크를 연구하는 학자들의 도움을 어마어마하게 많이 받았다. 초고에 대해 때로는 장문의 고견을 주신 분들은 폴 뷰, 리처드 버크, 패디 불라드, 스티븐 패럴, 패트릭 거건, 이언 해리스, 트리스텀 헌트, 이몬 플래허티, 크리스 리드 등이다. 이 가운데는 출간된 자료나 비공개 자료를 나와 공유하는 아량을 베풀어준 분들도 있다. 언급할 필요조차 없지만, 이분들 가운데 그 어느 누구도 이 책에 담겼을지 모르는 실수나 해석의 오류에 책임이 없다.

리처드 버크는 특히 새로 발견된 에드먼드 버크의 에세이 세 편에 관해 자신이 쓴 중요한 글을 발표하기도 전에 내게 보여준

데 대해 깊은 감사를 드린다. 특히 「역사 저널(Historical Journal)」에 발표된, 정당에 관한 1757년 에세이는 큰 도움이 되었다. 패트릭 거건은 내가 더블린에 있는 트리니티 칼리지를 방문했을 때 안내를 도맡아주었고, 캐서린 길트랩은 교내에 소장된 버크의 멋진 초상화를 보여주었다.

수많은 다른 친구들도 시간을 쪼개 나의 초고를 읽고 의견을 주었다. 리 오스피츠, 테런스 킬리, 대니 크루거, 앤드루 릴리코, 밥 몽크스, 피터 오본이 그들이다. 매트 리들리는 10장의 초안에서 핵심적인 사항들을 점잖게 바로잡아주었다. 니컬러스 페니 덕분에 나는 조슈아 레이놀즈에 대해 더 잘 알게 되었다. 시드 블루멘털은 곧 출간될 자신의 책 에이브러햄 링컨의 전기 내용 일부를 공유해주었다. 리 오스피츠와 케이트 오스피츠는 버크 연구의 일인자 하비 맨스필드 박사가 참석한 가운데 영원히 기억에 남을 만찬을 주최해주었다.

나는 지난 수년에 걸쳐 수많은 포럼에서 버크와 그의 사상에 대해 토론했다. 세 포럼이 기억에 남는다. 런던정경대학원에서는 버크에 관한 대가 모리스 글래스먼을 상대했다. 옥스퍼드 올소울즈 칼리지에서 열린 세미나에서는 조애나 인즈가 버크와 상업에 관한 문제에서 나를 밀어붙이려고 했다. 리버티 기금이 주최한 대헌장(Magna Carta)과 그 영향에 관한 세미나도 흥미진진했다. 모두에게 감사드린다.

이 책은 나의 에이전트인 캐롤라인 미셸의 열정과 뒷받침, 마틴 레드펀의 출판 관련 전문 기술과 열정, 하퍼콜린스의 스티븐

가이즈와 최고의 편집자 피터 제임스, 베이직북스의 라라 하이머트와 케이티 오도널이 아니었다면 세상의 빛을 보지 못했을지 모른다. 헤리퍼드(Hereford)와 웨스트민스터의 나의 보좌관들인 톰 티론즈, 길 리버즈, 웬디 로버슨, 로재나 터너, 제미마 워런, 에이미 울프슨에게 크게 빚졌다. 그들의 투철한 직업 정신 덕분에 나는 의회 업무와 지역구 업무를 이 책 집필과 병행할 수 있었다.

나의 아내 케이트와 우리 아이들, 샘, 넬, 노아에게 표할 애정과 감사의 말은 이미 오래전에 동났다.

이 책은 나의 동료 하원 의원들과 영국 헌법이라는 무성(無性) 무형(無形)의 천재에게 바친다.

해리퍼드에서

제시 노먼

옮긴이의 글

언어

이 책 『보수주의의 창시자 에드먼드 버크』는 영국의 현직 하원 의원인 제시 노먼이 18~19세기를 살아간 또 다른 하원 의원인 에드먼드 버크의 생애와 사상의 궤적을 추적한 글이다. 따라서 지금의 영국식 영어와 3세기 전의 영국식 영어가 번갈아 등장한다. 아메리카가 아직 영국의 식민지였을 때 식민지 주민들은 영국식 영어와 그리 다르지 않은 영어를 구사했지만, 현재 미국식 영어는 영국식 영어와는 사뭇 달라졌다. 이러한 차이는 번역에서도 어느 정도 묻어날 수밖에 없다. 한국에서 번역되는 영어 원서는 미국인 저자가 쓴 책이 대부분이기 때문에 이에 익숙한 한국 독자들에게 영국인 저자가 쓴 책은 같은 영어라도 약간 결이 다르게 느껴질지도 모른다. 조금은 생소하면서도 새로운, 영국식 영어의 묘미를 살리려고 노력했는데 독자들이 이 책이 가지는 매력으로 받아들였으면 한다.

구성

이 책의 전반부는 에드먼드 버크의 생애, 후반부는 그의 사상을 다루고 있다. 얼핏 보면 생애를 다룬 전반부보다 정치철학이라는 거대 담론이 등장하는 후반부가 더 난해하리라고 짐작하겠지만, 오히려 전반부가 이해하는 데 공이 더 든다. 버크의 생애를 이해하려면 그 삶의 맥락인 당시 유럽과 영국의 역사를 살펴보아야 하는데, 저자는 독자가 이미 그런 배경지식을 갖추고 있다는 전제하에 이야기를 풀어가기 때문이다. 대부분의 한국 독자들에게는 생소한 역사적 사건과 인물들이 많이 등장해 독자의 이해를 돕기 위해 옮긴이 주를 꽤 추가했다. 번거롭겠지만 전반부는 옮긴이 주를 꼼꼼히 참고하면서 읽었으면 한다. 버크의 사상을 다룬 후반부는 비슷한 내용을 다루는 다른 책들에 비해 훨씬 이해하기 쉽게 서술되어 있다.

현재에 반복되는 과거

에드먼드 버크가 살았던 시대에도 타락한 사회를 완전히 뜯어고쳐서 이상적인 세상으로 만들어야 한다고 생각하고 이를 실천하려던 사람들이 있었다. 프랑스혁명이 바로 그러한 시도였고 이때는 역사상 가장 잔혹한 광기의 시대로 기록되었다. 모두가 프랑스혁명을 찬양할 때 에드먼드 버크는 홀로 프랑스혁명이 낳을 참극을 예고했다. 버크는 사회질서는 누군가가 의도적으로 설계한 게 아니라 오랜 세월에 걸쳐 서서히 진화해온 우발적인 결과물이라고 주장했다. 급격한 변화는 사회가 축적해온 지혜의 자취를 깡그리 지워버린다고 경고했다. 그리고 그의 불길한 예언은 정확히 적중했다.

"빵이 없으면 브리오슈(brioche, 보통 케이크로 번역된다)를 먹으면 된다." 프랑스혁명의 아버지 장 자크 루소가 한 말이다. 그런데 이 구절은 마리 앙투아네트 왕비가 한 말로 뒤바뀌어 저잣거리에 급속히 퍼져나갔다. 왕비는 남성, 여성, 근친상간을 가리지 않는 색정광에 급기야 여덟 살 난 자기 아들과도 성관계를 한 패륜적 아동성애자라는 낭설과 더불어. 굶주린 군중의 광적인 분노는 극에 달했다. 진실이 채 신발을 신기도 전에 거짓은 이미 세상을 한 바퀴 돌았고, 결국 산더미 같은 거짓은 날카롭게 벼린 기요틴의 칼날이 되어 왕비의 머리를 혁명 광장에 내동댕이쳤다. 피를 본 군중은 환호했다. 프랑스혁명에서 스러져간 목숨 50만여 명 가운데 80퍼센트 이상은 평민이었고 기요틴에 잘린 목은 4만이 넘었다.

인류 역사를 통틀어 지구상에 천국을 설계해 스스로 신이 되려고 했던 이들은 하나같이 생지옥을 창조한 악마가 되고 말았다. 그러나 이러한 시도는 세계 여러 지역에서, 그리고 한국에서 여전히 진행되고 있다. 자기가 하면 다른 결과가 나오리라는 망상에 사로잡힌 이들에 의해서. 3세기 전 프랑스에 등장했던 기요틴이 3년 전 한국에 등장했다. 3세기 전과 달리 한국의 광장에서는 실제로 머리가 잘려 나가지는 않았다. 그러나 광장에 모인 군중은 참수당한 대통령의 머리 모형을 창에 꽂아 들고 환호했다. 아이들은 대기업 총수와 대통령의 머리를 그린 축구공을 광장에서 발로 차며 즐거워했다. 인류는 3세기 전보다 정말로 진보했는가. 우리 시대의 버크는 어디 있는가.

2019년 12월

홍지수

보수주의의 창시자 에드먼드 버크

펴낸날 초판 1쇄 2019년 12월 18일
초판 2쇄 2022년 2월 17일

지은이 제시 노먼
옮긴이 홍지수
펴낸이 심만수
펴낸곳 (주)살림출판사
출판등록 1989년 11월 1일 제9-210호

주소 경기도 파주시 광인사길 30
전화 031-955-1350 팩스 031-624-1356
홈페이지 http://www.sallimbooks.com
이메일 book@sallimbooks.com

ISBN 978-89-522-4157-3 03990